谨将此书献给我的母亲——刘碧娟女士

深圳土地整备

利益统筹政策与实务

李辉杰　著

法律出版社 | LAW PRESS
北京

图书在版编目（CIP）数据

深圳土地整备利益统筹政策与实务 / 李辉杰著. -- 北京：法律出版社，2023
ISBN 978-7-5197-8201-6

Ⅰ. ①深… Ⅱ. ①李… Ⅲ. ①土地制度－土地改革－研究－深圳 Ⅳ. ①F321.1

中国国家版本馆 CIP 数据核字（2023）第 150645 号

深圳土地整备利益统筹政策与实务
SHENZHEN TUDI ZHENGBEI LIYI TONGCHOU ZHENGCE YU SHIWU

李辉杰 著

策划编辑 冯雨春
责任编辑 冯雨春 李 军
装帧设计 鲍龙卉

出版发行 法律出版社
编辑统筹 法律应用出版分社
责任校对 王 丰 郭艳萍
责任印制 刘晓伟
经 销 新华书店

开本 710 毫米×1000 毫米 1/16
印张 25.25 字数 412 千
版本 2023 年 10 月第 1 版
印次 2023 年 10 月第 1 次印刷
印刷 天津嘉恒印务有限公司

地址：北京市丰台区莲花池西里 7 号（100073）
网址：www.lawpress.com.cn
投稿邮箱：info@lawpress.com.cn
举报盗版邮箱：jbwq@lawpress.com.cn

销售电话：010-83938349
客服电话：010-83938350
咨询电话：010-63939796

书号：ISBN 978-7-5197-8201-6
定价：98.00 元

凡购买本社图书，如有印装错误，我社负责退换。电话：010-83938349

序

（一）

每当日月变幻时，便知时光暗自去。

在母亲离世约一个月后，我开始动笔写本书。等到写完时，母亲已然离开我将近一年半。

两年半前，刚过完新历年的母亲，因身体不适查出癌症。在医治不到一年的时间里，母亲饱受病痛折磨，最终她的人生故事终止在十月中旬一个平平无常的傍晚。在母亲放弃治疗、不吃不喝不睡、默默忍受病痛、慢慢走向死亡的最后第十个凌晨，她躺在老家大厅的地上，我握着她因多日缺水而干巴巴、凉冰冰的手，问她害怕吗？她说不害怕。我问她觉得这一生满足吗？她说将三个小孩养育成人，满足了。母亲在她短暂的抗癌期间，手抄多首她喜爱的徐小凤的歌曲，诸如《顺流逆流》《随想曲》，鼓励自己。到了最后难以言语之际，她在纸上歪歪曲曲写下"想一个人静静去很远的地方"。最终在放弃治疗的第十一个傍晚，在父亲和两个儿子慌乱地呼喊声中，母亲经过短暂地挣扎，最终还是离开了这个她奔波了五十六年的世界。

大约在十岁那年，一个乡下的傍晚，我和母亲在老家堂前摘青菜，聊到了人死后土葬还是火葬的事情。母亲说火葬后人就什么都没有了。我年纪虽小，却坦然说，人死后本来就什么都没有，土葬火葬都一样，等你走后我也是帮你火葬。母亲气得说不出话。母亲弥留之际，家里讨论要不要火葬。我提出不要火葬，母亲怕火葬。母亲临走前坦然交代我们子女：土葬麻烦子女，火葬就可以了。

母亲下葬那天，我看到了十岁时在老屋堂前说给母亲火葬后所剩下的一堆白骨。《寻梦环游记》里有句台词："真正的死亡是世界上再没有一个人记得你。"母亲这一辈子,吃了很多苦,帮了很多人,活的时间却很短。为了延长母亲留在世间印迹的时间,我于是开始着手动笔写这本书。

母亲养育了我二十七年,学习上从没给过我压力,生活上也从没干涉过我,学或不学,要走什么的路,全交由我来决定。只是在二十多年间,她一直都是在身体力行地让我知道人要友善、勤奋、自立、乐观、坚强。母亲说,她为我感到光荣与骄傲。其实,我的人生观、价值观都是母亲所塑造。我迄今为止的整个人生,都有母亲的影子。我想通过自己,将母亲的影子延长。这就是我写下这本书最重要的原因。

(二)

母亲的离去,同时让首次目睹一个生命,一个最爱的生命随着时间点滴流逝而消亡的我,对人生存在的意义、舍命争取世间种种名利的价值产生了深深的质疑。一种虚无感无缝隙地笼罩着我,一种徒劳感厚重地压向我,甚至几度让我想中断本书的写作。很多以往极度看重的事情,我竟然也觉得无足轻重。我和太太短暂中止工作,到外地走了一趟。后来干脆辞掉了原来的工作,换一个新环境,希望能摆脱这种状态。

但是,求诸外部环境的改变并不能解决自己的问题。无数次在晚上独自开车回家的路上,意识到母亲真的已经离去,我突然崩溃,泪流满面,无法自控,迷迷糊糊找寻母亲的身影。恢复如常后,再继续无目的地推进生活。

其实在过去将近三十年的生涯里,我记得从很小很小、大概七八岁的时候开始,经常陷入一种因对死亡的恐惧而深感惆怅的复杂情绪之中,疑问:既然人死后,就什么都没有了,那人为什么而存在?那时并不清楚这是在追问人生的意义,单纯出于一个在这世间初来乍到的小孩的好奇。

在后面十多年的学生生涯里,迫于人生阅历的浅薄,我只能企图通过阅读书籍来解开这个疑问,包括马可·奥勒留、罗素、梭罗、卢梭、叔本华一些哲学家的著作,以及一些小说家在文学作品中灵光一现的论述。印象最为深刻的是,小学时读到余华在《在细雨中呼喊》对弟弟孙光明死亡过程中感受的描述,他说:“他一旦脱离时间便固定下来,我们则在时间的推移下继续前行。孙光明将会看着时间带走了他周围的人和周围的景色。我看到了这样的真实场景:生者将死者埋葬以后,死者便永远躺在那里,而生者继续走动。这真实的场景是时间给予依然浪迹在现实里的人的暗示。”但是,那时候这些书籍上的论述或见解,只能让我短暂迷惑地认为自己理解了人生的意义。粗浅的理解没过多久,就会让自己再一次间歇性地深陷苦恼与迷茫之中。

再后来,毕业、求职、混入社会。“人生意义”的概念在现代的商业社会也一在被调侃式地消解,倘若再来追问所谓的人生意义,容易被视为不现实的矫情。于是便泯然众人,踏踏实实干活,求升职盼加薪。

直到母亲的离去,我才真正明白余华所说:“死者永远躺在埋葬之地,而生者继续走动。死者将会看着时间带走了他周围的人和周围的景色。”母亲走了之后,很多事情都发生了改变,再没接到母亲的来电,过年回家再无温好的饭菜,再无洗好晒干的衣被,再无法陪着母亲一起去买鞭炮年货。太太还问我,为什么我回到老家后总是要一刻不停地在干家务活。她还没感受过有我母亲在的除夕新年,是如何的温暖舒适。

过去两年的时间里,我也从不知该如何走出这虚无、徒劳的状态,只是一直都在不由自主、漫无目的的审视时间、死亡与存在这些事情,反复去咀嚼、回忆母亲这一生,并尝试去拼凑我所不知道的部分。反复沉溺于这些思绪之余,自己依旧按部就班地生活,写文章、工作、关心朋友与家人。这一年多来,竟也意外得到很多朋友乃至陌生人的理解、帮助与支持,意外发生了很多转变。

就在某一天某一个至今想不起来的时刻,我突然似有似无地理解:因为存在死亡,人活着才有意义。如果存在永生,那每一个人都无需寻找活着的理由,只需按部就班或肆意妄为地存活着。每一个人活着的意义,就是在他存在的这段时间里,不管长或短,在他自身能力范围内获取他想要的幸福感,或是收获一份爱情,或是结交一帮挚友,或是成就一番伟业,或是度过一段平凡生活。在死亡来临时,能够坦然满足而从容地离开。

老少同一死,贤愚无复数。纵浪大化中,不喜亦不惧。

虽然这些道理以前也听过,但以往一直犹如身外之物,闻之则忘。如今时间发挥了它的魔力,把这样的理解反复而从容地烙在我的思想里,直到我慢慢想通透,形同一体。想明白这点后,我获得的从未有过的踏实感与安全感。对于母亲所过的这一生,纵然存在遗憾,但就母亲而言,她尽其全力,含辛茹苦,养子育女,豁达热心,帮亲助邻,至今亲邻仍时时念想起她的好。这便是她极其有意义的一生。这些观念的转变,驱除了我对死亡的恐惧,甚至让我能从容地去面对死亡。但是,在离开这个世界之前,我自有属于自己能力范围内的使命要完成,包括写下本书,给有需之人提供一些用处。我想,这必然也是母亲存在的意义之一。

(三)

过去疫情三年,除了我,肯定也有无数的人经历了无数的至暗时刻。丢失工作的人,为生存而拼命挣扎,为生活而忍受煎熬;失去亲人的人,为阴阳两隔而抱憾,为无法再共享春光而黯然。

除了本书之外,我也想在序言部分写下母亲以死留给我的启示,将我这浅薄的人生经验分享给正在遭受痛苦、苦难的朋友、陌生人,乃至我未来的孩子:不管我们正在经历或者已经经历了什么样的黑暗与艰难,只要我们不嫉妒他人,不轻视自己,想明白自己活着的使命,付出自己应有的努力,步步前行,日日不止,不管结果如何,这都是我们有意义的一生。

人生自是有意义,冬去春归终有时。面对人生,不管在哪一年,希望每一个静候春天的你,都可以逾越每一个寒冬。然后,如同惊蛰过后的农民一样,耕作不息。

是为序。

李辉杰

2023年8月28日

目 录

CONTENTS

第一章 深圳房地产相关历史遗留问题

“任何人想了解法的当下情况，就必须同时考量它的历史演进以及它对于未来的开发性。”①要想处理深圳房地产业务，尤其是处理深圳的旧改业务，就必须研究深圳土地历史遗留问题、历史遗留违法建筑问题、房地产登记历史遗留问题及城市化过程中的原农村相关主体历史遗留问题。要想研究深圳土地历史遗留问题、历史遗留违法建筑问题、房地产登记历史遗留问题及城市化过程中的原农村相关主体历史遗留问题的处理路径，则必须深入梳理、探究我国房地产制度中土地制度、城乡（国土空间）规划制度及房地产登记制度的历史沿革。

第一节　我国及深圳市土地制度的历史沿革

深圳土地整备利益统筹项目（以下简称利益统筹项目）目前主要是以原农村集体经济组织继受单位（以下简称继受单位）及其成员实际掌控的土地为实施对象。继受单位及其成员实际掌控的土地，由于历史上错综复杂的原因，形成了繁杂的土地历史遗留问题。因此，对深圳土地整备利益统筹政策及实务进行研究，追本溯源，首先需要研究清楚从新中国成立至今我国及深圳市土地制度的演变历程。

① ［德］卡尔·拉伦茨：《法学方法论》，陈爱娥译，商务印书馆2020年版，第73页。

一、土地制度概述

土地作为一种有限资源,涉及国家及每一个个体的切身利益。为调整土地资源所形成的利益关系,各个地区、各个时期均会制定一套以土地的归属、流转、利用为核心的规则。该类规则的总称为该时期的土地制度。

就我国范围内而言,从时间的纵轴线来看,在历史的大脉络里,我国的土地制度屡经更替,从西周井田制到秦朝开始实行的土地私有制,又到 1952 年"土改"后的农民土地所有与国家所有并轨的混合土地所有制,再到改革开放后的社会主义公有制;从土地制度内容的横切面来看,土地制度主要包括如下五个层次:土地所有权制度、土地利用制度、土地供应制度、土地流转制度及土地征收与收回制度。

二、新中国成立后我国土地制度的演变

(一)新中国成立至改革开放初期阶段(1949—1982 年)

从 1949 年《中国人民政治协商会议共同纲领》(以下简称《共同纲领》,已失效)的公布至 1982 年《宪法》(以下简称"八二宪法")的修订,该阶段历经了新中国成立、"土改"、农业合作化运动等阶段,中国的土地制度也一直处于变革过程中。鉴于该阶段的土地制度与我国现行的土地制度有着较大区别,故将 1982 年作为前后两个阶段土地制度的分界点。但是,不可否认的是,我国现行的土地制度是建立在 1982 年以前土地制度的基础上,并非绝对的推倒重来。这也是我们需要了解、研究该阶段土地制度的原因。

新中国成立至改革开放初期阶段的土地制度,从土地所有权制度的角度来看,还可分为三个小阶段。

1.《共同纲领》施行时期(1949—1954 年)

1949 年 9 月 29 日,中国人民政治协商会议第一次全体会议通过了《共同纲领》。该文件起着临时宪法的作用,属于新中国建立各项基本制度的法律依据。

《共同纲领》第三条规定:"中华人民共和国必须取消帝国主义国家在中国的一切特权,没收官僚资本归人民的国家所有,有步骤地将封建半封建的土地所有制改变为农民的土地所有制……"第二十七条规定:"土地改革为发展生产力和国家工业化的必要条件。凡已实行土地改革的地区,必须保护农民已得土地的所有权。凡尚未实行土地改革的地区,必须发动农民群众,建立农民团体,经过清除土匪恶霸、减租减息和分配土地等项步骤,实现耕者有其田。"从上述表述可看出,我

国当时对农村土地制度改革的目标是将封建半封建的土地所有制改变为农民的土地所有制,即农民土地私有制。但由于客观原因,部分地区已实行土地改革,建立起农民土地私有制,部分地区仍未实行土地改革。对于城市土地制度,《共同纲领》未予以明确规定。但是,《共同纲领》第三条同时规定:"……保护国家的公共财产和合作社的财产,保护工人、农民、小资产阶级和民族资产阶级的经济利益及其私有财产,发展新民主主义的人民经济,稳步地变农业国为工业国。"在没有明确限制性规定的情况下,上述规定所述的"私有财产"应当包括城市的土地和房屋,即事实上承认城市居民对土地和房屋享有所有权。

综上,该时期我国无论是在农村还是城市,均承认土地私有制的存在。但是,应予以注意的是,《共同纲领》也提出了"国家的公共财产和合作社的财产"的概念,这两个概念也是后续公有制发展的基础和源头。并且《共同纲领》明确指出"国营经济"属于"社会主义经济"是"领导力量","合作社经济"属于"半社会主义经济",要"扶助其发展"。在当时的背景下,尤其在《共同纲领》规定"土地改革为发展生产力和国家工业化的必要条件"的情况下,作为社会主义国家,我国的土地私有制度必然受到一定的限制,同时很可能为了国家工业化的发展而逐步改革为土地公有制。

可见在《共同纲领》施行时期,我国的土地制度处于改革的过渡阶段,无论是城市还是农村,都属于有限度的土地私有制。①

2."五四宪法"施行时期(1954—1975年)

(1)1952年"土改"

《共同纲领》施行期间,1950年中央人民政府委员会颁布了《土地改革法》(已失效),第一条明确规定:"废除地主阶级封建剥削的土地所有制,实行农民的土地所有制……"第三十五条第一款规定:"本法适用于一般农村,不适用于大城市的郊区。大城市郊区的土地改革办法,另定之。"第十条规定:"所有没收和征收得来的土地和其他生产资料,除本法规定收归国家所有者外,均由乡农民协会接收,统一地、公平合理地分配给无地少地及缺乏其他生产资料的贫苦农民所有。对地主亦分给同样的一份,使地主也能依靠自己的劳动维持生活,并在劳动中改造自己。"第三十条规定:"土地改革完成后,由人民政府发给土地所有证,并承认一切土地所有者自由经营、买卖及出租其土地的权利。土地制度改革以前的土地契

① 参见杨天波、江国华:《宪法中土地制度的历史变迁(1949—2010)——基于宪法文本的分析》,载《时代法学》2011年第1期。

约,一律作废。”

可见,完成土地改革后的农村地区,在土地所有权制度上,实行农民土地私有制,当然部分特殊土地基于生产发展需要规定归国家所有;在农村土地供应制度上,土地改革时期通过没收、征收过程中的保留及乡农民协会分配两种方式向农民提供土地;在土地流转制度上,一律否认“土改”前土地契约效力,允许“土改”后取得土地所有权的农民自由买卖及出租其土地。

(2)1954 年“五四宪法”

1954 年 9 月 20 日,第一届全国人民代表大会第一次会议通过新中国第一部宪法,即“五四宪法”。“五四宪法”第五条规定:“中华人民共和国的生产资料所有制现在主要有下列各种:国家所有制,即全民所有制;合作社所有制,即劳动群众集体所有制;个体劳动者所有制;资本家所有制。”第八条第一款规定:“国家依照法律保护农民的土地所有权和其他生产资料所有权。”该规定从《宪法》层面明确我国实行农民土地私有制。对城市土地制度,“五四宪法”仍然没有作出明确规定及限制私人取得土地所有权的规定。通过“五四宪法”关于“保护手工业者和其他非农业的个体劳动者的生产资料所有权”“保护资本家的生产资料所有权和其他资本所有权”的表述来看,土地要么作为生产资料,要么作为生活资料,似乎当时也是承认在城市土地范围内土地私有权的存在。“五四宪法”第十三条规定:“国家为了公共利益的需要,可以依照法律规定的条件,对城乡土地和其他生产资料实行征购、征用或者收归国有。”这是建立公益征用(征收)制度。这里规定可以对城乡土地实行征用(征收),从逻辑上来看,必然是建立在承认城市、乡村存在土地私有权的前提下。

但是,应予以注意的是,“五四宪法”第四条规定:“……通过社会主义工业化和社会主义改造,保证逐步消灭剥削制度,建立社会主义社会。”对于个体劳动者所有制,第七条第二款明确规定“国家保护合作社的财产,鼓励、指导和帮助合作社经济的发展,并且以发展生产合作为改造个体农业和个体手工业的主要道路”。就连“劳动群众部分集体所有制”也只“是组织个体农民、个体手工业者和其他个体劳动者走向劳动群众集体所有制的过渡形式”。对于资本家所有制,第十条第二款则规定,“国家对资本主义工商业采取利用、限制和改造的政策……鼓励和指导它们转变为各种不同形式的国家资本主义经济,逐步以全民所有制代替资本家所有制”。

可见,“五四宪法”施行时期,我国的土地制度仍然处于过渡阶段,方向上是从土地私有制转向全面的土地公有制(包括土地全民所有制及土地劳动群众集体所有制)。事实上,在"五四宪法"颁布之前,随着"一化三改"(社会主义工业化及农业、手工业、资本主义工商业的社会主义改造)工作的启动,以及"五四宪法"颁布后"一化三改"工作的深入推进及完成,我国土地制度从土地私有制转向了全面的土地公有制。

(3)农业合作化和人民公社运动

1952年土地改革完成后,废除了封建半封建地主土地所有制,建立了农民土地私有制,虽然农民的生产积极性被充分调动,但仍不足以适应、支持我国工业化建设的需求。为了在最短时间内集中最大力量发展农业生产,为全国工业化建设提供支持和保障。我国从1953年开始启动农业合作化运动。

1953年12月,中共中央通过了《关于发展农业生产合作社的决议》,明确我国农业要走从初级社到集体所有制的农业生产合作社道路。1956年我国基本实现农业生产的初级合作化。初级农业合作化有两个特点:土地经营使用权统一由合作社集体行使;入社农民仍享有土地所有权,退股自由。可见,该阶段的农业生产化合作社仍属于半社会主义性质的土地所有制,仍未改变农民土地私有制。

1956年1月中共中央办公厅编写《中国农村的社会主义高潮》一书,提倡创办高级社和大社。1956年6月全国人民代表大会通过《高级农业生产合作社示范章程》,第十三条第一款规定"入社的农民必须把私有的土地和耕畜、大型农具等主要生产资料转为合作社集体所有",即明确将农民私有土地转为集体所有,从根本上废除了土地私有制。

1958年8月北戴河扩大会议上,毛泽东同志将合并的大社定名为"人民公社"。人民公社的特点在于"一大二公":"一大"指规模大,一个公社5000户、10,000个劳动者和10,000亩土地;"二公"指公有化程度高,社员的一切土地包括自留土地、坟地、宅基地均属于公社集体所有。1958年9月底,全国农村的人民公社化基本实现。

该阶段值得一提的是,人民公社化后,国家严格排斥农民的非农化,限制农村人口流动至城市。1958年颁布的《户口登记条例》第十条第二款规定:"公民由农村迁往城市,必须持有城市劳动部门的录用证明,学校的录取证明,或者城市户口登记机关的准予迁入的证明,向常住地户口登记机关申请办理迁出手续。"农民想将户口迁入城市,变得十分困难。

(4)土地征用(征收)制度的细化

1958年1月6日国务院颁布《国家建设征用土地办法》(已失效),对国家建设需要征用土地的活动进行规定。该办法中的征用并非今天语境下的征用,而是包括了征收农业生产合作社的土地、征收私有土地、征收城市市区的土地(房屋地基及工地)。《国家建设征用土地办法》确立的部分制度也被1982年《国家建设征用土地条例》及1986年《土地管理法》所吸收,比如土地补偿与地上附着物补偿区分制度(该办法第七条)、用地单位代为补偿制度(该办法第八条)。

3."七五宪法""七八宪法"施行时期(1975—1982年)

1975年1月17日四届全国人大一次会议审议并通过了1975年的《宪法》(以下简称"七五宪法")。"七五宪法"无关于土地制度的直接规定,但该宪法明确规定我国生产资料所有制为社会主义全民所有制和社会主义劳动群众集体所有制,否定了个体所有制和资本家所有制的存在,并且通过肯定农村人民公社体制,间接强化了农村土地集体所有制。事实上,经历了社会主义改造、农业合作化、人民公社化等运动后,当时的中国应该实现了土地的全面公有化。在土地全面公有化的情况下,所有的生产资料甚至生活资料都是通过计划安排,除因生活需要少量的自留地外,绝大部分的土地属于公有并供国家或集体安排使用,法律层面也不存在所谓的"物权"概念。所以,当时也不可能存在所谓的土地流转制度。

1978年3月5日五届全国人大一次会议通过1978年《宪法》(以下简称"七八宪法")。在土地制度方面,"七八宪法"基本上延续了"七五宪法"的规定。

综上,可看出"七五宪法"颁布之后,我国在宪法层面建立起全面的土地公有制。

(二)改革开放新阶段(1982年至今)

改革开放后,我国根据社会主义市场经济发展的需要,结合我国实际情况,通过不断的探索,不断的改革,逐步建立起符合我国国情的土地制度。

1. 土地所有权二元制的明确建立

1978年安徽凤阳小岗村发动"家庭联合承包"运动,引发对人民公社制自下而上的土地改革,事实上产生了土地承包经营权利。

1982年2月13日,国务院颁布的《村镇建房用地管理条例》(该法规被1986年6月25日发布的《土地管理法》废止),对农村村庄和集镇(不包括县城和设镇建制的镇)建房用地活动进行了规定。《村镇建房用地管理条例》是“文化大革命”结束后首次在法规层面重新提出宅基地使用权,并对宅基地使用权的管理作出规定的法规。

《村镇建房用地管理条例》第四条规定:“农村人民公社、生产大队、生产队的土地,分别归公社、大队、生产队集体所有。社员对宅基地、自留地、自留山、饲料地和承包的土地,只有按照规定用途使用的使用权,没有所有权……严禁买卖、出租和违法转让建房用地。”第五条规定:“在村镇内,个人建房和社队企业、事业单位建设用地,都应按照本条例的规定,办理申请、审查、批准的手续……全民所有制单位,包括同社队联营的企业在内,其建设用地,应按国家建设征用土地的规定办理。非农业人口兴办的集体所有制企业建设用地,参照国家建设征用土地的规定办理。”第十五条规定:“由于买卖房屋而转移宅基地使用权的,应按第十四条的规定办理申请、审查、批准手续。出卖、出租房屋的,不得再申请宅基地。社员迁居并拆除房屋后腾出的宅基地,由生产队收回,统一安排使用。”上述规定,明确农村土地集体所有,社员仅享有使用权。如需使用村镇建设用地,有两个路径:一是社员个人及社队企业、事业单位申请使用村镇建设用地;二是国家因建设征用(征收)村镇建设用地为国有土地。限制宅基地使用权的流转,但认可办理审批手续的宅基地上房屋买卖行为。在社员迁居并拆除房屋的情况下,宅基地使用权由生产队收回。

对宅基地的使用主体,《村镇建房用地管理条例》第十四条规定:“农村社员,回乡落户的离休、退休、退职职工和军人,回乡定居的华侨,建房需要宅基地的,应向所在生产队申请,经社员大会讨论通过,生产大队审核同意,报公社管理委员会批准;确实需要占用耕地、园地的,必须报经县级人民政府批准。批准后,由批准机关发给宅基地使用证明。”第十八条规定:“集镇内非农业户建房需要用地的,应提出申请,由管理集镇的机构与有关生产队协商,参照第十四条的规定办理。”可见当时农村社员等主体申请宅基地,由于人民公社属于政社合一的组织,实际上履行着相当于镇政府的职能,故一般情况下经公社管理委员会批准即可。同时,当时并非绝对禁止集镇非农业户申请建房用地,只是需按规定办理审批手续。

1982 年 5 月 14 日,国务院颁布的《国家建设征用土地条例》(该法规被 1986 年 6 月 25 日发布的《土地管理法》废止),对国家征用(征收)集体所有的土地活动进行了规定,明确禁止任何单位直接向村社队购地、租地或变相购地、租地。

《国家建设征用土地条例》第七条规定了征用土地程序包括：申请选址，协商征地数量和补偿、安置方案，核定用地面积及划拨土地，并明确"在土地管理机关主持下，由用地单位与被征地单位签订协议"。这是改革开放后出现大量"代征地"活动的最早依据。按照该规定，征地单位实际上仍然是政府土地管理部门，用地单位仅是按规定与被征地单位签订协议、支付补偿费而已，并非具有征地职权职责的政府部门。该条例第十九条规定："遇到抢险或紧急的军事需要等特殊情况急需用地时，属于临时用地的可以先使用，并立即报告所在地县、市人民政府；属于永久用地的，经县、市以上人民政府同意，可以先使用，并按照规定的审批权限，补办征地手续。"这为提前先用土地、后办手续的征地、用地行为打开了操作空间。

在安徽凤阳小岗村发动"家庭联产承包"活动及相关土地管理法规出台的背景下，我国的土地制度在施行过程中出现翻天覆地的变化。这些变化因涉及国家基本土地制度，如得不到宪法的承认，则一系列土地改革将一直存在法律障碍。于是，1982 年 12 月 4 日五届全国人大五次会议通过了"八二宪法"。

"八二宪法"第十条规定："城市的土地属于国家所有。农村和城市郊区的土地，除由法律规定属于国家所有的以外，属于集体所有；宅基地和自留地、自留山，也属于集体所有。国家为了公共利益的需要，可以依照法律规定对土地实行征用。任何组织或者个人不得侵占、买卖、出租或者以其他形式非法转让土地。一切使用土地的组织和个人必须合理地利用土地。"首次对我国土地制度作出了全面、系统的规定。第一，土地所有权制度方面，我国实行土地国家所有和集体所有的二元制；第二，土地征收制度方面，实行公益征收制度（"八二宪法"所表述的"征用"实际属于"征收"），废除了法律概念含糊的土地征购或收归国有制度；第三，土地流转制度方面，禁止土地流转；第四，土地利用制度方面，确立合理利用原则。

1986 年 6 月 25 日，在"八二宪法"确立的基本土地制度之下，我国发布了《土地管理法》（以下简称 1986 年《土地管理法》）。其作为新中国成立后第一部对土地制度进行系统、全面规定的法律，一方面进一步细化了"八二宪法"所规定的土地制度，另一方面充分吸收了《村镇建房用地管理条例》及《国家建设征用土地条例》与实际相符的规定。

1986 年《土地管理法》在当时确立如下土地制度：第一，土地所有权制度方面，实行全面公有制，具体表现为国家所有（全民所有）和集体所有（劳动群众集体所有）二元制（第二条第一款）；第二，土地供应制度方面，国家建设用地实行划拨供应土地制度（第四章），并且只有“列入国家固定资产投资计划的或者准许建设的国家建设项目，经过批准，建设单位方可申请用地”（第二十二条），乡（镇）村建设用地实行审批制度（第五章），农村居民住宅用地由乡级政府审批（除非占用耕地），乡（镇）村企业建设用地由县级以上地方人民政府批准，乡（镇）村公共设施、公益事业建设用地由县级人民政府批准；第三，在土地利用制度方面，建立土地调查统计制度、土地利用总体规划制度（第三章）；第四，在土地流转制度方面，明确禁止转让土地（第二条第二款）；第五，在土地征收与收回制度方面，承继了“八二宪法”公益征收集体所有土地的原则，同时承继了1958年《国家建设征用土地办法》由“用地单位支付补偿补助费”的做法，保留“代征地”模式，同时首次明确了收回用地单位土地使用权的情形（第十九条，与现行土地管理法收回土地使用权的情形有所差别）。

2. 国有土地使用权有偿使用及流转制度的变革

“八二宪法”绝对禁止土地的流转，否认土地本身的商品属性和市场价值。随着改革开放的不断深入，市场亟须土地流转制度的变革。1987年11月29日，上海市率先出台《上海市土地使用权有偿转让办法》（已失效），自1988年1月1日起施行。1987年12月1日，深圳市政府第一次采取公开拍卖的方式有偿转让一块国有土地的使用权。1988年1月3日，广东省人大常委会发布了《深圳经济特区土地管理条例》（已失效），第一次规定“特区国有土地实行有偿使用和有偿转让制度”。这一系列的土地制度改革促成了宪法的修改。

1988年4月12日，七届全国人大一次会议审议通过《宪法修正案》（以下简称“八八宪法”），将“八二宪法”第十条第四款修改为“任何组织或者个人不得侵占、买卖或者以其他形式非法转让土地。土地的使用权可以依照法律的规定转让”。从国家根本大法层面承认了土地使用权可依法转让。

1988年12月29日，为了落实、回应“八八宪法”对土地使用权流转制度的修订，我国发布了修正后的《土地管理法》（以下简称1988年《土地管理法》）。1988年《土地管理法》在1986年《土地管理法》第二条第三款的基础上增加第四款及第五款：“国有土地和集体所有的土地的使用权可以依法转让。土地使用权转让的具体办法，由国务院另行规定。国家依法实行国有土地有偿使用制度。国有土地有偿使用的具体办法，由国务院另行规定。”上述规定在法律层面将原本单一的划拨供应土地改为有偿出让与划拨方式并存供应土地，将原本的绝对禁止土地使用权转让改为允许土地使用权依法转让。

但应予以注意的是:第一,1988 年《土地管理法》虽然提出了实行国有土地有偿使用制度,但在该法中未对该制度予以细化规定。该法中的第四章“国家建设用地”仍属于“国家进行经济、文化、国防建设以及兴办社会公共事业,需要征用集体所有的土地或者使用国有土地的”情形,该情形下走的仍是划拨土地路径。第二,虽然该法规定国有土地使用权和集体土地使用权均可依法转让,但是在很长的一段时间里,基于保障农民的生存根基,保证农民的生活稳定,集体土地使用权的转让一直受到极其严苛的限制,即使转让,也仅允许在集体内部流转。该状况直至近 20 年新一轮的农村土地制度改革成果得到 2019 年修正后的《土地管理法》及 2021 年施行的《民法典》的承认,才有所松动。但是,值得注意的是,1988 年《土地管理法》第四十一条规定:“城镇非农业户口居民建住宅,需要使用集体所有的土地的,必须经县级人民政府批准……”即仍允许城镇居民申请使用集体所有土地建设住宅。

1990 年 5 月 19 日,国务院依据 1988 年《土地管理法》第二条第四款及第五款制定并发布了《城镇国有土地使用权出让和转让暂行条例》(该条例于 2020 年修订),对城镇(包括市、县城、建制镇、工矿区范围内)属于全民所有的土地的出让、转让活动进行规定。该条例明确“按照所有权与使用权分离的原则,实行城镇国有土地使用权出让、转让制度”,我国境内外的公司、企业、其他组织和个人都可依法取得国有土地使用权,进行土地开发、利用、经营。相对于“八八宪法”及 1988 年《土地管理法》的含蓄表述,该条例在坚持土地公有制的前提下,通过所有权与使用权分离的做法,系统、全面回应了我国土地市场化的需求,分专章对土地使用权出让、转让、出租(指土地使用者出租土地使用权,而非指土地所有者出租土地使用权)、抵押、收回、划拨作出了详细规定。但是,对于农村集体土地使用权转让问题,由于争议极大,国务院至今未出台具体文件。

3. 土地制度的进一步完善

1998 年 8 月 29 日,我国发布修订后的《土地管理法》(以下简称 1998 年《土地管理法》),对我国土地制度予以完善。

第一,土地供应制度方面,删除了国务院制定国有土地有偿使用制度规定的条文,直接在 1998 年《土地管理法》中对土地使用权出让与划拨制度的具体规则作出规定。第二,土地利用制度方面,首次提出国家实行土地用途管制制度,将土地用途管制与原先的土地利用总体规划制度衔接起来,将土地分为农用地、建设用地和未利用地。第三，土地供应和土地流转制度方面，相比1988年《土地管理法》而言，将国有建设用地与集体建设用地合到一章进行规定，使用建设用地的情形包括申请使用国有土地和集体土地两种，使用国有建设用地的情形包括国家建设项目需要申请使用国有建设用地（一般通过划拨）及其他单位和个人的非国家建设项目需要申请使用国有建设用地（一般通过出让）。原则上不限制国有土地使用权的流转，但禁止集体土地使用权的流转，并且删除了城镇居民可申请集体土地建设住宅的规定。第四，土地征收与收回制度方面，界定了征地审批手续与农用地转用审批手续两条线，即先完成“农转用”审批，才能办理征地审批，除非两条线的审批工作由同一部门负责。同时，取消了用地单位直接支付征地补偿费“代征地”的做法，明确了收回国有土地使用权及集体土地使用权的条件。

2004年全国人民代表大会审议通过《宪法修正案》，将第十条第三款修正为“国家为了公共利益的需要，可以依照法律规定对土地实行征收或者征用并给予补偿”，修正了以往混淆使用征收与征用两个概念的做法。

2004年8月28日，我国发布修正后的《土地管理法》（以下简称2004年《土地管理法》）。2004年《土地管理法》同样将第二条第四款修正为“国家为了公共利益的需要，可以依法对土地实行征收或者征用并给予补偿”。

4.集体土地使用权流转制度的变革

集体土地使用权流转制度改革，并非新鲜事物。实际上，从20世纪90年代末就已经开始启动。简要梳理如下：

1999年年底，安徽省芜湖市获得国土部批准，开始在其5个镇进行农村建设用地使用权流转试点。

2001年，广东省佛山市顺德区向原国土资源部申请开展集体土地转为国有土地和集体建设用地使用权流转方面的改革试点。改革过程中，出现因集体建设用地使用权流转而产生的纠纷。为规范此类纠纷，广东省高级人民法院2001年印发《关于审理农村集体土地出让、转让、出租用于非农业建设纠纷案件若干问题的指导意见》（已废止）。

2002年，广东省佛山市顺德区出台《集体所有建设用地使用权流转管理暂行办法》。2003年4月，顺德试点扩大到该区15个镇。同年，国务院发布的《中共中央、国务院关于做好农业和农村工作的意见》（中发〔2003〕3号）明确提出：“各地要制定鼓励乡镇企业向小城镇集中的政策，通过集体建设用地流转、土地置换、分期缴纳土地出让金等形式，合理解决企业进镇的用地问题。”同年，广东省人民政府发布了《关于试行农村集体建设用地使用权流转的通知》(已失效)。

2004年,佛山市在全市范围推广顺德区的经验,出台了《佛山市试行农村集体建设用地使用权流转实施办法》。2004年10月21日,国务院下发《关于深化改革严格土地管理的决定》(国发〔2004〕28号),其第十条规定:"加强村镇建设用地的管理……农村集体建设用地,必须符合土地利用总体规划、村庄和集镇规划,并纳入土地利用年度计划,凡占用农用地的必须依法办理审批手续。禁止擅自通过'村改居'等方式将农民集体所有土地转为国有土地。禁止农村集体经济组织非法出让、出租集体土地用于非农业建设。改革和完善宅基地审批制度,加强农村宅基地管理,禁止城镇居民在农村购置宅基地……在符合规划的前提下,村庄、集镇、建制镇中的农民集体所有建设用地使用权可以依法流转。"

2005年,广东省向全省推广佛山市的做法,在全国率先出台了《广东省集体建设用地使用权流转管理办法》。

2006年2月起,佛山在全市铺开集体建设用地流转。土地规划和流转的具体工作由乡镇政府负责,采取公开招标、拍卖方式供应土地,土地流转收益由村集体留存50%。

2007年12月30日,国务院办公厅发出《关于严格执行有关农村集体建设用地法律和政策的通知》(国办发〔2007〕71号),其第三条第二款规定:"严格控制农民集体所有建设用地使用权流转范围。农民集体所有的土地使用权不得出让、转让或者出租用于非农业建设。符合土地利用总体规划并依法取得建设用地的企业发生破产、兼并等情形时,所涉及的农民集体所有建设用地使用权方可依法转移。其他农民集体所有建设用地使用权流转,必须是符合规划、依法取得的建设用地,并不得用于商品住宅开发。"

2009年3月6日,原国土资源部发布《关于促进农业稳定发展农民持续增收推动城乡统筹发展的若干意见》(国土资发〔2009〕27号),该意见中提到规范集体建设用地流转,逐步建立城乡统一的建设用地市场。具体举措为:一是明确土地市场准入条件,规范集体建设用地使用权流转……原国土资源部将下发农村集体建设用地使用权出让和转让办法。二是完善土地资源配置机制,构建城乡统一建设用地市场。三是制定集体土地收益分配办法,增加农民财产性收入。

2010年8月,上海市规划和国土资源管理局发布《农村集体建设用地流转试点操作规范(试行)》,规定农村集体建设用地与国有土地"同地同权"。

2011年9月13日,广州市人民政府办公厅发布的《广州市集体建设用地使用权流转管理试行办法》(穗府办〔2011〕37号),对集体建设用地使用权流转条件、流转程序、流转的法律效果作出规定。

2013年11月12日,中国共产党第十八届中央委员会第三次全体会议通过了《中共中央关于全面深化改革若干重大问题的决定》,指出要建立城乡统一的建设用地市场,在符合规划和用途管制的前提下,允许农村集体经营性建设用地出让、租赁、入股,实行与国有土地同等入市、同权同价。缩小征地范围,规范征地程序,完善对被征地农民合理、规范、多元保障机制。扩大国有土地有偿使用范围,减少非公益性用地划拨。建立兼顾国家、集体、个人的土地增值收益分配机制,合理提高个人收益。完善土地租赁、转让、抵押二级市场。

2014年11月,中共中央办公厅、国务院办公厅发布《关于引导农村土地经营权有序流转发展农业适度规模经营的意见》,集体土地使用权流转改革扩大农村土地承包经营权层面。2014年12月31日,中共中央办公厅、国务院办公厅印发《关于农村土地征收、集体经营性建设用地入市、宅基地制度改革试点工作的意见》(中办发〔2014〕71号),进一步推动集体建设用地使用权入市流转。

2015年2月27日,第十二届全国人民代表大会常务委员会第十三次会议决定:授权国务院在北京市大兴区等三十三个试点县(市、区)行政区域,暂时调整实施《土地管理法》《城市房地产管理法》关于农村土地征收、集体经营性建设用地入市、宅基地管理制度的有关规定,并授权国务院在北京市大兴区进行"农村集体经营性建设用地入市"的改革试点。上述调整在2017年12月31日前试行,对于实践证明可行的,修改完善有关法律;对于实践证明不宜调整的,恢复施行有关法律规定。这次试点经过全国人大授权,属于国家层面的试点改革,与历史上的农村土地合作社运动、农村土地家庭联产承包责任制、国有土地使用有偿使用制度具有同等重要的历史意义。

2015年7月23日,广州市人民政府办公厅发布《广州市集体建设用地使用权流转管理办法》(穗府办〔2015〕39号)。2015年9月8日,浙江省德清县敲响了集体经营性建设用地入市竞拍的第一槌。

2016年4月18日,财政部、原国土资源部印发《农村集体经营性建设用地土地增值收益调节金征收使用管理暂行办法》(财税〔2016〕41号)。

2017年8月21日,原国土资源部、住房和城乡建设部发布《利用集体建设用地建设租赁住房试点方案》,确定第一批在北京、上海等13个城市开展利用集体建设用地建设租赁住房试点,建成房源可以出租不可出售。

2019 年 8 月 26 日，我国发布修正后的《土地管理法》，第六十三条规定："土地利用总体规划、城乡规划确定为工业、商业等经营性用途，并经依法登记的集体经营性建设用地，土地所有权人可以通过出让、出租等方式交由单位或者个人使用，并应当签订书面合同，载明土地界址、面积、动工期限、使用期限、土地用途、规划条件和双方其他权利义务。前款规定的集体经营性建设用地出让、出租等，应当经本集体经济组织成员的村民会议三分之二以上成员或者三分之二以上村民代表的同意。通过出让等方式取得的集体经营性建设用地使用权可以转让、互换、出资、赠与或者抵押，但法律、行政法规另有规定或者土地所有权人、土地使用权人签订的书面合同另有约定的除外。集体经营性建设用地的出租，集体建设用地使用权的出让及其最高年限、转让、互换、出资、赠与、抵押等，参照同类用途的国有建设用地执行。具体办法由国务院制定。"从法律层面承认了集体经营性建设用地使用权流转的合法性，并明确了流转条件。

2021 年 1 月 1 日施行的《民法典》第三百三十四条规定："土地承包经营权人依照法律规定，有权将土地承包经营权互换、转让。未经依法批准，不得将承包地用于非农建设。"第三百三十九条规定："土地承包经营权人可以自主决定依法采取出租、入股或者其他方式向他人流转土地经营权。"从土地所有权、土地承包权、土地经营权的角度来看，将土地经营权从土地承包经营权中释放出来，实现农民在保有土地承包权的前提下流转土地经营权的目的，盘活农村农用地，充分发挥其市场价值的作用。

2021 年 7 月 2 日，国务院公布修订的《土地管理法实施条例》，第三十七条至第四十三条进一步明确集体经营性建设用地入市交易规则。

20 多年间，我国对集体土地使用权流转制度的探索从未停止。经过多地、反复的试点、检验、总结、研究，《民法典》和 2021 年《土地管理法》对集体土地使用权流转相关规则才予以明确。不过，从集体土地使用权流转制度改革的成果来看，目前我国仅承认集体经营性建设用地使用权、土地承包经营权及土地经营权流转的合法性，仍未放开宅基地使用权的流转。

至此，我国建立起了土地所有权二元制、土地利用规划与用途管制、土地有偿使用及无偿划拨并行、土地使用权依法流转、土地所有权征收与土地使用权收回的土地制度。从我国的土地制度变革史可看出（见表 1－1），往往由于旧的土地制度不能满足社会经济发展需要，人们先行突破现行的土地制度，结合实际探索适应社会经济发展需要并经实践检验的新模式，再通过法律予以承认，巩固土地改革的成果。可以预见，在未来很长的一段时间内，由于我国社会主义市场经济的不断发展，我国的土地制度必将仍会处于不断的探索及变革过程中。

表 1－1　中国土地制度沿革梳理

阶段	具体事件	土地所有权制度	土地利用制度	土地供应制度	土地流转制度	土地征收与收回制度	备注
《共同纲领》施行时期（1949—1954 年）	1949 年《共同纲领》施行	有限度的土地私有制	—	—	—	—	过渡阶段
	1952 年"土改"	农村：农民土地私有制	—	农村：没收、征收过程中的保留、乡农民协会分配	农村：允许农民自由买卖及出租土地	—	
"五四宪法"施行时期（1954—1975 年）	1953 年开始启动农业合作化运动	从土地私有制转向全面的土地公有制	—	—	—	—	过渡阶段
	1956 年基本实现农业生产的初级合作化		—	—	—	—	
	1954 年"五四宪法"施行		—	—	—	—	
	1958 年 9 月底，全国农村的人民公社化基本实现		—	—	—	—	
	1958 年 1 月 6 日《国家建设征用土地办法》施行		—	—	—	土地补偿与地上附着物补偿区分、用地单位代为补偿制度	
"七五宪法""七八宪法"施行时期（1975—1982 年）	"七五宪法""七八宪法"施行	全面的土地公有制	—	—	—	—	—

续表

阶段	具体事件	土地所有权制度	土地利用制度	土地供应制度	土地流转制度	土地征收与收回制度	备注
改革开放新阶段（1982年至今）	1978年安徽凤阳小岗村发动“家庭联合承包”运动	—	—	—	—	—	土地改革阶段
	1982年2月13日《村镇建房用地管理条例》颁布	农村土地集体所有，社员仅享有使用权	按照规定用途使用	社员个人及社队企业、事业单位申请使用村镇建设用地；并非绝对禁止集镇非农业户申请建房用地	限制宅基地使用权的流转，但认可办理审批手续的宅基地上房屋买卖行为	在社员迁居并拆除房屋的情况下，宅基地使用权由生产队收回	
	1982年5月14日《国家建设征用土地条例》颁布	—	—	—	—	“代征地”活动出现	
	“八二宪法”施行	实行土地国家所有和集体所有的二元制	确立合理利用原则	—	禁止土地流转	公益征收制度、废除了土地征购或收归国有制度	巩固改革成果
	1986年《土地管理法》	实行全面公有制，具体表现为国家所有和集体所有二元制	建立土地调查统计制度、土地利用总体规划制度	国家建设用地实行划拨供应土地制度；乡（镇）村建设用地实行审批制度	明确禁止转让土地	保留“代征地”模式，首次明确收回用地单位土地使用权的情形	
	1987年11月29日上海市出台《上海市土地使用权有偿转让办法》	—	—	—	—	—	国有土地使用权流转改革
	1987年12月深圳市政府采取公开拍卖的方式有偿转让国有土地的使用权	—	—	—	—	—	
	1988年1月3日《深圳经济特区土地管理条例》施行	—	—	—	规定特区国有土地实行有偿使用和有偿转让制度	—	

续表

阶段	具体事件	土地所有权制度	土地利用制度	土地供应制度	土地流转制度	土地征收与收回制度	备注
改革开放新阶段（1982年至今）	“八八宪法”施行	实行全面公有制，具体表现为国家所有和集体所有二元制	合理利用原则	—	承认了土地使用权可依法转让	公益征收制度	巩固改革成果
	1988年《土地管理法》	实行全面公有制，具体表现为国家所有和集体所有二元制	土地调查统计制度、土地利用总体规划制度	有偿出让与划拨方式并存供应土地；允许城镇居民申请使用集体所有土地建设住宅	允许土地使用权依法转让	保留“代征地”模式	
	1990年《城镇国有土地使用权出让和转让暂行条例》发布	—	—	细化出让、划拨制度	细化转让、出租制度	细化收回土地使用权制度	
	1998年《土地管理法》	实行全面公有制，具体表现为国家所有和集体所有二元制	首次提出国家实行土地用途管制制度	细化完善土地使用权出让与划拨制度，删除城镇居民申请集体土地建设住宅的规定	原则上不限制国有土地使用权的流转，但原则上禁止集体土地使用权的流转	取消了用地单位直接支付征地补偿费“代征地”的做法，明确了收回国有土地使用权及集体土地使用权的条件	土地制度完善
	2004年《宪法》	与“八八宪法”一致	与“八八宪法”一致	—	与“八八宪法”一致	修正“征收”与“征用”的概念	
	2004年《土地管理法》	实行全面公有制，具体表现为国家所有和集体所有二元制	土地用途管制制度	完善土地使用权出让与划拨制度	原则上不限制国有土地使用权的流转，但原则上禁止集体土地使用权的流转	修正“征收”与“征用”的概念	

续表

阶段	具体事件	土地所有权制度	土地利用制度	土地供应制度	土地流转制度	土地征收与收回制度	备注
改革开放新阶段（1982 年至今）	1999 年年底，安徽省芜湖市获得原国土资源部批准试点农村建设用地使用权流转	—	—	—	集体土地使用权流转制度改革	—	集体土地使用权流转制度变革
	2019 年《土地管理法》	实行全面公有制，具体表现为国家所有和集体所有二元制	土地用途管制制度、土地调查统计制度、土地利用总体规划制度	完善土地使用权出让与划拨制度	从法律层面承认了集体经营性建设用地使用权流转的合法性，并明确了流转条件	完善征地及收回土地使用权制度，“先征后批”，明确公共利益具体情形	
	2021 年 1 月 1 日《民法典》施行	—	—	—	明确土地所有权、土地承包权、土地经营权分立，允许土地经营权流转	—	
	2021 年 7 月 2 日《土地管理法实施条例》修订	—	—	—	进一步明确集体经营性建设用地入市交易规则	—	

三、新中国成立后深圳土地制度演变

在 1980 年深圳经济特区设立之前，深圳土地制度并无特殊之处。深圳经济特区设立至今，深圳对土地制度不断探索，始终走在中国时代的前列，推动了我国土地制度的变革。

（一）区域关系问题

1. 深圳市与深圳经济特区的关系

1980 年 8 月 26 日生效的《关于批准〈广东省经济特区条例〉的决议》第一条前半段规定：“为发展对外经济合作和技术交流，促进社会主义现代化建设，在广东省深圳、珠海、汕头三市分别划出一定区域，设置经济特区（以下简称特区）。”可见，当时并非整个深圳市均属于经济特区。当时的深圳经济特区是指深圳市内一定的区域（现福田、南山、罗湖、盐田）。

2010年5月27日国务院向广东省人民政府下发的《关于扩大深圳经济特区范围的批复》明确："尽快解决特区内外发展不平衡、特区发展空间局限和'一市两法'等问题，同意将深圳经济特区范围扩大到深圳全市，将宝安、龙岗两区纳入特区范围。"因此，该批复至2010年7月1日实施之后，原宝安、龙岗两区（现包括宝安、光明、龙华、龙岗、坪山等区及大鹏新区）才纳入经济特区范围。

为避免混淆，本书将2010年7月1日前的深圳经济特区称为"原特区"，并区分为"原特区内""原特区外"，将2010年7月1日后的深圳经济特区称为"现特区"。

之所以需要区分深圳市与深圳经济特区两者的关系，是因为涉及法规规章适用范围及效力位阶的问题。比如，在2010年7月1日前，经济特区法规仅可适用于原特区范围内，原特区范围外应适用国家法律，国务院制定的行政法规，广东省人大及常委会、深圳市人大及其常委会制定的地方性法规或深圳市人民政府规章，不能适用经济特区法规。同时，根据我国《立法法》的规定，经济特区法规根据全国人民代表大会的授权可对法律、行政法规、地方性法规作变通规定，在本经济特区适用，而地方性法规、政府规章不能与上位法内容冲突。

2. 原宝安县，原宝安、龙岗两区行政区划变革

1979年之前，原宝安县的行政区域范围大致涵盖了今天的福田、南山、罗湖、盐田、宝安、光明、龙华、龙岗等区。1979年撤原宝安县设地级市——深圳市。1982年12月复设宝安县，但此时的宝安县辖管深圳市范围内、原深圳经济特区之外的区域。1992年12月宝安撤县建区，分设为宝安、龙岗两个行政区。2007年宝安分设光明新区，2011年年底分设龙华新区，2017年1月7日，龙华区正式挂牌成立行政区，2018年5月国务院同意设立深圳市光明区；2016年，龙岗分设坪山区。

（二）深圳土地制度演变历程

1. 第一次城市化"统征"活动之前（1980—1992年）

（1）原特区内国土管理制度

1981年12月24日，广东省人大常委会发布《深圳经济特区土地管理暂行规定》。该规定当时主要是吸引外商到特区投资而出台的。《深圳经济特区土地管理暂行规定》第四条规定："任何单位和个人需要使用土地，应向深圳市人民政府申请，经批准并完备应办手续后方得使用；凡未经批准而直接与原土地使用单位或个人洽谈用地者，所签订的合约，一律无效。"第五条规定："经批准使用土地的

单位和个人,对其所使用的土地只有使用权,没有所有权;禁止买卖和变相买卖土地,禁止出租和擅自转让土地;不得开采、动用或破坏地下资源和其他资源。"第六条规定:"因建设需要征用土地、拆迁民房和其他建筑物的补偿办法,按照中华人民共和国和广东省人民政府有关规定办理。"第三章对在原特区内兴办企业、事业的所有单位用地年限及用地费用进行规定。可见,原特区内的行政划拨供地制度与国家层面的行政划拨供地制度存在差别,原特区内的行政划拨供地制度为有偿使用,国家层面的行政划拨供地制度为无偿使用。这主要是因为当时存在吸引客商(外资)在原特区内投资设厂、兴办各项事业的特殊需要。

1982 年,深圳市人民政府下发《关于颁发〈深圳经济特区农村社员建房用地的暂行规定〉的通知》,对农村社员建房用地活动予以规定。其中,第五条第二款规定:"现已移居国外的华侨、港澳同胞,在本社、村(镇)没有直系亲属,但原有祖屋或宅基地,而要求在本社、本村(镇)建新房者,可提出申请报告,经罗湖区人民政府审批同意后,按本规定,在原地或本村划定的范围内建房。"经过几年时间的发展,原特区内农村面貌发生了巨大变化,农民迫切要求改善生活和居住条件。虽然 1982 年市政府颁布了《深圳经济特区农村社员建房用地的暂行规定》,但由于农村规划工作跟不上,不少农民建房大大超过规定标准,多建住房和厂房高价出租,妨碍了城市总体规划实施。为了控制原特区内农村违建局面,深圳市人民政府印发了《关于进一步加强深圳特区农村规划工作的通知》。该通知提到要"根据现有农村建设现状,按照城市总体规划的要求,划定控制线",该控制线,即原特区内所谓的城中村用地红线。

1987 年 12 月 1 日,深圳市政府第一次采取公开拍卖的方式有偿转让一块国有土地的使用权。1988 年 1 月 3 日,广东省人大常委会公布施行《深圳经济特区土地管理条例》(已失效),第二条第一款规定:"特区国有土地实行有偿使用和有偿转让制度。"第八条规定:"特区国有土地使用权,由市政府垄断经营,统一进行有偿出让。"第十五条规定:"国家机关、部队、文化、教育、卫生、体育、科研和市政公共设施等非营利性用地的用地价款,经市政府批准可以减免。"由此,原特区通过特区立法在原特区内确立了土地使用权有偿出让及协议免地价出让并轨的供地制度。当时原特区内不存在划拨的提法,但是,所谓的协议免地价出让土地使用权实际上等同于无偿划拨土地使用权。

1989 年 1 月,为了加快深圳市城市建设步伐,深圳市人民政府出台《关于深圳经济特区征地工作的若干规定》(已失效),明确由市政府依照法律规定对特区内可供开发的属于集体所有的土地统一征用。按照该规定，特区内土地征用工作由市国土局会同各管理区具体组织实施。政府在征地过程中，对被征地单位及个人按照《深圳经济特区征地拆迁补偿办法》予以补偿，同时由市国土部门优先免地价划拨一块土地，供被征地单位兴建经营性的商业、服务楼，以发展生产。划给农村的土地仍由政府统一征用，用地单位必须与市国土局签订土地使用合同，确定土地用途、使用年期。

(2)原特区外国土管理制度

在当时原特区外，无国土管理方面的特殊规定，主要适用国家及广东省层面的相关规定。根据1980年至1989年我国施行的1986年《土地管理法》及1988年《土地管理法》，当时土地征收制度方面仍保留“代征地”模式。土地供应制度方面，1988年12月才在修正的《土地管理法》中规定我国依法实行国有土地有偿使用制度。同时，宝安县在1992年年底才撤县设区。因此，我们现在看到的大部分土地历史遗留问题相关资料，基本上是当时的宝安县国土局向当时的用地单位(大部分是当时的镇政府或镇属企业)核发的用地批复，以及由用地单位(大部分是当时的镇政府或镇属企业)与被征地单位(村民小组或者村委)双方签订的《征(使)用土地补偿、安置协议书》，并附有相应的红线位置图。当然，由于鼓励“三来一补”和我国港澳台地区的企业来深投资，“以租代卖”集体土地的情况盛行，实际中也大量存在未取得宝安县国土部门用地批复，但擅自套用《征(使)用土地补偿、安置协议书》模板签署土地转让协议的情况。对于上述“代征地、外卖地”产生的土地历史遗留问题，本书后续将专门进行研究分析，此处暂且不表。

2.第一次城市化“统征”活动(1992年)

1992年6月，原特区内农村的经济发展、村镇建设、生活环境都发生了重大变化，为了适应原特区内农村经济发展、村镇建设、生活环境的重大变化和进一步发展经济，提高人民群众生活水平，加速原特区内社会主义现代化建设，中共深圳市委、深圳市人民政府联合印发《关于深圳经济特区农村城市化的暂行规定》，对原特区内实施农村城市化，即实现农村转化为城市、村民转化为城市居民。此处所涉及的农村和农民系深圳特区范围内68个村委会、沙河华侨农场和所属持特区内常住农业户口的农民、渔鱼和蚝民。《关于深圳经济特区农村城市化的暂行规定》的出台，标志着深圳第一次城市化“统征”活动的正式启动。

为了保障农村城市化的顺利开展，以及城市化后相关制度的安稳落地，《关于深圳经济特区农村城市化的暂行规定》从管理体制、集体经济组织管理、土地国有化、原房屋产权承接、公共设施保留、人口管理等多个方面进行了规定。其中,在管理体制上,明确将原村民委员会的发展集体经济和组织村民自治的两大职能分开,分别由新的集体经济组织、居民委员会和街道办事处承担;在集体经济组织的管理上,建立和健全集体经济组织,使之成为自主经营、自负盈亏的城市化集体所有制企业,并探索性提出集体积累股、个人分配股、个人集资股三种形式的股份制改革;在农村土地上,则明确对原特区内集体所有尚未被征用的土地实行一次性征收补偿,对于已按规定划给原农村的集体工业企业用地和私人宅基地,则仍由原使用者享有使用权,集体企业与个人应按市有关规定分别与市、区国土管理部门签订土地使用合同,办理有关房地产手续;对于原村民的合法房产,产权不变;对于原各村在红线范围内投资建设的共用设施,在符合城市规划的情况下,仍归原投资者使用;对于农村人口,明确将原特区内原农民全部一次性转为城市居民。

由于当时深圳仍在摸索发展中,城市化建设不完善,被征收人的补偿预期不是很高,补偿标准也较为合理,所以深圳第一次城市化“统征”活动推进过程中阻力不是很大,完成度较高。同时,深圳第一次城市化“统征”活动也为后续的第二次城市化活动及深圳市股份合作公司制度建设积累了宝贵的经验。

3. 第二次城市化“统转”活动之前(1993—2003 年)

(1)原特区内国土管理制度

1994 年出台并经 1998 年修正的《深圳经济特区土地使用权出让条例》,进一步规范了深圳原经济特区范围内有偿出让和协议免地价出让并轨的供地制度,第六十三条规定“原行政划拨土地使用权的土地使用者应当于一九九九年十二月三十一日前申请补办出让手续”。将原特区内历史上的行政划拨土地通过补办出让手续的方式纳入出让供地制度的范围。但由于历史原因,并非全部行政划拨土地都补办了出让手续,导致有些权属性质现状仍显示为行政划拨用地。

(2)原特区外国土管理制度

1993 年 7 月 14 日,深圳市人民政府出台《深圳市宝安、龙岗区规划、国土管理暂行办法》,对原特区外的规划、国土管理活动予以调整。《深圳市宝安、龙岗区规划、国土管理暂行办法》主要规定如下内容。

第一,土地供应制度方面,规定两区国有土地实行有偿有期使用制度,国有土地使用权出让采用协议、招标、拍卖的方式,土地使用出让合同由土地使用权取得者与市规划国土管理部门(并非深圳市规划国土管理部门派出机构)签订,但土地使用费向派出机构交纳,土地使用费区分有偿用地与原行政划拨用地两种标准收取。

第二，土地流转制度方面，允许土地使用者将依法取得的土地使用权进行转让、出租和抵押。

第三，土地征收制度方面，规定除派出机构外，其他单位和个人均不得征用或出让集体所有的土地，由派出机构对城市建设规划区范围的集体所有土地或范围外的预留用地实行分期分批征用或一次性征用。

第四，规定城市建设规划区范围内的非农建设用地的类型及划定标准，明确非农建设用地属于国有土地，暂免交土地使用费；城市建设规划区范围外的非农建设用地则属于集体所有土地，未经批准不得转让。

第五，对原宝安县撤县改区前非法用地行为的处理方式予以规定。

由上述规定可知，自 1993 年 7 月 14 日起，在深圳原特区外不再划拨土地使用权，统一实行有偿有期使用土地制度，但因历史原因仍存在原行政划拨用地①。另外，自 1993 年 7 月 14 日起，征收集体土地只能由派出机构征收，但在国家法律层面仍允许由用地单位支付征地补偿费。由此深圳从 1993 年起出现大量的"三方征地协议"。虽然后来的 1998 年《土地管理法》删除"代征地"相关条款，但深圳市人大常委会于 1999 年 5 月 6 日通过的《深圳市土地征用与收回条例》第三条第三款仍规定："主管部门或派出机构组织实施征用土地或收回土地，可以委托开发建设单位办理补偿、安置等方面的具体事务。"因此，在 2004 年深圳第二次城市化转地前，深圳实际上保留着"代征"的征地补偿方式。这也是在实务中能见到大量 2000 年以后、2004 年以前签订"三方征地协议"的原因。

所谓的"三方征地协议"通常表现为两种形式：一是由县级以上国土部门、被征地单位、用地单位三方签订，约定由用地单位与被征地单位厘清补偿关系，土地征为国有；二是由县级以上国土部门与被征地单位两方签订，约定由非协议当事人的用地单位与被征地单位厘清补偿关系，土地征为国有。被征地单位与用地单位另行再签订补偿协议或者土地转让协议。

笔者认为上述两种形式的"三方征地协议"仅是形式上的区别，法律关系上并无二致。国土部门与被征地单位之间形成集体土地征收法律关系；国土部门与用地单位之间构成行政委托关系，根据国土部门的委托与指示向被征地单位支付征地补偿费；用地单位与被征地单位之间不存在直接法律关系，对国土部门与被征

---

① 2018 年深圳市人民政府颁布的《关于完善国有土地供应管理的若干意见》，在现特区范围内重新恢复与国家法律层面一致的土地划拨制度。

地单位双方来说，用地单位支付补偿款属于由第三人履行的行为。当然，用地单位并非无条件代为支付征地补偿费，其相应的对价为获得完善用地出让手续的机会。但是，在未按规定完善用地出让手续前，用地单位并非合法的土地使用权人。三方法律关系如图1－1所示。

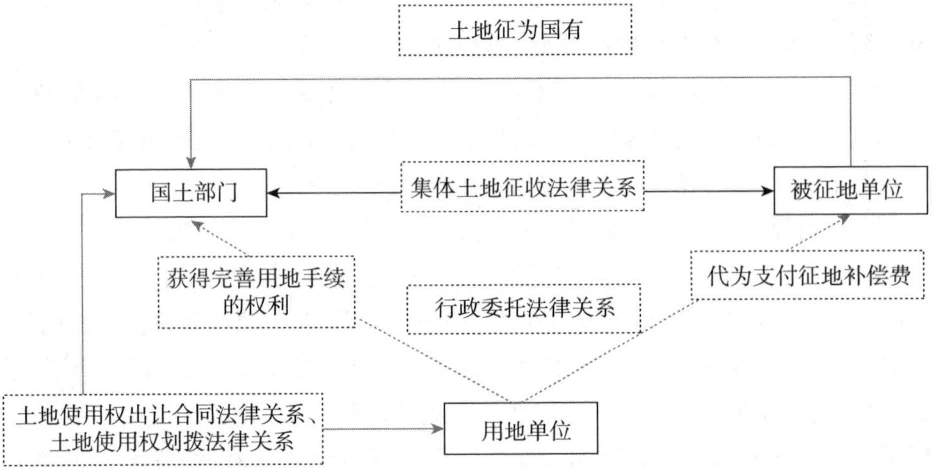

图1－1　三方法律关系

对比原特区外在1993年7月14日深圳市人民政府出台《深圳市宝安、龙岗区规划、国土管理暂行办法》前后征地及供地工作的大致区别，笔者梳理如下（见表1－2）。

表1－2　1993年7月14日前后征地及供地工作的区别

日期	1993年7月14日前	1993年7月14日后
法律依据	1986年《土地管理法》、1988年《土地管理法》	1998年《土地管理法》《深圳市宝安、龙岗区规划、国土管理暂行办法》
征地方式	“代征地”	“代征地”、国土部门自行支付征地补偿款两种方式均有
资料形式	宝安县国土部门征地（用地）批复、用地单位与被征地单位之间的征地补偿协议	“三方征地协议”（必须有国土部门作为其中一方）
供地方式	直接通过划拨方式供地	需要另行完善用地出让手续

根据上述分析及梳理，可看出在《深圳市宝安、龙岗区规划、国土管理暂行办法》出台前，尤其是在1990年5月《城镇国有土地使用权出让和转让暂行条例》出

台之前，有关土地使用权出让的规定尚不完善，大部分情况下是用地单位为了建设项目向县级以上国土部门申请划拨土地，根据国土部门的征地（用地）批复开展征地补偿工作，完成征地补偿工作即可取得土地使用权。后续用地单位可按规定报批报建，施工建设。

在《深圳市宝安、龙岗区规划、国土管理暂行办法》出台后，原特区外无法再通过划拨方式取得土地使用权，因此即使是“代征地”，也需要在以国土部门名义完成征地补偿工作后，完善用地出让手续才可取得合法土地使用权。但是，无论是在《深圳市宝安、龙岗区规划、国土管理暂行办法》出台前还是出台后，深圳的征地及供地均产生了大量历史遗留问题。

4. 第二次城市化“统转”活动（2003—2006 年）

经过 10 多年的发展，当时深圳宝安、龙岗两区在城市基础设施、户籍人口等方面具备了城市化的经济基础。无论是两区的建设面貌还是村民的生活方式，都与原来的农村不一样。但是两区在管理体制和机制上仍保留城市和农村两种管理模式，导致两区在城市规划、建设、管理等方面出现诸多问题，约束了两区的发展。为解决宝安、龙岗两区城市化问题，深圳市启动了第二次城市化“统转”活动。该活动基本过程如下：

2003 年 10 月 30 日，深圳市人民政府下发《关于加快宝安龙岗两区城市化进程的通告》（深府〔2003〕192 号）。2003 年 10 月 29 日，《中共深圳市委、深圳市人民政府关于加快宝安龙岗两区城市化进程的意见》（深发〔2003〕15 号）出台。随后，深圳市政府印发了一系列的配套文件，包括《深圳市教育局关于加快推进宝安龙岗两区教育城市化的暂行意见》、《深圳市城管办关于加快宝安龙岗两区城市化进程中加强城市管理工作的暂行意见》、《深圳市计生办关于宝安龙岗两区城市化计划生育衔接工作的暂行意见》（深城办〔2003〕03 号）等，分别涉及教育、城管、计生、民政、组织、宣传、国资、工商、公安、农林、人事等方面。

2004 年 6 月 26 日，深圳市人民政府出台《深圳市宝安龙岗两区城市化土地管理办法》（深府〔2004〕102 号），明确深圳转地补偿标准和非农建设用地标准。

2005 年 4 月 19 日，深圳市人民政府发布《深圳市宝安龙岗两区城市化转地工作实施方案》（深府〔2005〕63 号）、《深圳市宝安龙岗两区城市化土地储备管理实施方案》（深府〔2005〕64 号）、《深圳市宝安龙岗两区城市化非农建设用地划定办法》（深府〔2005〕65 号）、《深圳市宝安龙岗两区城市化转地补偿费用使用管理办法》（深府〔2005〕67 号）四大文件，要求按照“一次性转地、一次性付款、一年内完成”的计划在2005年内完成转地工作，宣布转地后的土地纳入国有土地储备统一管理，规定了非农建设用地的划定程序和转地各项补偿的使用管理办法。宝安、龙岗两区相应出台了相关落实文件。

2006年3月15日，深圳市人民政府发布《深圳市宝安龙岗两区城市化转为国有土地交接与管理实施方案》(深府〔2006〕43号)，要求转地办把转地后的土地分别委托给规划、国土及农林渔业等部门归口管理。宝安、龙岗两区相应出台了相关落实文件。

至此，通过城市化统一转地的方式(将农村集体经济组织全部成员一次性全部转为城镇居民)，将农村集体经济组织成员集体所有的土地转为国有土地。

深圳本次城市化转地属全国先例，同时也是不可复制的特例。本次城市化转地主要依据1998年《土地管理法实施条例》第二条第五项的规定“农村集体经济组织全部成员转为城镇居民的，原属于其成员集体所有的土地”。但是，当时对于能否越过征地程序直接依据该条规定通过转地方式将集体土地转为国有土地，存在较大的争议。由于争议性较大，在深圳启动本次城市化转地活动后，2005年3月4日原国务院法制办公室、原国土资源部联合发布《关于对〈中华人民共和国土地管理法实施条例〉第二条第(五)项的解释意见》(国法函〔2005〕36号)，明确“该项规定，是指农村集体经济组织土地被依法征收后，其成员随土地征收已经全部转为城镇居民，该农村集体经济组织剩余的少量集体土地可以依法征收为国家所有”。自此，通过城市化转地方式将集体土地转为国有土地的路径再无法律依据。2021年7月2日国务院修订的《土地管理法实施条例》也删除了1998年《土地管理法实施条例》的第二条。

最高人民法院也曾在相关案例裁判文书中指出，“根据上述法律和行政解释规定，原属于农村集体经济组织所有的集体土地，只有在被依法征收后，才能变为国有土地。未经土地征收程序，仅仅是规划变更，将农民所在村、组的集体土地纳入城镇规划区范围，农民的农村集体经济组织成员身份因建制转变为城市居民，原属农村集体经济组织所有的集体土地，并不能当然地转变为国有土地”①。

对于深圳本次城市化“统转”活动，笔者认为应该客观看待。一方面，通过本次城市化“统转”活动，转变了管理体制和机制，在法律名义上将集体土地转为了国有土地，适应了深圳市宝安、龙岗两区的城市建设及经济发展需要，有力地推动

① 参见最高人民法院行政裁定书，(2018)最高法行申4928号。

了两区城市建设及经济发展。另一方面，本次城市化“统转”活动也造成了大量的历史遗留问题。比如，许多土地名义上转地，但实际仍由继受单位或者其他用地单位实际控制，短时间内引发大量的抢建、加建、扩建行为。这些历史遗留问题正是我们今天需要通过城市更新、土地整备利益统筹等方式予以梳理解决的。

5. 存量土地二次开发制度探索

两次城市化征（转）地活动之后，深圳市一方面得以快速发展；另一方面由于国土资源不足，再加上两次城市化征（转）地活动遗留下来的土地、建筑物历史遗留问题，深圳的城市化建设与发展再一次面临如何破局的难题。为了破局，深圳在我国创新性探索城市更新与土地整备两种存量土地二次开发模式。2009 年深圳出台《深圳市城市更新办法》、2011 年出台《关于推进土地整备工作的若干意见》，标志深圳市开始进入存量土地开发时代。

第二节　深圳土地历史遗留问题

一、深圳土地历史遗留问题的类别

对深圳土地历史遗留问题进行分类，有利于我们对土地历史遗留问题的理解与处理。但是深圳土地历史遗留问题形式各样，能否分类、如何分类，是个难题。

从历史上的政策来看，1994 年原宝安区政府出台的《深圳市宝安区历史用地遗留问题处理办法》（深龙府〔1994〕82 号，以下简称 82 号文）、2006 年深圳市人民政府出台的《关于处理宝安龙岗两区城市化土地遗留问题的若干规定》（深府〔2006〕95 号，以下简称 95 号文），以及 2015 年深圳市人民政府出台《关于征地安置补偿和土地置换若干规定（试行）》（深府〔2015〕81 号，以下简称 81 号文，已失效）等文件，都对深圳土地历史遗留问题的具体情形进行梳理、列举。但是，这些文件的梳理、列举，更多是为了解决相应时期的具体土地历史遗留问题，实用性较强，体系性较弱。为了便于认识，笔者认为深圳土地历史遗留问题大体上可分为两类：征（转）地历史遗留问题及用地历史遗留问题。

二、征（转）地历史遗留问题

所谓的征（转）地历史遗留问题，是指在深圳市城市化征（转）地过程中遗留下来未解决的土地问题。

除1992年原特区内"统征"及2004年原特区外"统转"两次城市化征(转)地活动以外,自深圳经济特区设立以来,中间还存在一些零零散散的征地活动。由于当时征(转)地任务紧迫、外卖地风气盛行等多种历史因素交织,许多土地在征(转)过程中征(转)地手续不完善,或者征(转)后用地手续不完善,政府欠下"巨额旧账"。

(一)征(转)地土地历史遗留问题相关政策

单纯从政策规定层面来看,2006年6月5日深圳市人民政府发布施行的95号文、2006年12月31日宝安区人民政府发布施行的《宝安区处理城市化土地遗留问题实施方案》(深宝府〔2006〕127号,以下简称127号文,有效期1年)以及2015年9月10日深圳市人民政府发布施行的81号文对征(转)地土地历史遗留问题均进行梳理列举。

95号文第二条规定:"本规定所称两区城市化过程中涉及的土地遗留问题,包括:(一)以市、区政府会议纪要形式或已由国土部门签订征地、拆迁补偿协议确定的应予返还和安置但尚未安排的用地。(二)以原镇政府(街道办事处)会议纪要形式或原镇政府(街道办事处)以补偿协议方式同意给原农村集体经济组织但尚未落实的用地……"

127号文第二条作了更为明细的规定:"根据《若干规定》[①]第二条,宝安区城市化过程中涉及的土地遗留问题是指:(一)以市、区政府会议纪要形式确定的应予返还和安置但尚未安排的用地。(二)由国土部门签订征地、拆迁补偿协议确定的应予返还和安置但尚未安排的用地。(三)市、区政府委托单位代政府成片统征土地,以补偿协议确定应予返还和安置但尚未安排,经区城市化土地遗留问题处理工作领导小组(以下简称区领导小组)按省、市相关法规、政策审定同意安排的用地。(四)原镇政府(街道办事处)受区政府委托,以会议纪要形式或以补偿协议方式同意给原农村集体经济组织但尚未安排,经区领导小组按省、市相关法规、政策审定同意安排的用地……(七)国土部门与原农村集体经济组织签订了征地补偿协议,但政府未支付征地补偿费用,土地尚未收回的用地。本方案涉及的区政府会议纪要和原镇政府(街道办事处)会议纪要或补偿协议,指区政府成立之日起至《深圳市宝安龙岗两区城市化土地管理办法》(深府〔2004〕102号,以下简称

① 此处的"《若干规定》",是指《关于处理宝安龙岗两区城市化土地遗留问题的若干规定》。

102 号文)发布之日(即 2004 年 6 月 26 日)止,区、原镇政府(街道办事处)正式签发的会议纪要或签定的补偿协议。”

81 号文第四条第一款规定:“属于以下情形之一的,经市政府批准,可以采取土地安置方式解决原农村集体经济组织继受单位(以下简称继受单位)的征地遗留问题:(一)本试行规定实施前,由土地主管部门签订征地补偿协议,确定以土地安置方式解决征地遗留问题但尚未安置的;(二)本试行规定实施前,市政府以会议纪要形式确定以土地安置方式解决征地遗留问题但尚未安置的;(三)在《深圳市人民政府关于印发〈深圳市宝安龙岗两区城市化土地管理办法〉的通知》(深府〔2004〕102 号)实施前(即 2004 年 6 月 26 日前),原特区外区政府以会议纪要形式确定以土地安置方式解决征地遗留问题但尚未安置的;(四)根据市、区政府批复,相关单位在《中华人民共和国土地管理法》修订实施之日前(即 1999 年 1 月 1 日前),代政府统征土地,并以补偿协议形式确定以土地安置方式解决征地遗留问题但尚未安置的。”

如果仅看上述规定,难以对土地历史遗留问题有清晰的认识,更遑论准确地理解。要理解上述土地历史遗留问题,需要了解当时的历史背景。这需要把握一个历史节点:1993 年 7 月 14 日《深圳市宝安、龙岗区规划、国土管理暂行办法》(深府〔1993〕283 号)出台。

《深圳市宝安、龙岗区规划、国土管理暂行办法》出台前,根据 1986 年《土地管理法》及 1988 年《土地管理法》,当时的征地方式为“代征地”;《深圳市宝安、龙岗区规划、国土管理暂行办法》出台后,“代征地”、国土部门自付征地补偿费两种方式并存,“三方征地协议”盛行。同时,当时为了灵活解决实际问题,市政府、区政府或经区政府委托的镇政府通过各种会议纪要的形式向继受单位许下各类“补偿承诺”。

总体来看,上述政策所规定的征(转)地历史遗留问题主要有三类:

(1)用地单位“代征地”过程中征地协议约定落实但未落实的土地;

(2)征地单位(国土部门)征地过程中征地协议约定应予补偿但未补偿的土地、应落实但未落实的土地;

(3)市政府、区政府或区政府委托的镇政府以会纪要形式明确应落实但未落实的土地。

由于地方政策以实用、解决问题为导向,所以如果单纯总结上述政策所列举的征(转)地历史遗留问题并不足以揭示征(转)地历史遗留问题本身的法律性质。因此,笔者结合自己的理解将征(转)地历史遗留问题大致归纳为三大问题:“代征地”(含“三方征地”)问题、未完善征(转)地补偿手续用地问题及已征未完善出让手续用地问题。

(二)“代征地”(含“三方征地”)问题

1.“代征地”(含“三方征地”)的概念

对于何为“代征地”,笔者在本书第一章第一节中已作解释,即用地单位受征地单位委托,代为向被征地单位支付征地补偿款,将集体土地征收为国有土地。

“代征地”一词在不同语境下,词性也不同。有些语境下,“代征地”指的是特殊历史背景下的一种征地补偿方式,是个动宾结构的词组;有些语境下,“代征地”指的是通过用地单位代政府支付征地补偿款的方式征为国有的土地,是个名词。

2.“代征地”(含“三方征地”)问题的实务争议

为什么谈深圳的征(转)地历史遗留问题,先谈“代征地”问题?其包括两个原因:第一,“代征地”行为在深圳征(转)地历史上相当普遍。第二,对“代征地”的认识,影响对不同情形下土地权属性质及权益的认识,与本书后续所要分析的未完善征(转)地补偿手续用地及已征未完善出让手续用地有重要关系。

通常理解,如用地单位已代为支付完毕全部征地补偿款,所涉土地则属于厘清补偿经济关系的国有土地;如未支付完毕全部征地补偿款,则所涉土地仍属于未完善征(转)地补偿手续用地。但是,实务中的“代征地”问题并非如此简单。

第一,对于“代征地”行为的性质认识存在偏差(该语境下,“代征地”指的是一种征地补偿方式)。有些观点认为“代征地”支付的款项属于土地使用费或者地价,用地单位可直接据此取得土地使用权。根据1986年《土地管理法》第二十七条、1988年《土地管理法》第二十七条及1999年出台的《深圳市土地征用与收回条例》第三条的规定,当时的深圳实行“代征地”制度,即由用地单位代政府支付征地补偿款。因此,用地单位所实施的“代征地”行为性质上应属于依法受政府委托支付征地补偿款的行为,所支付的款项性质上属于征地补偿款,而非土地使用费或者地价,用地单位与政府形成的是行政委托法律关系。

第二,对“代征地”的权属性质及权利状态认识不一(该语境下,“代征地”指的是土地)。“代征地”作为一种征地补偿方式,并不影响所涉土地的权属性质。“代征地”权属性质及权利状态如何,取决于是否已经征收、是否已经完善征(转)地补偿手续。

深圳部分行政区的国土部门认为用地单位并无征地权，即使已代为支付完毕全部征地补偿款，所涉土地仍属于未完善征（转）地补偿手续用地，用地单位也未取得土地使用权；或者认为即使全部征地补偿款支付完毕，只要土地仍在继受单位实际掌控，就仍属于未完善征（转）地补偿手续用地。

笔者认为，1986年《土地管理法》及1988年《土地管理法》第二十七条均规定，国家建设征用土地，由用地单位支付土地补偿费。因此，用地单位代为支付征地补偿款符合当时的法律规定，如果用地单位已经实际代为支付征地补偿款，则所涉土地应属于已经完善征（转）地补偿手续的国有土地。是否由政府部门支付补偿款、土地是否由继受单位实际掌控，均不影响土地状态的认定。如果进一步细分，若用地单位未完善用地出让（划拨）手续，则该土地属于已征未完善出让手续用地，若用地单位已办理用地出让（划拨）手续，则该土地属于国有已出让（划拨）土地。当然，如果用地单位未代为支付征地补偿款，则所涉土地应属于下文将分析的未完善征（转）地补偿手续用地。

第三，对于“代征地”的权属主体认识不一（该语境下，“代征地”指的是土地）。绝大部分观点认为，用地单位履行完毕代为支付征地补偿款义务后，须另行办理用地出让手续才可取得土地使用权。

笔者认为，因1986年《土地管理法》及1988年《土地管理法》均规定，国家建设征用土地，建设单位向县级以上地方人民政府土地管理部门提出申请，经县级以上人民政府审查批准后，由土地管理部门划拨土地。1993年7月14日《深圳市宝安、龙岗区规划、国土管理暂行办法》出台后，深圳才明确申请用地需办理土地使用权出让手续。因此，在该暂行办法出台前，深圳应适用国家层面的规定。

也就是说，如果“代征地”行为发生在1993年7月14日前，符合行政划拨条件，应认为用地单位通过划拨方式取得土地使用权；如果“代征地”行为发生在1993年7月14日后，按照《深圳市宝安、龙岗区规划、国土管理暂行办法》的规定，用地单位需另行完善用地出让手续方可取得土地使用权。如用地单位未按规定完善用地出让手续，应认定用地单位未依法取得土地使用权，仅对所涉土地享有权益。

用地单位该种权益的性质如何认定？笔者倾向认为属于一种期待权——期待政府后续按规定将土地使用权出让给用地单位的权利，或者说是信赖利益——基于信赖政府后续按规定将土地使用权出让给用地单位所产生的利益。从用地单位与政府之间法律关系的角度来看，用地单位从政府受让土地使用权，双方形成的是土地使用权出让法律关系。但是在“代征地”行为中,用地单位受政府委托代为与被征地单位理顺补偿经济关系,形成的是行政委托法律关系,用地单位所获得的对价并非土地使用权,而是期待政府后续按规定将土地使用权出让给用地单位的权利。如果上述逻辑成立,则在通过土地整备方式解决已经理顺补偿经济关系的“代征地”历史遗留问题时,并非对被收土地的继受单位,而应对用地单位予以补偿——该补偿是对用地单位期待权无法实现或信赖利益落空所作出的补偿。

对上述问题的理解与认识,取决于对“代征地”行为涉及的法律关系的认识。笔者结合个人理解,对“代征地”行为涉及的法律关系梳理如下(见图1-2)。

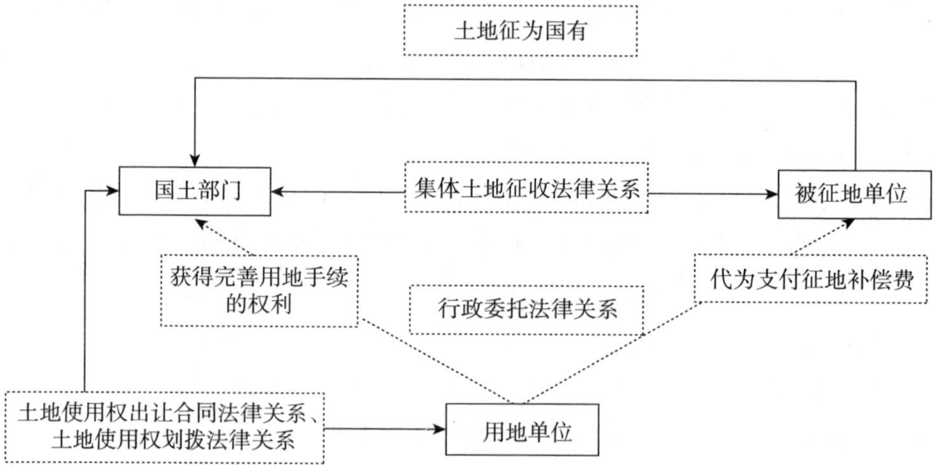

图1-2 “代征地”行为涉及的法律关系

(三)未完善征(转)地补偿手续用地问题

1. 未完善征(转)地补偿手续用地的概念

未完善征(转)地补偿手续用地的概念或者类似概念,在深圳诸多有关土地方面的政策中均有提及。

比如,与历史遗留违法建筑有关的《深圳市人民代表大会常务委员会关于农村城市化历史遗留违法建筑的处理决定》第九条第一款第二项有“非法占用已完成征、转地补偿手续的国有土地”的规定;与集体用地交易有关的《龙华区股份合作公司集体用地土地使用权交易管理办法》第二条提到“未完善征(转)地手续但集体享有权益的土地”;与城市更新有关的《深圳经济特区城市更新条例》第四十四条第三款中规定“拆除范围内土地涉及未完善土地征转用补偿手续的”,《深圳市拆除重建类城市更新单元土地信息核查及历史用地处置规定》中涉及的“未签订征(转)地协议或已签订征(转)地协议但土地或者建筑物未作补偿的”,以及附件中的《关于______城市更新单元土地信息核查意见的复函》示范文本明确提到需核查的土地权属情况中包括“未完善征转手续用地”,附件中的《土地信息一览表》“填表说明”部分说明“‘未完善征转手续用地’是指未签订征(转)协议用地、已签订征(转)协议但土地或建筑物未作补偿用地”;与土地整备利益统筹有关的《深圳市土地整备利益统筹项目管理办法》第二条中有“项目范围内至少有一块3000 平方米以上集中成片的未完善征(转)地补偿手续规划建设用地”的规定。

除了上述《土地信息一览表》对“未完善征转手续用地”的概念作了明确说明外,其他文件对于何为未完善征转手续用地,语焉不详。虽然《土地信息一览表》对“未完善征转手续用地”的概念作了明确说明,但是不同的行政管理部门在自己的职能管理范围内、不同的人对这一概念都有不同的理解。据笔者实务经验所知,个别区在城市更新项目土地信息核查时,由于存在部分合法用地计算两次的情况,为了方便计算,甚至把“未完善征转手续用地”作为数据指标处理(更新单元拆除范围内土地总面积扣减合法用地面积后为“未完善征转手续用地”),而未真正核实具体地块的权属性质情况。

2017 年上半年,为了解决未完善征(转)地补偿手续用地的流转问题,深圳市规划国土委起草了《深圳市未完善征(转)地补偿手续用地流转管理办法》(征求意见稿)。该文件是目前为止专门就未完善征(转)地补偿手续用地的管理作出规定的文件,但是至今仍未出台。

即使是该专门就未完善征(转)地补偿手续用地的管理作出规定的文件,该办法正文也未直接明确“未完善征(转)地补偿手续用地”的定义,仅是通过起草说明指出“城市化过程中,土地权益尚未充分厘清但实际被原农村集体经济组织使用,成为‘政府拿不走、社区用不好、市场难作为’的历史遗留用地,该部分用地所有权为国有,但使用权归属不明确,通常称为未完善征(转)地补偿手续用地”。

笔者认为未完善征(转)地补偿手续用地是指在城市化征(转)地过程中,政府已依法征(转)为国有,但未依法与被征地单位(继受单位)厘清补偿经济关系的用地。对该概念如何理解,与三个问题的认识有重大关系。

第一,集体土地何时转为国有土地的问题。根据《民法典》第二百二十九条

“因人民法院、仲裁机构的法律文书或者人民政府的征收决定等,导致物权设立、变更、转让或者消灭的,自法律文书或者征收决定等生效时发生效力”的规定,应是征收决定生效时集体土地转为国有土地。

但是,在20世纪八九十年代的征地程序中并无发布征收决定这一类似环节。更重要的是,深圳“统征”“统转”两次城市化活动都是统一实施征(转)地补偿活动。尤其在第二次城市化“统转”集体土地时,直接通过发布《深圳市宝安龙岗两区城市化土地管理办法》的方式,将村民身份转为居民身份,在法律意义上将原特区外全部集体土地转为国有土地。如果依据现行规定去界定深圳范围内的土地何时转为国有,无疑是将本来已十分复杂的土地历史遗留问题再次复杂化。因此,在深圳市启动了“统征”“统转”两次城市化活动后,宜统一认定在法律意义上深圳所有土地均属于国有土地。

第二,集体土地转为国有土地的手续问题。无论是征收集体土地,还是通过变更村民身份方式“转地”,按照我国宪法、历版土地管理法以及深圳征(转)地政策的规定,都必须予以补偿。政府征(转)地履行补偿义务的形式为签订补偿协议并支付完毕全部补偿款。由此可知,凡是应依法签订补偿协议但未签订补偿协议、或签订补偿协议未支付完毕补偿款(包括全部未支付及部分未支付)的土地均属于未完善征(转)地补偿手续用地。

第三,征(转)地补偿范围问题。上述所称的“支付完毕全部补偿款”,指的是土地、建(构)筑物全部补偿款,还是仅指土地补偿款呢?从集体土地征收补偿的规定来看,征(转)地补偿当然包括了土地、建(构)筑物全部补偿款。但是,实务中政府部门一般认为只要土地补偿款支付完毕,则该土地就已经完善征(转)地补偿手续,仅是地上建(构)筑物未厘清补偿经济关系而已。

根据我国土地管理法,我国集体土地征收补偿与国有土地上房屋征收补偿不同:集体土地征收补偿一般是房地分离评估、补偿;国有土地上房屋征收补偿原则上是房地产一体评估补偿。故对于集体土地征(转),房、地的补偿关系分开处理有一定的法理基础。《最高人民法院关于审理涉及农村集体土地行政案件若干问题的规定》第十二条第二款规定:“征收农村集体土地时未就被征收土地上的房屋及其他不动产进行安置补偿,补偿安置时房屋所在地已纳入城市规划区,土地权利人请求参照执行国有土地上房屋征收补偿标准的,人民法院一般应予支持,但应当扣除已经取得的土地补偿费。”这可间接推论法院也并未否认土地已获得补偿、地上建筑物未获得补偿的集体土地已转为国有土地的事实。

2. 未完善征(转)地补偿手续用地的权属性质

根据我国现行宪法及土地管理法的规定,我国实行土地国有及集体所有二元制。换言之,在我国,土地权属性质要么是国有土地,要么是集体所有土地,不可能存在其他权属性质的土地。因此,严格意义来说,未完善征(转)地补偿手续用地并非我国国有土地、集体所有土地以外的第三种性质的土地,而是集体土地征(转)为国有土地后的一种特殊的土地状态。该状态下,未完善征(转)地补偿手续用地在权属性质上已属于国有土地,只是仍未厘清补偿经济关系而已。

3. 未完善征(转)地补偿手续用地的权益问题

根据前述分析,首先,未完善征(转)地补偿手续用地所有权归属国家,属于国有土地。其次,被征地单位(继受单位)依法应获得但实际未获得征地补偿,就未完善征(转)地补偿手续用地享有经济利益。根据《民法典》第一百二十六条"民事主体享有法律规定的其他民事权利和利益"的规定,权利和利益(权益)也受法律的保护。因此,继受单位对未完善征(转)地补偿手续用地享有的权益依法受法律保护。

4. 未完善征(转)地补偿手续用地的处置问题

未完善征(转)地补偿手续用地的处置主要面临两个问题:一是如何完善征(转)地补偿手续;二是通过什么路径使得这种"政府拿不走、社区用不好、市场难作为"的历史遗留用地可以依法高效开发使用,为深圳的发展拓展空间资源。

如何完善征(转)地补偿手续? 该问题单纯从法律层面来看十分简单,由国土部门与继受单位签订征(转)地补偿协议,厘清补偿经济关系即可,或约定给继受单位补上补偿款,或约定继受单位同意政府无需支付任何补偿(所谓零补偿)。但从市场逻辑来看,如没有实现各方利益的平衡,继受单位及实际用地单位不可能积极配合政府完善手续。为此,深圳探索性制定了几种解决未完善征(转)地补偿手续用地处置问题的制度。

(1)城市更新制度

城市更新是指对城市建成区符合规定情形的区域按规定进行拆除重建或综合整治的活动(《深圳经济特区城市更新条例》第二条)。根据《深圳市拆除重建类城市更新单元土地信息核查及历史用地处置规定》,城市更新六类性质的用地中有一类为未完善征转手续用地。一方面,继受单位将未完善征(转)地补偿手续用地纳入城市更新项目范围,通过城市更新方式获得搬迁补偿安置权益,保障自身集体利益。另一方面,《深圳市拆除重建类城市更新单元土地信息核查及历史用地处置规定》规定，对符合历史用地处置条件的未完善征（转）地补偿手续用地可按规定进行历史用地处置，在实施主体申请用地审批前，继受单位自行厘清历史用地处置范围内的经济关系，拆除、清理地上建筑物、构筑物及附着物，在城市更新项目签订土地使用权出让合同前，继受单位与政府部门签订完善征（转）地手续的协议，政府不再另行支付任何补偿；对未按规定进行历史用地处置的未完善征（转）地补偿手续用地，同样是在实施主体申请用地审批前，继受单位自行厘清历史用地处置范围内的经济关系，拆除、清理地上建筑物、构筑物及附着物，在城市更新项目签订土地使用权出让合同前，继受单位与政府部门签订完善征（转）地手续的协议，政府不再另行支付任何补偿。据此，未完善征（转）地补偿手续用地正式转变为不存在经济利益关系的国有未出让土地（净地）。但是，实际操作中，未完善征（转）地补偿手续用地范围内的经济关系都是由城市更新项目意向实施主体负责厘清。

（2）土地整备制度

《深圳市人民政府关于推进土地整备工作的若干意见》（深府〔2011〕102 号）第五条规定，土地整备工作立足于实现公共利益和城市整体利益的需要，综合运用收回土地使用权、房屋征收、土地收购、征转地历史遗留问题处理、填海（填江）造地等多种方式，对零散用地进行整合，并进行土地清理及土地前期开发，统一纳入全市土地储备。可见征转地历史遗留问题处理是土地整备实施方式之一。深圳通过土地整备的方式，参照征转地相关政策［城市化征（转）地政策文件规定的补偿标准、征转地历史遗留问题处理政策规定的“退地还钱”、81 号文规定的所在区域的工业用地基准地价的 50% 及规定比例的留用土地］进行补偿，由政府部门与继受单位签订完善征（转）地手续的协议，将土地纳入国家土地储备。

（3）未完善征（转）地补偿手续用地流转制度

2017 年，深圳市规划和国土资源委员会起草了《深圳市未完善征（转）地补偿手续用地流转管理办法》（征求意见稿），拟对继受单位未完善征（转）地补偿手续用地的流转规则作出规定，从而与 2011 年市政府印发的关于合法集体用地流转的《深圳市原农村集体经济组织非农建设用地和征地返还用地土地使用权交易若干规定》（深府〔2011〕198 号）形成合力，实现对继受单位实际使用土地的全覆盖。未完善征（转）地补偿手续用地流转制度与城市更新、土地整备制度的区别在于，城市更新、土地整备制度侧重于成片区、大范围推进，未完善征（转）地补偿手续用地流转制度探索的对象进一步定位于以具体地块为主。未完善征（转）地补偿手续用地流转制度重点在两方面：一是收益分配方式，对于未完善征（转）地补偿手续用地流转产生的收益，继受单位可选择第六条规定的方式，对土地使用权出让收益（成交价扣除相关交易税费）分成、物业返还、或收益分成与物业返还相结合的方式进行收益分配；二是实施方式，由继受单位提出申请，市规划国土部门拟定流转实施方案，报市政府批准。继受单位应在用地出让前自行厘清相关经济利益关系，完成青苗、建（构）筑物及附着物的清理、补偿和拆除，与规划国土部门签订相关征（转）地补偿协议，政府不再另行补偿。

不过由于争议性较大，《深圳市未完善征（转）地补偿手续用地流转管理办法》（征求意见稿）至今尚未出台。

（四）已征未完善出让手续用地问题

1. 已征未完善出让手续用地的概念

2020 年市规划和自然资源局起草了《深圳市已征未完善出让手续用地处置办法》（征求意见稿），首次涉及“已征未完善出让手续用地”的概念。但是，目前仍没有生效政策文件对已征未完善出让手续用地作出系统的处置规定。已征未完善出让手续用地的概念，很长一段时间都被实务界所忽略，一般被混同在未完善征（转）地补偿手续用地当中。所幸的是，这个概念近两年终于引起了实务界的关注。

何为已征未完善出让手续用地？《深圳市已征未完善出让手续用地处置办法》（征求意见稿）第二条指出：“本办法所称已征未完善出让手续用地，是指我市行政区域内已签订征地补偿协议、但土地使用权出让手续未完善，且由原农村集体经济组织继受单位或征地补偿方实际掌控，征地行为发生在 2007 年 6 月 30 日（含）之前的土地，具体包含以下几类：（一）由土地主管部门、原农村集体经济组织继受单位和征地补偿方三方签订征地补偿协议，且由征地补偿方实施征地补偿的土地；（二）由土地主管部门与原农村集体经济组织继受单位签订征地补偿协议，且征地补偿协议或市、区政府相关文件明确规定由征地补偿方实施征地补偿的土地；（三）土地主管部门之外的征地补偿方，在《深圳市人民政府关于印发〈深圳市宝安龙岗两区城市化土地管理办法〉的通知》（深府〔2004〕102 号）实施前（即 2004 年 6 月 26 日前，含 2004 年 6 月 26 日），获得市、区政府（含原宝安县）相关文件或会议纪要授权，为落实文件或会议纪要精神，与原农村集体经济组织继受单位签订征地补偿协议，并实施征地补偿的土地；（四）其他经区政府（含新区管委会,下同)审定可按照本办法执行的已征未完善出让手续的用地。”

市规划和自然资源局于2020年8月28日挂网公示的《〈关于征(转)地安置补偿和土地置换的若干规定〉(征求意见稿)起草说明》中对已征未完善出让手续用地也是作了上述定义。

2022年市规划和自然资源局公布的《深圳市土地整备利益统筹办法》(征求意见稿)第二十六条第三款对于“已征未完善出让手续用地”概念进行简化,其规定:“本办法所称已征未完善出让手续用地是指本市行政区域内在2007年6月30日前已签订征地补偿协议、且未完善土地使用权出让或划拨手续的土地,具体包含以下几类:(一)由土地主管部门、原农村集体经济组织继受单位和征地补偿实施方三方签订征地补偿协议,且由征地补偿实施方实施补偿的土地;(二)由土地主管部门与原农村集体经济组织继受单位签订征地补偿协议,且征地补偿协议或市、区政府相关文件明确规定由征地补偿实施方实施补偿的土地;(三)其它经市、区政府认定,由征地补偿实施方实施补偿的已征未完善出让手续用地。”上述不再强调“由原农村集体经济组织继受单位或征地补偿方实际掌控”。

从上述定义来看,“已征未完善出让手续用地”是发生在“三方征地”的征地模式之下。不过,上述该办法中对“已征未完善出让手续用地”的认定,并没有区分用地单位(征地补偿方)是否已经支付完毕征地补偿款,理顺补偿经济关系。换言之,该办法中所称的“已征未完善出让手续用地”实际上与本文前面所述的“未完善征(转)地补偿手续用地”存在重叠交叉的情况。

笔者认为,《深圳市已征未完善出让手续用地处置办法》(征求意见稿)及《深圳市土地整备利益统筹办法》(征求意见稿)将“已征未完善出让手续用地”的外延扩大,是有违法理的。

从文义表述来看,“已征未完善出让手续用地”就是属于已经完善征(转)地补偿手续但未完善出让手续的土地。从我国征地、供地程序来看,根据我国土地管理法律法规,在我国集体土地转为国有建设用地,存在征收(入库)与出让或划拨(出库)两个环节。因此,将“已征未完善出让手续用地”理解为已经完善征(转)地补偿手续但未完善出让手续的土地,也符合我国正常的征地及供地程序。

从《深圳市已征未完善出让手续用地处置办法》(征求意见稿)本身的制定目的来看,该办法的《起草说明》解释“已征未完善出让手续用地的类型众多、经济关系复杂。经济关系已理顺的,土地实际控制人多为征地补偿方(或关联公司);经济关系未理顺的,既有由征地补偿方实际控制的情况,也有由原农村集体经济组织继受单位实际控制的情况。由于各区政府部门难以掌握此类用地的经济关系，为了充分保证相关权益人的利益，便于操作，本《办法》不再区分经济关系是否理顺，不再区别考虑土地实际掌控情况”。可见，该办法是为了解决实际问题而对“已征未完善出让手续用地”的概念外延作了逻辑及法理上的“牺牲”，导致该办法的适用对象既包括未理顺补偿关系的三方征地[未完善征（转）地补偿手续用地]，也包括已理顺补偿关系的三方征地（法律意义上的已征未完善出让手续用地）。但是，这种简化处理，不仅会造成逻辑及法理上的“牺牲”，还会造成后续政策适用上的困难。

综上分析，笔者认为已征未完善出让手续用地应指已经完善征（转）地补偿手续但未完善出让手续的土地。

2. 已征未完善出让手续用地的权属性质

既然未完善征（转）地补偿手续用地在性质上属于国有土地，举重以明轻，已征未完善出让手续用地作为已经完善征（转）地补偿手续的土地，就更应属于国有土地。已征未完善出让手续用地指的仅是该国有土地所存在的一种状态。

3. 已征未完善出让手续用地的权益问题

首先，既然已征未完善出让手续用地是已经完善征（转）地补偿手续的土地，说明继受单位对该用地不存在经济利益关系，无权主张权益。其次，如果被征土地是由用地单位理顺补偿关系，因用地单位未就该土地完善出让手续，未依法取得土地使用权，所以其并非该土地的建设用地使用权人。但是，用地单位对该地块享有通过完善用地出让手续取得土地使用权的期待权益——期待权。按照尊重历史、实事求是的原则，从合理的角度考虑，应保护用地单位的期待权益。

4. 已征未完善出让手续用地的处置问题

已征未完善出让手续用地，既由用地单位实际掌控，也由继受单位（原被征地单位）实际掌控。同样是“政府拿不走、企业用不好、市场难作为“的历史遗留用地，应该如何处置？

目前来看，政府仍然缺乏有效的路径加以盘活，全市层面也暂无统一的处置政策，部分辖区纳入土地整备项目范围按照“退地还钱”的方式进行处置，但市场整体接受度不高，大部分用地单位诉求完善用地手续，或者给予土地置换。为了解决已征未完善出让手续用地的处置问题，市规划和自然资源局先后起草了《深圳市已征未完善出让手续用地处置办法》（征求意见稿）及《关于征（转）地安置补偿和土地置换的若干规定》（征求意见稿）。深圳市规划和自然资源局已公布的

《深圳市土地整备利益统筹办法》(征求意见稿),扩大了土地整备利益统筹项目适用范围,将已征未完善出让手续用地纳入利益统筹项目处置范围。笔者简要就《深圳市已征未完善出让手续用地处置办法》(征求意见稿)及《关于征(转)地安置补偿和土地置换的若干规定》(征求意见稿)作出介绍。对于《深圳市土地整备利益统筹办法》(征求意见稿),后续专文分析。

(1)《深圳市已征未完善出让手续用地处置办法》(征求意见稿)主要内容

《深圳市已征未完善出让手续用地处置办法》(征求意见稿)主要适用于"代征地"(含三方征地),既包括前文所述未理顺补偿关系的未完善征(转)地补偿手续用地,也包括前文所述已理顺补偿关系的已征未完善出让手续用地。

①在处置主体方面,继受单位、征地补偿方或经区政府确认的主体均可作为处置主体。

②在处置规则方面,按照"房地分离"原则,地上建(构)筑物按照重置价给予补偿,土地按照一定的补偿标准核算土地补偿价值后,可选择货币补偿、置换物业或留用土地三种方式进行处置。其中,置换物业的价值不得超过土地补偿价值的1.1倍,置换物业价值与土地补偿价值的差额按实际金额以货币方式进行结算;留用土地则根据核算的土地补偿价值按照等价值原则确定留用土地规划、用途、规划容积等规划控制指标,规模上不得超过处置范围内土地整备规划建设用地的40%,处置范围内除留用土地之外的土地全部移交政府。

③在处置程序方面,继受单位和征地补偿方共同出具承诺书,承诺自行理顺关系;区土地整备机构收到处置承诺书后,将处置用地相关信息公示;区土地整备机构申请列入全市土地整备年度计划,实施单位组织编制项目实施方案,按照程序实施;处置主体负责理顺项目范围内的经济利益关系,并具体负责建(构)筑物及青苗、附着物等的补偿、拆除、清理和土地移交工作。

④从《深圳市已征未完善出让手续用地处置办法》(征求意见稿)的内容来看,该办法主要也是对《深圳市土地整备利益统筹项目管理办法》的适用范围进行填补。《深圳市土地整备利益统筹项目管理办法》是针对继受单位实际掌控的未完善征(转)地手续用地的处置政策,但是现实存在大量由用地单位或继受单位实际掌控的已征未完善出让手续用地。这类历史遗留用地一直缺乏实施性强、市场接受度高的处置路径。但是,从适用范围的角度来看,由于《深圳市已征未完善出让手续用地处置办法》(征求意见稿)为了解决实际问题而对"已征未完善出让手续用地"的概念外延作了逻辑及法理上的"牺牲",导致该办法的适用对象既包括

未理顺补偿关系的三方征地,也包括已理顺补偿关系的三方征地,所以《深圳市已征未完善出让手续用地处置办法》(征求意见稿)与《深圳市土地整备利益统筹项目管理办法》的适用范围并非全异关系,而是交叉关系。《深圳市已征未完善出让手续用地处置办法》(征求意见稿)与《深圳市土地整备利益统筹项目管理办法》均有可能涉及笔者在本节所述的未完善征(转)地补偿手续用地及已征未完善出让手续用地。

(2)《关于征(转)地安置补偿和土地置换的若干规定》(征求意见稿)

2015 年 9 月,市政府发布了 81 号文。其后,深圳市规划和国土资源委员会于 2016 年制定了《〈关于征地安置补偿和土地置换的若干规定(试行)〉实施细则》(深规土规〔2016〕1 号)。2017 年 10 月 12 日,市政府发文将 81 号文有效期延续至 2022 年 12 月 31 日。但鉴于深圳市征(转)地安置补偿和土地置换工作中出现新情况和新问题,市规划和自然资源局对 81 号文进行修订,形成了《关于征(转)地安置补偿和土地置换的若干规定》(征求意见稿)。

①关于适用范围。《关于征(转)地安置补偿和土地置换的若干规定》(征求意见稿)适用于深圳市行政区域内的征(转)地安置补偿及土地置换。所谓的征(转)地安置补偿,是指为解决征(转)地历史遗留问题给予继受单位的土地安置和货币补偿。

②土地安置的适用条件。《关于征(转)地安置补偿和土地置换的若干规定》(征求意见稿)按照 81 号文的逻辑将土地安置的适用条件分为两类:第一类是该规定实施前,已有会议纪要、补偿协议确定安排征地返还用地但尚未安排的;第二类是该规定实施后,确需采取土地安置的方式解决征地遗留问题的。同时,明确要求第二类是因公共利益或规划实施等原因并经市政府同意。

③完善征(转)地补偿手续的土地补偿费标准。81 号文将土地补偿费标准参照继受单位所在区域的工业用地基准地价的 50% 进行修正。《关于征(转)地安置补偿和土地置换的若干规定》(征求意见稿)适当提高了征地货币补偿的标准,土地补偿费标准参照原村集体所在区域的 2013 年工业用地基准地价的 100% 进行修正。

④土地安置的类型及规模。《关于征(转)地安置补偿和土地置换的若干规定》(征求意见稿)明确通过土地安置方式获得的土地用地类型为征地返还用地,用地规模区分两种情形处理:一是针对本规定实施前,已有会议纪要、补偿协议确定安排征地返还用地的,征地返还用地的规模按照会议纪要、补偿协议明确的规

模确定，但原特区外区政府会议纪要以及相关单位根据市、区政府批复签订的补偿协议明确安排返还用地面积超过所征土地面积5%的，征地返还用地规模按照所征土地面积的5%确定；二是针对本规定实施后新增的土地安置，征地返还用地规模按照未完善征（转）地补偿手续规划建设用地面积的5%确定。

⑤征地返还用地安排的总体思路。《关于征（转）地安置补偿和土地置换的若干规定》（征求意见稿）整合了81号文关于征地返还用地安排的方式以及顺序。征地返还用地应当按照纳入城市更新项目统筹处理、纳入土地整备利益统筹项目统筹处理、货币补偿方式、在原村集体未完善征（转）地补偿手续或已征未完善出让手续用地上、在其他原村集体未完善征（转）地补偿手续或已征未完善出让手续用地上、在国有储备土地上的顺序进行安排。具体的安排规则可参考《关于征（转）地安置补偿和土地置换的若干规定》（征求意见稿）的具体规定。

⑥利益共享规则。为进一步拓宽土地整备安置房及产业用房的房源渠道，促进利益共享，《关于征（转）地安置补偿和土地置换的若干规定》（征求意见稿）增加了对征地返还用地开发建筑面积的分配规定。分配规则较为复杂，整体而言，由政府与继受单位对规定限额以上的建筑面积按比例进行利益分配，移交政府部分的利益共享用房优先用于土地整备安置，尽可能解决土地整备的"安置难"问题。

三、用地历史遗留问题

深圳用地历史遗留问题的产生最初主要源于"三来一补"企业的设立。所谓的"三来一补"是指来料加工、来样加工、来件装配和补偿贸易。这是我国改革开放初期，为了解决当时技术、品牌、设备等不足的问题而创设的一种新型企业贸易形式。"三来一补"企业要经营发展，就必须使用土地、建设厂房。在当时的历史背景下，为了解决用地建厂问题，出现了大量的村集体"以租代卖"集体土地、镇属企业挂名征地、合作建房等一系列用地乱象，因此产生了大量土地历史遗留问题。

（一）用地历史遗留问题相关政策

1.1993年7月14日深圳市人民政府发布《深圳市宝安、龙岗区规划、国土管理暂行办法》（深府〔1993〕283号）

《深圳市宝安、龙岗区规划、国土管理暂行办法》第七章专门就"撤县改区前非法用地的处理"作出规定。所谓的"撤县改区"是指1992年11月经国务院批准，撤销宝安县,分设为宝安、龙岗两个行政区,隶属于深圳市。所涉及非法用地情形如下:未经批准推土但尚未建设的土地、农村集体单位转让属农村非农用地标准以内的土地(不包括宅基地)、农村集体单位或镇经济发展公司非法转让土地、农村集体单位未经批准与其他单位合作建房(或者与个人合作建房)、农村集体单位以及未合法取得农村集体土地使用权的用地者没有办理用地或报建手续建成建筑物、农村集体单位未经批准建成公共设施、本村以外的单位或个人非法受让农村宅基地、农村村民未经批准建私房及单位或个人未经批准与农村村民合作建房。

《深圳市宝安、龙岗区规划、国土管理暂行办法》对这些非法用地的处理,主要考量用地行为是否在农村非农用地标准以内、是否改变土地农用途、已建成的建筑物与规划是否矛盾等情形,予以不同幅度的处罚,上述情形的轻重也同时影响了政府是否承认双方签订的合同、是否转为国有并视为有偿用地。

值得注意的是,《深圳市宝安、龙岗区规划、国土管理暂行办法》第六十二条第二款规定"农村集体单位未经批准与个人合作建房的,其合作合同无效"。第六十六条第二款规定"本村以外的单位或个人非法受让农村宅基地,其所签订合同一律无效,不予登记发证"及第六十九条规定"任何单位或者个人未经批准与农村村民合作建房的(即一方出地,一方出资建房分成的),合作建房合同无效,由出地村民退还出资方的建房款,该住宅留给村民使用"。上述规定可体现出当时对宅基地买卖及通过合作建房变相买卖宅基地行为的严厉打击。上述第六十九条也是较早关于"退地还钱"处置方式的规定。

2.1993 年 11 月 9 日,深圳市人民政府发布《关于处理深圳经济特区房地产权属遗留问题的若干规定》(深府〔1993〕426 号,已失效)

《关于处理深圳经济特区房地产权属遗留问题的若干规定》专门就原特区内的房地产权属遗留问题作出规定。处理原则也是综合考量用地行为是否在市政府划定的原农村用地红线范围内、建成的建筑物是否影响城市规划等情形作出不同幅度的处罚,并视罚款及交地价情况在土地转为国有土地后,认定为行政划拨用地或者有偿用地。

同时,《关于处理深圳经济特区房地产权属遗留问题的若干规定》和《深圳市宝安、龙岗区规划、国土管理暂行办法》一样,也是命令禁止原农村集体单位非法转让土地给个人或与个人合作建房,合作建房合同一律无效,不予登记发证。已建成的私人房屋,原村民每户(分户以特区农村城市化时公安机关登记的为准)只能选择一幢房办理房地产登记发证手续,多余房屋依法处理。

3.1994 年 5 月 16 日,深圳市龙岗区政府印发《龙岗区历史用地遗留问题处理办法》(深龙府〔1994〕80 号,以下简称 80 号文)。1994 年 9 月 23 日,深圳市印发 82 号文

80 号文及 82 号文依据《深圳市宝安、龙岗区规划、国土管理暂行办法》的规定,分别对两区在撤县设区前原宝安县时期遗留下来的各类建设用地问题处理作出规定。两个文件处置规则对比梳理如下(见表 1-3)。

表 1-3　80 号文和 82 号文处置规则对比梳理

具体事项	80 号文	82 号文
地价款和罚款缴纳	凡属本办法处理而补交的地价款全部由规划国土分局统一收取	按本办法处理而收取的地价款和罚款,由市规划国土宝安分局统一收取,列入区土地开发基金,并将其中 40% 划拨给各镇用于市政建设
土地使用期限	补办土地使用手续,土地使用期限按有关规定确定,并从用地者与农村集体单位签订土地合同之日计起	补办用地手续的,土地使用期限规划的功能和有关规定确定,并从用地者与农村集体单位签订土地使用合同之日计起
转为国有土地手续	补办土地使用手续的,规划国土分局不再与村签订征地协议	按本办法规定处理历史用地的,签订征地协议后不再作征地补偿,一律转为国有土地,当事人可在交清地价款后,申报房地产登记
遗留问题申报时间	1994 年 8 月 31 日	1994 年 11 月 30 日
处理范围	不包括私人宅基地	不包括私人宅基地

4.1994 年 11 月 8 日,宝安区人民政府印发《关于处理历史用地遗留问题办事程序的通知》(深宝府〔1994〕101 号)

《关于处理历史用地遗留问题办事程序的通知》将宝安区历史用地遗留问题分为已竣工项目、在建项目、未建项目三种情形分程序处理,见图 1-3 至图 1-5。

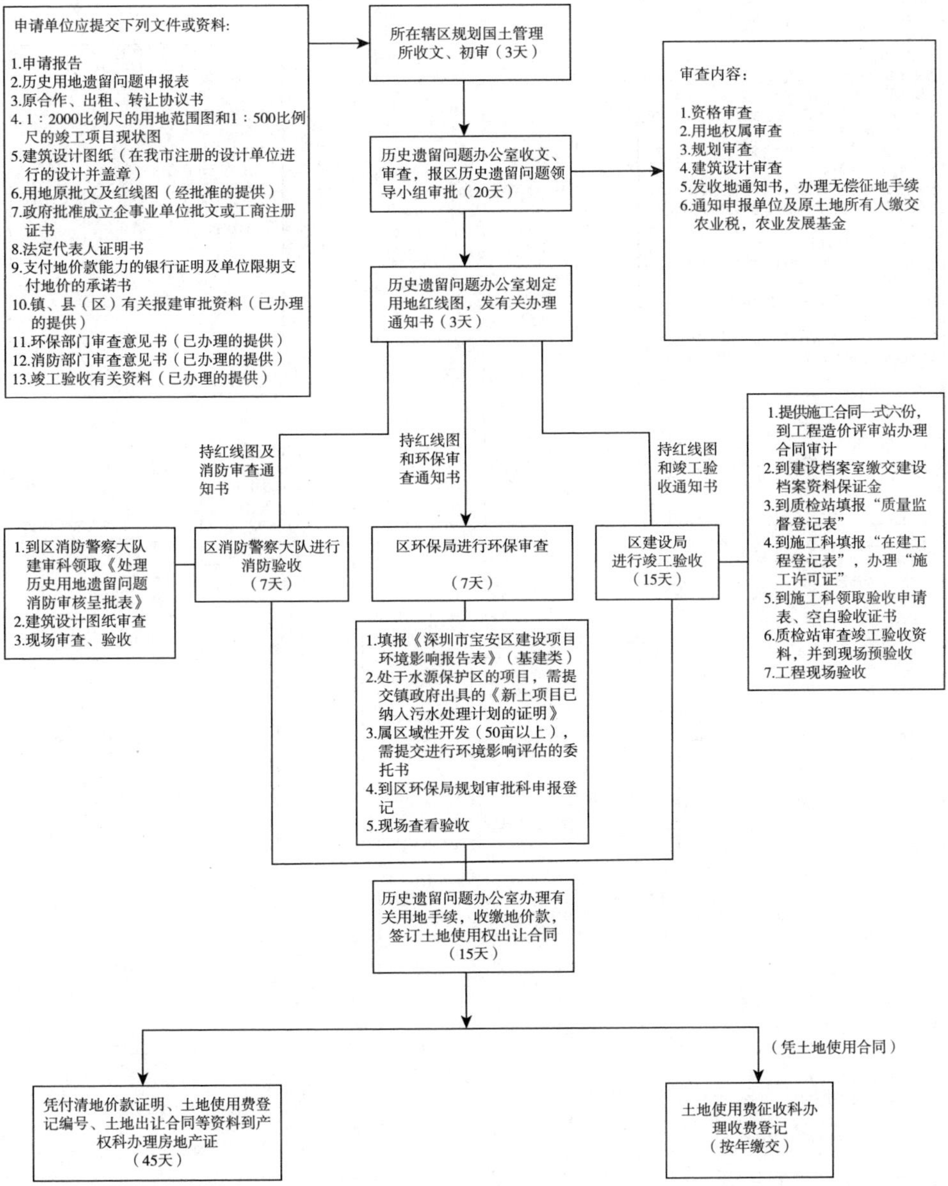

图1－3　宝安区历史用地遗留问题（已竣工项目）办理流程

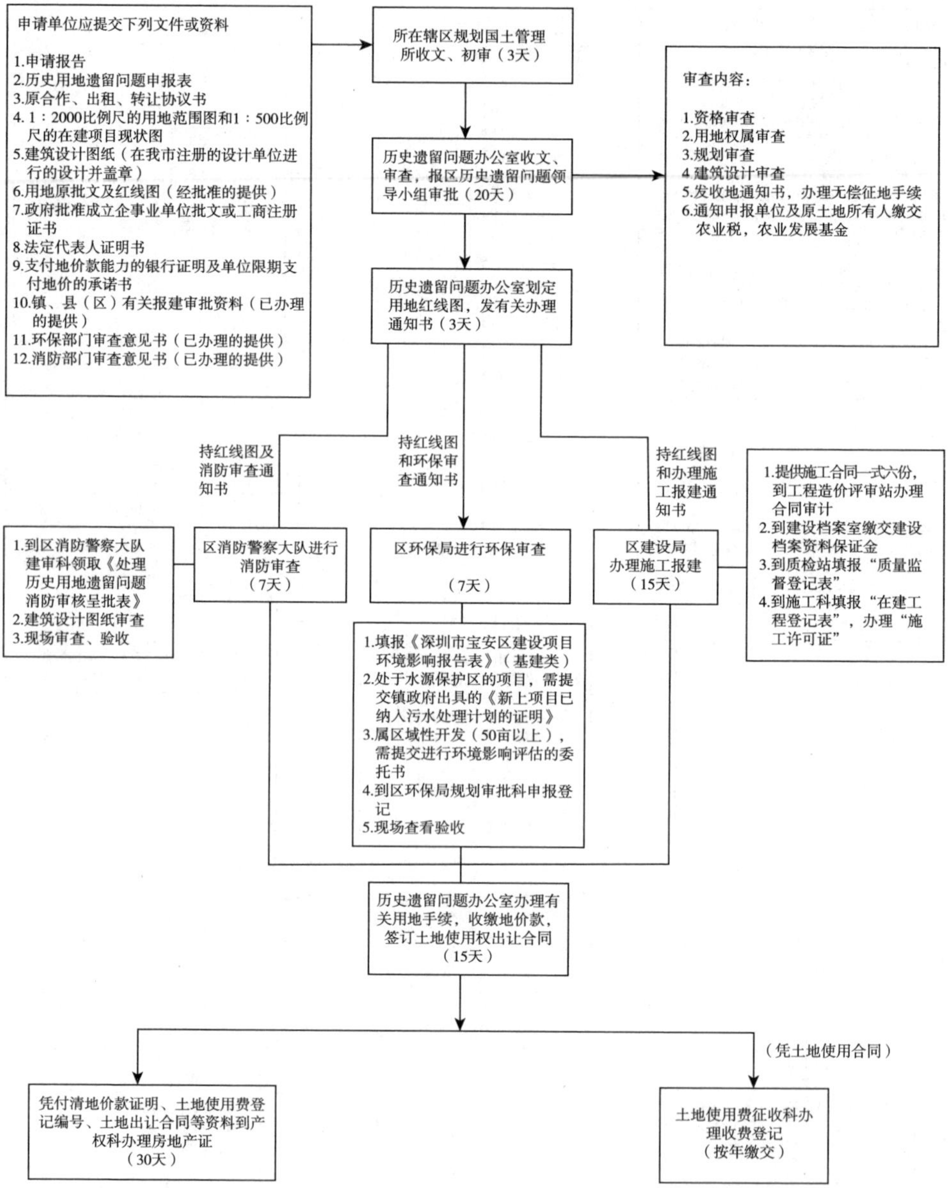

图1－4　宝安区历史用地遗留问题（在建项目）办理流程

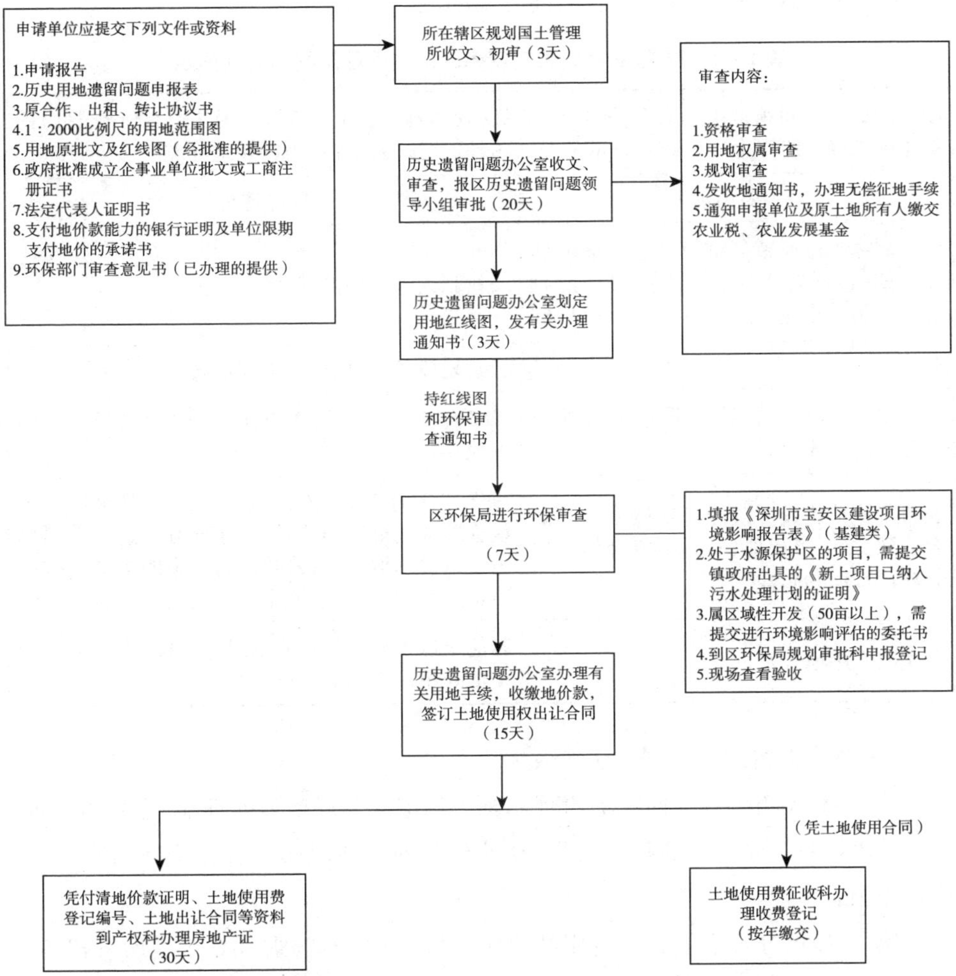

图 1-5　宝安区历史用地遗留问题(未建项目)办理流程

5. 1995 年 6 月 13 日及同年 11 月 29 日,宝安区政府就 82 号文分别出台了两个补充规定:《宝安区历史用地遗留问题处理办法的补充规定》(深宝府〔1995〕81 号,以下简称 81 号文补充规定)及《关于处理历史用地遗留问题的若干补充规定》(深宝府〔1995〕107 号,以下简称 107 号文补充规定)

81 号文补充规定主要是明确关于历史用地遗留问题范围、时间界定问题(见表 1-4)、处理后的权属问题、处理后的土地使用年期及起始时间问题。

(1)历史遗留问题的范围及时间界定问题

表1-4 81号文补充规定明确的历史遗留问题和时间界定

<table>
<tr><td colspan="2">历史用地遗留问题是指在1983年1月26日(含当日)后到1993年1月1日(不含当日)前发生的未经县级以上人民政府批准的非法占地、非法转让等行为的用地问题</td></tr>
<tr><td>主要情形</td><td>排除情形</td></tr>
<tr><td>农村集体单位或镇经济发展公司非法转让土地(包括转让县级以上人民政府批准其自用的土地)</td><td>农村私人宅基地的转让</td></tr>
<tr><td>非法占地</td><td>行政划拨、协议出让土地非法转让</td></tr>
<tr><td>农村集体单位或镇经济发展公司非法出租土地超过8年的</td><td>1983年1月26日(不含当日)之前已经使用的土地</td></tr>
<tr><td>农村集体单位或者镇经济发展公司非法合作建房(一方出地、一方出资合作建房分成产权或利润)</td><td>1993年1月1日(不含当日)以前,县级以上土地管理部门批准镇人民政府使用的集体土地作为镇建设用地,镇人民政府将其中的土地安排给镇企业使用,现仍为该企业自用的</td></tr>
<tr><td>非法改变用地</td><td>其他土地来源合法但存在未办理报建手续或未按批准用途使用的情形</td></tr>
</table>

(2)历史遗留问题处理的法律效果

第一,有关当事人在向深圳市规划国土局宝安分局申请处理前,应协商一致,自行处理好各方面的经济利益关系,经处理后的土地原属于农村集体所有的,一律转为国有土地。

第二,属已办理手续且属自用的建成项目,经审核处理后,该土地所有权转为国有,定为行政划拨用地;若用地单位愿意按处理办法的规定补交地价,签订土地使用合同,该土地来源定为协议用地。

(3)历史遗留问题处理后的土地使用年期和起始时间问题

土地使用年限期按有关规定确定。土地使用起始时间从用地者与深圳市规划国土局宝安分局签订土地使用合同之日计起。

107号文补充规定进一步放宽了历史用地遗留问题认定条件,明确历史用地遗留问题,是指1993年2月28日前未经县(区)级以上人民政府依法批准使用农村集体土地的问题。按照82号文的规定,宝安区范围内的历史用地遗留问题处理过程中,需要签订征地协议完善征地手续。107号文补充规定为了保障征地手续得到落实,明确规定对非法受让土地的,处理历史用地遗留问题办公室(以下简称遗留办）给原土地所有人（农村集体经济组织）发出征地通知书，超过 30 日不签署征地协议的，不列入历史用地遗留问题，作为退件处理，土地权属仍归农村集体所有。

6.2006 年 6 月 5 日，深圳市政府印发了 95 号文，宝安区政府就此印发了 127 号文

这两个文件主要是为了妥善解决宝安、龙岗两区城市化过程中涉及的土地遗留问题，既包括征（转）地土地历史遗留问题，也包括用地过程中产生的土地历史遗留问题。因此，在本书前面分析征（转）地历史遗留问题时，也对这两个文件有所提及。本节主要关注这两个文件中关于用地历史遗留问题的相关规定。

95 号文规定用地历史遗留问题主要是第二条第三项所规定的“原农村集体经济组织擅自转让未建的用地”（实务中俗称“外卖地”）。对该类用地历史遗留问题，95 号文规定了三个处理原则：一是擅自转让土地双方按“退地还钱”方式自行解除土地买卖合同或协议；二是符合城市化转地政策规定，属于转地适当补偿范围的，按原土地用途并结合现状给予适当补偿；三是符合规划的工业用地，有项目的，可按正常程序报批。

127 号文对“原农村集体经济组织擅自转让未建的用地”区分是否属于未建宅基地作出了更具体的处理规定（见表 1－5）。该方案所规定的“退地还钱”三方协议也是后续土地整备工作中常见的“外卖地”处理方式。

表 1－5　擅自转让非宅基地的集体土地与非建宅基地的区别

类型	擅自转让非宅基地的集体土地	擅自转让未建宅基地
处理方式	—	符合原村民居住用地政策和规划的，按相关政策规定办理手续，地块相邻的应予统建
	由街道土地遗留办受理申报，转让双方“退地还钱”，自行协商解除土地买卖合同或协议	不符合原村民居住用地政策的，一律不得违法建设，按“退地还钱”的方式先自行处理
	自区政府关于处理城市化土地遗留问题的有关公告发布之日起两个月内转让双方未达成“退地还钱”协议的，由街道土地遗留办与转让双方签订三方协议，转地补偿款和土地开发费由街道土地遗留办按三方协议支付	自区政府关于处理城市化土地遗留问题的有关公告发布之日起两个月内继受单位未自行处理的，由街道土地遗留办与转让双方签订三方协议进行处理。按“退地还钱”的方式处理后，土地由政府收回

续表

类型	擅自转让非宅基地的集体土地	擅自转让未建宅基地
补偿标准	合同或协议解除后,涉及用地符合城市化转地政策规定的,按规定向继受单位支付转地补偿款,土地转为国有。涉及土地开发的,按40元/平方米补偿	继受单位"退地还钱"的标准原则上按实际收到的款项认定,但最高不得超过相同区位2006年度住宅类公告基准地价的50%,每块宅基地的建筑面积最高按480平方米计算

(二)用地历史遗留问题类型

在上述所列涉及用地历史遗留问题的政策文件中,列举了许多用地历史遗留问题情形。从针对性解决土地权益人面临问题的角度,笔者将用地历史遗留问题分为三大类:继受单位用地历史遗留问题、国企用地历史遗留问题和其他主体用地历史遗留问题。

1. 继受单位用地历史遗留问题

(1)外卖地问题

继受单位用地历史遗留问题的第一个大问题是外卖地问题。所谓的外卖地是指继受单位未经政府批准擅自对外转让的土地。

第一,外卖地行为在性质上属于违法行为。我国法律法规(尤其是以往的法律法规)限制,乃至禁止集体土地的流转。因外卖地行为违反我国法律法规强制性规定,与国家土地制度存在根本冲突,所以就外卖地签订的合同一般会被认定无效。

第二,外卖地行为的形式多样,包括签订超出法定期限的土地租赁合同、土地使用权转让合同、合作建房合同、征地合同等。

第三,外卖地与代征地性质不同。代征地是经过政府批准的,有相关法律依据。外卖地是未经政府批准擅自转让的土地,没有法律依据。所以从土地性质上来看,外卖地仍属于继受单位的集体用地,继受单位对土地仍享有权益。实务中还经常有"自征地"的说法。自征地的概念在实务中的使用有时和外卖地重合、有时和代征地重合。和外卖地重合的情景是,用地单位未经政府批准,擅自与继受单位用政府征地协议模板签订所谓的征地协议,但实际上属于擅自转让集体土地的行为;和代征地重合的情景是,用地单位经政府批准,自行与继受单位签订征地协议,自行代为支付征地补偿款,即"自征"。笔者认为,"自征地"的概念并不体现上述两种情景下行为本身的性质,实务中又容易引起混乱。因此,在深圳土地历史遗留问题中不宜再继续使用该概念,以免混淆相关行为。

第四,外卖地的权属性质。由于外卖地在深圳历史上具有特殊的背景,所以深圳市政府及宝安、龙岗两区政府分别出台了《深圳市宝安、龙岗区规划、国土管理暂行办法》、80号文、82号文、95号文等政策文件处理用地历史遗留问题。按照上述政策文件规定,如已按规定将外卖地用地历史遗留问题处理完毕,则该外卖地属于国有土地,并根据实际情况出让或划拨给用地单位,与继受单位已经没有法律关系。如未按规定处理外卖地用地历史遗留问题,则该外卖地属于国有的未完善征(转)地补偿手续用地,继受单位对外卖地仍存在经济利益关系,享有相关权益。

第五,外卖地行为的法律后果。在未按规定处理外卖地用地历史遗留问题的情况下,因外卖地签订的合同违反法律法规强制性规定,一般会被认定无效。根据合同无效的原理及《民法典》相关规定,合同无效后,合同双方应互相返还原物。这就是《深圳市宝安、龙岗区规划、国土管理暂行办法》、95号文及127号文关于"退地还钱"相关处理规定背后的法理。由此,可以清楚认识到,土地整备项目中签署的关于"退地还钱"的三方协议(街道办、继受单位及用地单位),并未改变完善征(转)地补偿手续用地的补偿对象。土地被补偿方仍是继受单位,街道办负有向继受单位补偿土地补偿款的义务,继受单位负有向用地单位退还用地款及相应利息的义务,为简便交易,故由街道办直接用土地补偿款代继受单位向用地单位返还退还用地款及利息而已。在"退地还钱"三方协议中,各方关系如下(见图1-6)。

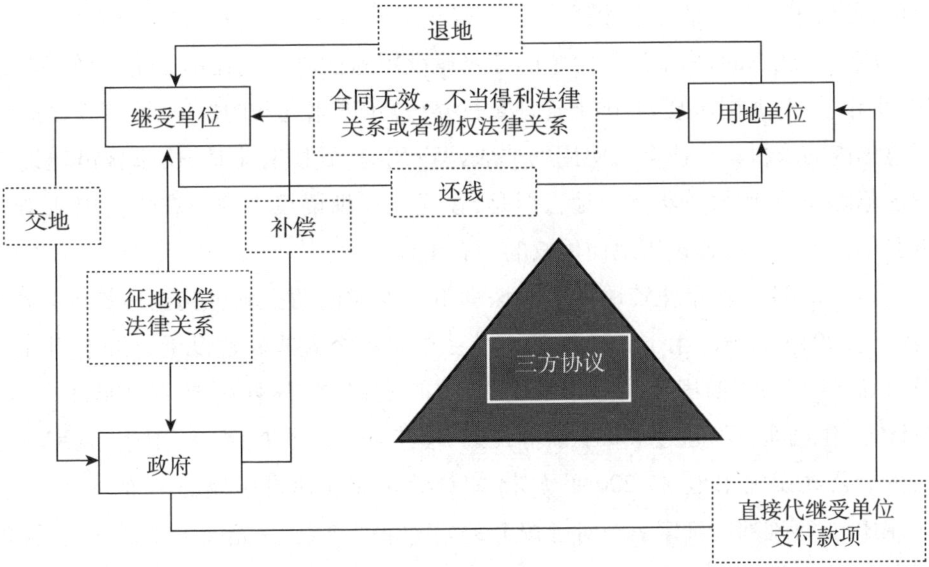

图1-6　"退地还钱"三方协议关系

第六,外卖地参与城市更新或土地整备利益统筹项目问题。如前所述,外卖地在性质上仍属于集体用地,属于集体资产。因此,外卖地参与城市更新或土地整备利益统筹项目主要需履行两大程序:一是集体资产处置程序;二是完善征(转)地补偿手续程序。

(2)留用土地问题

继受单位用地历史遗留问题的第二个大问题是留用土地问题(包括征地返还用地、非农建设用地)。在城市化征(转)地过程中,政府征收了原农村集体土地后,为了保障集体的生存及发展,按规定标准划定了一定面积的土地留给原农村集体使用。无论是征地返还用地,还是非农建设用地,抑或现在土地整备利益统筹项目中的留用土地,性质都是相同的,只是产生于不同的历史时期,不同的叫法而已。

第一,留用土地产生的时期及相关政策。征地返还用地主要产生在《深圳市宝安、龙岗区规划、国土管理暂行办法》出台前的征地活动中。非农建设用地主要产生在《深圳市宝安、龙岗区规划、国土管理暂行办法》出台后的征地及2004年后的城市化转地活动中。《深圳市宝安、龙岗区规划、国土管理暂行办法》第四十八条第一款、第二款规定:"两区农村的非建设用地范围,由派出机构划定。用地标准为:(一)各行政村的工商用地,按每人100平方米计算;(二)农村居民住宅用地,每户基底投影面积不超过100平方米;(三)农村道路、市政、绿地、文化、卫生、体育活动场所等公共设施用地,按每户200平方米计算,在城市建设规划区范围外的,可按每户300平方米计算。"

应予以注意的是,上述规定中的非农建设用地性质与现在不完全一样。根据《深圳市宝安、龙岗区规划、国土管理暂行办法》第四十九条的规定,城市建设规划区范围内的农村集体或个人使用的非农建设用地,属国有土地,位于城市建设规划区范围外的,则属于集体土地。但是,在现在深圳语境下的非农建设用地均为继受单位享有合法建设用地使用权的国有土地。

到了2004年城市化转地时期,《深圳市宝安龙岗两区城市化土地管理办法》(深府〔2004〕102号)第十四条规定:"继受单位和个人非农建设用地按下列标准予以确定:(一)工商用地,按100平方米/人计算;(二)居住用地,按100平方米/户计算,建筑面积不超过480平方米;(三)道路、市政、绿地、文化、卫生、体育活动场所等公共设施用地,按200平方米/户计算。非农建设用地的位置、面积及坐标,由国土管理部门确定……对已按1993年《深圳市宝安、龙岗区规划、国土管理暂行办法》(深府〔1993〕283号)第四十八条标准或按本条规定划定非农建设用地的继受单位和个人不再另行划定非农建设用地。”宝安、龙岗两区就非农建设用地划定事宜也分别出台了一系列政策。

第二,留用土地的权属性质问题。从留用土地产生的程序来看,可看出留用土地是国家在征(转)地过程中,留给原村集体使用的土地。严格来说,属于国家在完善集体土地征(转)地手续后,无偿提供给原村集体使用的土地。因此,留用土地属于集体享有合法建设用地使用权的国有土地。

第三,留用土地的使用及处置问题。按照《深圳市原农村集体经济组织非农建设用地和征地返还用地土地使用权交易若干规定》,对非农建设用地及征地返还用地,继受单位可自用,符合规定条件的情况下也可交易使用。目前各区就集体用地(包括留用土地在内)的交易使用活动均出台了相应的规范性文件,后续将专门介绍,此处不表。

第四,非农建设用地划定遗留问题。在非农建设用地划定过程中,由于各区实际情况差异,划定的方式及结果存在差异:

①原宝安区在2005年城市化转地非农建设用地划定时,考虑到工商用地、居住用地按规划建设时均需配建相应的公共设施,因此将公共设施用地指标分摊为工商用地和居住用地指标。

②原龙岗区(不含东部三街道)在2005年城市化转地非农建设用地划定时,优先将剩余总指标落实在已建成的公共设施用地上并明确为公共设施类非农建设用地,其余指标全部落实为工商用地。但坪山区因各社区已建成的公共设施类数量极少,因此将部分非农建设用地划定为工商、公建混合用途。

③大鹏新区在2005年城市化转地非农建设用地划定时,因当时经济落后,原村集体所拥有的公共设施数量极少,无法将公建指标落在已建成的公共设施用地上,因此实际划定时相关批复、方案图等文件均未明确其批准用途,面积共计99.48公顷。

所以现在的坪山区、大鹏新区还面临已经划定的未明确用途的非农建设用地如何处置的问题。

2. 国企用地历史遗留问题

在深圳各区镇改街道以前,各区各镇(比如宝安区龙华镇、观兰镇)设立相关镇属企业,比如,各镇经济发展公司。由于当时存在政企不分的问题,各镇属企业实际代镇政府履行管理乡镇集体资产的职责。

在土地管理方面,由于当时“三来一补”企业的大量引入,各镇亟须提供大量土地给这些企业建厂生产经营,也需要大量土地进行城镇规划建设,为城镇发展提供相应配套设施。同时,当时的土地管理法律法规允许用地单位代征地,但外资企业因主体性质问题,无法直接代征地。为了解决用地问题,用地单位一般是通过两个途径:(1)与原村集体买卖集体土地;(2)通过镇属企业征地,然后通过各种形式直接或变相受让镇属企业土地使用权。

因此,在当时历史背景下,出现了大量镇属企业经县级以上人民政府批准,并取得国土部门征地批复后,向原村集体代征地,但最终将土地使用权转让给其他企业的现象。如镇属企业代征地后自用,则与一般的用地单位代征地情形无异。但如镇属企业代征地后直接或变相转让给实际用地单位,则中间的关系将变得十分复杂。后来,因镇属企业改制为国有企业,相关土地权益及合同权利义务由国有企业(以下简称国企)承接,遂形成现今所述的国企用地历史遗留问题。

结合上述历史背景,国企用地历史遗留问题主要可体现为两大历史遗留土地关系:一是国企与继受单位之间的历史遗留土地关系;二是国企与实际用地单位之间的历史遗留土地关系。

(1)国企与继受单位之间的历史遗留土地关系

国企与继受单位之间的历史遗留土地关系一般会因为两种行为产生:外卖地行为及代征地行为。在外卖地情形下,继受单位未经政府批准同意,擅自将土地转让给国企。该行为与继受单位其他外卖地行为无异。在代征地情形下,从法律角度来看,该代征地行为及相应法律效果与一般用地单位代征地无异。此处不再赘述。值得关注的是,国企如在外卖地或代征地的土地上建成物业,地上物业如何处理?物业权益认定到哪方名下?该问题除了涉及法律问题,还涉及集体利益与国有利益的平衡问题。目前存在不成文的处理规则,即如国企当年已经履行完毕补偿义务,则地上物业权益确认到国企名下;如国企当年未签订补偿协议或未履行补偿义务,则国企需补偿继受单位相应的土地利益后,才能将地上物业权益确认到国企名下。

(2)国企与实际用地单位之间的历史遗留土地关系

国企与实际用地单位之间的历史遗留土地关系更为复杂。如前所述,在当时的历史背景下,虽然名义上国企是用地单位或者说代征地单位,但实际上国企代征地取得的土地最终会通过土地租赁、土地使用权转让、合作建房、投资入股等形式转让给实际用地单位,供其使用。

第一,国企在代征地及转让土地使用权给其他企业过程中,形成的法律关系

情况如下(见图1－7):

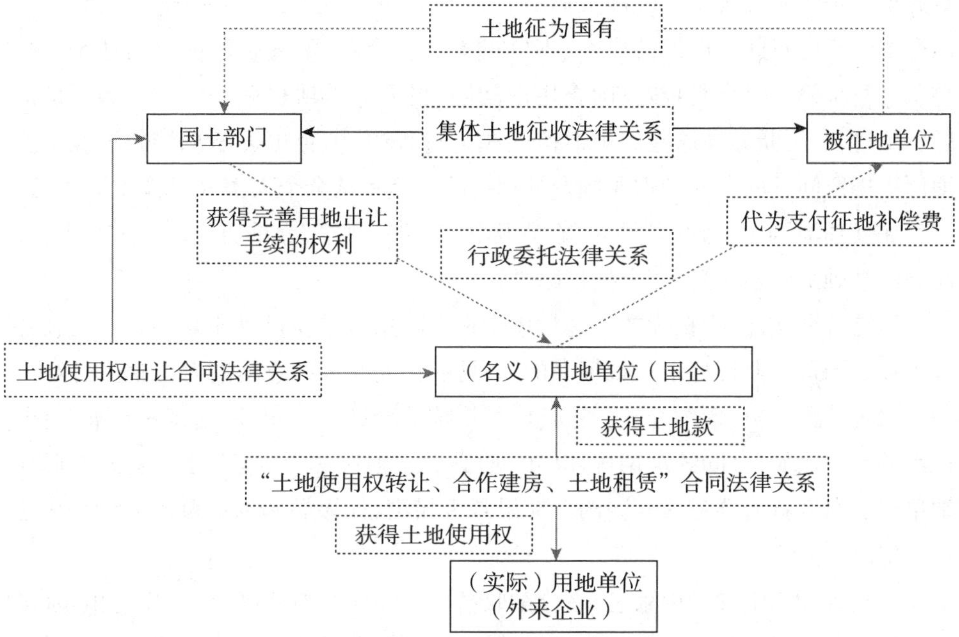

图1－7　国企转让土地使用权形成的法律关系

第二,国企与实际用地单位之间的关系梳理。当年镇属企业与实际用地单位签订的合同形式多样,包括土地租赁合同、土地使用权转让合同、合作建房合同等,这些均属于历史遗留问题的土地合同。笔者结合实务经验,就该类合同进行简单的梳理。涉及的情况大致如下(见图1－8):

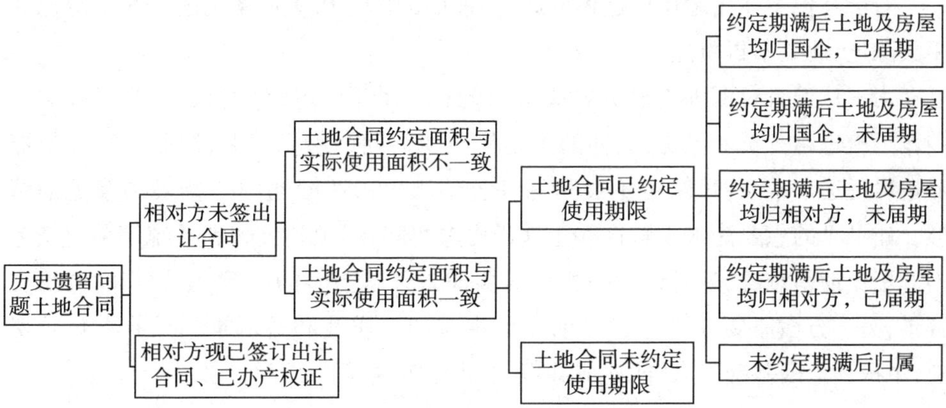

图1－8　国企与实际用地单位之间的关系

第三，国企与实际用地单位之间的历史遗留土地关系这么复杂，该如何处理？对此至今仍无明文规定。因涉及国有资产利益问题，在没有明文规定的情况下，国企主管部门对此一般保持谨慎、保守的态度。因此，不管是城市更新还是土地整备利益统筹，一旦项目涉及国企用地问题，很可能是项目里数一数二棘手的问题。不过，在不断处理这些历史遗留问题的过程中，国企也逐渐总结归纳该类土地历史遗留问题的一些处理原则及处理思路。笔者结合个人实务经验作出介绍。

在处理原则上，遵循依法依规、保障国有资产利益、尊重历史、公平合理。在此原则基础上，需要遵循三个处理路径。

一是有证认证，物权优先。这具体是指实际用地单位已就土地签订土地使用权出让合同及已办理房地产权证书的，认可受让人及证载权利人为物业权利人。

二是尊重历史、依约处理。这具体是指按照合同约定土地、建筑物权属分配，依约处理。比如，合同约定期限 40 年，期满后土地归国企，地上建筑物归实际用地单位。那么就需要考虑合同约定期限是否届满，如果届满的话可以依约分配土地及房屋权益。

三是合理确定参考因素、公平分配收益。这具体是指考虑土地、物业出租（转让）年限、已使用年限、剩余年限、约定分成比例等因素，确定公平合理的利益分配模式。

虽然目前仍未见深圳哪个区就国企物业处置问题作出明确规定，但从实务经验来看，如果能够充分理解上述处理原则及处理路径，可能更容易与相关国企达成一致，以解决历史遗留问题。

3. 其他主体用地历史遗留问题

对于其他主体用地历史遗留问题，在前面的用地历史遗留问题分析部分已作相关陈述，此处不再赘述。

为了让读者对深圳土地历史遗留问题有一个系统、整体的认识，笔者在本节中作了梳理与分析。但是，深圳的土地历史遗留问题纷繁复杂，岂是区区一节能够道尽说透。本节所述，也不过是深圳土地历史遗留问题中一些最为常见的情形。如果真的想要深入理解这些土地历史遗留问题，顺利破解利益统筹项目实务中的历史遗留难题，笔者认为一方面需要深入理解当时的政策、了解当时的历史背景，另一方面需要充分考量目前相关主体的性质及利益诉求。只有在尊重历史，平衡利益的基础上，才能达成共识，实现多方共赢。

第三节　我国及深圳市城乡规划制度的历史沿革

土地制度与规划制度是房地产制度中最重要的两个方面。两者相辅相成、互为必要。不能抛开土地研究规划,也不能抛开规划研究土地。

一、我国城乡规划制度沿革

新中国成立至今,我国城乡规划制度经历了初创、动荡、停滞、恢复重建及发展探索等阶段。

(一)我国城乡规划制度初创期(1949—1957 年)

新中国成立初期,采用计划经济体制。为了和计划经济体制相适应,1955 年 6 月国务院发布了《关于设置市、镇建制的决定》。该文件是新中国成立后第一部关于市、镇设置的正式法律文件。该文件强调了市的行政地位和隶属关系,规定市"是属于省、自治区、自治州领导的行政单位",并对市的建制标准进行了明确规定。为了规范新中国的城市规划编制工作,1956 年 7 月我国颁发了《城市规划编制暂行办法》,分别对城市规划的任务和要求、规划设计和基础资料、规划设计阶段及内容、规划设计文件的编制等作出了规定,成为我国日后城乡规划制度研究的基础。

(二)我国城乡规划制度动荡、停滞期(1958—1977 年)

1958 年开始,城市规划领域受"大跃进"和"人民公社化运动"影响。1958 年 6 月,原建工部在青岛召开全国城市规划座谈会,会议提出:用城市建设的"大跃进"适应工业建设的"大跃进",倡导"快速规划"的做法。一是要求规划指标定额的降低;二是要求城市规划编制程序的简化,要多、快、好、省。

20 世纪 50 年代末,由于自然灾害、"大跃进",社会经济生活陷入危机。为适应调整时期的需要,1960 年 11 月全国计划会议的报告宣布"三年不搞城市规划"。之后的"文化大革命"更是对城市规划和城市建设进行了严重破坏。1972 年年末,原国家建委成立城市建设总局,局下设立城市规划处。1973 年 9 月,城建局在合肥召开了城市规划座谈会。1974 年 5 月,原国家建委下发了《关于城市规划编制和审批意见》和《城市规划居住区用地控制指标(试行)》。我国久废待兴的城乡规划制度有了新的政策依据。

(三)我国城乡规划制度的恢复重建期(1978—2007年)

"文化大革命"结束后,1978年在北京召开了全国城市工作会议,会议要求:全国各城市,包括新建城镇,都要根据国民经济发展计划和各地区的具体条件,认真编制和修订城市的总体规划、近期规划和详细规划。1980年10月,原国家建委在北京召开全国城市规划工作会议,明确城市规划在国民经济和社会发展中的职能作用。同年12月,国务院批转了《全国城市规划工作会议纪要》,明确了这一时期城市规划的主要指导思想:城市规划是一定时期内城市发展蓝图,是建设城市和管理城市的依据。此后,我国规划管理方面的法规逐步配套实施。下面,笔者将对我国恢复重建时期的相关规划制度文件做简要介绍。

1. 城市规划纲领性文件

(1)《城市规划条例》(已失效)

1984年1月5日,国务院发布《城市规划条例》。《城市规划条例》所适用的城市范围包括国家行政区域划分设立的直辖市、市、镇,以及未设镇的县城,与现在的直辖市、市、县(区)、镇(乡)四级有所区别。城市规划分为总体规划和详细规划两个阶段。城市总体规划由城市人民政府组织编制,而城市详细规划由城市规划主管部门组织编制。

《城市规划条例》对城市土地使用的规划管理提出了一个重要的概念——城市规划区。

城市规划区与城市市区两者之间存在区别。城市规划区,是指城市建成区和城市发展需要实施规划控制的区域,由城市人民政府编制城市规划时划定。城市市区应指城市建成区。

按照《城市规划条例》的规定,城市规划区内既可能包括国有土地,也可能包括集体所有的土地。城市规划区内的土地是禁止买卖、出租或者以其他形式非法转让的。按照1986年至今历版《土地管理法》的规定,城市市区的土地属于国家所有。

从土地管理的角度,使用土地进行建设需要履行出让、划拨或者征收集体土地后出让、划拨的程序。从城市规划的角度,在城市规划区内进行各项建设,按照《城市规划条例》,需要履行如下程序(见图1-9):

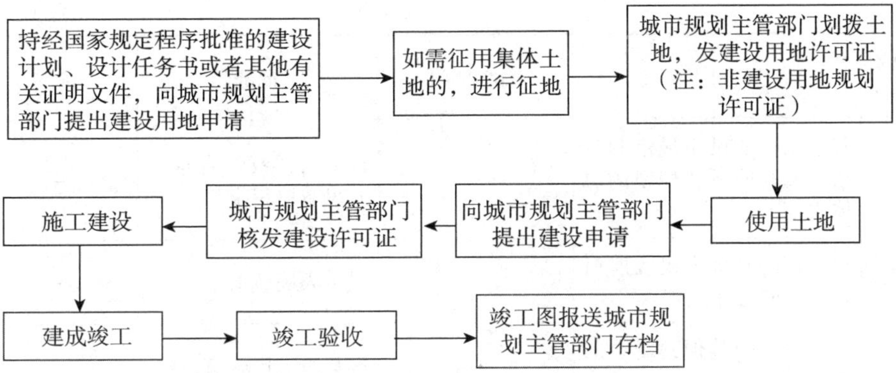

图1－9　依据《城市规划条例》进行建设的程序

(2)《城市规划法》(已失效)

1989年12月26日,我国发布了《城市规划法》,废止了《城市规划条例》。《城市规划法》结合1986年《土地管理法》的规定,吸纳了城市近郊区的概念,将城市规划区的范围完善为城市市区、近郊区及城市行政区内因城市建设和发展需要实行规划控制的区域。如此,《城市规划法》与《土地管理法》在城市市区、郊区方面的定义便形成了统一。

在城市规划制定方面,《城市规划法》完善了城市规划编制体系及审批制度(见表1－6):

表1－6　城市规划编制体系及审批制度

规划层次	细分内容	编制部门	审批部门	备注
城镇体系规划	全国城镇体系规划	国务院城市规划行政主管部门	—	指导城市规划编制
	省、自治区、直辖市的城镇体系规划	省、自治区、直辖市人民政府	—	
总体规划	直辖市城市总体规划	—	直辖市人民政府报国务院审批	—
	省和自治区人民政府所在地城市、城市人口在100万以上的城市及国务院指定的其他城市的总体规划	—	省、自治区人民政府审查同意后,报国务院审批	—

续表

规划层次	细分内容	编制部门	审批部门	备注
总体规划	其他以外的设市城市和县级人民政府所在地镇的总体规划	—	报省、自治区、直辖市人民政府审批	—
	市管辖的县级人民政府所在地镇的总体规划	—	报市人民政府审批	—
	上述以外的其他建制镇的总体规划	—	报县级人民政府审批	—
分区规划	—	城市人民政府负责组织编制	城市人民政府审批	大、中城市根据需要，在总体规划基础上，可编制分区规划
详细规划	一般详细规划	—	城市人民政府审批	—
	分区规划的城市详细规划	—	城市人民政府城市规划行政主管部门审批	重要的详细规划由城市人民政府审批

在建设工程规划报建方面，《城市规划法》完善了规划报建程序（见图1-10）：

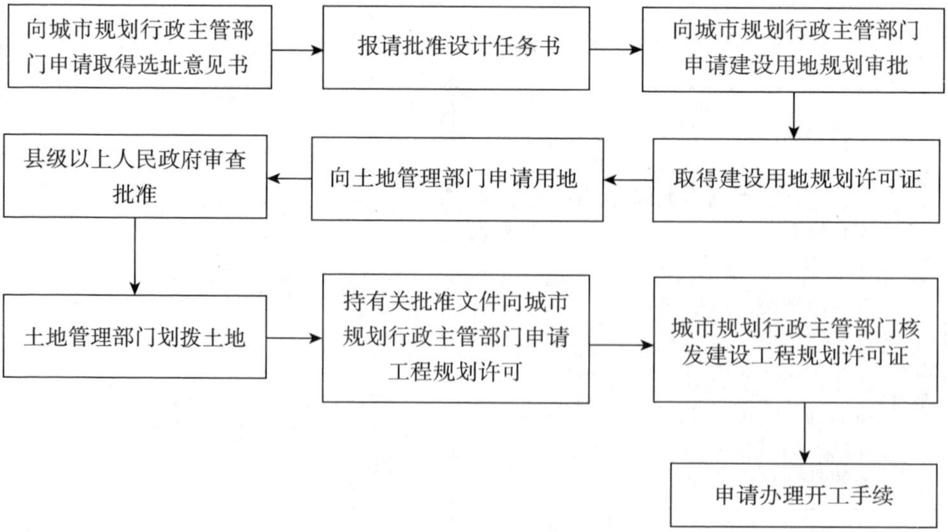

图1-10　建设工程规划报建程序

2. 城市规划编制文件

(1)《城市规划编制审批暂行办法》(已失效)和《城市规划定额指标暂行规定》(已失效)

在《城市规划条例》出台之前,1980 年 12 月 16 日,在各省、市、自治区和城镇开展城市规划编制和审批工作的背景下,为指导城市规划编制和审批工作的有序进行,原国家建委颁布了《城市规划编制审批暂行办法》和《城市规划定额指标暂行规定》。上述文件提出以城市总体规划纲要为依据,将城市规划按内容和深度的不同,分为总体规划和详细规划两个设计阶段。总体规划期限一般为 20 年,近期建设规划是总体规划的组成部分,是实施总体规划的阶段规划,详细规划是总体规划的深化和具体化。同时,上述文件规定了城市规划编制的基础资料及要求,以及不同层级规划的审批程序。

(2)《城市规划编制办法》(已失效)

1991 年 9 月 3 日,依据 1989 年《城市规划法》,原国家建设部发布了《城市规划编制办法》。该办法在《城市规划编制审批暂行办法》的基础上,完善了城市规划编制制度,规定按国家行政建制设立的直辖市、市、镇编制城市规划。具体安排如下(见表 1－7):

表 1－7　城市规划编制制度

规划层级	编制单位	备注
城市总体规划纲要	市人民政府组织编制	根据实际需要编制。任务:研究确定城市总体规划的重大原则并作为编制城市总体规划的依据
总体规划	设市城市的,由市人民政府组织编制	任务:综合和确定城市、规模和空间发展形态,统筹安排城市各项建设用地,合理配置城市各项基础设施,处理好远期发展与近期建设的关系,指导城市合理发展。期限:20 年
	县(自治县、旗)人民政府所在地镇的,由县(自治县、旗)人民政府编制	
	建制镇,由镇政府组织编制	
分区规划	设市城市,市人民政府城市规划行政主管部门编制	大、中城市可以在总体规划基础上编制。 主要任务:在总体规划的基础上,对城市土地利用、人口分布和公共设施、城市基础设施的配置作出进一步的安排,以便与详细规划更好地衔接

续表

规划层级	编制单位	备注
详细规划	设市城市,市人民政府城市规划行政主管部门编制	主要任务:以总体规划或者分区规划为依据,详细规划建设用地的各面控制指标和其他规划管理要求,或者直接对建设作出具体的安排和规划设计。 详细规划分为控制性详细规划和修建性详细规划。根据城市规划的深化和管理的需要,一般应当编制控制性详细规划,以控制建设用地性质、使用强度和空间环境,作为城市规划管理的依据,并指导修建性详细规划的编制
	县(自治县、旗)人民政府所在地镇的,由县(自治县、旗)人民政府城市规划行政主管部门编制	
	建制镇,由镇政府组织编制	
四大层次,分级编制		

(3)《城市国有土地使用权出让转让规划管理办法》

1992年12月4日,基于我国土地使用权出让、转让制度的变革,在1990年《城镇国有土地使用权出让和转让暂行条例》施行的背景下,原国家建设部发布了《城市国有土地使用权出让转让规划管理办法》,对在城市规划区内城市国有土地使用权出让、转让行为涉及的规划要求作出规定。

一是要求出让的地块必须具有城市规划行政主管部门提出的规划设计条件及附图,出让转让合同必须附具规划设计条件及附图,并且出让及受让方不得擅自变更,如需变更须经主管部门批准。二是要求签订出让合同后,受让方应依法申请建设用地规划许可证。取得用地规划许可证后方可办理土地使用权属证明,凡未取得或擅自变更建设用地规划许可证而办理土地使用权属证明的,土地权属证明无效。三是要求转让土地使用权的,如需改变原规划设计条件,须经城市规划行政主管部门批准。

(4)《城镇体系规划编制审批办法》(已失效)

1994年8月15日,原国家建设部发布《城镇体系规划编制审批办法》。《城镇体系规划编制审批办法》在1989年《城市规划法》的基础上,对城镇体系规划的概念、任务及层次等作出规定。具体梳理如下(见表1-8):

表 1－8　城镇体系规划层次、组织编制部门等规定

<table>
<tr><td colspan="4">城镇体系：指一定区域范围内在经济社会和空间发展上具有有机联系的城镇群体</td></tr>
<tr><td colspan="4">城镇体系规划的任务：综合评价城镇发展条件；制订区域城镇发展战略；预测区域人口增长和城市化水平；拟定各相关城镇的发展方向与规模；协调城镇发展与产业配置的时空关系；统筹安排区域基础设施和社会设施；引导和控制区域城镇的合理发展与布局；指导城市总体规划的编制</td></tr>
<tr><th>层次</th><th>组织编制部门</th><th>审批部门</th><th>涵盖行政区域</th></tr>
<tr><td>全国城镇体系规划</td><td>国务院城市规划行政主管部门</td><td>报国务院审批</td><td>应包括设市城市和重要的县城</td></tr>
<tr><td>省域城镇体系规划</td><td>省或自治区人民政府</td><td>报经国务院同意后，由国务院城市规划行政主管部门批复</td><td>应包括市、县城和其他重要的建制镇、独立工矿区</td></tr>
<tr><td>市域城镇体系规划</td><td>城市人民政府或地区行署、自治州、盟人民政府</td><td rowspan="2">纳入城市和县级人民政府驻地镇的总体规划，依据《城市规划法》实行分级审批</td><td>应包括建制镇和独立工矿区</td></tr>
<tr><td>县域城镇体系规划</td><td>县或自治县、旗、自治旗人民政府</td><td>应包括建制镇、独立工矿区和集镇</td></tr>
<tr><td>跨行政区域的城镇体系规划</td><td>有关地区的共同上一级人民政府城市规划行政主管部门</td><td>报有关地区的共同上一级人民政府审批</td><td>—</td></tr>
</table>

（5）《建制镇规划建设管理办法》

1995 年 6 月 29 日，根据 1990 年的《城市规划法》，原国家建设部发布了《建制镇规划建设管理办法》（后于 2011 年修正），填补了以往我国在建制镇规划建设管理方面的空白。《建制镇规划建设管理办法》的出台主要是为了适应改革开放后当时农村经济和社会发展的需要，促进乡镇企业的适当集中建设、农村富余劳动力向非农产业转移，加快农村城市化进程服务。

《建制镇规划建设管理办法》较为系统地对建制镇规划、用地规划、工程规划、设计及施工、房地产开发及交易、市政公用设施管理等进行了规定，对我国从 20 世纪 90 年代至今的建制镇规划建设产生了较为重大的影响。笔者对此重点介绍如下。

①明确建制镇及建制镇规划的概念。建制镇，是指国家按行政建制设立的镇，不含县城关镇。比如，原宝安区龙华镇、观澜镇。建制镇规划区，是指镇政府驻地的建成区和因建设及发展需要实行规划控制的区域。建制镇规划区的具体

范围，在建制镇总体规划中划定。

②规范建制镇规划编制及审批制度。建制镇规划由建制镇人民政府负责组织编制，总体规划经建制镇人民代表大会审查同意后，报县级人民政府审批，详细规划报建制镇人民政府审批。

③完善建制镇规划区内建设工程项目报建制度。第一，建设工程项目在报请计划部门批准时，须附有县级以上建设行政主管部门的选址意见书。第二，建制镇建设行政主管部门提出规划设计条件报县级人民政府建设行政主管部门审批。县级人民政府建设行政主管部门审批通过的，发建设用地规划许可证。取得建设用地规划许可证后，方可办理用地批准手续。第三，建设工程项目建设，向建制镇建设行政主管部门提出建设工程规划许可证的申请，由建制镇建设行政主管部门对工程项目施工图进行审查，并提出是否发给建设工程规划许可证的意见，报县级人民政府建设行政主管部门审批。县级人民政府建设行政主管部门审核批准的，发给建设工程规划许可证。建设单位和个人在取得建设工程规划许可证和其他有关批准文件后，方可申请办理开工手续。第四，建设单位和个人应当根据《建设工程施工现场管理规定》（已失效）的规定，取得施工许可证，并由建设行政主管部门派专人到现场定位放线或验线后，方可开工。第五，有关部门或建设单位对建设项目进行竣工验收。凡验收不合格的，不得交付使用。基本程序如图 1－11 所示：

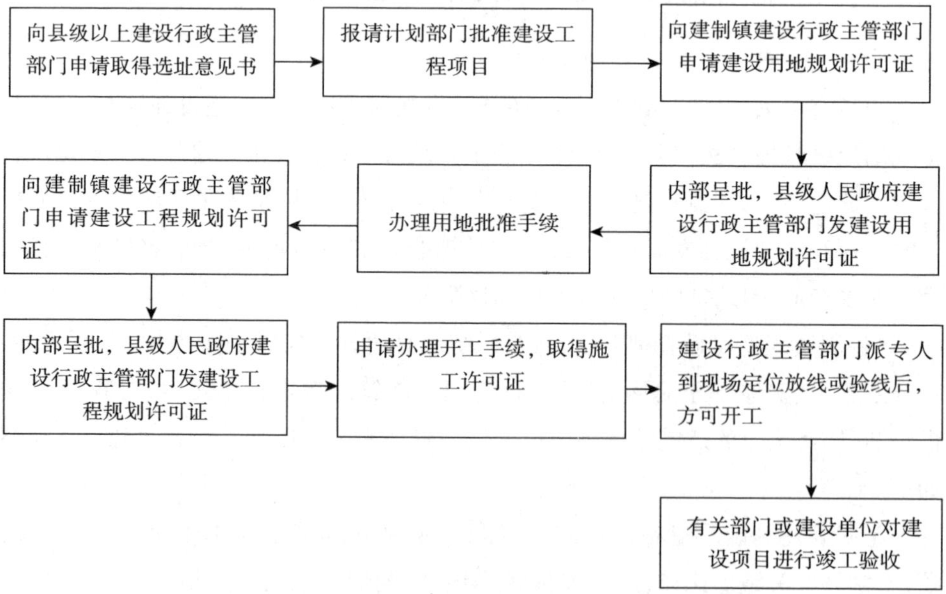

图 1－11 建制镇规划区内建设工程项目报建程序

④明确了建设工程项目违规用地、建设的法律后果。《建制镇规划建设管理办法》规定了未取得建设用地规划许可证而取得建设用地批准文件,占用土地的,批准文件无效,占用的土地由县级以上人民政府责令退回;未取得建设工程规划许可证件或者违反建设工程规划许可证的规定进行建设,严重影响建制镇规划的,由县级人民政府建设行政主管部门责令停止建设,限期拆除或者没收违法建筑物、构筑物及其他设施;虽影响建制镇规划,但尚可采取改正措施的,由县级人民政府建设行政主管部门责令限期改正,可以并处罚款。

(6)《城市规划编制办法》(2005 年)

2005 年 12 月 31 日,原国家建设部废止了《城市规划编制办法》(1991 年),出台了《城市规划编制办法》。《城市规划编制办法》对城市规划编制的规定更为系统、完善、具体(见表 1 -9)。

表 1 -9 城市规划编制相关规定

层次	细分层次	组织编制单位	编制要求
城市总体规划纲要	—	城市人民政府城乡规划主管部门具体承担	编制规划成果的依据
城市总体规划	市域城镇体系规划	城市人民政府城乡规划主管部门具体承担	编制各类专项规划的依据
	中心城区规划		
分区规划	—	城市人民政府城乡规划主管部门具体承担	大、中城市根据需要
详细规划	控制性详细规划	城市人民政府城乡规划主管部门组织编制	依据已经依法批准的城市总体规划或分区规划,考虑相关专项规划的要求,对具体地块的土地利用和建设提出控制指标,作为建设主管部门(城乡规划主管部门)作出建设项目规划许可的依据
	修建性详细规划	可委托城市规划编制单位编制	依据已经依法批准的控制性详细规划,对所在地块的建设提出具体的安排和设计

3. 城市规划管理配套文件

2000 年至 2006 年,为了加强各类规划控制线的管理,原国家建设部陆续发布了《城市绿线管理办法》《城市紫线管理办法》《城市蓝线管理办法》《城市黄线管理办法》,结合城市规划中的红线,一般并称“五线”(见表1-10)。

表1-10 “五线”的概念及限制

名称	概念	限制
绿线	指城市各类绿地范围的控制线	1. 城市绿线内的用地,不得改作他用,不得违反法律法规、强制性标准以及批准的规划进行开发建设。 2. 因建设或者其他特殊情况,需要临时占用城市绿线内用地的,必须依法办理相关审批手续。 3. 在城市绿线范围内,不符合规划要求的建筑物、构筑物及其他设施应当限期迁出
紫线	指国家历史文化名城内的历史文化街区和省、自治区、直辖市人民政府公布的历史文化街区的保护范围界线,以及历史文化街区外经县级以上人民政府公布保护的历史建筑的保护范围界线	1. 在城市紫线范围内确定各类建设项目,必须先由市、县人民政府城乡规划行政主管部门依据保护规划进行审查,组织专家论证并进行公示后核发选址意见书。 2. 在城市紫线范围内进行新建或者改建各类建筑物、构筑物和其他设施,对规划确定保护的建筑物、构筑物和其他设施进行修缮和维修以及改变建筑物、构筑物的使用性质,应当依照相关法律法规的规定,办理相关手续后方可进行
蓝线	指城市规划确定的江、河、湖、库、渠和湿地等城市地表水体保护和控制的地域界线	1. 在城市蓝线内进行各项建设,必须符合经批准的城市规划。 2. 在城市蓝线内新建、改建、扩建各类建筑物、构筑物、道路、管线和其他工程设施,应当依法向建设主管部门(城乡规划主管部门)申请办理城市规划许可,并依照有关法律法规办理相关手续
黄线	指对城市发展全局有影响的、城市规划中确定的、必须控制的城市基础设施用地的控制界线	1. 在城市黄线内进行建设,应当符合经批准的城市规划。 2. 在城市黄线内新建、改建、扩建各类建筑物、构筑物、道路、管线和其他工程设施,应当依法向建设主管部门(城乡规划主管部门)申请办理城市规划许可,并依据有关法律法规办理相关手续。 3. 迁移、拆除城市黄线内城市基础设施的,应当依据有关法律法规办理相关手续
红线	指经过批准的建设用地红线、规划道路红线和建筑红线	—

虽然该时期我国城乡规划制度开始恢复重建,但从该时期与规划相关的法律法规文件来看,当时研究及建制的重点均在城市规划,涉及乡村规划的文件少之又少。因此,该时期我国的城乡规划制度并不全面。

(四)我国城乡规划制度的发展探索期(2008 年至今)

1.《城乡规划法》

经过将近 30 年的建设,我国的城市规划制度逐步完善。同时,快速的城市化带来了城乡发展差异日益悬殊,城乡发展不平衡的问题。为了加强城乡规划管理,协调城乡空间布局,促进城乡经济社会全面协调可持续发展,2007 年 10 月 28 日,我国颁布了《城乡规划法》(2008 年 1 月 1 日生效),进入了城乡全面统筹规划的时代(见表 1－11)。2015 年及 2019 年对《城乡规划法》个别条款进行了修正,总体内容无变动。在城乡规划体系及制定方面,根据《城乡规划法》(2019 年修正),主要制度内容如下:

表 1－11　城乡全面统筹规划梳理

<table>
<tr><td colspan="6">规划区,是指城市、镇和村庄的建成区以及因城乡建设和发展需要,必须实行规划控制的区域。规划区的具体范围由有关人民政府在组织编制的城市总体规划、镇总体规划、乡规划和村庄规划中,根据城乡经济社会发展水平和统筹城乡发展的需要划定</td></tr>
<tr><td colspan="6">城乡规划的编制:应依据国民经济和社会发展规划,并与土地利用总体规划相衔接</td></tr>
<tr><td>城乡规划层次</td><td colspan="2">细分层次</td><td>编制单位</td><td>审批单位</td><td>备注</td></tr>
<tr><td rowspan="2">城镇体系规划</td><td colspan="2">全国城镇体系规划</td><td>国务院城乡规划主管部门会同国务院有关部门组织编制</td><td>报国务院审批</td><td>—</td></tr>
<tr><td colspan="2">省域城镇体系规划</td><td>省、自治区人民政府组织编制</td><td>报国务院审批</td><td>—</td></tr>
<tr><td rowspan="4">城市规划</td><td colspan="2" rowspan="2">总体规划</td><td rowspan="2">城市人民政府组织编制</td><td>直辖市、省、自治区人民政府所在地的城市以及国务院确定的城市的总体规划,报国务院审批</td><td>—</td></tr>
<tr><td>其他城市的总体规划,由城市人民政府报省、自治区人民政府审批</td><td>—</td></tr>
<tr><td rowspan="2">详细规划</td><td>控制性详细规划</td><td>城市人民政府城乡规划主管部门组织编制</td><td>经本级人民政府批准后,报本级人民代表大会常务委员会和上一级人民政府备案</td><td>—</td></tr>
<tr><td>修建性详细规划</td><td>城市、县人民政府城乡规划主管部门组织编制</td><td>—</td><td>重要地块</td></tr>
</table>

续表

<table>
<tr><th>城乡规划层次</th><th colspan="2">细分层次</th><th>编制单位</th><th>审批单位</th><th>备注</th></tr>
<tr><td rowspan="4">镇规划</td><td colspan="2" rowspan="2">总体规划</td><td>县人民政府所在地镇的总体规划由县人民政府组织编制</td><td>县人民政府所在地镇的总体规划,报上一级人民政府审批</td><td>—</td></tr>
<tr><td>其他镇的总体规划由镇人民政府组织编制</td><td>其他镇的总体规划报上一级人民政府审批</td><td>—</td></tr>
<tr><td rowspan="2">详细规划</td><td>控制性详细规划</td><td>镇人民政府根据镇总体规划的要求,组织编制</td><td>报上一级人民政府审批(县人民政府所在地镇的控制性详细规划,县人民政府城乡规划主管部门组织编制,经县人民政府批准后,报本级人民代表大会常务委员会和上一级人民政府备案)</td><td>—</td></tr>
<tr><td>修建性详细规划</td><td>镇人民政府组织编制</td><td>—</td><td>—</td></tr>
<tr><td>乡规划</td><td colspan="2">—</td><td rowspan="2">乡、镇人民政府组织编制</td><td rowspan="2">上一级人民政府审批,报送审批前,应当经村民会议或者村民代表会议讨论同意</td><td rowspan="2">—</td></tr>
<tr><td>村庄规划</td><td colspan="2">—</td></tr>
<tr><td colspan="6">1."五层""两阶段""两详规":
(1)按照行政区域,分为城镇体系规划、城市规划、镇规划、乡规划、村庄规划。
(2)"两阶段":城镇规划分为总体规划和详细规划。
(3)"两详规":详细规划分为控制性详细规划和修建性详细规划。
(4)控制性详细规划:是以城市总体规划或分区规划为依据,确定建设地区的土地使用性质、使用强度等控制指标、道路和工程管线控制性位置以及空间环境控制的规划。
(5)修建性详细规划:是以城市总体规划、分区规划或控制性详细规划为依据,制订用以指导各项建筑和工程设施的设计和施工的规划设计。
2. 城乡规划与土地利用总体规划两张图,强调衔接</td></tr>
</table>

在城乡规划实施方面,建立了比较系统的城乡规划实施机制(见图 1－12):

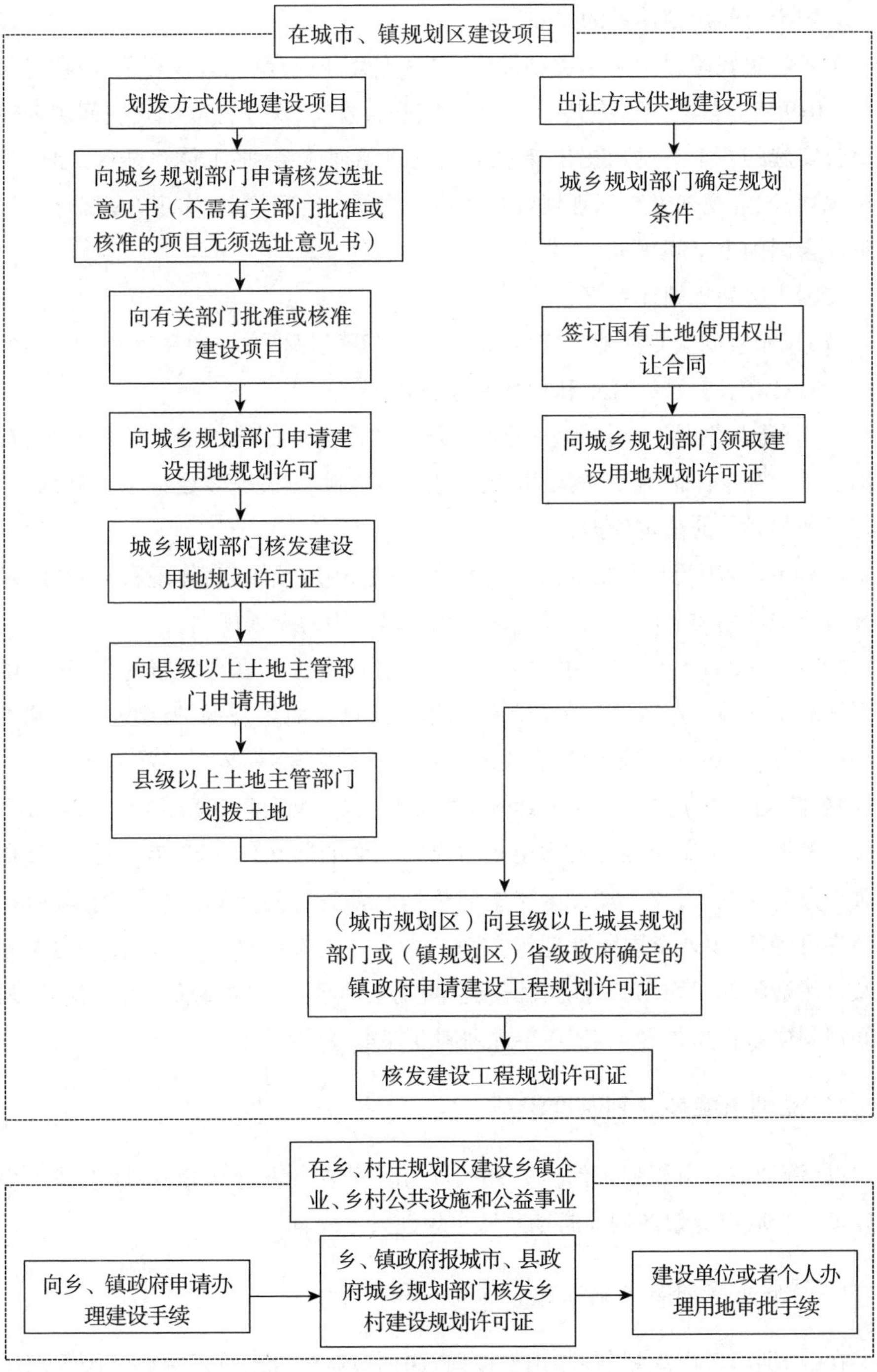

图 1－12　城乡规划实施机制

2. 国土空间规划体系的建立

为了解决我国目前规划类型过多、内容重叠冲突，审批流程复杂、周期过长等问题，2019 年 5 月 23 日，中共中央、国务院联合发布《关于建立国土空间规划体系并监督实施的若干意见》，提出建立国土空间规划体系，将主体功能区规划、土地利用规划、城乡规划等空间规划融合为统一的国土空间规划，实现“多规合一”，逐步形成全国国土空间规划“一张图”。

在国土空间规划体系下：

（1）国土空间规划是对一定区域国土空间开发保护在空间和时间上作出的安排，包括总体规划、详细规划和相关专项规划；

（2）详细规划是对具体地块用途和开发建设强度等作出的实施性安排，是开展国土空间开发保护活动、实施国土空间用途管制、核发城乡建设项目规划许可、进行各项建设等的法定依据；

（3）相关专项规划是指在特定区域（流域）、特定领域，为体现特定功能，对空间开发保护利用作出的专门安排，是涉及空间利用的专项规划。

2019 年 11 月 1 日，中共中央办公厅、国务院办公厅联合发布的《关于在国土空间规划中统筹划定落实三条控制线的指导意见》，对生态保护红线、永久基本农田、城镇开发边界三条控制线提出具体划定及冲突解决意见。为了落实中共中央、国务院关于建立国土空间规划体系并监督实施的意见，2019 年 5 月 28 日自然资源部发布了《关于全面开展国土空间规划工作的通知》，2020 年 5 月 22 日自然资源部办公厅发布《关于加强国土空间规划监督管理的通知》，从规划编制审批、规划许可管理、规划全周期管理等方面作出了方向性的规定。目前，各地人民政府及自然资源部门均在纷纷落实国土空间规划体系建设的要求。可以预见，国土空间规划体系将是我国未来 20 年规划制度探索、建设的重点。

二、深圳市城乡规划制度沿革

以《深圳市城市规划条例》（1998 年）为时间节点进行划分，深圳市城市规划制度可分为城市规划条例前时期与城市规划条例时期。

（一）城市规划条例前时期（1980—1998 年）

在《深圳市城市规划条例》出台以前，深圳市城市规划管理主要适用国家层面的法律法规，以及《广东省实施〈中华人民共和国城市规划法〉办法》（1992 年，已失效)及《广东省实施〈中华人民共和国城市规划法〉办法》(1997 年)。1993 年 7 月 14 日,深圳市人民政府发布了《深圳市宝安、龙岗区规划、国土管理暂行办法》,对深圳市宝安、龙岗两区规划管理作出了统筹性的规定。

《深圳市宝安、龙岗区规划、国土管理暂行办法》将两区辖区范围均纳入城市规划区,将两区定位为卫星城组团。两区的规划层次分为总体规划、分区规划(各卫星城组团的规划)、工业区规划以及各专项规划。虽然当时的宝安、龙岗两区尚未通过城市化转地将全部集体土地转为国有土地,但是由于 1993 年的《深圳市宝安、龙岗区规划、国土管理暂行办法》将两区辖区范围均纳入城市规划区,根据 1989 年《城市规划法》,在城市规划区内建设工程,均须办理建设用地规划及建设工程规划许可手续。如位于当时宝安、龙岗区的建制镇规划区范围内,建设工程报建、施工则应适用 1995 年 7 月 1 日起施行的《建制镇规划建设管理办法》,同样须办理建设用地规划及建设工程规划许可手续。

(二)城市规划条例时期(1998 年至今)

1998 年 5 月 15 日深圳市人大常委会公布了《深圳市城市规划条例》(1998 年 7 月 1 日开始施行),对深圳市城市规划编制与审批、城市设计、建设用地规划管理、建设工程规划管理作出了系统、全面的规定。2001 年、2019 年及 2021 年分别对《深圳市城市规划条例》进行了修正完善,尤其是 2021 年的修正,结合深圳市城市更新、土地整备等实际情况对深圳市城市规划制度作出了较多细节调整,但整体上的结构未做改动。笔者对《深圳市城市规划条例》(2021 年修正)作出以下介绍。

1. 深圳市城市规划区范围:深圳市行政区。

2. 城市规划编制和规划管理的主要技术依据:市政府制定的深圳市城市规划标准与准则(俗称“深标”)。

3. 城市规划审批组织结构(见图 1 - 13):

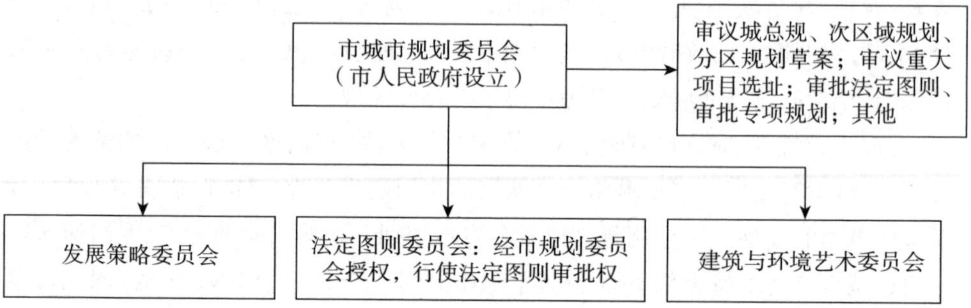

图1－13　城市规划审批组织结构

4.城市规划编制与审批制度(见表1－12)：

表1－12　城市规划编制与审批制度

国家城市规划层次	深圳市城市规划层次	任务	编制单位	审批单位	备注
总体规划	总体规划（包括整体城市设计）	根据全市发展策略确定城市性质、发展目标和发展规模，对城市规划区内的城市发展形态、次区域及组团结构划分、城市建设用地布局、交通运输系统及全市性基础设施的布局、农业及环境保护、风景旅游资源的开发利用等进行总体部署，并确定各专项规划的基本框架	市人民政府组织编制	市人民政府提请市人民代表大会或者其常务委员会审查同意，并经广东省人民政府审查同意后，报国务院审批	—
—	次区域规划（包括整体城市设计）	根据全市总体规划制定，指导次区域内土地利用和各项城市建设	市规划主管部门组织编制	提请市人民代表大会常务委员会审批	范围由市人民政府依据全市总体规划确定
分区规划	分区规划（包括整体城市设计）	—	市规划主管部门或者其派出机构组织编制	市规划委员会审议后，报市人民政府审批	范围由市规划主管部门根据次区域规划的城市组团结构布局，参照河流、山脉、道路等地形、地物的分界并结合行政区划确定
控制性详细规划	法定图则	根据分区规划制定，对分区内各片区土地利用性质、开发强度、配套设施等作进一步明确规定	市规划主管部门编制	由市规划委员会公开展示征询公众意见后审批	—

续表

国家城市规划层次	深圳市城市规划层次	任务	编制单位	审批单位	备注
修建性详细规划	详细蓝图(包括局部城市设计)	根据法定图则所确定的各项控制要求制定,详细确定片区或者小区内的土地用途及各市政工程管线等项目的布置。详细蓝图是作为城市将建设的政府内部管理图则,目的是对下层次的总图设计和工程设计进行指导和控制	市规划主管部门或者其派出机构编制	市规划主管部门或者其派出机构审批	—
详细蓝图是指在已经批准的全市总体规划、次区域规划及分区规划和法定图则的指导下,对规划区内用地在功能方面(包括土地利用性质、开发强度、公共配套设施、道路交通、市政工程)和形态环境方面(包括城市空间组织、建筑形态和景观环境等)作出详细的控制规定的规划控制图则					

5. 建设用地规划报审程序(见图1-14):

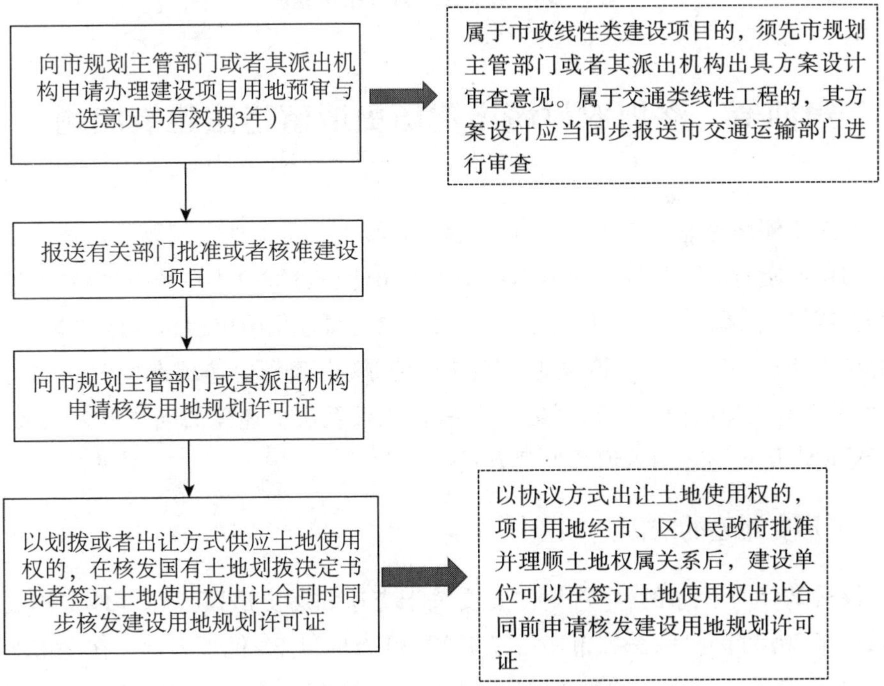

图1-14　建设用地规划报审程序

6. 建设工程规划报审程序（见图1－15）：

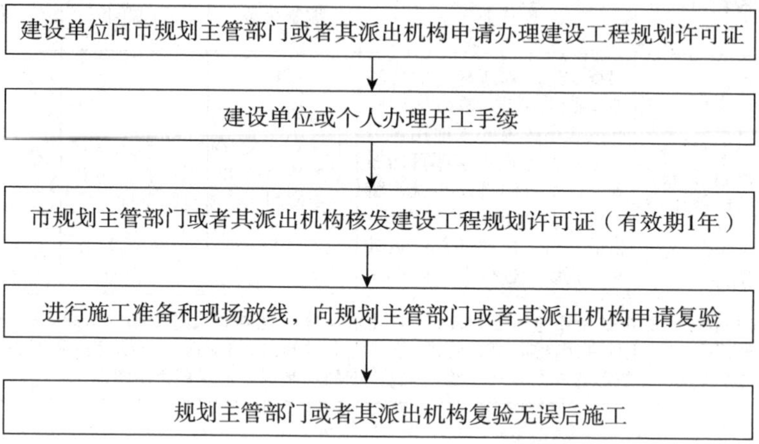

图1－15 建设工程规划报审程序

第四节 深圳农村城市化历史遗留违法建筑问题

相对于深圳房地产其他两大历史遗留问题（土地历史遗留问题及房地产登记历史遗留问题）而言，深圳农村城市化历史遗留违法建筑问题在城市更新、土地整备利益统筹、房屋征收项目中更为常见，关于农村城市化历史遗留违法建筑（以下简称历史违建）的法规、政策也更为系统。但是，由于历史违建产生背景的特殊性，尤其在与土地历史遗留问题交杂的情况下，涉及历史违建的问题更为复杂，旧改行业内对历史违建的认识和处理方式不一。

一、历史违建的成因

根据2015年公布的《市规划国土委关于查违和历史遗留违建处理工作的汇报》，截至2014年年底，深圳市违法建筑37.30万栋，4.28亿平方米。在全市所有违建中，住宅类违建达1.72亿平方米，占总体量的40.08%，生活在这些违法建筑内的居民约737.87万人。

全国各地其实都存在由于各种原因未办理合法报建手续的建筑，但违法建筑的体量及占比如此大的恐怕只有深圳。

深圳之所以产生如此大规模的违法建筑，笔者认为根本原因是施行的法律制度无法与深圳 40 余年快速的农村城市化相协调。

自 1980 年深圳经济特区设立之日起，深圳就一直处在高速的农村城市化进程中，并先后经历 1992 年原特区内“统征”及 2003 年原特区外“统转”两个直接导致土地所有权性质转变的城市化时期。高速的农村城市化，一方面推动了深圳经济发展与腾飞，另一方面产生了大量土地历史遗留问题，并引发了数轮违法建筑抢建热潮。政府也在严控与妥协、追认之间，与社会民众进行博弈。此种大背景下建设行为的违法性具有特殊的历史原因，与正常经济社会生活下的违建行为不可同日而语。

（一）五轮抢建热潮

1980 年，我国设立深圳经济特区，采取“三来一补”新型企业贸易模式，吸引外商纷纷到深圳投资经营。为解决外商用地经营问题，深圳一方面出台《深圳经济特区土地管理暂行规定》（已失效），为外商用地提供依据，另一方面大量村、镇属企业通过外卖地、代征地等方式向外来投资者提供土地。外来投资者在建设过程中，由于土地权属不合法、法治意识不健全、为了降低税费成本等，未按当时规定办理相应报建手续。同时，深圳经济的发展，吸引了大量外来人口的涌入，住房需求量突增。原村民纷纷超出规划建设标准加建扩建，非原村民违法购地，或建房出租获利，或建房自住。由此产生了深圳改革开放后最早一批的违法建筑。

1992 年 6 月，中共深圳市委、市政府发布《关于深圳经济特区农村城市化的暂行规定》，将原特区范围内的土地征为国有，将原特区范围内的 68 个村委会、沙河华侨农场转为城市，将持有原特区内常住农业户口的农民、渔民、蚝民转为城市居民，将原村民委员会的发展集体经济和组织村民自治的两大职能分开，分别由新的集体经济组织（后来的股份合作公司）、居民委员会和街道办事处承担。《关于深圳经济特区农村城市化的暂行规定》开启了深圳第一次城市化活动，极大刺激了社会民众抢建违法建筑的心态，引发了深圳第一次抢建热潮。

1999 年 2 月 26 日，《深圳市人民代表大会常务委员会关于坚决查处违法建筑的决定》出台，要求坚决实施 1995 年《土地管理法》、1989 年《城市规划法》、1998 年《深圳市城市规划条例》、1998 年《深圳经济特区规划土地监察条例》，坚决依法清理、拆除违法建筑，惩罚违法行为。但是，上述文件的出台及施行并未达到遏制违法抢建的效果，反而在全市掀起了新一轮的抢建热潮。

2001 年 12 月 19 日，深圳市人大常委会颁布《深圳经济特区处理历史遗留违法私房若干规定》《深圳经济特区处理历史遗留生产经营性违法建筑若干规定》(以下简称“两规”,2002 年 3 月 1 日施行),对违法建筑的处理方式作出让步和妥协,允许 1999 年 3 月 5 日以前违反规划、土地等有关法律、法规规定建设的建筑物在符合规定条件的情况下,在缴纳罚款、地价后完善手续,确认产权。深圳市政府根据“两规”出台了相应的实施规则,宝安区政府和龙岗区政府则出台了相应的实施办法。“两规”的出台,目的是处理历史遗留违法私房和历史遗留生产经营性违法建筑问题,制止违法建造私房行为,但实际上让社会民众觉得抢建会得到政府后续追认合法性的机会,让之前没抢建的民众产生“老实人吃亏”的心理,反而导致违法抢建的行为愈演愈烈。

2003 年 10 月,中共深圳市委、市政府发布《关于加快宝安龙岗两区城市化进程的意见》(深发〔2013〕15 号),决定加快宝安、龙岗两区的城市化进程,开始原特区外的城市化“统转”活动。但是,该次城市化“统转”规定的补偿标准与 1992 年原特区内“统征”的补偿标准相去不远。而随着深圳市场经济的发展,土地价值的剧增,深圳市民权益意识的增强,原特区外的民众和企业纷纷抢建,“种楼保地”。违法建筑在原特区外基本处于失控状态。

2004 年 10 月 28 日,中共深圳市委、市政府紧急出台了《关于坚决查处违法建筑和违法用地的决定》,实行“一刀切”的措施,即在建项目一律停止建设,10 月 28 日后违法建设的有一栋拆一栋,违法抢建初步得到有效制止。但是“一刀切”的停建也引发了大量的经济纠纷,造成社会不稳定。因此,2005 年市政府对停建生产经营性违法建筑问题进行专题研究,允许停建的工业类和公共配套类违法建筑复工。实质上这也是政府对违法建筑控停后的一种妥协。

2005 年 3 月 8 日,宝安区查处违法建筑和城中村改造工作领导小组发布《宝安区工业和公共配套类停建违法建筑申请复工管理暂行办法》(深宝查违〔2005〕1 号)。2005 年 3 月 23 日,龙岗区查处违法建筑和违法用地工作领导小组发布《龙岗区工业和公共配套类停建违法建筑申请复工管理暂行办法》(深龙查违〔2005〕1 号)。宝安、龙岗两区上述文件对截至 2004 年 10 月 28 日未按规定办理相关批准手续而擅自开工建设,尚未竣工的工业和公共配套类停建违法建筑物和构筑物,能否申请复工,如何申请复工作出规定。实施过程中,当时的部分建筑物按规定取得了复工通知书,但实际建设过程中又出现改变用途、加建、改建、扩建的行为,产生历史遗留问题。

2009 年 5 月 27 日,面对无法遏制的抢建热潮,以及难以通过执法途径全部解决的违法建筑,深圳市人大常委会颁布了《关于农村城市化历史遗留违法建筑的处理决定》(以下简称《农村城市化违法建筑的处理决定》),提出按照全面摸底、区别情况、尊重历史、实事求是、甄别主体、宽严相济、依法处理、逐步解决的原则,全面推进历史违建的处理工作。该决定提出了"农村城市化历史遗留违法建筑"的概念,将历史违建的时间范围扩大到2009年6月2日。该决定要求违法建筑建设当事人或者管理人在该决定实施之日起6个月内完成申报。当时大部分的违法建筑当事人或管理人进行了申报,并取得申报回执,但是没有完善后续处理确权的手续。该决定的出台再次印证了深圳市民抢建获利的想法,引发新一轮的抢建潮。

2012年,深圳市政府出台《深圳市查处违法用地和违法建筑工作共同责任考核办法(试行)》,号称史前最严"小产权房"禁令。该办法首次直接把违法建筑增减量作为区领导的政绩考核指标。在该办法实施阶段至2013年,曾引发了一个抢建小高潮。但是,随着一批相关领导被问责,深圳抢建的风气基本上被遏制。如今沙井、公明等地方的一些烂尾楼,基本上也是在该时期被叫停的。

此后,在深圳还想通过抢建违法建筑获取意外收益,已经基本不可能。随着旧改市场蓬勃兴起,更多的投资者将目光转向了购买所谓的"小产权房",博取巨额的拆迁补偿利益。

(二)严打严控新增违建,分类处理历史违建

2013年,深圳市政府出台《〈深圳市人民代表大会常务委员会关于农村城市化历史遗留违法建筑的处理决定〉试点实施办法》(已失效),对落实分类处理历史违建规则进行为期1年的试点。

2015年10月,深圳出台了《中共深圳市委、深圳市人民政府关于严查严控违法建设的决定》、《深圳市关于全面疏导从源头遏制违法建设的若干措施》及《深圳市查处违法用地和违法建筑工作共同责任考核办法》,在全面管治的基础上,确权一批、消化一批、拆除(没收)一批,逐步消减历史违建。

2018年9月4日,深圳市政府发布《关于农村城市化历史遗留产业类和公共配套类违法建筑的处理办法》(以下简称《农村城市化违法建筑的处理办法》),对产业类历史违建和公配类历史违建的安全纳管、处理确认、依法拆除或者没收作出具体规定,为上述两类历史违建的合法化提供了具体操作路径。

2018年11月7日,市规划国土委发布《关于做好没收违法建筑执行和处置工

作的指导意见》(深规土规〔2018〕10号),明确了没收违法建筑的执行措施及处置规则,规定区别国有土地和未完善征转手续土地两种情形对没收的违法建筑采取不同的处置措施,允许对未完善征转手续土地上没收违法建筑采取征收、出让或利益统筹模式进行处置。

在严打严控违法建筑时期,查违执法部门为了完成查违任务,对大量违法建筑作出了罚款、没收或拆除的行政处罚决定,但至今尚未执行和处置。该类建筑在纳入土地整备利益统筹或城市更新项目后,面临如何确权、补偿等难题。为了治理和消减存量违法用地和违法建筑,2019年12月9日,市规划和自然资源局针对2009年6月2日之后由原农村集体经济组织或其继受单位在其享有权益的未完善征转地手续土地上建设且未完工,经各级规划土地监察部门作出行政处罚决定、尚未执行和处置完毕的违法建筑,出台了《关于推进规划土地行政处罚案件执行与处置工作的指导意见》。

结合深圳历史违建的成因来看,历史违建虽然具有特殊的历史因素,但在法律性质上,仍然属于违法建筑,为法律所禁止,抢建及违建行为也不受鼓励和支持。违法建筑始终会存在不安全因素,直接影响城市规划实施,妨碍城市的合理建设及健康发展。在深圳抢建违建已得到控制的情况下,现在的任务是在准确认识和理解历史违建的基础上,如何通过处理确权、房屋征收、土地整备利益统筹、城市更新、执法清理等路径削减存量的历史违建及其他违法建筑,以求实现城市健康发展的目标。

二、历史违建的概念和范围

(一)违法建筑与历史违建

深圳语境下的历史违建全称为"农村城市化历史遗留违法建筑",于2009年的《农村城市化违法建筑的处理决定》中首次提出。

何为历史违建?单纯从概念的文义理解,历史违建是指在深圳农村城市化过程中,因历史原因形成并遗留下来的违法建筑。可见,历史违建属于违法建筑的下位概念。要理解历史违建的概念,首先需要理解何为违法建筑。

我国现行法律法规没有对违法建筑的定义作出规定。理论及实务中一般认为,根据《城乡规划法》(2019年修正)第六十四条、第六十五条及第六十六条的规定,在城市、镇规划区内未取得建设工程规划许可证或者未按照建设工程规划许可证的规定进行建设的永久性建(构)筑物等建设工程,在乡、村庄规划区内未依法取得乡村建设规划许可证或者未按照乡村建设规划许可证的规定进行建设的建(构)筑物,以及未经批准进行临时建设、未按照批准内容进行临时建设或超出批准期限不拆除的临时建(构)筑物,均属于违法建筑(该语境下的“建筑”属于广义上的概念,包括永久性建筑物、临时建筑及构筑物)。

2001年出台的“两规”,提出了历史遗留违法私房及历史遗留生产经营性违法建筑的概念。历史遗留违法私房是指《深圳市人民代表大会常务委员会关于坚决查处违法建筑的决定》公布实施以前,即1999年3月5日以前违反法律、法规所建的私房。历史遗留生产经营性违法建筑是指1999年3月5日以前违反规划、土地等有关法律、法规的规定,未经规划国土资源部门批准,未领取建设工程规划许可证,非法占用土地兴建的工业、交通、能源等项目的建筑物及生活配套设施。

2009年出台的《农村城市化违法建筑的处理决定》对历史违建未作出概括性的定义,而是通过列举方式规定历史违建的范围。

2018年出台的《农村城市化违法建筑的处理办法》在该决定的基础上,提出了农村城市化历史遗留产业类违法建筑(以下简称产业类历史违建)和农村城市化历史遗留公共配套类违法建筑(以下简称公配类历史违建)的概念。

为直观呈现“两规”、该决定及该办法适用范围的区别,笔者结合上述文件梳理如下(见表1-13):

表1-13 不同概念对应的情形

概念	情形
历史遗留违法私房	原村民非法占用国家所有的土地或者原农村用地红线外其他土地新建、改建、扩建的私房
	原村民未经镇级以上人民政府批准在原农村用地红线内新建、改建、扩建的私房
	原村民超出批准文件规定的用地面积、建筑面积所建的私房
	原村民违反一户一栋原则所建的私房
	非原村民未经县级以上人民政府批准单独或合作兴建的私房
历史遗留生产经营性违法建筑	1999年3月5日以前违反规划、土地等有关法律、法规的规定,未经规划国土资源部门批准,未领取建设工程规划许可证,非法占用土地兴建的工业、交通、能源等项目的建筑物及生活配套设施

续表

概念	情形
农村城市化历史遗留违法建筑	原村民非商品住宅超批准面积的违法建筑
	1999 年 3 月 5 日之前所建的符合“两规”处理条件,尚未接受处理的违法建筑
	1999 年 3 月 5 日之前所建不符合“两规”处理条件的违法建筑
	1999 年 3 月 5 日至 2004 年 10 月 28 日所建的各类违法建筑
	2004 年 10 月 28 日至 2009 年 6 月 2 日所建的除经区政府批准复工或者同意建设外的各类违法建筑
产业类历史违建	包括生产经营性和商业、办公类历史违建。 生产经营性历史违建,是指厂房、仓库等实际用于工业生产或者货物储藏等用途的建筑物及生活配套设施。 商业、办公类历史违建,是指实际用于商业批发与零售、商业性办公、服务(含餐饮、娱乐)、旅馆、商业性文教体卫等营利性用途的建筑物及生活配套设施
公配类历史违建	是指实际用于非商业性文教体卫、行政办公及社区服务等非营利性用途的建筑物及生活配套设施

注:1.“两规”中的原村民,是指原特区内截至 1993 年 1 月 1 日公安机关登记在册并参加本村劳动分红的农村集体经济组织成员。一户一栋原则中的一户,是指原特区内截至 1993 年 1 月 1 日公安机关登记在册并参加农村集体经济组织劳动分红的户籍单位。

2. 该决定中的原村民,是指公安机关登记在册(原特区内截至 1993 年 1 月 1 日、原特区外截至 2003 年 10 月 29 日)并参加本村劳动分红的农村集体经济组织成员。按照每户原村民划定原农村宅基地或者非农建设用地标准中的一户,是指原村民的户籍单位。原村民中年满 30 周岁未婚的(原特区内截至 1993 年 1 月 1 日、原特区外截至 2004 年 3 月 31 日)可认定为一户。“经区政府批准复工或者同意建设”,是指根据《中共深圳市委、深圳市人民政府关于坚决查处违法建筑和违法用地的决定》,在 2004 年 10 月 28 日停工的历史违建中,区政府根据市政府办公会议议定批准复工或者同意建设的工业及公共配套类历史违建。

按照《农村城市化违法建筑的处理决定》及《农村城市化违法建筑的处理办法》的规定,一般理解历史违建的认定只取决于一个要件,即建筑物建成时间是否在 2009 年 6 月 2 日以前。在 2009 年 6 月 2 日前建成的建筑物属于历史违建,反之则不属于历史违建范畴。

但是,在深圳市查处违法建筑和处理农村城市化历史遗留问题领导小组办公室 2018 年编制的《深圳市农村城市化历史遗留产业类和公共配套类违法建筑处理工作指南》中提出:

历史违建主要是在原农村集体土地上违反工程规划许可建设形成的;对在已经完善征转地手续的国有土地上、于 2009 年 6 月 2 日前建设而成的违法建筑,应当区分建设主体,若建设主体与土地使用权人不一致,原则上也属于历史违建;若建设主体与土地使用权人一致,原则上不属于历史违建,应当按照《城乡规划法》

等法律法规予以处理。

上述观点似乎是在探寻历史违建的本质,即只有是在规定时点以前农村城市化过程中形成的违法建筑才是历史违建。历史违建的界定和立法,是基于农村城市化的特定背景,土地总体带有原农村集体属性,即未完善征转地手续。① 若土地已征(转)为国有土地(不包括非农建设用地、征地返还用地等合法的国有集体用地),除非建设主体与土地使用权人不一致,否则一般情况下不会存在农村城市化遗留问题,因此土地使用权人自行在国有土地上建成的违法建筑,无论建成时间是否在 2009 年 6 月 2 日以前,均不属于历史违建。

笔者认为上述观点失之偏颇。

第一,从《农村城市化违法建筑的处理决定》第二条的规定来看,明确除已经处理及经批准复工和建设的违法建筑外,2009 年 6 月 2 日前建设的各类违法建筑均属于历史违建,未对建筑物是否在已经完善征转地手续的国有土地上建成有所限制。按照该决定第九条、第十条的规定,是否在已经完善征转地手续的国有土地上建成仅影响该历史违建的处理方式(依法拆除或依法没收)。第二,即使考虑农村城市化问题,对深圳来说,农村城市化并非一时一刻之事,从深圳经济特区设立之日起,深圳就一直处于农村城市化过程中,直至今日仍存在未完善征(转)地补偿手续的土地。无论是在国有土地上,还是在完善征(转)地补偿手续的土地上建成的建筑物,只要是在 2009 年 6 月 2 日前建成的,都是在深圳农村城市化的大背景下建成的违法建筑。不宜将 2009 年 6 月 2 日前在国有土地上建成的违法建筑排除出历史违建范畴。第三,现实情况是国有土地上存在大量 2009 年 6 月 2 日前建成的违法建筑,如果将此类违法建筑排除出历史违建范畴,不借旧改及《农村城市化违法建筑的处理办法》实施的机会一并解决,将产生更多的历史遗留问题。第四,建设主体与土地使用权人是否一致,何以直接影响是否纳入历史违建的范畴,值得质疑和商榷。

实务中还存在的一个争议是,2009 年 6 月 2 日前违法建成的临时建筑、构筑物是否属于历史违建的范畴。有观点认为违法建成的临时建筑、构筑物应当依法拆除,并且临时建筑允许使用的时间较短,也没有纳入历史违建的必要。

笔者认为该观点仍然混淆了历史违建范畴及历史违建如何处理两个问题,逻辑上存在问题。按照国家层面法律规定,违法建筑的范围涵盖了永久性建筑物、

---

① 参见深圳市查处违法建筑和处理农村城市化历史遗留问题领导小组办公室:《深圳市农村城市化历史遗留产业类和公共配套类违法建筑处理工作指南》(2018 年版),第 15 页。

临时建筑、构筑物等建设工程。按照“两规”、《农村城市化违法建筑的处理决定》及《农村城市化违法建筑的处理办法》的规定,历史违建涵盖了规定时点以内的违法建筑及其配套设施,并未将临时建筑、构筑物排除在外。临时建筑、构筑物是否应依法拆除,仅是对历史违建范畴内的临时建筑、构筑物采取何种处理方式(确认产权、拆除、没收、安全纳管)而已。不能以选择哪种处理方式去反推能否纳入历史违建范畴。

综上,笔者认为,应严格按照该决定的规定认定在 2009 年 6 月 2 日前建成的各类违法建筑均属于历史违建,除非已经处理或经批准复工和同意建设。是否在已经完善征转地手续的国有土地上建成,仅影响该历史违建的处理方式,不应影响认定结果。

(二)历史违建与其他特殊类型的房屋

由于深圳房地产历史遗留问题的复杂性,实务中很容易将历史违建与其他存在历史遗留问题的房屋相混淆。明确了解历史违建与其他特殊类型房屋之间的区别,有助于我们在旧改项目中作出正确的判断。常见的其他特殊类型的房屋如下。

1. 存在房地产登记历史遗留问题的房屋

存在房地产登记历史遗留问题的房屋,主要是指已实际享有房地产合法权利,但因各种历史原因未完善用地手续或建设手续、房屋质量检测鉴定手续、消防安全证明手续导致无法办理房地产登记的房屋。该类房屋与历史违建存在性质上的区别。历史违建从性质上来说仍属于违法建筑,但存在房地产登记历史遗留问题的房屋仅是因其他手续不完善导致未进行房地产登记,不属于违法建筑的范畴。房地产登记历史遗留问题应按照《关于加强房地产登记历史遗留问题处理工作的若干意见》(深府〔2010〕66 号,以下简称 66 号文)及相关规定处理,不能按照“两规”、《农村城市化违法建筑的处理决定》及《农村城市化违法建筑的处理办法》处理。笔者将在房地产登记历史遗留问题章节中专门介绍。

2. 已按“两规”规定处理的历史违建

已按“两规”规定处理的历史违建存在两种情形:一是已取得处理决定书但未办理房地产登记的历史违建;二是已处理完毕并办理房地产登记的历史违建。已处理完毕并办理房地产登记的历史违建,毫无疑问应已转为合法建筑。实务中的争议在于已取得处理决定书但未办理房地产登记的历史违建的性质及权利人的认定如何处理?

首先，按照历史违建处理确权的程序，一般需要经历申报处理、权属调查及分宗定界、规划审查、消防及质量安全审查、通知缴纳罚款和地价、缴纳罚款和地价、核发处理决定书（证明书）、办理不动产权登记手续的程序。从程序上来看，申报人是在通过所有审查并缴纳罚款和地价后才取得处理决定书（证明书），也就是说历史违建已经处理完毕，仅是未办理不动产登记。该状态下的房屋已经完成合法化，更近似于存在房地产登记历史遗留问题的房屋。

其次，根据《民法典》第二百三十一条的规定，因合法建造、拆除房屋等事实行为设立或者消灭物权的，自事实行为成就时发生效力，不以登记为物权设立要件。如果处理决定的相对人已经按照决定要求缴纳了地价和罚款，则该历史违建的合法性已经得到补正，转为合法房屋，属于合法建造的房屋，即使该历史违建未办理不动产登记手续，但是从证据角度来看，相对人有充分的证据证明其作为该建筑的建造人，享有该建筑的合法物权。

最后，如处理决定书（证明书）相对人将相应的房屋转让给第三方，能否直接确认第三方为房屋权益人，对第三方进行搬迁补偿？在实务中，目前深圳大部分行政区（龙华、大鹏、龙岗等）倾向将处理决定书（证明书）视同不动产权证书，将取得处理决定书（证明书）的房屋视同“绿本房”，只允许将房屋确权到处理决定书（证明书）相对人名下，对其进行搬迁补偿。笔者认为，实务中各城市更新和土地整备部门直接将处理决定书（证明书）视同不动产权证书，欠缺法理依据，但是就此的处理结果倒是符合法理。如前所述，如果处理决定的相对人已经按照决定要求缴纳了地价和罚款，则该历史违建的合法性已经得到补正，转为合法房屋，已经属于合法建造的房屋。根据《民法典》第二百三十一条的规定，相对人有权主张作为该房屋的建造人，享有该房屋的合法物权。同时，根据《民法典》第二百零九条的规定，物权变动、转让，经依法登记，发生效力；未经登记，不发生效力。如果历史违建的处理决定相对人将该房屋转让给其他人，但未办理初始登记及过户登记，房屋物权未发生变动，买受人并未取得该房屋所有权，仍应认定处理决定的相对人为该建筑的所有权人。

3. 经批准复工的建筑物

前文提到，2004 年 10 月 28 日《中共深圳市委、深圳市人民政府关于坚决查处违法建筑和违法用地的决定》出台后，在建项目一律停止建设。

2005 年，宝安、龙岗两区分别出台有关工业和公共配套类停建违法建筑申请复工管理的暂行办法，对申请复工并经审查符合复工条件、同意复工的停建违法建筑，由区查违办和区城市管理行政执法局核发复工通知书，并在施工现场悬挂。按照当时的规定，经批准复工的停建违法建筑，在城市化转地工作完成前按照临时建筑相关规定进行处理，建筑物建成后待转地时再根据实际情况一并处理，作出确权或不予确权的决定。

目前实务中，基本统一倾向性认为经批准复工或者同意建设的工业及公共配套类历史违建，对于其在批准用地面积、功能和建筑面积范围内的部分，不应当界定为违法建筑。但是，实际上很多停建违法建筑经批准复工后，存在超出批准用地面积、建筑面积建设或改变功能用途的情况。对于超过批准用地面积、功能或者建筑面积的部分且是在2009年6月2日前形成的，则应当作为历史违建处理。

4.2009年6月2日以后建成的违法建筑

如前所述，按照《农村城市化违法建筑的处理决定》的规定，历史违建建成时间必须是在2009年6月2日之前。在此之后建成的违法建筑均不能纳入历史违建处理范畴，应按照《城乡规划法》予以处理。

应予以注意的是，建筑物在2009年6月2日之前建成，但在2009年6月2日之后存在违法加建、改建或扩建的，加建、改建或扩建部分不能纳入历史违建处理范畴。该问题更多的是影响到历史违建的处理确权、房屋征收中的确权及补偿、土地整备利益统筹项目中规划建设用地面积的核算问题。

三、历史违建的处理

（一）相关职责机构的变更

由于法规、规章及政策的修订变更，负责查处违法建筑及处理历史违建的机构也一直在变更调整。

1.违法建筑查处职责机构及依据（见表1－14）

表1－14　违法建筑查处职责机构及依据

年限	职责机构	依据	备注
2004年以前	规划国土资源部门	《深圳经济特区规划土地监察条例》（1995年）第三条、《深圳经济特区规划土地监察条例》（2001年）第三条、《深圳市人民代表大会常务委员会关于坚决查处违法建筑的决定》（1999年）第二条	—

续表

年限	职责机构	依据	备注
2005—2009 年	城市管理综合执法部门	《深圳经济特区规划土地监察条例》(2005 年)第三条	—
2009—2014 年	规划国土资源部门	《关于印发市政府工作部门主要职责内设机构和人员编制规定的通知》(深府办〔2009〕100 号)、市机构编制委员会发布《关于市、区规划土地执法监察队伍有关机构编制问题的通知》(深编〔2009〕113 号)、《关于进一步明确查违工作责权分工的通知》(深编〔2009〕114 号)	市规划国土委员会下设市规划土地监察支队,加挂"市查违办"牌子,各区城管局下设的城管执法监察大队加挂"区规划土地监察大队""区查违办"牌子,各街道执法队加挂"街道规划土地监察中队"牌子
	—	《深圳市规划土地监察行政执法主体及其职责规定》(深圳市人民政府令第 222 号)	1. 街道规划土地监察机构接受所在行政区域的区规划土地监察机构的委托,以其名义作出行政决定。 2. 光明新区、坪山新区规划土地监察机构则分别接受宝安区、龙岗区规划土地监察机构的委托,承担本辖区的规划土地监察工作。 3. 光明新区、坪山新区所辖街道规划土地监察机构分别接受宝安区、龙岗区规划土地监察机构的委托,承担本辖区的规划土地监察工作
2014—2021 年	市、区、街道规划土地监察机构是履行规划土地监察职责的专门机构	《深圳经济特区规划土地监察条例》(2014 年)、《深圳经济特区规划土地监察条例》(2017 年)、《深圳经济特区规划土地监察条例》(2019 年)	市规划国土行政管理部门指导、监督,规划土地监察实行市、区、街道三级管理,市、区两级执法的工作机制,市级规划土地监察机构原则上不承担具体执法工作
2021 年 9 月 1 日至今	辖区街道办事处	《深圳市人民政府关于完善街道综合行政执法体制机制的决定》(深府〔2021〕18 号)、《深圳市人民政府关于街道综合行政执法的公告》(深府函〔2021〕213 号)	坪山区范围内违反规划和土地管理规定行为的查处除外

2. 历史违建处理职责机构(见表 1 – 15)

表 1 – 15 历史违建处理职责机构

时间	职责机构	备注
2002—2004 年	市政府成立处理违法私房领导小组及处理违法建筑领导小组,各区政府成立处理违法私房领导小组及处理违法建筑领导小组,领导小组下设办公室,负责日常事务	《〈深圳经济特区处理历史遗留违法私房若干规定〉实施细则》《〈深圳经济特区处理历史遗留生产经营性违法建筑若干规定〉实施细则》
2004 年	深圳市查处违法建筑和城中村改造工作领导小组(后更名为"市查处违法建筑和城市更新工作领导小组"),下设查处违法建筑和城中村改造工作办公室(原分设,后合并)	《中共深圳市委、深圳市人民政府关于坚决查处违法建筑和违法用地的决定》(2004 年 10 月 28 日发布,深发〔2004〕13 号)
2009 年	市规划国土委员会下设市规划土地监察支队,加挂"市查违办"牌子,各区城管局下设的城管执法监察大队加挂"区规划土地监察大队""区查违办"牌子	《关于印发市政府工作部门主要职责内设机构和人员编制规定的通知》(深府办〔2009〕100 号)、《关于市、区规划土地执法监察队伍有关机构编制问题的通知》(深编〔2009〕113 号)和《关于进一步明确查违工作责权分工的通知》(深编〔2009〕114 号)
2016 年	市规划国土委保留副局级建制的市规划土地监察局,加挂"市查处违法建筑和处理农村城市化历史遗留问题领导小组办公室"(以下简称市查违办)牌子。区规划土地监察大队(区规划土地监察局、区查违办)更名为"区土地规划监察局",加挂"区查处违法建筑和处理农村城市化历史遗留问题领导小组办公室"牌子	《深圳市机构编制委员会关于调整我市规划土地监察体制的通知》(深编〔2016〕92 号)
2020 年	1. 市查违办设在市规划土地监察局。原市查处违法建筑和城市更新工作领导小组不再保留。 2. 各区设立区查处违法建筑和处理农村城市化历史遗留问题领导小组办公室(以下简称"区查违办")设在市规划土地监察局	—

（二）“两规”针对历史违法私房及生产经营性违法建筑处理的规定

1. 政策依据（见表1－16）

表1－16　违法建筑处理的政策依据

区域	文件名称
市级	《深圳经济特区处理历史遗留违法私房若干规定》
	《深圳经济特区处理历史遗留生产经营性违法建筑若干规定》
	《〈深圳经济特区处理历史遗留违法私房若干规定〉实施细则》
	《〈深圳经济特区处理历史遗留生产经营性违法建筑若干规定〉实施细则》
宝安区	《关于印发〈深圳市宝安区处理历史遗留违法私房实施办法〉和〈深圳市宝安区处理历史遗留生产经营性违法建筑实施办法〉的通知》（深宝府〔2002〕43号）（有效期至2023年12月31日）
龙岗区	《深圳市龙岗区实施〈深圳经济特区处理历史遗留违法私房若干规定〉的办法》（深龙府〔2002〕67号）（有效期至2024年11月30日）
	《深圳市龙岗区实施〈深圳经济特区处理历史遗留生产经营性违法建筑若干规定〉的办法》（深龙府〔2002〕67号）（有效期至2024年11月30日）
光明区	《光明新区处理历史遗留生产经营性违法建筑实施办法》（深光管办〔2008〕106号）
	《光明新区处理历史遗留违法私房实施办法》（深光管办〔2008〕105号）
龙华区	《深圳市龙华新区处理历史遗留违法私房实施办法》（深龙华办〔2008〕163号），现修订为《深圳市龙华区处理历史遗留违法私房实施办法》（深龙华府办规〔2020〕11号）
	《深圳市龙华新区处理历史遗留生产经营性违法建筑实施办法》（深龙华办〔2008〕164号），现修订为《深圳市龙华区处理历史遗留生产经营性违法建筑实施办法》（深龙华府办规〔2020〕10号）

2. 组织架构

《农村城市化违法建筑的处理办法》出台前，以宝安区为例，“两规”针对历史违法私房及生产经营性违法建筑处理涉及的相关部门职权职责安排基本如下（见图1－16）：

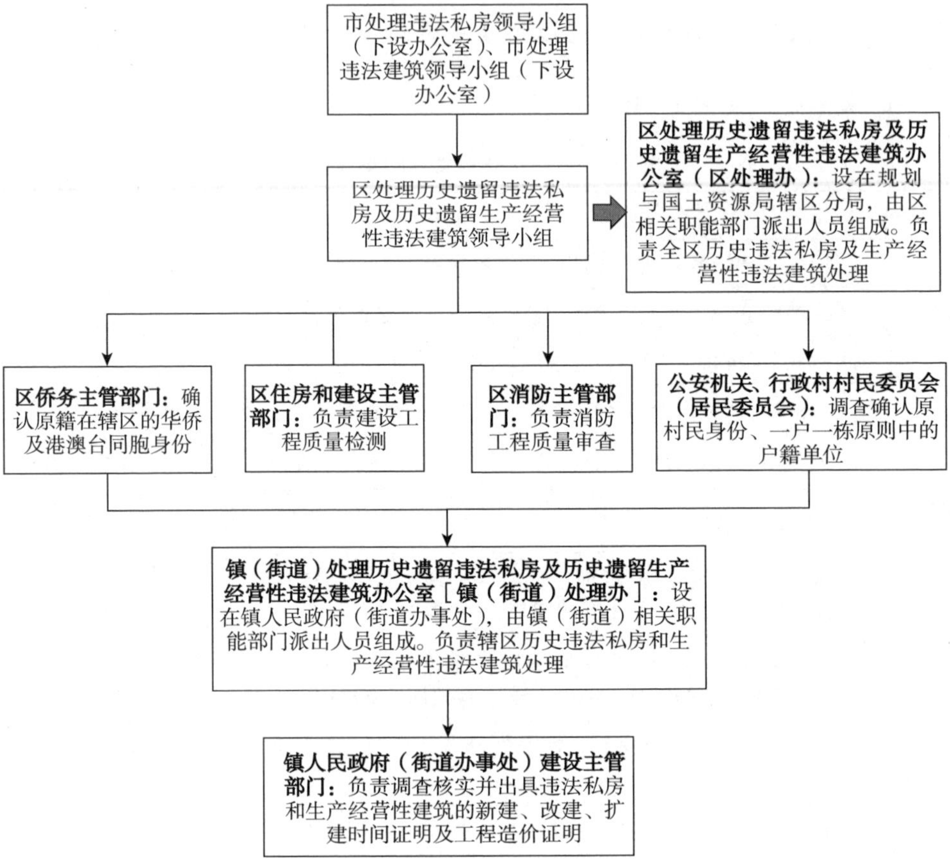

图1－16　处理违法建筑的部门及职责（以宝安区为例）

《农村城市化违法建筑的处理办法》出台后，以龙华区为例，龙华区结合辖区实际情况对《深圳市龙华新区处理历史遗留违法私房实施办法》及《深圳市龙华新区处理历史遗留生产经营性违法建筑实施办法》进行修订，出台了《深圳市龙华新区处理历史遗留违法私房实施办法》及《深圳市龙华区处理历史遗留生产经营性违法建筑实施办法》。“两规”中有关历史遗留违法私房及生产经营性违法建筑处理涉及的相关部门职权职责安排调整如下（见图1－17）：

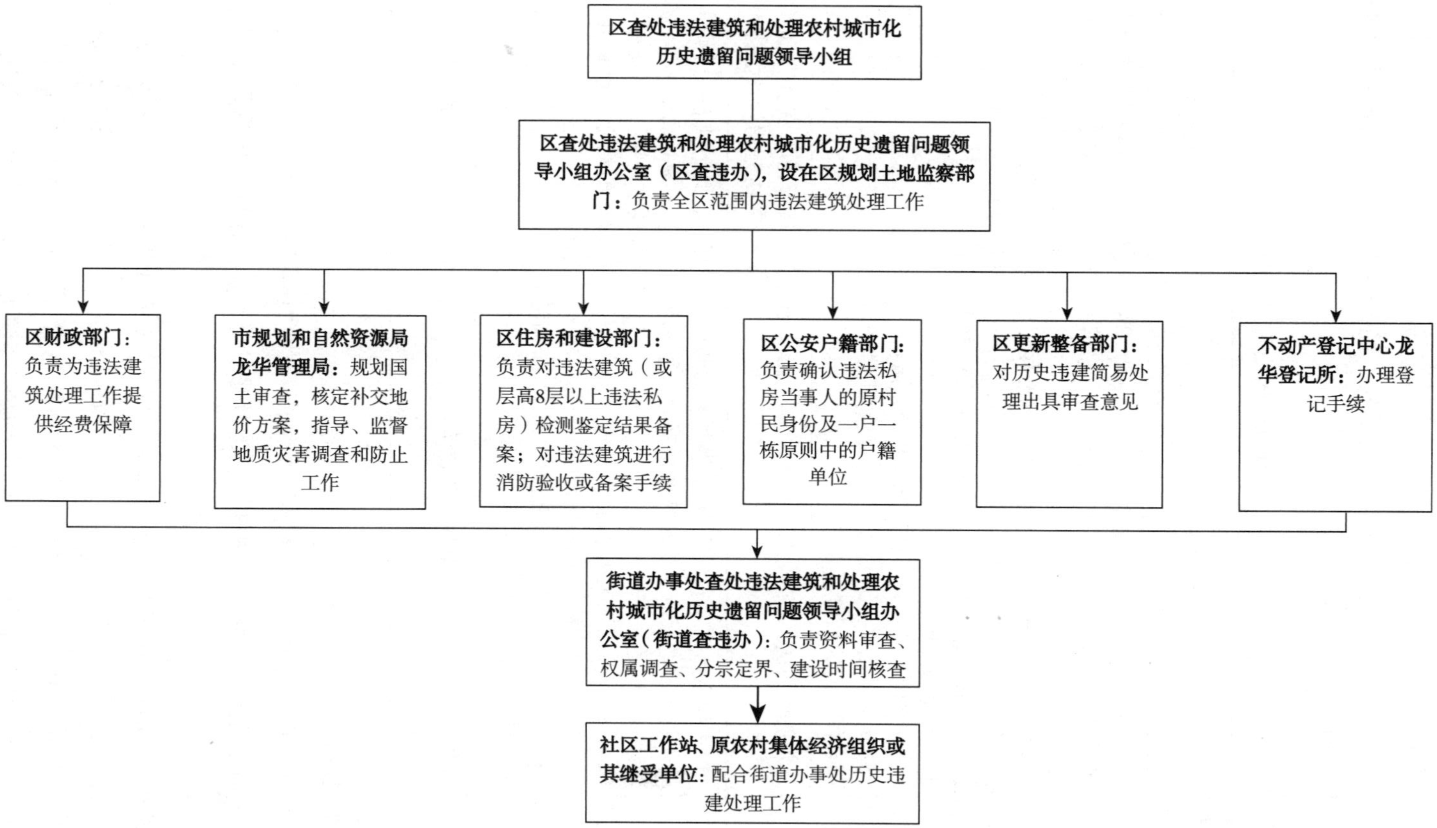

图1–17　处理违法建筑的部门及职责（以龙华区为例）

3. 处理方式

根据“两规”相关规定，历史违法私房及生产经营性违法建筑区分情形按照如下方式予以处理（见表1－17）：

表1－17 违法建筑的处理方式

历史违建类型	情形	处理方式
历史违法私房	(1)原村民非法占用国家所有的土地或者原农村用地红线外其他土地新建、改建、扩建的私房； (2)原村民未经镇级以上人民政府批准在原农村用地红线内新建、改建、扩建的私房； (3)原村民超出批准文件规定的用地面积、建筑面积所建的私房； (4)原村民违反一户一栋原则所建的私房； (5)非原村民未经县级以上人民政府批准单独或合作兴建的私房	按照《土地管理法》、《城市规划法》、《深圳经济特区规划土地监察条例》和其他有关法律、法规的规定予以查处（执法查处）
	其他历史违法私房	区分情形罚款、缴纳地价后确认产权，办理房地产登记手续
历史遗留生产经营性违法建筑	(1)占用道路、广场、绿地、高压供电走廊和压占地下管线或者其他严重影响城市规划又不能采取改正措施的； (2)占用农业保护区用地的； (3)占用一级水源保护区用地的； (4)非法占用国家所有的土地或者原农村用地红线外其他土地的	按照《土地管理法》、《城市规划法》、《深圳经济特区规划土地监察条例》和其他有关法律、法规的规定予以查处（执法查处）
	其他历史遗留生产经营性违法建筑	区分情形罚款、缴纳地价后确认产权，办理房地产登记手续

4. 处理流程

“两规”规定的关于历史违法私房及生产经营性违法建筑的处理程序，各区大同小异。为便于读者了解上述两种不同的处理程序，笔者分别以宝安区及龙华区为例作出介绍。

宝安区目前仍适用2002年出台的《关于印发〈深圳市宝安区处理历史遗留违法私房实施办法〉和〈深圳市宝安区处理历史遗留生产经营性违法建筑实施办法〉的通知》（深宝府〔2002〕43号）（有效期至2023年12月31日），龙华区则适用2020年修订后的《深圳市龙华区处理历史遗留违法私房实施办法》（深龙华府办规〔2020〕11 号）及《深圳市龙华区处理历史遗留生产经营性违法建筑实施办法》（深龙华府办规〔2020〕10 号）。

（1）以宝安区为例，"两规"针对历史违法私房及生产经营性违法建筑规定的处理程序（见图 1－18）

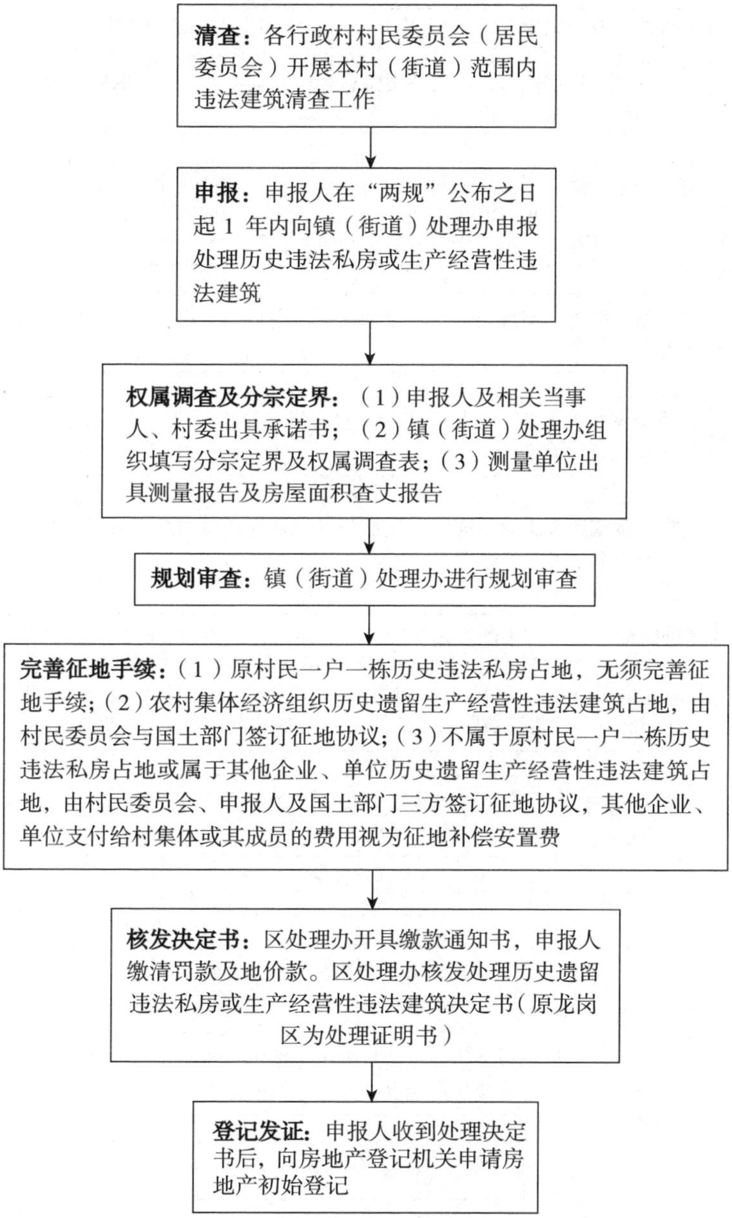

图 1－18　违法建筑的处理程序（以宝安区为例）

(2)以龙华区为例,“两规”针对历史违法私房及生产经营性违法建筑规定的处理程序(见图1－19)

申报：申报人向街道查违办申报处理历史违法私房或生产经营性违法建筑

↓

权属核查及分宗定界：(1)申报人及相关当事人和原农村集体经济组织或其继受单位共同出具承诺书;(2)街道查违办组织现场共同指界，现场测量，填写分宗定界和权属调查表;(3)测量机构出具测量报告及房屋面积查丈报告

↓

完善征地手续：不属于原村民符合一户一栋所建的历史违法私房，村集体或其继受单位和申报出具声明，承诺土地归国有，应付补偿费用已由使用方全部付清，政府无须再支付

↓

规划国土审查：市规资局龙华管理局提出规划国土审查意见，出具用地方案草图

↓

房屋质量检测鉴定：申报人将鉴定报告报区住建部门备案，备案证明书交到街道查违办

↓

消防备案或验收手续：向区住建部门提交资料或报送纸质备案表由公安消防部门录入系统

↓

完善征地手续：村集体或其继受单位的违法建筑占地，村集体或其继受单位出具厘清全部经济利益关系承诺的声明；其他企业或单位的违法建筑占地，村集体或其继受单位和申报人出具声明，承诺土地归国有，应付补偿费用已由使用方全部付清，政府无须再支付

↓

街道查违领导小组工作会议审议

↓

区查违办开具缴款通知书

↓

申报人缴清罚款及地价款

↓

街道查违办核发处理历史遗留违法私房或生产经营性违法建筑决定书

↓

申报人申请办理不动产登记

图1－19 违法建筑的处理程序(以龙华区为例)

5. 处理效果

“两规”针对历史违法私房及历史遗留生产经营性违法建筑规定的处理效果，主要是指按规定处理后，对建筑物合法性、商品性及所占土地权属、使用年限等产生的影响。结合“两规”及各区落实“两规”的实施办法来看，处理效果主要体现在如下方面（见表1－18）：

表1－18　违法建筑的处理效果

违法建筑	“两规”	宝安区（原宝安区时期的规定）	光明区（新区时期的规定）	龙华区
历史遗留违法私房	核发房地产证书，不得买卖，除非市政府另有规定	一律核发绿皮房地产证书。属原村民符合一户一栋原则所建的违法私房，其所占用土地性质定为农村集体用地；其他违法私房所占土地应补办征地手续，土地性质定为国有，权属来源定为协议，土地使用年限70年，从1999年3月5日起计算	一律核发绿皮房地产证书。属原村民符合一户一栋原则所建的违法私房，其所占用土地性质定为国有，土地来源为划拨，不确定使用年限；其他违法私房所占土地，土地性质定为国有，权属来源定为协议，土地使用年限为70年，从1999年3月5日起计算	一律核发绿皮房地产证书（现“一律确认为非商品性质房地产”）。属原村民符合一户一栋原则所建的违法私房，其所占用土地性质定为国有（城市化转地未补偿土地）（现单纯为“国有”）；其他违法私房所占土地应补办征地手续，土地性质定为国有，权属来源定为协议，土地使用年限70年，从1999年3月5日起计算
历史遗留生产经营性违法建筑	发放房地产证书，对买卖无限制	一律核发绿皮房地产证书。所占土地应补办征地手续，土地性质定为国有，权属来源定为协议，土地使用年限按相应用途从1999年3月5日起计算	一律核发红皮房地产证书。土地性质定为国有，权属来源为协议，土地使用年限按相应用途从1999年3月5日起计算	核发房地产证书。所占土地应补办征地手续，土地性质定为国有，权属来源定为协议，土地使用年限按相应用途从1999年3月5日起计算

（三）《农村城市化违法建筑的处理决定》及《农村城市化违法建筑的处理办法》中的历史违建处理

1.政策依据（见表1－19）

表1－19　历史违建处理的政策依据

区域	文件名称
市级	《农村城市化违法建筑的处理决定》
	《农村城市化违法建筑的处理办法》
	《市查违办关于印发〈深圳市农村城市化历史遗留产业类和公共配套类违法建筑处理操作指引〉〈深圳市农村城市化历史遗留产业类和公共配套类违法建筑处理格式文书（2020年修订）〉的通知》
福田区	《深圳市福田区农村城市化历史遗留产业类和公共配套类违法建筑处理实施细则》
宝安区	《深圳市宝安区处理历史遗留产业类和公共配套类违法建筑实施细则（试行）》（深宝规〔2019〕7号，有效期3年）
光明区	《深圳市光明区农村城市化历史遗留产业类和公共配套类违法建筑处理实施细则》（深光府规〔2020〕1号） 附件1《深圳市光明区农村城市化历史遗留产业类和公共配套类违法建筑处理工作机构设置与职责》 附件2《深圳市光明区农村城市化历史遗留产业类和公共配套类违法建筑安全纳管工作指引》 附件3《深圳市光明区农村城市化历史遗留产业类和公共配套类违法建筑处理申报资料指引》 附件4《深圳市光明区农村城市化历史遗留产业类和公共配套类违法建筑处理简易处理操作指引》 附件5《深圳市光明区农村城市化历史遗留产业类和公共配套类违法建筑拆除、没收、收购或者统筹操作指引》
龙华区	《深圳市龙华区农村城市化历史遗留产业类和公共配套类违法建筑处理若干规定》（深龙华府办规〔2020〕2号）
坪山区	《深圳市坪山区农村城市化历史遗留产业类和公共配套类违法建筑处理实施细则（征求意见稿）》

2.组织架构

《农村城市化违法建筑的处理办法》出台后，福田、宝安、光明、龙华等区均出台了相应的实施细则。在产业类和公配类历史违建处理机构职权职责安排上，各区大同小异，基本是按照该办法的规定，结合各区职能部门职责分工进行规定。以龙华区为例，相关机构职责分工如下（见图1－20）：

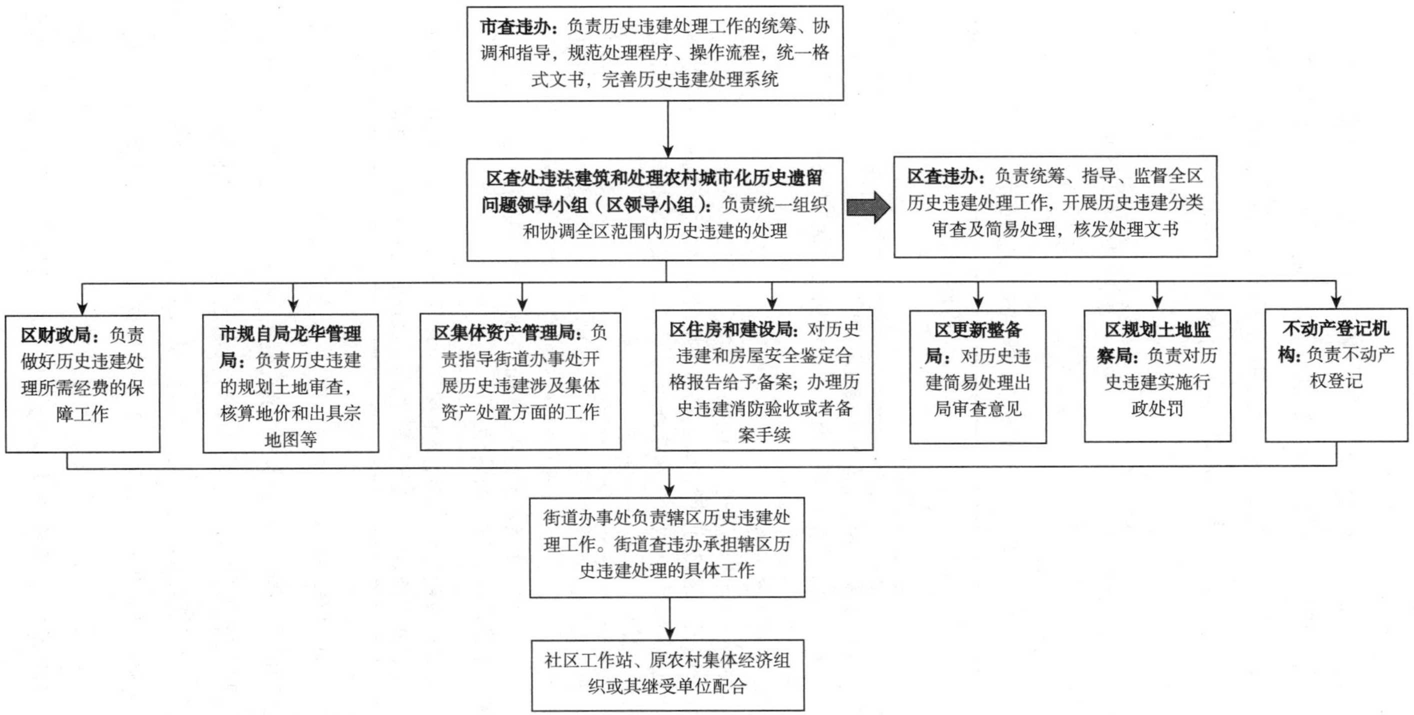

图1-20　龙华区关于历史违建处理机构的职责分工

3. 处理方式

市政府区别历史违建的违法程度，根据《农村城市化违法建筑的处理决定》及土地利用总体规划、城市规划等要求，分别采用确认产权、依法拆除或者没收、临时使用的方式，分期分批处理。可见，属于历史违建不等同于必然可以完善手续，确认产权。必须符合规定条件的历史违建，才能确认产权，否则可能须按规定进行拆除或者没收。

什么情况下按照什么方式对历史违建进行如何处理？该决定作出了初步规定（见表1－20）。

表1－20　历史违建的处理方式和处理条件

处理方式	处理条件
确认产权	市政府另行制定办法明确
依法拆除	1. 存在严重安全隐患，又不能整改消除的； 2. 非法占用已完成征、转地补偿手续的国有土地，严重影响城市规划，又不能采取措施加以改正的； 3. 占用基本农田的； 4. 占用一级水源保护区用地的； 5. 占用公共道路、广场、绿地、高压供电走廊、公共设施和公益项目用地，压占地下管线或者其他严重影响城市规划，又不能采取措施加以改正的； 6. 其他依法应当拆除的情形
依法没收	1. 非法占用已完成征、转地补偿手续的国有土地，建筑物使用功能不违反城市规划，或者违反城市规划但可以采取改正措施加以利用的； 2. 超过区政府批准复工用地范围的工业及配套类违法建筑； 3. 其他依法应当没收的情形
临时使用	经普查记录的违法建筑，尚未按照《农村城市化违法建筑的处理决定》和相关规定处理前，经工程质量和消防安全检验合格并符合地质安全条件

《农村城市化违法建筑的处理办法》对产业类和公配类历史违建的处理方式作了完善和操作性更强的规定，将处理方式调整为安全纳管、处理确认、依法拆除或没收、政府收购或统筹使用。应注意的是，各区在出台产业类历史违建和公配类历史违建处理实施细则时，均对处理范围从反面进行明确，将以下六类建筑排除在处理范围之外：（1）2009年6月2日以后新建、加建、改建、扩建的；（2）属于房地产登记历史遗留问题的；（3）涉及军队房产的；（4）已出让国有土地的权属人违反城乡规划法律法规建设的建筑物；（5）涉嫌违法的历史建筑；（6）住宅类等历史违建。

《深圳市龙华区农村城市化历史遗留产业类和公共配套类违法建筑处理若干规定》第二条更是直接明确该规定适用于《农村城市化违法建筑的处理决定》实施之前在龙华区原农村集体土地上违反土地、规划等法律法规所建的历史违建的处理工作。

关于历史违建的认定范围及处理确权范围问题，笔者在第四节第二部分已经分析，此处不再赘述。但读者应注意的是，按照查违主管部门的倾向性态度，上述六类建筑物，尤其是已出让国有土地的权属人违反城乡规划法律法规建设的建筑物，无法纳入现行历史违建政策的处理范畴。

4. 处理流程（见图 1－21）

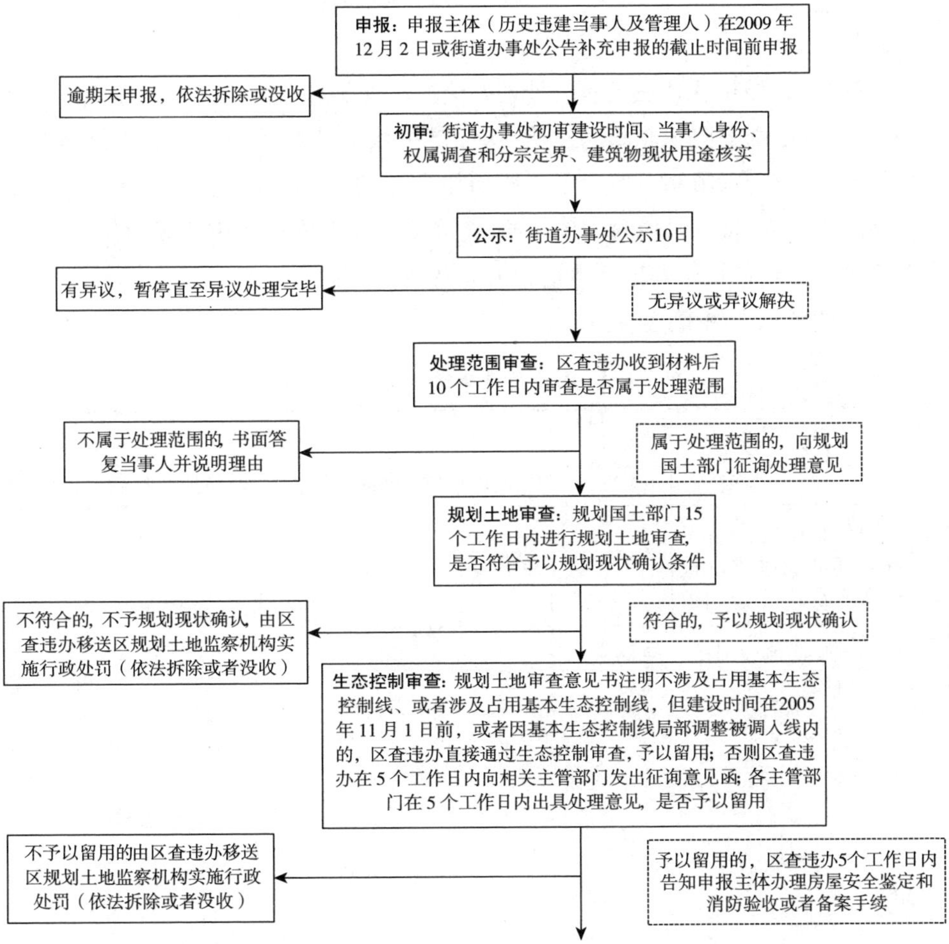

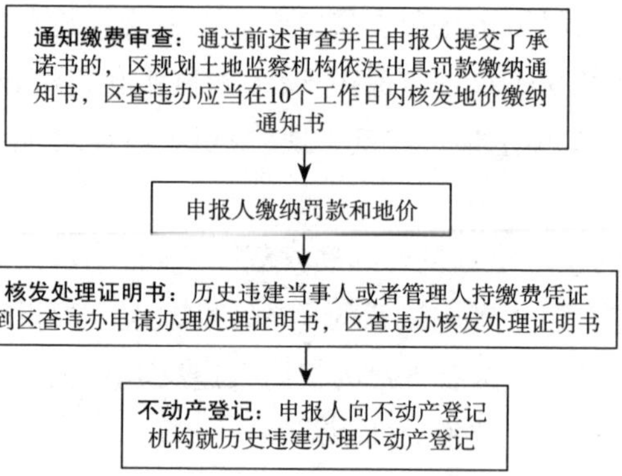

图1－21　历史违建的处理流程

5.处理效果

根据《农村城市化违法建筑的处理办法》，产业类和公配类历史违建处理确认后，初始登记原则上应为非商品性质，从经济关系上体现了历史违建未交清全额地价，产权理应受到限制。但为了鼓励历史违建的当事人接受处理，保护违法情节轻微的当事人，特别是原村集体利益，充分发挥处理确认历史违建的作用，准许产业类历史违建在初始登记后申请转为商品性质。[①]

具体处理规则如下（见表1－21）：

表1－21　违法建筑类型及处理

违法建筑类型		罚款	地价	
			非商品性质缴纳地价	商品性质补缴地价
公共配套类	原农村集体经济组织或者其继受单位、市、区政府及其指定机构	不予罚款	免缴地价	不予转为商品性质
	原村民、其他企业或非原村民	同商业办公类	同商业办公类	

① 参见深圳市查处违法建筑和处理农村城市化历史遗留问题领导小组办公室主编：《深圳市农村城市化历史遗留产业类和公共配套类违法建筑处理工作指南》（2018年版），第50页。

续表

违法建筑类型		罚款	地价	
			非商品性质缴纳地价	商品性质补缴地价
生产经营性	原农村集体经济组织或者其继受单位	10元	位于非农建设用地红线内的免缴地价；位于红线外的缴纳公告基准地价的25%	1. 位于原农村非农建设用地红线内或者以非农建设用地、征地返还用地指标扣减处理的，按照申请办理为商品性质时的市政府有关非农建设用地和征地返还用地土地使用权交易的有关规定补缴地价； 2. 除此之外的按照申请办理为商品性质时的市场评估地价的50%补缴地价
	原村民、其他企业或非原村民	30元	公告基准地价的50%	按照申请办理为商品性质时的市场评估地价的50%补缴地价
商业办公类	原农村集体经济组织或者其继受单位	10元	位于非农建设用地红线内的免缴地价；位于红线外的缴纳公告基准地价的25%	位于原农村非农建设用地红线内或者以非农建设用地、征地返还用地指标扣减处理的，按照申请办理为商品性质时的市政府有关非农建设用地和征地返还用地土地使用权交易的有关规定补缴地价；除此之外的按照申请办理为商品性质时的市场评估地价标准补缴地价
	原村民、其他企业或非原村民	30元	公告基准地价	按照申请办理为商品性质时的市场评估地价标准补缴地价

（四）“两规”与《农村城市化违法建筑的处理决定》、《农村城市化违法建筑的处理办法》的衔接

实务中容易产生一种误解，误认为《农村城市化违法建筑的处理决定》及《农村城市化违法建筑的处理办法》出台后，“两规”及各区关于落实“两规”的配套政策当然失效，不再适用。

实际上，按照该决定及该办法的规定，目前仍存在适用“两规”的情形。部分

行政区也延长了“两规”配套政策的有效期(如宝安区、龙岗区),龙华区甚至还对辖区内“两规”配套政策进行修订。这也是笔者花大量笔墨梳理“两规”及其配套政策的重要原因。

虽然该决定第二条第二项将符合“两规”处理条件但尚未接受处理的违法建筑纳入了其历史违建的范围,但是该决定第八条同时规定:“1999 年 3 月 5 日之前所建的违法建筑,符合‘两规’处理条件的,继续按照‘两规’处理。其他违法建筑依照本决定处理,具体办法由市人民政府另行制定。”也就是说,符合“两规”处理条件但尚未处理的历史违建,继续适用“两规”进行处理。

《农村城市化违法建筑的处理办法》第五十七条则结合“实体从旧、程序从新”原则对符合《深圳经济特区处理历史遗留生产经营性违法建筑若干规定》(以下简称《处理生产经营性违法建筑若干规定》)处理条件的历史违建,进一步细化了处理规则。

(1)已按照该规定进行申报但尚未处理的,参照其罚款、地价标准及该办法规定程序进行处理(实体从旧、程序从新);

(2)已按照该规定进行申报且已进入处理程序但尚未处理完毕的,仍按照该规定处理标准及规定程序进行后续处理(法不溯及既往,尊重已履行程序);

(3)已取得该规定缴费通知书且历史违建现状未发生变化,历史违建当事人自该办法施行后 1 年内未补缴地价的,地价按照公告基准地价重新测算,补缴地价后完成该规定的后续处理程序(体现对违法者的惩罚性);

(4)已取得该规定缴费通知书但历史违建现状已经发生变化且符合《农村城市化违法建筑的处理决定》第二条规定的,历史违建当事人应当按照该办法进行处理(体现对违法者的惩罚性)。

如历史违建符合该规定的处理条件但未按照其进行申报,该如何处理?《农村城市化违法建筑的处理办法》未予以明确。根据该决定第八条关于“符合‘两规’处理条件的,继续按照‘两规’处理”的规定,结合“实体从旧、程序从新”的原则,笔者认为,参照该规定罚款、地价标准及该办法规定程序进行处理较为合理。

四、历史违建在房屋征收项目中的处理

(一)历史违建能否补偿

历史违建在房屋征收项目中涉及的主要问题是,历史违建能否补偿,按什么标准补偿?

历史违建从性质上来看，仍属于违法建筑。按照我国《国有土地上房屋征收与补偿条例》（以下简称《国有土地上房屋征补条例》）第二十四条的规定，经有关部门认定为违法建筑和超过批准期限的临时建筑的，不予补偿。《深圳市房屋征收与补偿实施办法（试行）》第三十三条第一款、第二款结合深圳市实际情况对该征补条例第二十四条作出变通性规定。对于未办理产权登记的建筑物，符合《农村城市化违法建筑的处理决定》第二条规定的范围，尚未进行处理的，《深圳市房屋征收与补偿实施办法（试行）》第三十三条第一款区分建设主体、建筑面积、是否位于非农建设用地范围内的情形，在扣减罚款和地价后予以补偿。即使是经区规划土地监察机构审查属于依法应当拆除或者没收的历史违建，如果建设行为发生在建筑物所占土地用途依法确定前，参照可以处理确认的历史违建的补偿标准给予货币补偿。具体规则如下（见图1－22）：

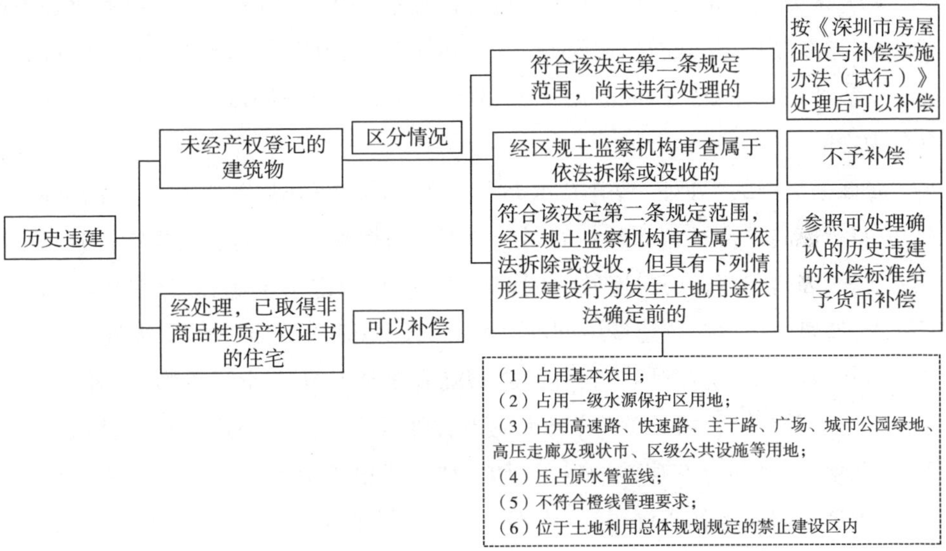

图1－22　历史违建给予补偿的区分

（二）历史违建补偿之争议

实务中对《深圳市房屋征收与补偿实施办法（试行）》规定的允许对符合条件的历史违建进行补偿是否违反上位法，存在争议。笔者认为，《深圳市房屋征收与补偿实施办法（试行）》规定允许对符合条件的历史违建进行补偿并未违反上位法。

首先，从上位法的规定来看，《国有土地上房屋征补条例》第二十四条第二款规定："市、县级人民政府作出房屋征收决定前，应当组织有关部门依法对征收范围内未经登记的建筑进行调查、认定和处理。对认定为合法建筑和未超过批准期限的临时建筑的，应当给予补偿；对认定为违法建筑和超过批准期限的临时建筑的，不予补偿。"因此，经行政主管部门认定属于违法建筑和超过批准期限的临时建筑，才不予补偿。

是否属于违法建筑只有行政主管部门（在深圳则是规划土地监察部门）才有权作出认定，法院、其他行政机关（包括房屋征收部门）均无权作出认定。反言之，如规划土地监察部门未认定历史违建属于违法建筑，则应对所谓的历史违建按规定进行补偿。

但是，是否规划土地监察部门一旦审查认定属于违法建筑，则一概不予补偿呢？笔者认为并非如此。从《国有土地上房屋征补条例》第二十四条第二款的规定来看，对未经登记的建筑有"调查、认定和处理"三道程序。笔者认为，此处的规定是立法者在考虑新中国成立后土地、规划、不动产登记制度变革频繁的情况下有意为之的。

对该条文中的"处理"应作广义理解：允许对未经登记建筑的性质作出认定后，按照相应的规定进行处理。如属于应当依法拆除、没收的违法建筑，则按规定执法处理；如属于存在历史遗留原因的违法建筑，允许结合实际按照当地政策予以处理；如属于房地产登记遗留问题，允许结合实际按照当地政策予以处理。

因此，《深圳市房屋征收与补偿实施办法（试行）》第三十三条第一款（允许对历史违建予以补偿）、第二款（对属于应当拆除或没收的历史违建不予补偿，但有例外）及第三款（对存在房地产登记历史遗留问题的房屋予以补偿）是高度符合了《国有土地上房屋征补条例》第二十四条第二款的立法本意，而非违反上位法。只不过《深圳市房屋征收与补偿实施办法（试行）》对符合处理确权条件的历史违建，没有要求按照历史违建相关政策履行申报、规划、房屋安全、消防安全审查等程序，而是采取了直接在补偿结果上扣减地价和罚款的方式简化历史违建处理程序。这种方式可视为房屋征收中对历史违建的简易处理。

其次，从司法实践来看，最高人民法院也倾向认为对因历史原因形成的违法建筑，应结合实际情况予以补偿，不宜一概认定为违法建筑不予补偿[①]。

---

① 参见（2019）最高法行申 7904 号行政裁定书、（2018）最高法行申 5424 号行政裁定书。

五、历史违建在城市更新项目中的处理

历史违建在城市更新项目中主要涉及两个问题:一是能否经过处理使所占土地被认定为权属清晰的土地;二是能否确权补偿。

(一)历史违建简易处理

1. 历史违建简易处理的原因及条件

行业内人士周知,城市更新项目纳入城市更新单元计划原则上须符合合法用地比例不低于60%的条件。合法用地(权属清晰土地)包括国有已出让(划拨)土地、城中村用地、旧屋村用地、农村城市化历史遗留违法建筑处理用地及其他已获用地权属证明文件的用地。可见,历史违建经过处理确权后,可以成为城市更新项目中的合法用地,解决合法用地比例问题。

但是,如前分析,历史违建处理确权程序烦琐复杂。为了解决该问题,为城市更新项目提速增效,2016年12月29日,深圳市人民政府办公厅印发的《关于加强和改进城市更新实施工作暂行措施的通知》第二条提出,合法用地比例不足60%但不低于50%的,拆除范围内的历史违建可按规定申请简易处理,经简易处理的历史违建及其所在用地视为权属清晰的合法建筑物及土地。2019年出台的《深圳市拆除重建类城市更新单元计划管理规定》第十二条第二款规定"坪山中心区范围内其合法用地比例达到50%、重点更新单元的合法用地比例达到30%、其他更新单元拆除范围合法用地比例达到50%的,拆除范围内的历史违建可按规定申请简易处理,经简易处理的历史违建及其所在用地视为权属清晰的合法建筑物及土地"。上述规定明确了历史违建简易处理的条件。

2. 历史违建简易处理的程序

历史违建简易处理应按照什么程序处理?

2013年出台的《〈深圳市人民代表大会常务委员会关于农村城市化历史遗留违法建筑的处理决定〉试点实施办法》(已失效)提供了相应参考。2018年出台的《农村城市化违法建筑的处理办法》通过第三十三条、第三十四条对历史违建简易处理规则予以具体明确。具体程序如下(见图1-23):

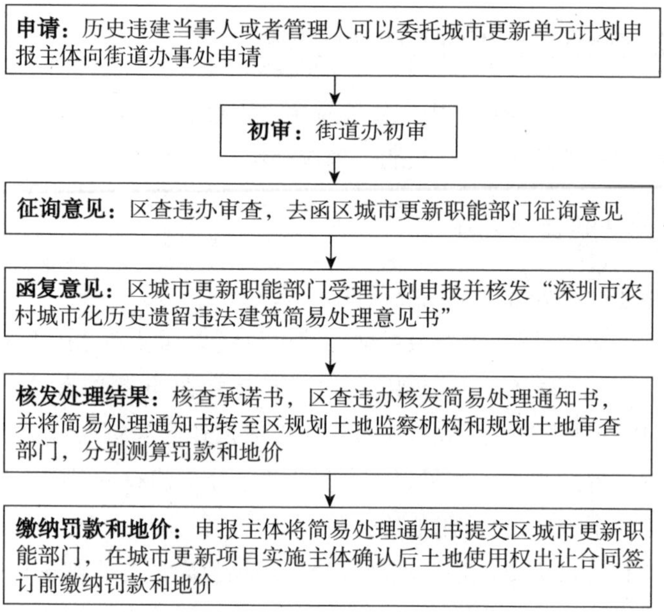

图1－23　历史违建简易处理程序

从上述程序可见，简易处理主要是简化省去了规划、房屋结构安全、消防安全、生态控制方面的审查。简化程序的主要原因是解决城市更新项目合法用地比例问题，同时城市更新项目拆除范围内的房屋本身就是需要拆除的，历史违建所占土地规划如何、房屋是否安全等对房屋后续的使用、处分影响不大。

3. 历史违建简易处理的效果

历史违建经简易处理取得简易处理通知书后，其本身及所占土地，在城市更新项目中视为权属清晰的合法建筑物及土地。但是，若城市更新单元计划未经批准，或者经批准的城市更新单元拆除范围不包括已经简易处理的历史违建，则简易处理通知书自动失效。

（二）历史违建确权补偿

由于城市更新项目搬迁补偿安置行为属于市场行为，政策对于历史违建的确权及补偿并无限制性或者禁止性的规定。但是，《深圳经济特区城市更新条例》施行后，根据该条例第三十条的规定，历史违建物业权利人核实时间节点提前到了城市更新单元计划申报前的更新意愿核实阶段。即使是已经纳入城市更新单元计划的项目，根据2021年8月12日深圳市住房和建设局、深圳市规划和自然资源局联合发布的《关于加强对住宅类历史遗留违法建筑交易查处的通知》，也需要按照政策在规定时限内完成物业权利人核实工作。关于历史违建物业权利人核实及补偿问题，笔者将在后续章节中专门分析。

六、历史违建在利益统筹项目中的处理

历史违建在利益统筹项目中的处理涉及“算大账”及“算细账”问题，较为复杂。笔者将在本书后续章节中专门介绍，此处不表。

第五节 深圳历史违建相关争议解决

本节之目的有二：第一，让读者对涉及历史违建的诉讼案件的争议焦点问题及法院裁判思路有所了解；第二，基于司法实践的裁判先例，提示读者在非诉讼事务（如项目开发、历史违建买卖、租赁、搬迁补偿等）中，如何合法合理安排自身行为，降低风险，实现利益最大化。

本节的研究方法是以案例检索为基础，模拟争议案件场景，总结归纳常见争议问题，分享法院裁判要旨，分析裁判要旨背后的法理依据。

一、案例检索情况

笔者于 2022 年 3 月以“历史遗留违法建筑”为关键词，在威科先行法律信息库的案例“裁判文书”版块进行检索，共检索到 2108 份裁判文书。

从审级来看，由最高人民法院审理后作出的裁判文书共 8 份，除广东省外其他省辖区内法院作出的裁判文书共 20 份，广东省辖区内法院作出的裁判文书共 2080 份，占比 98.7%。其中，广东省深圳市辖区范围内法院作出的裁判文书共 1920 份，占比 92.3%。但是，这并不意味着其他省市涉及历史违建的诉讼案件数量少，因为在其他省市“历史遗留违法建筑”可能存在不同的表述，比如“无证房屋”“农村无本房”等。考虑到本研究的背景及对象，笔者将研究重点落在最高人民法院、广东省高级人民法院及深圳辖区各级人民法院作出的裁判文书上。

从诉讼案件类型来看，2108 份裁判文书中，涉及民事案件 1839 份、刑事案件 33 份、行政案件 220 份及执行案件 94 份。考虑到实务中涉及历史违建的争议频发点集中在民事纠纷及行政纠纷，笔者将研究重点落在历史违建涉及的民事诉讼

案件及行政诉讼案件的裁判文书上。

从案件案由来看,涉及历史违建的民事诉讼案件案由主要是确认合同效力纠纷、房屋买卖合同纠纷、民事主体间房屋拆迁补偿合同纠纷、物权保护纠纷(以物权确认纠纷、返还原物纠纷为主)、占有保护纠纷(以占有物返还纠纷为主)、继承纠纷及离婚纠纷。涉及历史违建的行政诉讼案件案由主要是行政处罚(责令限期拆除)、行政征收或者征用、房屋所有权登记、行政处理。

下文笔者将结合案例检索情况,模拟常见的争议案件情景,对相关法律问题进行分析。

二、争议案件场景模拟分析

(一)争议案件基本场景模拟

为便于全面分析历史违建相关争议案件涉及的常见法律问题,笔者以案例检索情况为基础,结合实务经验,将历史违建争议案件场景模拟如下。

甲为非原村民,1990 年以其名义向某村委会(后改制为某社区股份合作公司)购得一块宅基地。1992 年甲取得建设用地规划许可证、建设工程规划许可证、原宝安县居民(私人)兴建住宅用地批准通知书,规划用地面积 120 平方米,5 层,建筑面积 600 平方米。1996 年甲在该宅基地上建成一栋 6 层、建筑面积 720 平方米的房屋。2008 年,甲因资金紧缺,遂将该栋房屋 4 至 6 层转让给丙。为了规避打击“小产权房”买卖政策,甲、丙两人通过倒签的方式签订《合作建房合同》(合同落款时间是 1994 年,并经某律师事务所律师见证),约定甲、丙双方共同出资建设涉案房屋,其中 1 至 3 层分配给甲,4 至 6 层分配给丙,届时涉案房屋因政府或开发商拆迁所产生的补偿利益归各自享有。合同签订后,甲将 4 至 6 层交付给丙,由丙实际占用。2009 年,甲的妻子乙以自己名义就整栋涉案房屋向房屋所在地的农村城市化历史遗留违法建筑问题处理办公室申报历史违建处理,取得申报收件回执,但未取得处理决定书及房地产证。2011 年,为统一管理,甲、丙均将各自占有楼层出租给丁,各自分别与丁签订合同,约定租期至 2025 年,丁将房屋对外分租。

2015 年,甲发现妻子乙有外遇,遂与乙协议离婚,但未对夫妻共同财产进行处理。离婚后,甲病重,考虑到大儿子张三对自己照顾有加,小儿子张四对自己不闻不问,甲遂立下遗嘱(经某律师事务所律师见证),明确将其包括涉案房屋(未明确具体楼层)在内的全部遗产由其大儿子张三继承,小儿子张四无权继承。甲去世后,由张三负责向丁收取涉案房屋 1 至 3 层的租金。张三与乙、张四就涉案房屋 1

至3层权属问题一直存在争议。

2021年,涉案房屋被纳入城市更新项目。丙知悉后,为争取开发商戊的补偿,遂书面通知承租人丁解除租赁合同,要求尽快清租,无条件搬迁,交还涉案房屋4至6层。承租人丁拒绝搬迁。

乙为获得拆迁补偿利益,以自己为涉案房屋历史违建申报人且整栋涉案房屋属于家庭共有财产为由,要求确认乙及张四为涉案房屋权利人。开发商戊认为乙及张四的补偿诉求过高,经与社区股份合作公司沟通,该股份合作公司遂出具仅将乙列为涉案房屋的物业权利人核实证明书。开发商戊将核实材料提交辖区街道办。辖区街道办按照开发商戊提交的核实结果进行公示,将涉案房屋物业权利人公示为乙。

乙、丙、张三、张四均向辖区街道办提出公示异议。乙及张四主张涉案房屋属于家庭共有财产,并提交了家庭成员身份证明材料。丙主张其为涉案房屋4至6层物业权利人,并提交了《合作建房合同》及其作为出租人的房屋租赁合同。张三主张其为涉案房屋物业权利人,并提交了父亲甲签订的宅基地买卖合同、甲名义办理的"两证一书"及父亲甲签名并经律师见证的遗嘱。

辖区街道办经审查,征询涉案房屋所在社区股份合作公司意见,该股份合作公司陈述了房屋所占土地买卖及房屋建设事实,并提供了新的物业权利人核实证明书,确认涉案房屋权利人为张三。辖区街道办根据某股份合作公司新提供的证明书,最终认定乙、丙及张四的异议均不成立,张三的异议成立,将物业权利人公示结果修正为张三为涉案房屋物业权利人。

乙、丙、张四不服答复结果,向辖区街道办申诉。乙、张四变更了诉求,主张涉案房屋1至3层属于甲、乙夫妻共同财产,乙应拥有50%产权份额,甲无权在遗嘱中处分属于乙享有的50%产权份额对应的房屋,故要求确认乙及张四为涉案房屋1至3层权利人,享有50%产权份额。丙主张甲已将涉案房屋4至6层转让给自己,甲无权在遗嘱中处分属于丙拥有的4至6层房屋,故要求确认丙为涉案房屋4至6层物业权利人。

辖区街道办经审查,依旧答复认定异议不成立。辖区街道办将物业权利人核实结果报给区城市更新局备案。区城市更新局按照辖区街道办报备内容在政府在线网站、相关报纸等平台公告物业权利人核实结果。

开发商戊按照公示结果与张三就涉案房屋签订了搬迁补偿安置协议。

鉴于上述模拟案情复杂,为便于读者明确上述案件场景中的各方关系,笔者梳理如下(见图1-24):

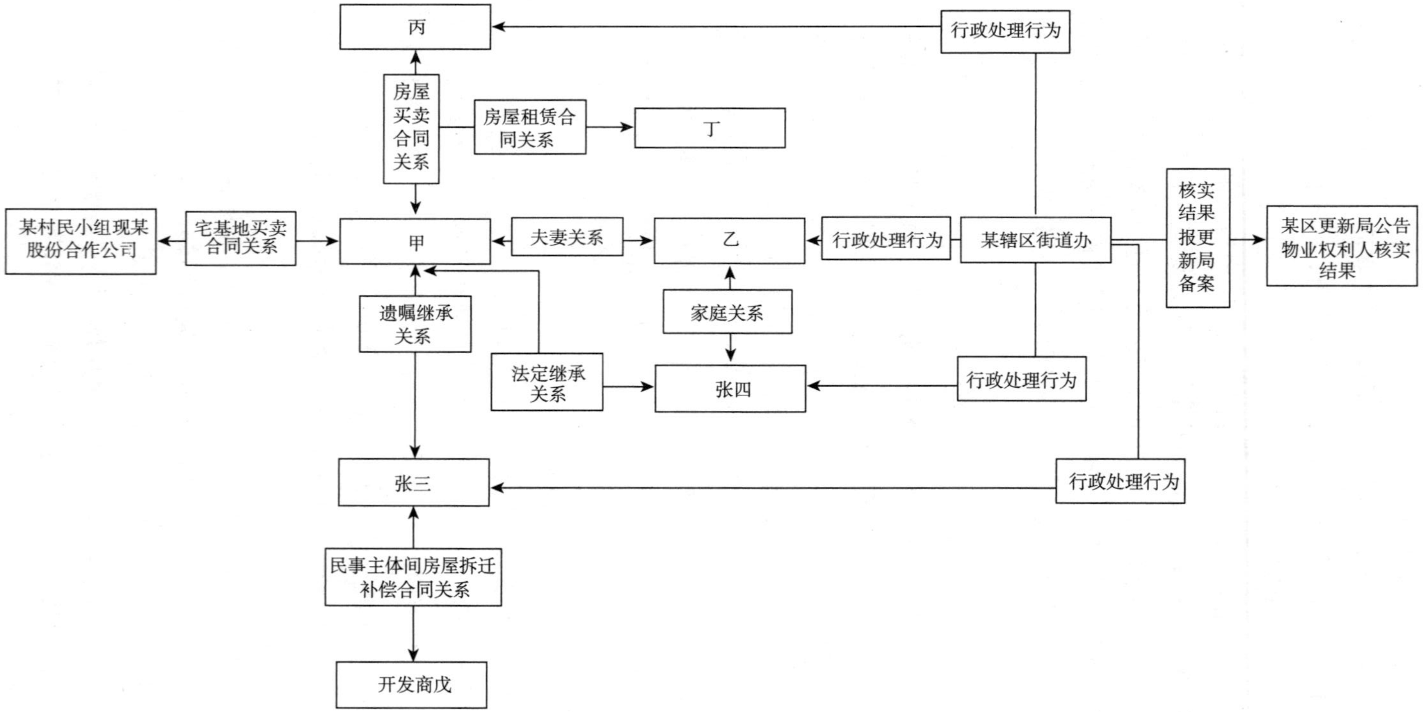

图1-24　历史违建争议案件场景模拟

三、争议问题分析

(一)涉案房屋的合法性问题

因涉案房屋的合法性问题直接影响到对相关争议问题的认识与分析,故笔者先就模拟场景中涉案房屋的合法性问题进行分析。

涉案房屋未办理产权登记手续,但房屋建设人甲已就涉案房屋取得建设用地规划许可证、建设工程规划许可证及原宝安县居民(私人)兴建住宅用地批准通知书,是否可直接据此认定涉案房屋属于合法建筑呢?对该问题的回答,需先了解建设用地规划许可证、建设工程规划许可证及原宝安县居民(私人)兴建住宅用地批准通知书的由来及内容。

建设用地规划许可证、建设工程规划许可证及原宝安县居民(私人)兴建住宅用地批准通知书被俗称为"小产权房"的"两证一书",与后来依据《深圳市规划国土局关于启用深圳市"两证一书"的通知书》核发的深圳市建设项目选址意见书、深圳市建设用地规划许可证及深圳市建设工程规划许可证相区别。"小产权房"的"两证一书"为宝安县撤县建区前(1993 年以前)原特区外私人建房办理报建手续所取得的材料。

能否依据"小产权房"的"两证一书"认定涉案房屋为合法建筑,涉及四个问题:

(1)根据 1990 年施行的《城市规划法》第九条、第三十一条及第三十二条的规定,由县级以上城市规划行政主管部门核发建设用地规划许可证及建设工程规划许可证,但是"小产权房"的"两证一书"中建设用地规划许可证及建设工程规划许可证均是由当时宝安县范围内建制镇村镇建设办公室核发,宝安县居民(私人)兴建住宅用地批准通知书则由镇人民政府核发。"小产权房"的"两证一书"能否作为涉案房屋已办理合法报建手续的证据?

(2)由于当时管理极度不规范,村委持有大量已盖章但未填写内容的"两证一书",根据宅基地买卖情况将该类"两证一书"交由买受人自行填写。买受人自己可能未填写,再次转让宅基地时交付给次买受人自行填写。该种背景下产生的"两证一书"是否可以采信?

(3)即使"两证一书"可以采信,但"两证一书"对土地位置描述含糊,且无具体坐标,无法与涉案房屋对应。如何证明建房人提供的"两证一书"为涉案房屋的报建材料?

(4)即使"两证一书"能与涉案房屋相对应,但绝大部分房屋建成时间或建筑面积不符合"两证一书"的要求[建设用地规划许可证明确有效期为6个月,逾期不使用,自动失效。宝安县居民(私人)兴建住宅用地批准通知书要求自该通知发出之日起1年内动工兴建,逾期不兴建,该通知自动作废],是否还能据此认定涉案房屋已办理合法报建手续?

对上述四个问题的认识及解决,直接影响涉案房屋合法性的认定。

对于上述问题,在旧改项目的非诉讼事务中,国土部门、城市更新和土地整备部门考虑到"两证一书"产生的时代背景情况,该类"两证一书"基本上无法在政府内部档案及地籍信息系统查询到,故一般不将"两证一书"视为"小产权房"办理合法报建手续的证明材料。但是,"两证一书"可作为房屋权益人申报权益的重要佐证材料。在规划土地监察执法的非诉讼事务中,规划土地监察部门相对来说更为谨慎些。如相对人提供了"两证一书",规划土地监察部门可能会进一步审查"两证一书"能否与涉案房屋相对应,涉案房屋建成时间及建筑面积是否符合"两证一书"的要求,如无法对应或不符合要求,则作为违法建筑进行执法处理。

在诉讼案件中,法院同样存在不同的处理态度和处理方式。有的法院直接以"两证一书"核发主体不合法为由,"一刀切"地认定只要未按照1990年《城市规划法》的规定取得县级以上城乡规划主管部门核发的建设工程规划许可证的建筑物,均属于未办理合法报建手续的违法建筑。有的法院还会进一步对上述第3个、第4个问题进行审查,如当事人提交的"两证一书"无法与涉案建筑物对应或建成时间、建筑面积不符合要求,则作为违法建筑进行执法处理。① 有的法院经审查,查明"两证一书"与涉案建筑物对应且建成时间、建筑面积符合要求,认定涉案建筑物已办理报建手续,应属于合法建筑。②

笔者认为:首先,虽然"两证一书"核发主体不适格,但属于当时宝安县辖区范围内相关政府部门核发的行政许可法律文件,并且,由宝安县范围内建制镇村镇建设办公室核发"两证"属于当时宝安县辖区范围内的通行做法,一旦核发即具有确定力、拘束力及执行力,相对人即对此享有信赖利益。如以核发主体不符合1990年《城市规划法》的规定为由,一律不认可法律效力,不符合行政法上的信赖

---

① 参见(2018)粤行申537号行政裁定书、(2018)粤行申496号行政裁定书、(2018)粤0308行初1289号行政判决书。

② 参见(2020)粤03行赔终8号行政判决书。

保护原则。当然，若有证据证明“两证一书”属于虚假伪造，[①]即“两证一书”的合法性存在问题，自然不能作为证明涉案房屋已办理合法报建手续的证据予以采信。

其次，在查明“两证一书”真实合法的基础上，还须进一步审查其是否与涉案房屋相对应，即审查证据的关联性。如无法与涉案房屋相对应，则说明该证据不具有关联性，不能予以采信。

再次，在查明“两证一书”真实、合法且与涉案房屋关联的情况下，如涉案房屋建成时间及建筑面积与“两证一书”记载的要求不符，应当视为属于“未按照建设工程规划许可证的规定进行建设”的情形，认定涉案房屋属于违法建筑。

最后，如经过前述三个步骤的分析，认定涉案房屋未办理合法报建手续或未按照报建要求建设的话，因该房屋系在2009年6月2日前建成，且未经处理取得房地产证，则可认定涉案房屋属于历史违建。相反，如结合其他证据足以证明“两证一书”真实、合法，与涉案房屋相应，并且涉案房屋建设时间及建设面积符合“两证一书”要求，应认定涉案房屋办理了报建手续，并且符合报建要求，不宜认定为历史违建。

（二）常见争议类型及争议问题

在第五节的模拟场景中，各主体间均可能产生争议。为更贴合实务，更便于读者从不同主体角度识别风险，笔者以诉讼案件类型及主体为标准，对争议类型及争议问题进行分类分析。

1. 民事诉讼案件类型

（1）某股份合作公司与宅基地买受人甲之间的争议

①起诉路径之选择

假设宅基地买受人甲未去世，甲为争取更多拆迁补偿利益或协助开发商、政府向不配合搬迁工作的房屋实际权益人施加压力，某股份合作公司可能会以其与甲之间签订的宅基地买卖合同无效为由，诉请甲返还外卖宅基地及地上建筑物，或者拆除地上建筑物、恢复原状后返还外卖宅基地。现甲已去世，宅基地买卖合同涉及甲的债务由其继承人张三继承。如某股份合作公司提起诉讼，应以张三为

---

① 参见(2019)粤03行终1794号行政裁定书，原告2002年后才依据土地使用权抵押合同从其债务人取得“两证一书”，已盖章且落款时间为1992年的“两证一书”上记载的申请人却是原告名字。该“两证一书”显然属于虚假伪造。

被告。

②裁判路径之归纳

对于宅基地买卖合同，法院一般结合地上是否存在建筑物区分处理：

裁判路径一：如地上不存在建筑物，不涉及地上建筑物返还问题，则依据我国《民法典》第一百五十三条[1999年《合同法》(已失效)第五十二条]之规定，直接认定宅基地买卖合同无效，然后依据《民法典》第一百五十七条(1999年《合同法》第五十八条)之规定，判决张三向某股份合作公司返还土地并支付土地占用费，某股份合作公司向张三退还土地价款及相应利息。① 该处理方式是土地整备项目中常说的"退地还钱"。

裁判路径二：如地上存在建筑物且建筑物无合法报建手续，法院则以涉及未办理合法报建手续的建筑物，须由行政机关先行处理为由，裁定驳回起诉。待行政主管部门处理完毕后，如诉讼当事人存在其他民事纠纷，可另行起诉。②

法院裁定驳回起诉的主要依据是《第八次全国法院民事商事审判工作会议(民事部分)纪要》第二十一条、《广东省高级人民法院关于审理农村集体土地出让、转让、出租用于非农业建设纠纷案件若干问题的指导意见》(2021年1月1日废止)第二条及《广东省高级人民法院印发〈关于审理建设用地使用权合同纠纷案件的指引〉的通知》(2021年1月1日废止)第四条。尽管上述后两个文件已失效，但目前对于涉及违法建筑的集体土地使用权转让合同纠纷，仍然沿用上述两个文件的审判意见进行处理。

(2)房屋出卖人甲与买受人丙之间的争议

假设甲未去世，甲、丙为了争取涉案房屋权益，均可能起诉。但因涉案房屋4至6层由丙间接占有，甲欲争取涉案房屋权益，则需解决向开发商交付房屋的问题，故甲处于被动地位，丙处于主动地位。该种情况下，往往是甲主动提起诉讼。甲去世后，《合作建房合同》涉及甲的权利义务由其继承人张三继承。张三是适格原告。原告诉讼主体问题不影响起诉路径分析。为简便分析，仍以甲为合同当事人进行论述。

①起诉路径之选择

从甲的角度起诉，作为房屋出卖人，常见的起诉路径如下：

路径一：以《合作建房合同》实际上属于房屋买卖合同，并且涉案房屋未办理

① 参见(2018)粤03民终17899号民事判决书、(2013)深龙法平民初字第77号民事判决书。

② 参见(2017)粤民申9815号民事裁定书。

合法报建手续,该合同违反法律、行政法规强制性规定为由,仅诉请确认《合作建房合同》无效。

路径二:以《合作建房合同》实际上属于房屋买卖合同,并且涉案房屋未办理合法报建手续,该合同违反法律、行政法规强制性规定为由,诉请确认《合作建房合同》无效,买受人丙应依《民法典》第一百五十七条规定返还涉案房屋。

路径三:以《合作建房合同》实际上属于房屋买卖合同,并且涉案房屋未办理合法报建手续,该合同违反法律、行政法规强制性规定为由,诉请确认《合作建房合同》无效,买受人丙应依《民法典》第九百八十五条关于不当得利请求权的规定返还涉案房屋。

路径四:以《合作建房合同》实际上属于房屋买卖合同,并且涉案房屋未办理合法报建手续,该合同违反法律、行政法规强制性规定为由,诉请确认《合作建房合同》无效,买受人丙应依《民法典》第四百六十二条关于占有返还的规定返还涉案房屋。

从丙的角度起诉,作为房屋买受人,常见的起诉路径如下:

路径一:以《合作建房合同》合法有效并且已经履行完毕为由,依据《民法典》第二百三十四条诉请确认丙享有涉案房屋4至6层所有权。

路径二:以《合作建房合同》合法有效并且已经履行完毕为由,依据《民法典》第一百二十六条诉请确认丙享有涉案房屋4至6层使用权。

②裁判路径之归纳

从司法实践情况来看,目前法院对于涉及历史违建的确认合同效力纠纷、房屋买卖合同、合作建房合同纠纷,不管当事人从哪个角度起诉,一般是区分涉案房屋是否已交付买受人而进行区别处理:

裁判路径一:如涉案房屋未交付买受人,则依据《民法典》第一百五十三条规定判决确认合同无效,依据《民法典》第一百五十七条规定判决出卖人退还款项。①

裁判路径二:如涉案房屋已交付买受人,鉴于确认合同无效后,必然面临返还财产的问题,为避免变相确认违法建筑权利归属及内容,法院倾向以涉案房屋属于未办理合法报建手续的违法建筑,应由国家行政机关先行处理为由,裁定驳回

---

① 参见(2020)粤03民终16636号民事判决书、(2021)粤03民终16705号民事判决书、(2021)粤03民终12958号民事判决书、(2020)粤03民终17173号民事判决书。

起诉。[①] 有些法院甚至会以返还涉案房屋实质涉及土地使用权争议问题为由，认为按照我国《土地管理法》第十四条的规定，土地使用权争议当事人协商不成的，应由人民政府先行处理，裁定驳回起诉。

值得一提的是，在笔者检索历史违建买卖合同纠纷的相关案例过程中，发现历史违建是否已经纳入城市更新项目，可能会成为法院是否对历史违建买卖合同纠纷进行实体审理的重要考虑因素。根据《农村城市化违法建筑的处理决定》第五条关于"经普查记录的违法建筑，市人民政府应当区别其违法程度，根据本决定以及土地利用总体规划、城市规划和土地利用计划的要求，分别采用确认产权、依法拆除或者没收、临时使用等方式，分期分批处理"的规定，深圳市历史违建经普查记录后，应先由行政机关区分情况进行处理。陈某生提交的《深圳市三联城市更新项目拆迁补偿安置协议》、三联社区城市更新拆迁房屋移交验收清单，初步证明涉案房屋已纳入拆迁范围，即涉案房屋作为历史遗留违法建筑已经作出处理，陈某洪依据其与陈某生签订的《房产转让协议书》，就涉案房屋产生的相关民事纠纷提起诉讼，属于人民法院受理民事诉讼的范围。二审裁定认为该案不属于人民法院受理民事诉讼的范围，并撤销一审判决，驳回陈某洪的起诉，二审法院应对该案进行实体审理。[②]

但是在大部分的历史违建买卖合同纠纷中，即使历史违建纳入城市更新项目范围，法院还是倾向以须由行政机关先行处理为由，裁定驳回起诉。比如，(2019)粤 03 民终 25547 号民事裁定书，原告诉请判决确认房屋转让协议无效，被告将因涉案房屋从该次城市更新中获取的对应房产权益的权利人变更为原告，一、二审法院均认为"涉案房产属于历史遗留违法建筑，其性质和权属的认定应由行政机关处理。在行政机关未就涉案房产作出相应处理前，人民法院无法对涉案房产的归属及权益等作出认定，因此该案诉讼不属于人民法院民事诉讼受案范围"。

③裁判路径及起诉路径之分析

现行裁判路径以是否存在返还财产问题为标准，来区分对涉及历史违建的房屋买卖合同纠纷的裁判方式：如不涉及返还财产问题，则进行实体审理；如涉及返还财产问题，则裁定驳回起诉，不进行实体审理。该裁判路径之确立主要基于三

---

① 参见(2020)粤民申 13929 号民事裁定书、(2021)粤民申 10551 号民事裁定书、(2019)粤民申 7363 号民事裁定书、(2021)粤民终 91 号民事裁定书、(2019)粤民申 2392 号民事裁定书、(2016)粤民再 488 号民事裁定书、(2021)粤 03 民终 1220 号民事裁定书、(2021)粤 03 民终 1060 号民事裁定书。

② 参见(2017)粤民申 652 号民事裁定书。

个原因：

一是司法权与行政权的独立，司法权对行政权的尊重。违法建筑的认定是处理合同效力的前提。一旦认定涉案房屋属于违法建筑，根据《民法典》第一百五十三条之规定，涉及的房屋买卖合同应属无效。根据《民法典》第一百五十七条的规定，合同无效后，出卖人有权请求买受人返还财产。根据现在的通说，《民法典》第一百五十七条所规定的财产返还请求权在性质上属于物权返还请求权。[①] 也就是说，如法院进行实体审理，确认合同无效，必然面临确认涉案房屋物权归属的问题。[②] 在涉案房屋的合法性问题得到解决之前，法院不宜直接通过裁判确认房屋的物权归属。而违法建筑的认定属于行政机关的职权范围，故应尊重行政机关的行政权，由行政机关先行处理。

二是打击违法建筑出卖方的不诚信行为。违法建筑买卖合同纠纷大部分是因为卖方发现违法建筑价值上涨或遇到征收、拆迁可获得高额补偿，遂主张合同无效，要求买方返还房屋。卖方该种行为，有违诚信原则，如通过司法裁判予以支持，不符合社会主义核心价值观。

三是控制社会的不稳定因素，降低对社会的非常冲击。违法建筑买卖行为在深圳非常普遍，而违法建筑涉及的利益巨大，如通过司法裁判予以实体处理，可能引发更为严重、涉及面更广的社会纠纷。

基于上述考虑，故现行裁判路径的基本思路就是维持现状，交由政府部门、开发商通过非诉讼路径化解争议。

为了应对法院基本上“一刀切”裁定驳回起诉的处理方式，当事人纷纷探寻其他请求权基础，采取别的起诉路径，比如从出卖人角度采取上述起诉路径一、路径三及路径四。笔者下文对这三个路径逐一分析。

a. 出卖人角度的起诉路径一——仅诉求确认合同无效

路径一的目的在于回避合同无效后的财产返还问题，企图取得法院确认合同无效的裁判文书后，再行向旧改项目实施主体沟通，争取被确认为被拆迁物业权利人。其法理基础是民事诉讼法上的不告不理原则，法院只能按照当事人提出的诉讼事实和主张进行审理，对超过当事人诉讼主张的部分不得主动审理。但是，参考最高人民法院（2014）民一终字第277号民事判决书，“对合同效力的审查，属

① 参见最高人民法院民法典贯彻实施工作领导小组主编：《中华人民共和国民法典总则编理解与适用》（下），人民法院出版社2020年版，第785页。

② 参见（2021）粤03民终23331号民事裁定书。

于人民法院裁判权范围，虽然当事人未提起确认合同无效的诉讼请求，但人民法院仍应依职权进行审查。《合同法》第五十八条系合同无效法律效果的规定，人民法院在依据《合同法》第五十二条认定合同无效的情况下，应主动援引该法第五十八条的规定，对合同无效的法律后果进行处理，而不需要当事人另行提起诉讼”。因此，起诉路径一在目前的司法实践中一般是被裁定驳回起诉。即使卖方通过该路径取得了确认合同无效的生效判决书，如其另行起诉请求返还房屋的话，同样面临被裁定驳回起诉的风险。①

b. 出卖人角度的起诉路径三——在诉请确认合同无效的基础上，以买受人取得涉案房屋属于不当得利为由，要求买受人返还其取得的不当利益（涉案房屋）

该路径之目的也是规避《民法典》第一百五十七条的规定。理论上，对《民法典》第一百五十七条所规定的财产返还请求权在性质上究竟属于不当得利返还请求权还是物权返还请求权，存在争议。如认为属于不当得利返还请求权，则出卖人请求返还涉案房屋，是以债权为依据，不涉及物权归属确认问题。如认为属于物权返还请求权，如前所述，则出卖人请求返还涉案房屋，是以物权为依据，涉及物权归属确认问题。在目前通说及司法实践倾向认为该财产返还请求权属于物权返还请求权的情况下，如适用《民法典》第一百五十七条，将面临被法院以须由行政机关先行处理为由裁定驳回起诉的风险。因此，出卖人放弃以《民法典》第一百五十七条为请求权基础，改为以《民法典》第九百八十五条为请求权基础。但是，结合司法实践来看，法院并未细究，仍然是按照其常见的裁判路径进行处理。

如进行深究，起诉路径三的问题关键在于在合同无效的情况下，是否只能援引《民法典》第一百五十七条处理合同无效后的权利义务关系，当事人有无请求权基础的选择权？

笔者认为，如果单纯从条文文义规定来看，确认合同无效后，同时符合《民法典》第一百二十二条及第九百八十五条规定的要件，当事人有权择一为请求权基础提起诉讼。但是，从体系解释的角度来看，《民法典》第一百五十七条明确属于合同无效、被撤销、不生效后的权利义务关系处理规则，与第一百五十三条之规定构成相互对应的因果关系，故应视为排除可以选择其他请求权基础的权利，即只能援引《民法典》第一百五十七条处理合同无效后的权利义务关系。尤其是在现行通说认为《民法典》第一百五十七条所规定的财产返还请求权属于物权返还请

① 参见（2018）粤民申10280号民事裁定书。

求权的情况下，更应该视为排除适用《民法典》第九百八十五条所规定的不当得利返还请求权的可能。不然，可直接通过法律解释方法将《民法典》第一百五十七条所规定的财产返还请求权解释为不当得利返还请求权，以《民法典》第一百五十七条主张返还涉案房屋，无须舍近求远去援引《民法典》第九百八十五条。

c. 出卖人角度的起诉路径四——在诉请确认合同无效的基础上，以买受人无权占有出卖人涉案房屋为由，要求买受人返还占有物（涉案房屋）

首先，《民法典》所规定的占有制度，是为了维持和平秩序、禁止私立救济，对占有的事实状态予以保护，而非对占有权予以保护。无论占有人是有权占有还是无权占有，占有人是善意还是恶意，均享有占有保护请求权。①

其次，《民法典》第四百六十二条所规定的占有物返还请求权得以主张的前提是，“占有的不动产或者动产被侵占”。所谓的侵占，“是指违反占有人的意思而排除其对物事实上的控制与支配。例如盗窃、抢夺他人物品，未经许可占有他人房产等”。② 具体到涉及历史违建的房屋买卖合同来看，涉案房屋的交付是在双方协商一致的情况下实施的，并非《民法典》第四百六十二条所规定的侵占，出卖人无权依据该条规定请求买受人返还原物（涉案房屋）。相反，买受人基于出卖人的真实意愿接收涉案房屋并对该房屋享有事实上的管领力，即使《合作建房合同》或房屋买卖合同被认定无效，买受人对涉案房屋的占有利益仍应受到法律上的保护。③ 如出卖人采取私力救济手段强行取回涉案房屋，则出卖人的行为相对买受人来说构成侵占，买受人有权依据《民法典》第四百六十二条之规定，主张出卖人返还涉案房屋。

④裁判路径之检讨

结合前述分析，目前历史违建买卖合同纠纷常用的几种起诉路径，均难以实现出卖人取回涉案房屋的目的。但是，对于法院现行的裁判路径，仍存在值得检讨之处：大部分法院只要查明涉案房屋未办理合法报建手续，无论原告的请求权基础是什么，一律以应由行政机关先行处理为由，裁定驳回起诉，未结合原告不同的请求权基础展开说理分析，有失妥当。

如果细究各法院常援引的《第八次全国法院民事商事审判工作会议（民事部

---

① 参见最高人民法院民法典贯彻实施工作领导小组主编：《中华人民共和国民法典物权编理解与适用》（下），人民法院出版社 2020 年版，第 1354 页。

② 参见最高人民法院民法典贯彻实施工作领导小组主编：《中华人民共和国民法典物权编理解与适用》（下），人民法院出版社 2020 年版，第 353 页。

③ 参见（2018）粤 03 民终 586 号民事判决书。

分)纪要》第二十一条,该条规定中也仅要求"当事人请求确认违法建筑权利归属及内容的,人民法院不予受理;已经受理的,裁定驳回起诉",重点依旧落在对当事人诉讼请求的审查。当事人的诉讼请求无疑是以其请求权基础为依据的。质言之,法院应重点审查当事人请求返还原物的请求权基础是什么?如请求权基础是《民法典》第一百五十七条或第二百三十五条,显然是"请求确认违法建筑权利归属及内容",应裁定驳回起诉;如请求权基础是《民法典》第九百八十五条,则应对《民法典》第一百五十三条、第一百五十七条及第九百八十五条之间的关系进行说理,驳回原告诉讼请求;如请求权基础是《民法典》第四百六十二条,则应驳回诉讼请求。

(3)房屋出租人丙与承租人丁之间的争议

①起诉路径之选择

房屋出租人丙与承租人丁之间订立房屋租赁合同,双方成立房屋租赁合同关系。丙为收回租赁房屋,同时对外弱化自身导致合同无效的过错程度,一般会以租赁合同已解除为由,诉请法院判决确认租赁合同解除,承租人交还租赁房屋。法院基于主动审查合同效力的职权职责,会对房屋租赁合同效力进行审查并作出认定。

②裁判路径之归纳

对于租赁标的为历史违建的房屋租赁合同纠纷,目前司法实践的处理规则比较统一,基本上是依据《最高人民法院关于审理城镇房屋租赁合同纠纷案件具体应用法律若干问题的解释》(2020年修正)第二条的规定,认定出租人与承租人订立的租赁合同无效,依据《民法典》第一百五十七条的规定,判决承租人应向出租人返还租赁房屋。①

③裁判路径之检讨分析

对于租赁标的为历史违建的房屋租赁合同纠纷,更值得探究的有以下两点。

其一,如部分租赁物业合法,部分租赁物业非法,是否可以对合同区分处理,部分认定有效,部分认定无效,还是全部认定无效?司法实践中均有不同的处理方式:

全部认定无效:被告的加建行为改变了整个房屋的结构和承重,属于未按照建设工程规划许可证的规定建设的房屋,故原、被告签订的房产租赁合同应认定

① 参见(2020)粤民申1080号民事判决书、(2019)粤民申11406号民事判决书、(2017)粤民申5585号民事判决书、(2021)粤03民终36441号民事判决书。

为无效合同。[①]

部分认定无效:行政处罚决定书显示,被告未取得建设工程规划许可证,在涉案房屋加建、扩建总建筑面积 81 平方米,原告与被告签订的租赁合同中所涉上述违法加建部分的租赁关系应属无效。但该部分房屋租赁关系无效,并不影响双方就涉案房屋其余取得产权证的部分所签订的租赁合同的合法有效。[②]

笔者认为,根据《民法典》第一百五十六条的规定,民事法律行为部分无效,是否影响其他部分效力,主要着眼于合同无效部分与其他部分是否可分。如可分,则部分无效不影响其他部分效力;如不可分,则部分无效会导致其他部分同样无效。具体到属于历史违建的租赁房屋来看,如果房屋合法部分与非法部分可分(典型情况为在合法房屋上加建加层),则可对合同效力区分处理;如房屋合法部分与非法部分不可分(如批准占地面积 100 平方米,实际建设占地面积 120 平方米),则不可对合同效力区分处理。

其二,同样涉及返还原物,对历史违建买卖合同纠纷不可适用《民法典》第一百五十七条之规定处理,但对历史违建租赁合同纠纷却可适用《民法典》第一百五十七条之规定处理,逻辑上是否周延?适用《民法典》第一百五十七条之规定处理历史违建租赁合同纠纷,判决承租人向出租人返还房屋,是否产生确认房屋物权归属的效果?

笔者认为,首先,从逻辑上来看,如将《民法典》第一百五十七条所规定的财产返还请求权理解为物权返还请求权,适用《民法典》第一百五十七条之规定判决承租人向出租人返还房屋,则应理解为产生确认房屋物权归属的效果。现对历史违建买卖合同纠纷及租赁合同纠纷处理规则不一,在体系上、逻辑上是矛盾的。为了解决这个矛盾点,有些法院甚至会在处理房屋租赁合同纠纷时,将《民法典》第一百五十七条(1999 年《合同法》第五十八条)所规定的财产返还请求权解释为占有返还请求权,出租人对租赁房屋享有相关权利。[③]

其次,虽然体系和逻辑上不周延,但笔者认为在适用《民法典》第一百五十七条上仍有必要对历史违建买卖合同纠纷及租赁合同纠纷作出区别。原因在于,买卖合同和租赁合同性质存在根本区别,两者转移的标的物相应的权利性质完全不同。买卖合同转移的是所有权(物权),租赁合同转移的是租赁权(债权)。所以

---

① 参见(2019)粤 03 民终 27922 号民事判决书。
② 参见(2019)粤 0305 民初 19480 号民事判决书。
③ 参见(2019)粤民申 809 号民事判决书。

在确认合同无效后，返还的标的物相应的权利性质也完全不同，也就是说，房屋租赁合同无效后返还的标的物相应的权利性质是租赁权（债权），故不至于产生对房屋物权归属进行确认的效果。

（4）乙与甲、张三之间的争议

①起诉路径之选择

甲与乙属于夫妻关系。涉案房屋1至3层属于甲、乙双方夫妻关系存续期间兴建，属于夫妻共同财产。甲、乙双方对该财产的归属无明确约定，应属于甲、乙双方共同所有。甲去世后，乙对涉案房屋1至3层享有50%的产权份额。张三无权通过继承方式取得乙对涉案房屋享有的50%产权份额。在该种情况下，乙可能选择以下两种起诉路径。

路径一：以涉案房屋1至3层原属于夫妻共同财产、现甲已去世为由，起诉张三，诉请法院确认乙享有涉案房屋1至3层50%的产权份额。

路径二：以涉案房屋1至3层原属于夫妻共同财产、现甲已去世为由，起诉张三，诉请法院确认乙享有涉案房屋1至3层50%对应面积的使用权或50%使用权份额。

②裁判路径之归纳

在目前的司法实践中，法院倾向认为历史违建不能因当事人离婚后财产纠纷确认其合法性，不过可以确认当事人对相应面积房屋的使用权。[①] 但是，如果该历史违建是否属于夫妻共同财产存在争议，夫妻一方诉请将历史违建作为夫妻共同财产进行分割的，法院很可能会以涉及违法建筑须由行政机关先行处理或涉及土地使用权争议须由人民政府先行处理为由，裁定驳回起诉。[②] 因此，采取起诉路径一，很可能面临法院裁定驳回起诉的风险；采取起诉路径二，有更大的机会实现确认相关权益的目的。

（5）张三与张四之间的争议

张三通过遗嘱继承方式取得甲对涉案房屋1至3层享有的使用权份额。张四可能会以张三为被告，以涉案房屋属于未办理合法报建手续的违法建筑为由，主张涉案房屋1至3层不属于甲死亡时遗留的个人合法财产，不能作为甲的遗产由张三继承，诉请判决确认遗嘱无效。

---

① 参见（2020）粤0306民初4776号民事判决书、（2019）粤0307民初12922号民事判决书、（2018）粤0306民初26204号民事判决书。

② 参见（2019）粤03民终27592号民事判决书。

在目前的司法实践中，法院倾向认为在继承纠纷中，历史违建的使用权可以作为遗产处理。如不存在遗嘱，历史违建的使用权在法定继承中可以作为遗产进行分割处理。[①] 但是，如果历史违建本身在被继承人与其他第三人之间存在权属争议，法院可能会以涉及违法建筑须由行政机关先行处理，明确房屋的合法性及权属关系为由，驳回将历史违建使用权作为遗产进行分割的诉讼请求。[②]

(6)甲、乙、张三及张四之间的争议

假设甲未去世，甲、乙双方未离婚，甲、乙、张三及张四就涉案房屋1至3层达成协议书，约定涉案房屋1至3层属于张三所有。若现张四以涉案房屋未办理合法报建手续为由，以张三为被告，主张协议书违反法律、行政法规强制性规定，诉请确认协议书无效，是否能得到法院支持，法院是否会裁定驳回起诉呢？

据笔者检索的案例，对于涉及历史违建的分家析产纠纷，法院一般会进行实体审理，依据家庭成员之间的真实意思表示确认当事人享有历史违建相关权益或相应的拆迁补偿利益。[③]

(7)张三与开发商戊之间的争议

张三与开发商戊之间签订搬迁补偿安置协议，双方成立民事主体间的拆迁补偿合同关系。拆迁补偿合同与房屋买卖合同性质不同。如无其他无效情形，不管是否涉及历史违建，目前司法实践中均倾向认定民事主体间的拆迁补偿合同有效。双方因该合同产生的争议，可按照普通的民事合同纠纷处理。

(8)乙、丙及张四与开发商戊之间的争议

基于乙、丙及张四的搬迁补偿预期落空，乙、丙及张四可能会考虑诉请开发商戊给予补偿。那么，乙、丙及张四的诉请能否得到支持？

第一，乙、丙及张四与开发商戊之间没有合同关系，无权主张开发商戊对其给予搬迁补偿。第二，涉案房屋未办理房地产登记，开发商戊根据政府主管部门公告的物业权利人核实结果与张三签订搬迁补偿安置协议，并无过错，无须向乙、丙及张四承担侵权责任。第三，开发商戊与张三签订的搬迁补偿安置协议属于双方真实意思表示，且无其他无效情形，协议应属有效。实务中，房屋权属争议人可能主张开发商与权属申报人签订搬迁补偿协议，属于恶意串通，诉请法院判决确认搬迁补偿协议无效。该诉讼请求可能面临两个问题：一是法院很可能以原、被告

---

① 参见(2019)粤0309民初4077号民事判决书、(2017)粤03民终7117号民事判决书。

② 参见(2017)粤0306民初第27626号民事判决书。

③ 参见(2018)粤0306民初14878号民事判决书、(2018)粤0306民初27579号民事判决书。

的争议核心在于土地及地上建筑物的权利归属，土地使用权的归属，应由人民政府先行处理，或者涉及违法建筑，应由行政机关先行处理为由，裁定驳回起诉；[①]二是争议房屋无房地产证，尤其是在辖区街道办公示确认权属申报人属于争议房屋权利人的情况下，要证明开发商与权属申报人存在恶意串通的难度非常大。第四，如乙、丙及张四主张其为涉案房屋物业权利人，张三擅自与开发商戊签订搬迁补偿安置协议侵犯了其权益，这属于乙、丙、张四与张三之间的房屋权属纠纷或侵权纠纷，与开发商戊无关。如各方对此存在争议，应由各方另循法律途径解决。

综上，无论是从合同角度，还是从侵权角度，乙、丙及张四均难以诉请开发商戊承担民事责任，赔偿损失。房屋权属争议人想通过民事诉讼路径维护权益，难度是比较大的，风险也是比较高的。

2. 行政诉讼案件争议类型

(1)乙、丙、张四与辖区街道办之间就异议处理答复行为的争议

辖区街道办对乙、丙、张四提出的物业权利异议进行处理，并答复认定异议不成立。至于乙、丙、张四能否据此以辖区街道办为被告提起行政诉讼，诉请判决撤销辖区街道办异议处理答复行为，并判决其重新作出异议处理行为，笔者未检索到相关案例。

上述案件争议的关键在于辖区街道办作出的异议处理答复行为是否可诉？对该问题，可能会存在两种争议观点。

一种观点认为辖区街道办的异议处理答复行为属于城市更新项目物业权利人核实过程中的一个环节，属于过程性行为。根据《最高人民法院关于适用〈中华人民共和国行政诉讼法〉的解释》第一条第二款第六项的规定，行政机关为作出行政行为而实施的准备、论证、研究、层报、咨询等过程性行为，不属于人民法院行政诉讼的受案范围。因此，辖区街道办的异议处理答复行为不可诉。

另一种观点认为根据城市更新项目物业权利人核实政策，辖区街道办处理完毕公示异议后，将物业权利人核实结果报区城市更新部门备案，区城市更新部门直接将备案结果对外公告。结合物业权利人核实程序来看，辖区街道办作出的异议处理答复行为对物业权利人核实结果具有终局性的影响。《最高人民法院关于适用〈中华人民共和国行政诉讼法〉的解释》第一条第二款第六项所规定的"过程性行为"是指对行为结果不产生终局性影响的行为。因此，辖区街道办作出的异

① 参见(2018)粤03民终592号民事判决书。

议处理答复行为应属于行政诉讼受案范围。

笔者认为,按照城市更新项目物业权利人核实流程,辖区街道办核实、公示、处理异议,报区城市更新部门备案属于对物业权利人核实活动中的过程性行为。虽然辖区街道办作出的异议处理答复行为对物业权利人核实结果具有重大、甚至终局性的影响,但是物业权利人核实结果最终是由区城市更新部门对外公告,即最终对外产生法律效力的是区城市更新局的公告行为。如物业权利人对物业权利人核实结果不服,可就区城市更新部门的公告行为提起行政诉讼,不影响其对自身权利的救济。因此,笔者倾向认为辖区街道办作出的异议处理答复行为不属于行政诉讼受案范围。

(2)乙、丙、张四与区城市更新部门之间就物业权利人核实结果公告行为的争议

如前述分析,物业权利人对物业权利人核实结果不服,可就区城市更新部门的公告行为提起行政诉讼。区城市更新部门负有举证证明其公告行为合法的义务。但是,实务中仍存在一种观点,认为区城市更新部门作出的物业权利人核实结果公告行为仍属于城市更新活动中的过程性行为,不可诉。笔者对此无法赞同。

根据《深圳经济特区城市更新条例》第三十条及第六十五条的规定,由经核实的物业权利人与市场主体签订搬迁补偿协议,市场主体与未经核查确认的物业权利人签订搬迁补偿协议的,区城市更新部门还须对市场主体给予行政处罚。可见,区城市更新部门作出的物业权利人核实结果公告行为,直接影响物业权利人能否与市场主体签订搬迁补偿协议,能否获得搬迁补偿。因此,该公告行为对物业权利人权利义务具有实质性的影响。乙、丙、张四作为物业权利人,对该公告行为不服提起行政诉讼的,应属于行政诉讼受案范围。

(3)丙与辖区街道办就历史违建普查登记行为的争议

丙与甲签订《合作建房合同》取得涉案房屋4至6层在前,甲的配偶乙申报历史违建处理、取得申报收件回执在后。实务中,辖区街道办在核实城市更新项目物业权利人过程中,可能仅同意确认历史违建申报人为物业权利人。丙为争取辖区街道办确认其为物业权利人,很可能以辖区街道办为被告提起行政诉讼,诉请判决撤销辖区街道办当年作出的历史违建普查登记行为。

司法实践中,法院一般认为辖区街道办当年接收申报人的申报材料并出具收文回执的行为是对历史违建的普查登记行为,并不产生确认产权的法律效力,对相对人及其他第三人的权利义务均不产生实际影响,不属于人民法院行政诉讼的

受案范围。[①]

(4)丙与区人民政府就历史违建处理决定的争议

假设乙申报历史违建处理后,按规定办理了处理手续,区人民政府就涉案房屋对乙作出了处理决定书。因现在深圳大部分行政区将取得处理决定书或证明书的房屋视同"绿本房",只认可处理决定书或证明书上载明的相对人为历史违建物业权利人。故如果想争取辖区街道办或区城市更新部门确认自己为物业权利人,只能想方设法推翻处理决定书或证明书的法律效力。路径之一就是以作出处理决定书或证明书的区人民政府为被告提起行政诉讼,诉请判决撤销处理决定书或证明书。对此,司法实践中存在不同的裁判观点。

观点一:

该案所诉行政行为是编号 2018 - 01 - ××××××《深圳市宝安区处理历史遗留违法私房决定》中关于第三人奚某正 5.36% 房产权属份额的确权确认,人民法院依法对该行为的合法性进行审查……被告深圳市宝安区人民政府作出涉案历史遗留违法私房决定中关于第三人奚某正 5.36% 房产权属份额的确权确认依据不足,属于当事人在申请登记时提供虚假材料隐瞒真实情况,采取欺骗手段获得违法私房确权登记的情形,应当对该部分核准登记予以撤销。[②]

观点二:

深圳市龙岗区处理历史遗留违法建筑领导小组办公室于 2009 年 7 月作出的 NO. ×××《深圳市龙岗区历史遗留生产经营性违法建筑处理证明书》,只是对事实作出的书面说明,对上诉人的权利义务不产生实际影响,针对该证明书提起的诉讼,不属于《行政诉讼法》第十二条规定的行政诉讼受案范围。据此,一审法院认定上诉人的起诉不符合法定要件并裁定驳回起诉,并无不当。[③]

上述两个案例结论迥异。其实,上述两案中分别涉及的处理决定及处理证明书性质相同,法律效力相同,只不过是当时宝安区与龙岗区两区的不同表述而已。(2017)粤行终 988 号行政裁定书认为"针对该证明书提起的诉讼"不属于行政诉讼受案范围,是对历史违建政策的认识不够准确。

---

① 参见(2017)粤 0308 行初 299 号行政裁定书、(2018)粤 0308 行初 1542 号行政裁定书。

② 参见(2015)深中法行初字第 23 号行政判决书。

③ 参见(2017)粤行终 988 号行政裁定书。

第六节　我国及深圳市不动产登记制度的历史沿革

如果说土地制度和城乡规划制度相当于房地产制度中的两大基石，那么不动产登记制度则相当于房地产制度中的框架，旨在划清产权界限，明确产权归属。在一定程度上，可以说旧改项目的核心在于通过解决原物业权益归属分配问题，实现更新改造及更新改造后利益重新分配的目的。因此，实施旧改项目，不可不察不动产登记制度。由于历史原因，我国及深圳不动产登记制度屡经变革，产生大量历史遗留问题。因此，要解决旧改项目中的不动产产权问题，则不可不察我国及深圳不动产登记制度的历史沿革。

一、不动产登记制度概述

（一）不动产登记的概念

学理上一般认为，不动产是指依自然性质不可移动或移动会影响其实质效用或对其经济效益产生重大影响的物，包括土地、土地定着物及与土地尚未脱离的土地生成物。《不动产登记暂行条例》第二条第二款规定，不动产，是指土地、海域以及房屋、林木等定着物。因此，在我国现行法上，把房屋、林木等均视为土地定着物，无土地生成物的概念。

不动产登记，根据《不动产登记暂行条例》第二条第一款的规定，是指不动产登记机构依法将不动产权利归属和其他法定事项记载于不动产登记簿的行为。

从不动产登记的概念可看出，不动产登记属于行政主体为履行法定的行政职责所作出的行为，即行政行为。

（二）不动产登记的意义

虽然从事旧改业务的同行经常面临处理不动产登记及权属问题，但是并不了解不动产登记的目的与意义。对此类制度背后原理的认识及了解，有助于我们梳理不动产权属争议问题的思路，寻找解决路径。

对不动产实行登记管理，其实在我国古已有之，比如明朝建立起来的鱼鳞图册，就是对土地进行登记管理。但这种所谓的不动产权登记，目的是便于政府征税，与现代大陆法系、英美法系中的不动产登记制度相去甚远。

为什么我们要建立现代的不动产登记制度？

直观来看，是为了确定不动产权利归属。但是实质上，建立不动产登记制度是为了通过公示不动产物权，使物权登记结果获得公信力，进而减少交易成本，保护交易安全。根据物权公示公信原则，不动产物权依法登记公示后，即推定登记权利人为合法权利人，其他市场主体无须费力深究不动产权属——减少交易成本；即使登记权利人并非合法权利人，不动产受让人可基于善意取得获得不动产物权——保护交易安全。上述目的的实现，有利于高效、安全地推动社会交易往来，进而推动社会经济发展。

（三）不动产登记的效力

第一，不动产登记产生的效力有两种：物权变动（得丧变更）的效力与对抗效力。物权变动的效力是指经依法登记（记载于不动产登记簿）后，不动产物权才能发生设立、变更、转让和消灭的效力，否则不发生相应的效力，除非法律另有规定。《民法典》第二百零九条及第二百一十四条是关于不动产登记产生导致物权变动效力的规定。对抗效力是指在法律未规定不动产物权的设立、变更、转让和消灭必须办理登记手续的情况下，不动产登记可依法产生对抗第三人的效力，第三人无权以其为善意第三人主张善意取得不动产物权。我国《民法典》第三百三十五条、第三百七十四条是关于登记产生对抗效力的规定。不动产登记产生的物权变动效力与对抗效力并非对立关系。如果不动产登记依法可产生物权变动效力，则必然具有对抗效力；但是，如果不动产登记依法可产生对抗效力，则不必然产生物权变动效力。

第二，不动产登记所产生的物权效力属于推定效力，即推定不动产登记簿上记载的权利人为合法权利人，但当事人有证据证明不动产登记簿的记载与真实权利状态不符，可推翻不动产登记的权利结果[《最高人民法院关于适用〈中华人民共和国民法典〉物权编的解释（一）》第二条]。而且，应予以注意的是，不动产登记推定力是一种权利推定而非事实推定，即只能推定不动产登记簿上记载的权利状态正确，不能推定不动产登记簿上记载的不动产自然状况属实。①

---

① 参见最高人民法院民法典贯彻实施工作领导小组主编：《中华人民共和国民法典物权编理解与适用》（上），人民法院出版社 2020 年版，第 94 页。

（四）不动产登记的载体

《民法典》第二百一十六条第一款规定："不动产登记簿是物权归属和内容的根据。"第二百一十七条规定："不动产权属证书是权利人享有该不动产物权的证明。不动产权属证书记载的事项，应当与不动产登记簿一致；记载不一致的，除有证据证明不动产登记簿确有错误外，以不动产登记簿为准。"从性质上来看，不动产登记簿与不动产权属证书均属于公文书，系记载公共管理机关观念表示或认识的报告型文书，[①]均具有证据资格。但不动产登记簿的证明力高于不动产权属证书。不动产登记簿是物权归属和内容的根据，不动产权属证书只是不动产登记簿所记载内容的外在表现形式。[②]

也就是说，从审慎角度来看，核查不动产权属不能只看不动产权属证书，还应进一步向不动产登记机构核查不动产登记簿记载情况。如发现不动产登记簿内容与不动产权属证书不一致，应以不动产登记簿为准，除非有其他证据证明不动产登记簿存在错误。

二、我国不动产登记制度沿革

如前所述，我国古代对不动产是有实施登记管理制度的，但是主要目的在于征税，与旨在确定产权、实现公示公信的现代不动产登记制度存在根本上的差别。

我国现代不动产登记制度初建于清末变法中的《大清民律草案》，当时引进德国现代意义上的不动产登记制度。在民国南京国民政府时期，1930 年的《民法物权编施行法》、1930 年的《土地法》以及 1946 年的《土地登记规则》，三个法律文件的颁布和实施，标志现代不动产登记制度在中国完全建立。[③] 应予以注意的是，该阶段所建立的不动产登记制度对房地是进行统一登记的，土地、房屋不分发权属证书，只发土地所有权状。新中国成立后，不动产登记制度建设道路，曲折迂回，经历了传承、停滞、重建、分散、统一等阶段。

---

① 参见最高人民法院民事审判第一庭编著：《最高人民法院新民事诉讼证据规定理解与适用》，人民法院出版社 2020 年版，第 795 页。

② 参见胡康生主编：《中华人民共和国物权法释义》，法律出版社 2007 年版，第 55 页。

③ 参见熊玉梅：《中国不动产登记制度变迁研究（1949—2014）》，华东政法大学 2014 年博士学位论文，第 33 页。

(一)重新确权、沿用旧制时期(1949—1953 年)

在城市房地产方面,新中国成立初期,我国没有禁止、限制私人可取得城市土地所有权,同时承认并保护私人对城市房产的权利。当时,国家层面未就此发布房地产登记方面的法律法规,但是各地就此出台了房地产登记相关政策,并对城市房地产进行了普查登记。

在农村房地产方面,1950 年 6 月,《土地改革法》(已失效)出台。全国农村开展土地改革运动,废除地主阶级封建剥削的土地所有制,实行农民土地所有制。"土改"后,土地归农民私人所有。为了确认土地产权,《土地改革法》第三十条规定:"土地改革完成后,由人民政府发给土地所有证,并承认一切土地所有者自由经营、买卖及出租其土地的权利。土地制度改革以前的土地契约,一律作废。"1950 年 11 月,原内务部颁发《关于填发土地房产所有权证的指示》中规定:"土地证以户为单位填发,是合于现在农村经济情况的。但应将该户全体成员的姓名开列在土地证上,不能只记户主一人姓名,以表明此项土地房产,为该户成员(男女老幼)所共有。"

由此可见:第一,当时发土地所有证的目的在于巩固改革成果,重新确定土地产权;第二,"土改"前的土地契约一律作废,相关产权证同样不再具有法律效力;第三,当时的房地产权是统一登记、统一发证。

(二)停滞、重创时期(1953—1978 年)

"土改"完成后,一方面,我国农村进行了生产合作社改造,历经互助组、初级合作社、高级合作社、人民公社阶段,农民土地私有制最终改革为农村土地集体所有制,并且土地及房屋由"土改"时期的可以自由经营、流转变为禁止买卖。另一方面,通过接管和没收国民党政府和管理资本家等的地产、对资本主义工商业和城市私有房屋进行社会主义改造及征收征用土地,最终实现城市土地全面国有化,由国家统一划拨土地。城市住房则逐步非商品化,住房由国家统一安排建设和投资,实行计划管理和分配。这个阶段的不动产登记制度,可以说完全处于停滞和无现实意义的状态。

(三)重建制度、分散登记时期(1978—2015 年)

改革开放后,随着土地制度的改革,市场经济体制的逐步确立和完善,我国陆续出台了《城市私有房屋管理条例》(1983 年,已失效)、《土地登记规则》(1989 年,已失效)等法规、规章,逐步重建起不动产登记制度。

但是,由于该阶段我国土地与房屋分别归原国土资源部与城市建设部管理,故土地、房屋产权由两个部门分别登记,至于其他林地、海域等不动产则由不同的业务主管部门负责登记。当时信息系统落后,前期甚至没有所谓的信息系统,各个部门之间的互通性较差,导致经常出现土地、房屋权利人不一致的情况,影响了物的正常利用及流转,引发了较多的产权纠纷。笔者下面将分土地和房屋两个板块介绍我国该阶段的不动产登记制度。

1. 土地登记制度

1986 年《土地管理法》及 1988 年《土地管理法》第九条规定:“集体所有的土地,由县级人民政府登记造册,核发证书,确认所有权。全民所有制单位、集体所有制单位和个人依法使用的国有土地,由县级以上地方人民政府登记造册,核发证书,确认使用权。确认林地、草原的所有权或者使用权,确认水面、滩涂的养殖使用权,分别依照《森林法》、《草原法》和《渔业法》的有关规定办理。”为我国建立土地登记制度提供了法律依据。

1989 年 11 月 18 日,原国家土地管理局根据 1988 年《土地管理法》的规定,制定了《土地登记规则》。《土地登记规则》规定土地登记具体工作由县级以上人民政府土地管理部门负责。

从登记权利类型角度,土地登记分国有土地使用权、集体土地所有权、集体土地建设用地使用权和他项权利的登记。根据登记原因和目的的不同,土地登记分为初始土地登记和变更土地登记。初始土地登记又称为土地总登记,是在一定时间内,对辖区全部土地,或者全部农村土地,或者全部城镇土地进行的普遍登记。可见初始土地登记与《不动产登记暂行条例》中的首次登记存在性质上的差别。初始土地登记准确来说应当属于对土地权属普查后的总登记。

《土地登记规则》建立了土地登记簿及土地证书管理机制。土地登记簿(由土地登记卡组装)是最基本的土地权属文件和法律依据,而土地证书是土地使用权或者土地所有权的法律凭证。土地证书由市、县人民政府颁发。如国有土地尚未确定土地使用权,仍须由县级人民政府土地管理部门进行登记造册,但不发土地证书。根据土地使用权、所有权性质,土地证书分为国有土地使用证、集体土地所有证、集体土地建设用地使用证。

《土地登记规则》还特意考虑到地上附着物流转导致土地使用权转移的问题,

为保持土地和地上附着物权利人一致，第二十八条规定："因赠与或继承、买卖、交换、分割地上附着物引起土地使用权转移的，应持有关的合法证明文件，向土地管理部门申请变更土地登记。"但是，在实际操作中，经常存在地上附着物转移后，未及时变更土地登记的情况。

1995年12月，原国家土地管理局对《土地登记规则》进行修改，将土地证书的类型调整为国有土地使用证、集体土地所有证、集体土地使用证，而土地他项权利者仅可获得县级以上人民政府土地管理部门颁发的土地他项权利证明书。

1994年7月5日，我国颁布《城市房地产管理法》(1994年，已修订)。《城市房地产管理法》第五章对房地产权属登记管理进行专章规定，明确国家实行土地使用权和房屋所有权登记发证制度(第五十九条，现为第六十条)。《城市房地产管理法》依旧结合土地管理部门及房产管理部门的职责安排，规定取得土地使用权后，向县级以上地方人民政府土地管理部门申请登记，经县级以上地方人民政府土地管理部门核实，由同级人民政府颁发土地使用权证书；在依法取得的房地产开发用地上建成房屋的，则凭土地使用权证书向县级以上地方人民政府房产管理部门申请登记，由县级以上地方人民政府房产管理部门核实并颁发房屋所有权证书。房地产转让或者变更时，先向县级以上地方人民政府房产管理部门申请房产变更登记，再凭变更后的房屋所有权证书向同级人民政府土地管理部门申请土地使用权变更登记(第六十条，现为第六十一条)。

不过，《城市房地产管理法》也在试图调和解决因分散登记造成的权属主体不一致的问题。该法第六十二条(现为第六十三条)规定，经省、自治区、直辖市人民政府确定，县级以上地方人民政府由一个部门统一负责房产管理和土地管理工作的，可以制作、颁发统一的房地产权证书。

1998年9月3日，在1998年《土地管理法》颁布的背景下，原国土资源部发布《关于修改土地证书的通知》。时隔3个月，1998年12月30日，原国土资源部发布《关于启用新版土地证书的公告》，从1999年1月1日正式启动四种新版土地证书：国有土地使用证、集体土地所有证、集体土地使用证及土地他项权利证明书。土地证书是土地权利人依法拥有土地权利的法律凭证。新版土地证书启用后，原土地证书颁发至1999年3月31日，已经颁发给土地权利人的土地证书继续有效。

2007年3月16日，我国颁布《物权法》(2007年，已失效)，明确国家对不动产实行统一登记制度。但是，囿于不动产统一登记制度仍在探索中，2007年原国土资源部及2008年原建设部分别发布了《土地登记办法》(2007年,已失效)及《房屋登记办法》(2008年,已失效)。

根据《土地登记办法》第十五条的规定,土地登记簿是土地权利归属和内容的根据。与1989年由土地登记卡组装的土地登记簿不同,此时的土地登记簿已经开始使用电子介质。而土地权利证书则是土地权利人享有土地权利的证明。土地权利证书的类型仍然保留国有土地使用证、集体土地所有证、集体土地使用证及土地他项权利证明书四种。为保持土地和地上建(构)筑物权利人相一致,《土地登记办法》同样对因依法买卖、交换、赠与地上建筑物、构筑物及其附属设施涉及建设用地使用权转移的情况作出规定,要求当事人应当持原土地权利证书、变更后的房屋所有权证书及土地使用权发生转移的相关证明材料,申请建设用地使用权变更登记。涉及划拨土地使用权转移的,当事人还应当提供有批准权人民政府的批准文件。

2003年11月14日,原国土资源部发布《关于进一步规范土地登记工作的通知》(已失效),再次明确土地登记的主体是县级以上人民政府,只有县级以上人民政府才具有土地登记造册,核发证书的权力。人民政府派出性机构,特别是各类开发区,一律不得办理土地登记手续,不得颁发土地证书。该通知特别强调要取消"土地权属证明",只有土地证书是证明当事人享有土地权属有效的法律凭证。

2011年11月2日,原国土资源部、中央农村工作领导小组办公室、财政部及原农业部联合发布《关于农村集体土地确权登记发证的若干意见》(以下简称《农村集体土地发证的若干意见》),对新一轮农村集体土地确权登记发证工作提出了相关指导意见,要求农村集体土地所有权确权登记发证覆盖到全部农村范围内的集体土地,包括属于农民集体所有的建设用地、农用地和未利用地。按照土地管理法的规定,乡(镇)、村和村民小组农民集体对各自集体所有的土地享有所有权,原则上土地所有权应登记发证到相应的农民集体名下,村民小组组织机构不健全的,才可以由村民委员会代为申请登记、保管土地权利证书。

《农村集体土地发证的若干意见》对社会关注的城镇居民能否通过继承取得农村宅基地使用权、农村"小产权房"违法用地能否办证问题予以回应。

(1)已拥有一处宅基地的本农民集体成员、非本农民集体成员的农村或城镇居民,因继承房屋占用农村宅基地的,可按规定登记发证,在集体土地使用证记事栏应注记"该权利人为本农民集体原成员住宅的合法继承人";

(2)对于借户籍管理制度改革或者擅自通过"村改居"等方式非经法定征收

程序将农民集体所有土地转为国有土地、农村集体经济组织非法出让或出租集体土地用于非农业建设、城镇居民在农村购置宅基地、农民住宅或“小产权房”等违法用地,不得登记发证。

2. 房屋登记制度

1983 年 12 月 17 日,国务院发布《城市私有房屋管理条例》(1983 年,已失效),专章对城市私有房屋所有权登记进行规定,要求城市私有房屋的所有人,须到房屋所在地房管机关办理所有权登记手续,经审查核实后,领取房屋所有权证。

1987 年 1 月 11 日,原城乡建设环境保护部发布《关于颁发〈房屋所有权证〉式样及房屋所有权登记发证工作的通知》(已失效),对全国房屋所有权证的格式进行统一。房屋产权证包括房屋所有权证及其附件房屋共有权保持证、房屋他项权证。

1987 年 4 月 21 日,原城乡建设环境保护部发布《城镇房屋所有权登记暂行办法》(1987 年,已失效),对城市、县城、建制镇和工矿区范围内的所有房屋的所有权登记进行规定。《城镇房屋所有权登记暂行办法》明确:(1)房屋所有权合法凭证包括房屋所有权证和房屋共有权保持证两种。(2)城镇房屋所有权登记由市、县人民政府主管房屋所有权登记的机关办理,由市、县以上人民政府颁发。(3)共有的房屋,发给房屋所有权证一份,由共有人推举的执证人收执,对其余每个共有人各发给房屋共有权保持证一份。

1990 年 12 月 31 日,原建设部发布《城市房屋产权产籍管理暂行办法》(1990 年,已失效),对房屋产权转移与房屋所占土地使用权转移问题专门作出规定,要求对城市房屋的产权与该房屋占用土地的使用权实行权利人一致的原则,除法律、法规另有规定的外,不得分离,房屋产权转移时,该房屋占用土地的使用权应当同时转移。

自 1987 年开展全国房屋所有权登记工作以来,部分地区出现由非房地产行政主管部门或单位发放所谓的房屋产权证的情况,为了解决发证乱象,1993 年 7 月 31 日,原建设部发布《关于加强〈房屋所有权证〉发放管理工作的通知》(已失效),再次明确房屋所有权证是国家依法保护房屋所有权的合法凭证,是具有法律效力的证件,由人民政府房地产行政主管机关核发,其他任何部门和单位均无权制作或发放,所发放的权证一律无效。

1995 年《城市房地产管理法》施行后,原建设部于 1997 年 10 月 27 日发布《城市房屋权属登记管理办法》(1997 年,已失效),对《城市房地产管理法》关于房屋权属登记管理规定予以细化。《城市房屋权属登记管理办法》将房屋权利人规定为依法享有房屋所有权和该房屋占用范围内的土地使用权、房地产他项权利的法人、其他组织和自然人,可见采用的是房地权利一体的思路。

为了达到房地权利主体一致的效果,《城市房屋权属登记管理办法》从以下几个方面予以细化规定:

一是根据《城市房地产管理法》的规定,从职权职责安排上规定县级以上地方人民政府由一个部门统一负责房产管理和土地管理工作的,可以制作、颁发统一的房地产权证书,依照《城市房地产管理法》(1994 年,已修订)的规定,将房屋的所有权和该房屋占用范围内的土地使用权的确认和变更,分别载入房地产权证书。

二是从新建房屋所有权初始登记程序上,要求申请人应当在房屋竣工后的 3 个月内向登记机关申请房屋所有权初始登记,并应当提交用地证明文件或者土地使用权证、建设用地规划许可证、建设工程规划许可证、施工许可证、房屋竣工验收资料以及其他有关的证明文件。

三是在房屋权属证书原来只有房屋所有权证、房屋共有权证、房屋他项权证的基础上,增加房地产权证、房地产共有权证、房地产他项权证三种形式。房屋所有权证、房屋共有权证、房屋他项权证的式样由国务院建设行政主管部门统一制定,而房地产权证书的式样只需报国务院建设行政主管部门备案。

1996 年 8 月 20 日,原国家土地管理局向河南省土地管理局作出《对开封市关于实行国有土地使用证房屋所有权证两证合一颁发房地产权证请示的批复》,明确在土地管理和房产管理机构合一后,根据法律规定,可制作、颁发土地使用权与房屋所有权合一的证书,但在工作中应继续保留国有土地使用证和房屋所有权证作为辅助证种。当国有土地使用权主体与房屋所有权主体相一致时,可核发土地房屋权属的合一证书;当国有土地使用权和房屋所有权主体不一致时,为明晰土地、房屋权属关系,保障权利人的合法权益,对土地、房屋登记后,分别向土地使用者和房屋所有者核发国有土地使用证和房屋所有权证。可见,在产权登记办证过程中,仍然会存在土地、房屋产权登记主体不一致的情况。

2008 年 2 月 15 日,原建设部发布《房屋登记办法》(2008 年,已失效)。《房屋登记办法》一方面承继了《城市房屋权属登记管理办法》的精神,要求办理房屋登记,应当遵循房屋所有权和房屋占用范围内的土地使用权权利主体一致的原则,不管是国有土地范围内房屋登记还是集体土地范围内房屋登记,均须提交土地使用权证明;另一方面调整了以往的房屋权属证书样式,保留房屋所有权证及房屋他项权证,共有房屋的,则在房屋所有权证上注明“共有”字样。另外,相对于以往的法规、规章文件仅对城市房屋产权登记作出规定而言,《房屋登记办法》扩大了使用范围,对集体土地范围内的房屋登记规则也作出了规定,集体土地范围内的房屋登记簿和房屋权属证书上须注明“集体土地”字样。

综上,在重建制度、分散登记时期(1978—2015 年)值得注意的两个大问题是:

一是土地权利人与房屋权利人不一致的问题。虽然我国结合社会发展需要逐步在完善不动产登记制度,但是由于土地、房产登记由不同职能部门负责,产生了土地登记权利人与房产登记权利人不一致的问题。虽然当时企图通过制度设计解决该方面的问题,但由于政策落实不到位、土地流转情况复杂等,无法杜绝该现象,甚至原国家土地管理局也被倒逼承认允许出现土地权利人与房屋权利人不一致的情况。该情况的存在,引发了大量的物权纠纷,纠纷争议焦点主要集中在当土地权利人与地上房屋权利人不一致的情况下,土地及地上房屋权利归属于谁?这个问题也成为了城市更新、土地整备利益统筹等旧改项目中确权的难点问题。鉴于该问题较为复杂,并且属于不动产登记制度变革过程中产生的历史遗留问题,笔者后续将在不动产登记历史遗留问题章节中予以专门分析。

二是房屋登记制度重心倾斜向城市房屋。从梳理的法规政策文件来看,该时期我国的房屋登记制度建设重点放在了城市房屋登记管理方面,涉及农村集体土地上房屋登记管理的文件少之又少。只有到 2008 年原建设部发布《房屋登记办法》后,才对农村集体土地上房屋登记作出较为具体的规定。

(四)统一登记时期(2015 年至今)

2014 年 11 月 24 日,国务院公布《不动产登记暂行条例》(2014 年,已修订),自 2015 年 3 月 1 日施行,标志着我国进入不动产统一登记时代,将 2007 年《物权法》中关于实行不动产统一登记制度的规定落到实处。

《不动产登记暂行条例》明确了不动产及不动产登记的概念;不动产登记的类型包括首次登记、变更登记、转移登记、注销登记、更正登记、异议登记、预告登记、查封登记等;登记的不动产权利包括了集体土地所有权,建设用地使用权,宅基地使用权,土地承包经营权,海域使用权,房屋等建筑物、构筑物所有权,地役权,抵押权及法律规定需要登记的其他不动产权利。对于该条例施行前依法颁发的各类不动产权属证书和制作的不动产登记簿,《不动产登记暂行条例》规定其继续有效。

相比于2007年《土地登记办法》、2008年《房屋登记办法》而言,《不动产登记暂行条例》突出的亮点在于:

一是引入了不动产单元的概念,规定不动产以不动产单元为基本单位进行登记,不动产单元具有唯一编码,结束了分散登记模式下,不同不动产按照不同登记单元进行登记的现状,明确了今后制定具体标准的思路和方向。

二是要求不动产登记簿应当采用电子介质,暂不具备条件的,才可以采用纸质介质,强调不动产登记信息的互通性(与各部门信息互通共享)、安全性及保密性。现代技术的发展为统一的不动产登记信息管理基础平台的建立提供了支持,从技术层面解决了土地与房屋权利人登记不一致的问题。

2016年1月1日,原国土资源部公布《不动产登记暂行条例实施细则》(2016年,已修订),细化了不动产登记具体操作细则。《不动产登记暂行条例实施细则》结合不动产登记实际工作需要,从登记涉及的不动产权利种类及登记用途两个角度,分别设置不动产权利登记和其他登记两章,对不动产权利一般登记(首次登记、变更登记、转移登记及注销登记)和其他登记(更正登记、异议登记、预告登记及查封登记)的具体操作作出规定。

为了解决土地、海域与定着物权利主体不一致的问题,《不动产登记暂行条例实施细则》第二条第二款规定:"房屋等建筑物、构筑物和森林、林木等定着物应当与其所依附的土地、海域一并登记,保持权利主体一致。"而非以往政策文件所说的"土地和房屋权利人原则上应当一致"。《不动产登记暂行条例实施细则》将不动产权证明材料分为不动产权属证书和不动产登记证明两种:就抵押权登记、地役权登记、预告登记、异议登记核发不动产登记证明,其他的登记则向权利人核发不动产权属证书。

另外,《不动产登记暂行条例实施细则》调整了共有不动产发证方式,以往只给共有人代表核发房屋所有权证,其他共有人核发房屋共有证,现在不动产登记机构向全体共有人合并发放一本不动产权属证书;共有人申请分别持证的,则为共有人分别发放不动产权属证书,但应注明共有情况,并列明全体共有人。对于已经依法核发的各类不动产权属证书,《不动产登记暂行条例实施细则》除了再次重申认可该类证书的有效性以外,特别强调不动产权利未发生变更、转移的,不动产登记机构不得强制要求不动产权利人更换不动产权属证书。因此,目前我们在市场上可以见到很多以往核发的房屋所有权证、房屋共有权证、国有土地使用证、集体土地使用证之类的产权证书。

2016 年 5 月 30 日，原国土资源部公布了《不动产登记操作规范（试行）》（已失效），为不动产登记提供更为具体、操作性更强的依据，为巩固我国不动产登记制度改革成果提供了政策保障。

为方便读者全面、整体把握我国不动产登记制度演变情况及各阶段要点内容，笔者梳理如下（见表 1－22）：

表 1－22 我国不动产登记制度沿革梳理

时期	文件依据	不动产产权证书名称	登记的行政机关	发证的行政机关	备注
重新确权、沿用旧制时期（1949—1953 年）	《土地改革法》（1950—1987 年）、《关于填发土地房产所有权证的指示》	土地房产所有权证	—	地方人民政府	
停滞、重创时期（1953—1978 年）	—	—	—	—	
重建制度、分散登记时期（1978—2015 年）	《土地管理法》（1986 年，已修订）、《土地管理法》（1988 年，已修订）、《土地登记规则》（1989 年，已修订）	国有土地使用证、集体土地所有证、集体土地建设用地使用证	县级以上人民政府土地管理部门	市、县人民政府	1994 年以前，土地和房屋产权由不同行政机关分别登记，1994 年之后在土地和房屋管理职责归属一个部门的情况下，允许土地、房屋共同登记发房地产权证，逐步向房地合一登记发证过渡
	《土地登记规则》（1989 年，已失效）、《城市房地产管理法》（1994 年，已修订）、《关于启用新版土地证书的公告》、《土地登记办法》（2007 年，已失效）、《关于进一步规范土地登记工作的通知》（已失效）	国有土地使用证、集体土地所有证、集体土地使用证及土地他项权利证明书	县级人民政府负责登记造册，县级以上地方人民政府土地管理部门具体办理手续	县级以上人民政府颁发土地使用权证书	
	《城市私有房屋管理条例》（1983 年，已失效）、《关于颁发〈房屋所有权证〉式样及房屋所有权登记发证工作的通知》（已失效）、《城镇房屋所有权登记暂行办法》（1987 年，已失效）、《关于加强〈房屋所有权证〉发放管理工作的通知》（已失效）	房屋所有权证及其附件房屋共有权保持证、房屋他项权证	房屋登记管理部门（房地产行政主管部门）	房屋登记管理部门（房地产行政主管部门）	

续表

时期	文件依据	不动产产权证书名称	登记的行政机关	发证的行政机关	备注
重建制度、分散登记时期（1978—2015年）	《城市房地产管理法》（1994年，已修订）、《城市房屋权属登记管理办法》（1997年，已失效）、《对开封市关于实行国有土地使用证房屋所有权证两证合一颁发房地产权证请示的批复》、《房屋登记办法》（2008年，已失效）	房屋所有权证、房屋共有权证、房屋他项权证、房地产权证、房地产共有权证、房地产他项权证	县级以上地方人民政府房产管理部门	县级以上地方人民政府房产管理部门	
统一登记时期（2015年至今）	《物权法》（2007年，已失效）、《不动产登记暂行条例》（2014年，已修订）、《不动产登记暂行条例实施细则》（2016年，已修订）、《不动产登记操作规范（试行）》（2016年，已修订）、《民法典》（2021年）	不动产权证书、不动产登记证明	县级以上地方人民政府确定的不动产登记机构	县级以上地方人民政府确定的不动产登记机构	2007年《物权法》提出要建立不动产统一登记制度

三、深圳不动产登记制度沿革

在我国不动产登记制度变革的大背景下，深圳市不动产登记制度也历经了从房地分别登记转向房地一体登记的变迁。但是，由于深圳经济特区的设立建设、深圳市行政区域的变更及政府行政机关职能的变革，深圳不动产登记历史情况相当复杂，产权证形式多样。笔者以1989年深圳市“房地合一”登记发证体制改革为分界线，对深圳市不动产登记制度沿革进行梳理。

（一）房地分别登记时期（1980—1989年）

深圳经济特区成立以前，深圳市不动产登记适用国家及广东省层面的规定。因此，有时旧改项目中也可能会遇到1950年“土改”后政府颁发的土地房产所有权证。

自1953年起，我国开始进行农民合作社运动，经过变革，农民土地私有制转为了农村土地集体所有制，也就是说我国农民土地私有制已经废除，所以因该土地制度产生的土地房产所有权证也随之失效。但是，在没有其他合法不动产权证书的情况下，土地房产所有权证可以作为证明房屋权属来源的证据。

深圳经济特区成立之后至1989年深圳房屋登记发证体制改革，据笔者检索，未见深圳专门出台关于房地产登记方面的规定，主要还是适用国家及广东省层面的规定。该时期深圳房地产登记主要是受土地及房屋主管部门设立及职能安排的影响。其具体表现为由市国土局颁发国有土地使用证，由县级以上人民政府和填发机关（土地管理部门）共同盖章；由土地管理部门颁发集体土地建设用地使用证；由县级以上人民政府颁发集体土地所有证；由房产管理部门发放房屋所有权证。

（二）房地合一登记时期（1989年至今）

为了解决"房地分离"登记模式带来的问题，在国家层面仍然坚持土地、房屋分别登记颁证的情况下，深圳市在1989年就开始对"房地合一"的房屋登记发证体制进行改革，由指定的房地产权登记机关负责房地产登记、发放工作，统一发放房地产证。1992年深圳市将土地管理职能和城市规划建设管理职能合并到同一个部门，成立原深圳市规划国土资源局，负责全市房地产登记、发放工作。1993年1月，《深圳经济特区房地产登记条例》出台，规定由房地产主管部门作为特区房地产登记机关。1993年10月，原深圳市规划国土局设立罗湖、福田、南山、宝安、龙岗五个分局，负责辖区内房地产权登记的管理工作。

1994年，原深圳市规划与国土资源局发布《关于颁发新〈房地产证〉的通知》（深规土〔1994〕576号），规定从1995年1月1日起颁发新版房地产证，新版房地产证采用红皮及绿皮两种版本，红皮本记载市场商品房地产，绿皮本记载非市场商品房地产。这就是市场上所说的"红本房""绿本房"的来源。根据该通知，颁发绿皮房地产证的房地产一般包括：

（1）以行政划拨方式获得的土地使用权；

（2）在行政划拨的土地上建成的房地产；

（3）通过协议方式并按协议地价标准支付地价款的土地使用权（以协议方式按市场地价标准支付地价款的除外）；

（4）在缴付协议地价款的土地上建成的房地产；

（5）获得减免地价的土地使用权；

（6）在减免地价的土地上建成的房地产；

（7）准成本商品房；

（8）按"房改"取得的全成本（建筑费用加室外工程配套费用）商品房；

(9)微利商品住宅;

(10)农村居民私人住宅。

2009年修订该通知时,上述第七项修改为"政策性住房,包括准成本房(准成本商品房)、全成本房(全成本商品房)、全成本微利房、社会微利房(微利商品住宅)和经济适用房",删除了上述第八项、第九项。

除了绿皮房地产证以外,值得注意的还有房地产证(代用)及房地产证(楼花)。房地产证(代用)是对那些权属清晰、但由于未进行初始登记,部分数据无法确定,不能直接发放正式房地产证,同时权利人又急于处分房屋权利的房屋发放的产权凭证。在权利人换取正式房地产证时,登记机关需收回房地产证(代用)。房地产证(楼花)是指对尚未动工兴建或正在建设、但尚未完工的商品房颁发的产权凭证。1999年,政府主管部门曾对该种房地产证(楼花)进行清理,并停止发放该种产权证。上述两种产权证均可以作为权利人拥有所涉房屋的证据,但是由于房地产证(代用)具有临时性、替代性的特点,房地产证(楼花)具有临时性、过程性的特点,均不能取代正式房地产证,笔者认为无法依法产生设立物权的法律效力。

2008年深圳市成立深圳市房地产登记中心,专门负责全市房地产权登记、发放工作。

2015年9月22日,深圳市规划和国土资源委员会发布《关于深圳市实施不动产统一登记的公告》,公告即日起将深圳市房地产登记中心更名为深圳市不动产登记中心,具体承担全市不动产登记工作,由深圳市不动产登记中心自公告之日起颁发不动产权证书和不动产登记证明,此前依法颁发的不动产权属证书继续有效,不变不换。

笔者结合深圳市历年房地产权属证书颁发及名称变更情况梳理汇总如下(见表1-23):

表 1－23　深圳市历年房地产权属证书及名称变更梳理

<table>
<tr><th>时期</th><th>施行时间</th><th>发证机关</th><th>适用区域</th><th>产权证名称</th></tr>
<tr><td rowspan="8">房地分别登记时期（1980—1989 年）</td><td rowspan="6">1981 年—1989 年</td><td>市规划局</td><td>全市</td><td>土地使用证书</td></tr>
<tr><td>深圳市经济特区房地产公司（深房集团）1981—1988 年</td><td>深圳经济特区</td><td rowspan="3">房产所有证</td></tr>
<tr><td>蛇口工业区房地产公司（1984 年 12 月）</td><td>蛇口工业区</td></tr>
<tr><td>原宝安县建设委员会（1987 年 7 月）</td><td>宝安县（原特区外）</td></tr>
<tr><td>原宝安县建设委员会（1987 年 7 月）</td><td>宝安县（原特区外）</td><td rowspan="2">房屋所有权证、房屋共有证（共有权保持证）、房屋他项权证</td></tr>
<tr><td>深圳市土地房屋登记发证办公室（1988 年 5 月）</td><td>全市</td></tr>
<tr><td>1988 年—1989 年</td><td>市国土局</td><td>全市</td><td>国有土地使用证</td></tr>
<tr><td>1989 年—1992 年</td><td>市建设（国土）局</td><td>全市</td><td>国有土地使用证</td></tr>
<tr><td rowspan="8">房地合一登记时期（1989 年至今）</td><td>1989 年</td><td>深圳市房地产权登记处</td><td>原特区内</td><td>房地产证</td></tr>
<tr><td>1991 年</td><td>深圳市房地产权管理处</td><td>全市</td><td>房地产证</td></tr>
<tr><td>1992 年</td><td>深圳市规划国土局</td><td>全市</td><td>房地产证</td></tr>
<tr><td>1993 年</td><td>深圳市规划国土局测绘产权处</td><td>设立罗湖、福田、南山、宝安、龙岗 5 个分局，负责辖区内房地产权登记的管理工作</td><td rowspan="4">房地产证</td></tr>
<tr><td>2001 年</td><td>深圳市规划与国土资源局</td><td>保留福田、罗湖、南山、盐田、宝安、龙岗和大工业区 7 个分局，负责辖区内房地产权登记的管理工作</td></tr>
<tr><td>2004 年</td><td>深圳市国土资源与房产管理局</td><td>特区内由深圳市房地产权登记中心负责，特区外由宝安分局、龙岗分局负责辖区内房地产权登记的管理工作</td></tr>
<tr><td>2008 年</td><td>深圳市房地产权登记中心</td><td>负责全市房地产权登记、发放工作</td></tr>
<tr><td>2015 年</td><td>深圳市不动产登记中心</td><td>负责全市房地产权登记、发放工作</td><td>不动产权证、不动产登记证明</td></tr>
</table>

由于在用地、规划报建、产权登记过程中的手续不完善，我国及深圳市房地产登记方面均产生了较多历史遗留问题。2004 年深圳市人民政府发布《关于印发深圳市处理房地产登记历史遗留问题若干规定的通知》（深府〔2004〕193 号，以下简

称 193 号文)，2010 年深圳市人民政府又发布 66 号文，均旨在解决深圳市房地产登记历史遗留问题。笔者后续将通过专节对深圳市房地产登记历史遗留问题进行分析。

四、小结

不动产登记制度属于房地产制度中的框架，在深圳从事旧改业务，必须研究我国及深圳市不动产登记制度沿革。中华人民共和国成立至今的不动产登记制度建设道路，曲折迂回，经历了传承、停滞、重建、分散、统一等阶段。改革开放后，我国重建后的房地产登记制度采取“房地分离”的登记模式，产生房、地权利主体不一致、信息互通性差、工作效率低等问题。深圳市作为我国改革开放的前沿地区，1989 年就率先开始进行房地合一的登记体制改革工作，最早实现了房地合一登记的目的。但是，由于深圳存在区域职能划分复杂，城市化快速发展，用地、报建手续不完善等原因，产生了大量的房地产登记历史遗留问题，需要我们进一步深入研究。

第七节　深圳房地产登记历史遗留问题

一、房地产登记历史遗留问题的成因

除了深圳之外，全国范围内各地都存在不同形式的房地产登记历史遗留问题。房地产登记历史遗留问题的成因一般可以分为客观和主观两方面。

客观上，我国的不动产登记制度建设之路迂回曲折，屡经变革，经历了传承、停滞、重建、分散、统一等阶段。尤其是改革开放后，我国采取“房地分离”的登记模式，产生房、地权利主体不一致、信息互通性差、工作效率低等问题。深圳作为我国改革开放的前沿地区，改革初期同样存在“房地分离”登记模式的弊病。后来，虽然在不断探索房地产登记制度的改革，但仍无法满足深圳快速的城市化需求，再加上深圳历史上区域职能划分复杂(区分原特区内、原特区外，还有蛇口工业区)，各区域政策不一，更替频繁，客观上造成部分房地产最终无法办理房地产登记手续或房地产登记信息错漏不一。

主观上，在更替频繁、上下不一的房地产登记制度建设进程中，民众法治意识不健全，政府主管部门审核不严，导致权利人用地、报建、消防等手续不完善，进而

妨碍权利人后续完善房地产登记手续。

二、房地产登记历史遗留问题的定义

对于何为房地产登记历史遗留问题，与此有关的193号文、66号文及《自然资源部关于加快解决不动产登记若干历史遗留问题的通知》（自然资发〔2021〕1号）等文件，仅是结合实际对相关情形作了列举，并无明确定义。从房地产登记历史遗留问题的成因及相关政策的规定来看，房地产登记历史遗留问题应指由于客观历史原因，房地产合法权利人无法办理房地产登记手续或房地产登记信息错漏，形成至今仍未解决的历史遗留问题。

三、房地产登记历史遗留问题的性质

（一）历史性与合法性

房地产登记历史遗留问题的性质主要体现在历史性与合法性两方面。首先，房地产登记历史遗留问题的历史性，是指产生及形成具有特殊、客观的历史原因，主要体现在既定事实与变革后的制度相冲突。承认房地产登记历史遗留问题的历史性的法理基础是法理学上的法不溯及既往原则。其次，房地产登记历史遗留问题的合法性，是指虽然房地产登记不规范（未办理房地产登记手续或房地产登记手续不全、登记信息错漏等），但该不规范的产生具有特殊的历史原因，故房地产本身可视为合法建筑，不具有违法性。

（二）深圳房地产登记历史遗留问题与历史违建之区别

深圳房地产登记历史遗留问题与深圳历史违建问题均具有历史性，但是两者在违法性上存在区别。

历史违建的产生及形成虽然同样具有特殊的、客观的历史原因，但在性质上仍属于违法建筑，具有可归责性。只是由于产生于特殊历史时期，可归责性较低，故政策允许历史违建在符合规定条件下可完善手续、处理确权。

虽然存在房地产登记历史遗留问题的房地产办理了部分手续，但由于客观的历史原因未办理现行政策所规定的手续、取得现行政策所要求的文件，房屋虽已建成却无法办理房地产登记手续，可归责性更低，房屋在性质上不必然是违法建筑，不能直接认定为违法建筑。

对两者在性质上进行区分，直接影响相关房屋的政策适用、处理方式等。为便于读者理解，笔者就深圳范围内的违法建筑、历史违建及存在房地产登记历史遗留问题的房屋的区别与共同点简要梳理如下（见表1－24）：

表1－24　不同类型建筑物的区别点以及共同点

区别点	建筑物类型			共同点
	违法建筑	历史违建	存在房地产登记历史遗留问题的房屋	
可归责性	具有显然、充分的可归责性	可归责性较低	可归责性极低或无可归责性	均属于未办理房地产登记的建筑物（所谓的“无证建筑”）
违法性	主观违法性强	违法具有特殊的历史原因，但仍具有违法性	不必然违法，具有特殊的历史原因	
适用政策	《城乡规划法》《广东省呈现规划条例》《深圳市城市规划条例》	《深圳经济特区处理历史遗留违法私房若干规定》《处理生产经营性违法建筑若干规定》《农村城市化违法建筑的处理决定》	193号文、66号文、《自然资源部关于加快解决不动产登记若干历史遗留问题的通知》	
处理方式	停止建设、限期拆除、依法没收、罚款	处理确权、安全纳管、依法拆除、依法没收。即使处理确权也要缴纳罚款和地价	补办相关手续，缴纳地价，办理产权登记，不一定处罚	

由表1－24可看出，无论是违法建筑、历史违建还是存在房地产登记历史遗留问题的房屋均属于“无证建筑”。反言之，“无证建筑”并不直接等同于违法建筑。这是实务中很多人容易混淆的概念。

四、深圳房地产登记历史遗留问题的类型

深圳房地产登记历史遗留问题是在深圳房地产登记政策实施及变革中产生的，因此，在了解深圳房地产登记历史遗留问题的类型前，需先了解深圳房地产登记制度演变的历史背景。对于深圳房地产登记制度沿革，笔者已经在“我国及深圳市不动产登记制度的历史沿革”一节中作了详细介绍，笔者在此仅作简要回顾。

在1989年深圳房地产登记制度改革以前，深圳原特区内、原特区外均采取“房地分离”登记模式，房屋取得的是房屋所有权证、房屋共有证（共有权保持证）、房屋他项权证，土地取得的是国有土地使用证、集体建设用地使用证。

1989 年以后,深圳逐步建立起房地统一登记制度。1993 年深圳市人大常委会颁布了《深圳经济特区房地产登记条例》。该条例第二十九条(现为第二十九条)规定,申请土地使用权初始登记应提交房地产初始登记申请书、身份证明、土地权属证明及实地测绘结果报告书。其中,土地权属证明因土地使用权取得方式的不同而有所不同。

1. 以出让方式取得土地使用权的应提交:(1)土地使用合同书,根据土地使用合同书规定由权利人自行征地的,应同时提交征地补偿协议书;(2)付清地价款证明。

2. 以行政划拨方式取得土地使用权的应提交:(1)市政府批准用地文件;(2)用地红线图;(3)征地补偿协议书。

3. 以其他合法形式取得土地使用权的,应提交有关证明文件。

该条例第三十条(现为第三十条)规定,申请建筑物、附着物所有权初始登记,应提交下列文件:(1)土地使用权属证明;(2)建筑许可证;(3)施工许可证;(4)建筑物竣工验收证;(5)经市政府指定的机构审定的竣工结算书;(6)建筑设计总平面图、建筑物竣工图(包括单体建筑平面、立面、剖面图);(7)登记机关认可的测量机构出具的实地测绘结果报告书。

《深圳经济特区房地产登记条例》经过多次修订,2021 年修正后的《深圳经济特区房地产登记条例》对土地使用权首次登记所需文件未作调整,但对建筑物、附着物所有权首次登记所需提交的资料有所简化,只需要提供:(1)登记申请书;(2)申请人身份证明;(3)土地使用权属证明;(4)建设工程规划验收和竣工验收合格证明文件,或者建设工程竣工联合验收合格证明文件;(5)竣工测绘报告。

面对频繁更替的政策,房地产权利人或因未完善用地手续,或因未完善建设手续,或因房改手续不完善,或因房地产开发商注销主体资格、未缴纳地价,或因未及时申请更换房地产权证,导致不符合《深圳经济特区房地产登记条例》所规定的登记条件。为了妥善解决这些房地产登记历史遗留问题,深圳市人民政府于 2004 年及 2010 年分别发布了 193 号文及 66 号文两个规范性文件。这两个文件对深圳房地产登记历史遗留问题的常见情形通过正、反两面进行了列举,具体如下(见表 1 - 25):

表 1－25　深圳房地产登记历史遗留问题

<table>
<tr><th>序号</th><th>属于深圳房地产登记历史遗留问题的具体情形</th><th>不属于深圳房地产登记历史遗留问题的情形</th></tr>
<tr><td>1</td><td>《深圳经济特区房地产登记条例》(1993 年)实施前建成或竣工的房地产,申请房地产权初始登记时,无法提供该条例第三十条第一、二、三、四、五项规定文件的</td><td rowspan="10">"两规"、《农村城市化违法建筑的处理决定》处理范围的房地产</td></tr>
<tr><td>2</td><td>已核发房屋所有权证的房地产,需换发房地产权证的</td></tr>
<tr><td>3</td><td>未经初始登记已核发房地产代用证的房地产,需办理其他相关房地产登记手续的</td></tr>
<tr><td>4</td><td>《深圳市土地交易市场管理规定》(已失效)实施前在合法的建设用地上进行合作建房或转让房地产的</td></tr>
<tr><td>5</td><td>购房者因房地产开发企业被吊销或注销营业执照无法登记但具备其他法定条件的</td></tr>
<tr><td>6</td><td>已批准预售并已竣工验收的房地产,房地产开发企业与买受人已签订房地产买卖合同,因房地产开发企业欠缴地价但具备其他法定条件而不能办理初始登记的</td></tr>
<tr><td>7</td><td>经市房改主管部门批复办理了房改手续但未办理房地产登记的安居房,按规定可以办理房地产登记的</td></tr>
<tr><td>8</td><td>深圳市政府 193 号文实施之前,已批准预售且已实际销售,未经批准改变用途、加建、超建的房地产</td></tr>
<tr><td>9</td><td>依照当时房改政策批准房改或者市、区住房主管部门出售,未完善相关手续的政策性住房</td></tr>
<tr><td>10</td><td>已取得房屋所有权证或者房地产代用证,但未完善用地或者建设手续的房地产</td></tr>
</table>

从上述内容来看,也可看出"两规"、《农村城市化违法建筑的处理决定》所规定的历史违建,不属于深圳房地产登记历史遗留问题处理的范畴。

除了 193 号文及 66 号文以外,自然资源部于 2021 年 1 月 6 日发布的《关于加快解决不动产登记若干历史遗留问题的通知》(自然资发〔2021〕1 号)就国有土地上已出售的城镇住宅的历史遗留问题作出的规定,同样是处理深圳房地产登记历史遗留问题的重要依据。该通知涉及的不动产登记若干历史遗留问题包括以下类型(见表 1－26):

表 1－26　不动产登记若干历史遗留问题类型

序号	不动产登记若干历史遗留问题类型
1	用地手续不完善问题
2	欠缴土地出让价款和相关税费问题
3	未通过建设工程规划核实的问题
4	开发建设主体灭失的问题
5	原分散登记的房屋、土地信息不一致，项目跨宗地建设问题

五、深圳房地产登记历史遗留问题的处理

（一）常见情形的处理

1. 基本处理要求

根据 193 号文及 66 号文的规定，深圳房地产登记历史遗留问题的处理，是在坚持尊重历史、实事求是的基础上，从维护当事人合法权益的角度出发，积极寻求妥善的处理方式，努力化解社会矛盾。所以具体来看，需要结合房地产登记历史遗留问题的不同情形，采取不同的处理方式。

结合 193 号文及 66 号文的规定，笔者将房地产登记历史遗留问题具体处理方式梳理如下（见表 1－27）：

表 1－27　房地产登记历史遗留问题的处理方式

具体情形	处理要求	备注
《深圳经济特区房地产登记条例》（1993 年）实施前建成或竣工的房地产，申请房地产权初始登记时，无法提供该条例第三十条第一、二、三、四、五项规定文件的	1. 补办土地使用权出让文件	1. 凡 1982 年 7 月前建成或竣工的房地产，用地单位至今占有使用，但土地权属证明资料不全或没有土地权属证明的，用地单位可向国土部门申请补办土地使用权出让手续。 2. 特区内在 1982 年 8 月至 1988 年 1 月 3 日《深圳经济特区土地管理条例》（已失效）实施之前，宝安、龙岗两区在 1993 年 7 月 14 日《深圳市宝安、龙岗区规划、国土管理暂行办法》实施前建成或竣工的房地产，用地单位有报建资料但无土地权属证明的，可由用地单位向国土部门申请补办土地使用权出让手续

续表

具体情形	处理要求	备注
《深圳经济特区房地产登记条例》(1993 年)实施前建成或竣工的房地产,申请房地产权初始登记时,无法提供该条例第三十条第一、二、三、四、五项规定文件的	2. 补办规划确认文件	特区内在 1993 年《深圳经济特区房地产登记条例》实施前建成或竣工的房地产,宝安、龙岗两区在《深圳市宝安、龙岗区规划、国土管理暂行办法》实施前建成或竣工的房地产,用地单位有土地权属证明但无报建资料或报建资料不齐的,可由用地单位向规划部门申请补办规划确认文件
	3. 提供工程质量合格证明	由建设单位自行委托有资质的工程质量检测机构对房产进行检测、鉴定,并由工程质量检测机构出具建筑质量合格证明
	4. 提供消防安全证明	对未进行消防报建但符合消防技术规范要求的,由公安消防机构出具具备消防安全条件的法律文书;已报建的,只要满足原审核意见,经验收基本合格,由公安消防机构出具具备消防安全条件的法律文书
已核发房屋所有权证的房地产,需换发房地产权证的	须经登记部门核实其房屋所有权与其土地使用权权属相符	—
未经初始登记已核发房地产代用证的房地产,需办理其他相关房地产登记手续的	须经登记部门核实,权属清楚	—
《深圳市土地交易市场管理规定》(已失效)实施前在合法的建设用地上进行合作建房或转让房地产的	须按规定补交地价	—
购房者因房地产开发企业被吊销或注销营业执照无法登记但具备其他法定条件的	由购房者直接申请办理房地产登记	—
已批准预售并已竣工验收的房地产,房地产开发企业与买受人已签订房地产买卖合同,因房地产开发企业欠缴地价但具备其他法定条件而不能办理初始登记的	合法房地产买受人办理房地产登记	—

续表

具体情形	处理要求	备注
经市房改主管部门批复办理了房改手续但未办理房地产登记的安居房，按规定可以办理房地产登记的	应提供市房改主管部门核实文件	—
市政府193号文实施之前，已批准预售且已实际销售，未经批准改变用途、加建、超建的房地产	应补办规划确认文件及土地权属证明文件	—
依照当时房改政策批准房改或者市、区住房主管部门出售，未完善相关手续的政策性住房	应补办规划确认文件及土地权属证明文件	—
已取得房屋所有权证或者房地产代用证，但未完善用地或者建设手续的房地产	1.应补办规划确认文件及土地权属证明文件； 2.涉及继受单位未完善征、转地补偿手续用地的，须提供继受单位同意补办用地手续的书面意见	—

2.具体处理要点

(1)房地产登记历史遗留问题处理的申请主体

一般情况下，房地产登记历史遗留问题处理的申请主体较好确定，通常为开发建设单位。不过，存在特殊情形。193号文及66号文对特殊情形下的申请主体作出了规定。具体如下(见表1-28)：

表 1－28　特殊情形下的申请主体

特殊情形	手续办理申请主体
原房地产开发建设单位已被吊销营业执照或者已注销且无承继单位	购房者
已批准预售并已竣工验收的房地产，房地产开发企业与买受人已签订房地产买卖合同，因房地产开发企业欠缴地价但具备其他法定条件而不能办理初始登记的	
市、区住房主管部门统一开发的政策性住房	市、区住房主管部门
原镇政府统一开发建设的	相关街道办事处
政府机关、企事业单位自行开发建设的	原建设单位申请，原建设单位已不存在的，由其承继单位或主管单位申请
市、区属国有企业改制过程中，剥离到市、区投资控股公司（包括原市级资产经营公司）或上级产权单位的房地产	投资控股公司或者上级产权单位
合作开发建设的房地产，合作一方或者多方已被吊销营业执照或者已注销且无承继单位的	其他合作方

（2）补办规划确认文件注意要点

第一，规定情形下不得予以规划现状确认。具体情形包括：

①非法占用已完成征、转地补偿手续的国有土地，严重影响城市规划，又不能采取措施加以改正的；

②占用基本农田的；

③占用一级水源保护区用地的；

④占用公共道路、广场、绿地、高压供电走廊、公共设施和公益项目用地，压占地下管线或者其他严重影响城市规划，又不能采取措施加以改正的；

⑤其他依法应当拆除或者没收的。

上述情形主要与历史违建应当依法拆除或没收的情形相同。

第二，同意予以规划确认与行政处罚并行不悖。如申请人或者其他有关当事人的行为违反有关规定须予以行政处罚，仍应当依法予以行政处罚。行政处罚决定的作出与执行不影响规划主管部门进行规划确认，不影响房地产登记工作机构办理初始登记手续。

（3）补办土地权属证明文件注意要点

第一，土地权属来源认定问题。先根据提交的材料认定土地权属来源。确实无法认定的，区分情形处理：原特区内在1988年1月3日之前（时间点源于1988年1月3日《深圳经济特区土地管理条例》施行），原特区外在1990年5月19日之前（时间点源于1990年5月19日《城镇国有土地使用权出让和转让暂行条例》施行）建成的房地产，登记为行政划拨用地，之后建成的房地产，登记为协议出让用地。主要原因是原特区内在《深圳经济特区土地管理条例》（1988年）施行之前，原特区外在《城镇国有土地使用权出让和转让暂行条例》施行之前，土地供应方式为行政划拨，之后协议出让土地方式才真正全面推行开来。

第二，土地地价及性质问题。区分政策性住房和购买取得的住房处理：依照当时房改政策批准房改的或者市、区住房主管部门出售的政策性住房，需补办用地手续的，按规定减免地价；1989年7月13日之前，向本市房地产开发企业购买的房地产，以及原特区外在1993年1月1日之前，已取得县（区）主管部门销售批复并已销售的房地产，可免补地价，认定为商品房性质。

第三，土地使用年限问题。登记为协议用地，按国家规定的相应用途的最长年限确定土地使用期限，登记为行政划拨的用地按照深圳有关规定确定土地使用期限。1982年7月31日之前已建成竣工的，土地使用期限从1982年8月1日起计算。其他情形的房地产，如已取得土地权属证明文件，土地使用期限从土地权属证明文件载明的起始日期起算；未取得土地权属证明文件的，土地使用期限从报建时间起算。

第四，土地权属调查、公示问题。国土部门根据申请，对土地范围、权属来源进行调查、测绘，对调查、测绘结果进行公告，并处理公告期间的异议。

值得注意的是，2010年出台的66号文相对于2004年出台的193号文来说，对补办规划确认文件及土地权属证明的要求更为宽松些。根据193号文的规定，除了在1982年7月前建成或竣工的房地产外，后续建成或竣工的房地产若申请补办土地权属证明文件，须持有报建资料；若申请补办规划确认文件，则须持有土地权属证明。但是，根据66号文，土地权属证明并非申请补办规划确认文件的必要材料，如果有就一并提交。报建材料或规划确认文件就属于申请补办土地权属证明的必要材料。这意味着补办规划确认文件在房地产登记历史遗留问题处理中更为重要。如果能补办到规划确认文件，就有很大机会补办土地权属证明，进而完善房地产登记手续。

（4）房地产登记历史遗留问题处理结果

房地产登记历史遗留问题处理结果就是将补办的材料提交房地产登记机关

后,办理房地产初始登记,特殊情况下可直接办理转移登记。通过房地产登记历史遗留问题处理办理的房地产证,证上都会备注“本房地产证依据《关于加强房地产登记历史遗留问题处理工作的若干意见》颁发”。

(二)房地产登记历史遗留疑难问题分析

193 号文及 66 号文为深圳市大部分的房地产登记历史遗留问题提供了处理路径。但是,仍有个别遗留问题,不管是在深圳还是在其他地区,在理解和认定上均有较大的争议,在处理上存在难度。其中,最值得关注的是,因原房地分别登记导致房屋、土地信息不一致的问题。

《自然资源部关于加快解决不动产登记若干历史遗留问题的通知》(自然资发〔2021〕1 号)第五条第一款就此作出了规定:“……分散登记时,已经分别登记的房屋和土地用途不一致的不动产,继续分别按照原记载的房屋、土地用途进行登记,未经依法批准不得改变已登记的不动产用途;因房屋所有权多次转移、土地使用权未同步转移导致房屋、土地权利主体不一致的,经核实,权属关系变动清晰且无争议的,可以根据规定程序由房屋所有权人单方申请办理房地权利主体一致的不动产登记。”

也就是说,房屋、土地用途登记维持原登记内容。在厘清房屋、土地权利主体关系,土地使用权证载权利主体对土地、房屋权属已流转的事实无异议的情况下,可由房屋所有权人单方申请办理房地权利主体一致的不动产登记,确认房屋所有权人为房地产权利人。

但是,上述通知没有明确,如权属关系变动不清晰或土地使用权证载权利人与房屋所有权证载权利人存在争议的情况下,如何解决房、地证载权利人不一致的问题。

1. 房、地证载权利人不一致问题之探讨

房屋所有权与土地使用权证载权利人的不一致,从我国房地产登记制度来看,是因为我国改革开放后长期采取“房地分离”登记模式。但如果进一步深究,“房地分离”登记模式之所以在我国得以实施,乃是因为我国采取了房屋所有权与土地使用权并存的物权制度。下文就此详述之。

从物理层面上来看,房地一体、无法分离,一旦分离房屋便丧失了其使用价值和经济价值。但是,在物权制度设计上,我国一方面基于保障土地所有权二元制度的稳定,另一方面基于实现物尽其用目的的考虑,通过用益物权的设定将土地使用权让渡给民事主体,导致在法律层面上,房屋和土地成为独立的特定物,并存在各自独立的物权。不像德国,一旦土地上建设建(构)筑物,则土地所有权被地上权所吸收,不存在土地所有权与房屋所有权并存的问题。同时,为了保证物的有效利用,我国又通过《民法典》第三百五十六条"建设用地使用权转让、互换、出资或者赠与的,附着于该土地上的建筑物、构筑物及其附属设施一并处分"之规定,以及第三百五十七条"建筑物、构筑物及其附属设施转让、互换、出资或者赠与的,该建筑物、构筑物及其附属设施占用范围内的建设用地使用权一并处分"之规定,确立了"房随地走""地随房走"的原则,尽可能实现土地使用权人与房屋所有权人的一致。需要清楚认识的是,这种"房随地走""地随房走"的原则,仅是为了从制度设计上解决房、地权利人不一致的问题,并非否认、也无法否认在我国法律制度框架范围内,房屋和土地可同时存在各自独立的物权的结论。

2. 房、地证载权利人不一致问题之处理建议

房、地证载权利人不一致问题的解决,主要是解决两个方面的问题:一是未来如何实现房、地证载权利人一致;二是过去已形成的房、地证载权利人不一致问题如何处理。

对于第一个问题,从2007年我国《物权法》(已失效)提出建立不动产统一登记制度至今,通过不断完善该制度,房、地证载权利人一致的目的基本得以实现。

对于第二个问题,实务中存在争议。有法院认为土地使用证确认的是土地用益物权的归属,房产所有权证才是确认房产权利人的凭证,应根据房屋所有权证认定房产权利人。①

笔者认为:首先,在我国法律制度框架下,土地与房屋分别为独立的特定物,各自可产生相互独立的物权,因此,在不同的民事主体就土地及地上房屋分别办理了产权登记的情况下,分别就两个独立的物依法享有独立的物权,不违反"一物一权"的原则,即使登记有先后,也不会产生后登记的物权消灭前登记物权的效力。

其次,诚如前文分析,虽然《民法典》第三百五十六条及第三百五十七条确立了"房随地走""地随房走"的原则,但该原则的确立仅是为了从制度设计上解决房、地权利人不一致的问题,并非否认在我国法律制度框架范围内,房屋和土地可同时存在各自独立的物权的结论。从文义解释来看,《民法典》第三百五十六条及

---

① 参见(2018)粤03民终16143号民事判决书。

第三百五十七条的规定应理解为在房屋所有权人与土地使用权人一致的情况下，“房随地走”“地随房走”，并非要求房屋所有权人与土地使用权人必须一致。因此，在土地使用权与房屋所有权证载权利人不一致的情况下，除非符合“房随地走”“地随房走”的原则，否则应认定不同的权利人各自对其土地或房屋享有权利（例如，土地使用权人将土地对外出租，承租人经土地使用权人同意建房，并将房屋登记到自己名下）。

最后，虽然在房屋与土地各自为独立物的前提下，房屋所有权与土地使用权各自独立存在，逻辑上不存在冲突，但是在实际操作中，房屋所有权的行使须在物理上以占用他人土地为前提，而若要行使土地使用权，首先务必先排除他人房屋所有权。可见在这种情况下，房屋所有权与土地使用权必然存在冲突。从解决实际问题的角度来看，可由土地使用权人与房屋所有权人协商解决，由一方对另一方折价补偿，由补偿方成为房屋与土地的物权人。双方协商不成的，应由房屋所有权人取得土地使用权，但须按土地市场价值对土地使用权人进行折价补偿。

之所以选择由房屋所有权人取得土地使用权，是因为房屋依附于土地，房屋所有权人对房屋的使用以对土地占有使用为前提，而土地使用权人对土地的使用并不必然需以存有地上房屋为前提。也就是说，主张房屋权利的主体必然同时主张土地权利，但主张土地权利的主体不必要同时主张房屋权利（比如主张房屋权利人拆除房屋，恢复原状）。因此，从尽可能发挥物的使用功能、避免社会资源浪费的角度出发，在两难之间，应选择由房屋所有权人取得土地使用权，但房屋所有权人须对土地使用权人进行折价补偿。

六、房地产登记历史遗留问题在房屋征收、土地整备利益统筹及城市更新中的处理方式

基于房地产登记历史遗留问题的性质，在房屋征收、土地整备利益统筹及城市更新中，存在房地产登记历史遗留问题的房屋有着不同的处理方式。

第一，在房屋征收项目中，根据《深圳市房屋征收与补偿实施办法（试行）》第三十三条第三款规定：“属于房地产登记历史遗留问题处理情形的，不再补办房地产登记手续，按照合法建筑扣减补办房地产登记手续的地价、相关税费后予以补偿。”可见存在房地产登记历史遗留问题的房屋依法是可以获得补偿的，但须扣减地价、相关税费。

值得注意的是，《深圳市房屋征收与补偿实施办法（试行）》第三十三条均是

关于未办理房地产登记的建筑物如何补偿的规定:第一款是关于历史违建的补偿方式及补偿标准;第二款是关于依法应当拆除或没收的历史违建不予补偿;第三款则是关于房地产登记历史遗留问题的房屋如何补偿及补偿标准。实务中,对该条规定应区分理解与处理。

第二,在城市更新项目中,房地产登记历史遗留问题主要影响权属认定。根据《深圳市拆除重建类城市更新单元土地信息核查及历史用地处置规定》(深规土规〔2018〕15 号)第四条的规定,在城市更新单元计划批准后,在开展土地信息核查和历史用地处置前,城市更新单元拆除范围内土地、建筑物属于66 号文规定的处理对象且符合补办规划确认文件或补办土地权属证明文件要求的,相关权利主体可向区城市更新职能部门申请核发权属认定的处理意见书,无需办理规划确认、土地权属证明、房屋安全鉴定、消防验收或备案、房地产权属登记等手续。这种简化手续的方式,实质上是将纳入城市更新项目视同已完善相关手续,将房地产登记历史遗留问题处理完毕。

第三,在利益统筹项目中,目前政策暂未明确存在房地产登记历史遗留问题的房屋如何处理。笔者认为,应借鉴城市更新项目的相关规定,对属于66 号文规定的处理对象且符合补办规划确认文件或补办土地权属证明文件要求的土地、建筑物,直接根据相关权利主体的申请核发权属认定的处理意见书。取得处理意见书的房屋视同合法建筑,相应的土地则视同合法用地。

七、房地产登记历史遗留问题在争议解决中的常见法律问题

房地产登记历史遗留问题的纠纷在审理上主要涉及是否属于法院受理范围、是否影响相关协议效力、是否能直接判决确认房屋所有权人,以及是否能支持当事人过户登记的诉讼请求等。

(一)案件受理问题

《最高人民法院关于房地产案件受理问题的通知》(法发〔1992〕38 号)第三条规定:“凡不符合民事诉讼法、行政诉讼法有关起诉条件的属于历史遗留的落实政策性质的房地产纠纷,因行政指令而调整划拨、机构撤并分合等引起的房地产纠纷,因单位内部建房、分房等而引起的占房、腾房等房地产纠纷,均不属于人民法院主管工作的范围,当事人为此而提起的诉讼,人民法院应依法不予受理或驳回起诉,可告知其找有关部门申请解决。”故有观点认为凡是涉及房地产登记历史遗

留问题的纠纷均不属于人民法院主管工作的范围,人民法院应依法不予受理或驳回起诉。实际上,因房地产登记历史遗留问题的类型复杂多样,当事人之间的法律关系及原告的诉讼请求不一,不宜简单“一刀切”地做出上述结论。

在深圳区域范围内的司法实践中,考虑到房地产登记历史遗留问题的复杂性及行政机关职责安排,对于如何处理涉及房地产登记历史遗留问题的房地产纠纷,法院一方面会结合当事人之间的法律关系及原告的诉讼请求,另一方面会重点考虑国土部门及不动产登记机构的意见。如当事人之间的纠纷显然属于“因行政指令而调整划拨、机构撤并分合等引起的房地产纠纷,因单位内部建房、分房等而引起的占房、腾房等房地产纠纷”,则法院一般会直接裁定驳回起诉,可参考深圳市福田区人民法院(2019)粤0304民初15718号民事裁定书及深圳市中级人民法院(2017)粤03民终6737号民事裁定书:

> 该院认为,原告以房屋买卖合同纠纷提起该案诉讼,并主张已将与被告签订合作建房协议书中约定的涉案8套房屋通过企业内部分房方式分配给其员工占有使用至今,该案实质上是要求完成企业内部分房程序,属于企业内部房屋腾退纠纷,依照《最高人民法院关于房地产案件受理问题的通知》,该案不属于人民法院受理案件的范围。对于原告的起诉,该院予以驳回。
>
> ——深圳市福田区人民法院(2019)粤0304民初15718号民事裁定书

> 该院认为,涉案房产尚未进行分户登记和取得单独的房产证。根据上述合同所记载之内容,安某章与海鹏公司系单位内部建房、分房关系,并非平等民事主体之间的房屋买卖合同关系。安某章诉请确认涉案房产产权实为落实房改政策,根据《最高人民法院关于房地产案件受理问题的通知》第三条之规定,该诉请不属于人民法院主管工作的范围,安某章应向相关房改行政主管机关申请解决。原审法院据此认定不属于人民法院民事诉讼受案的范围而驳回其起诉,处理正确,该院予以维持。
>
> ——深圳市中级人民法院(2017)粤03民终6737号民事裁定书

如并非上述两类房地产纠纷,一般会对案件进行实体审理,并着重考虑国土部门和不动产登记机构的答复意见。

(二)相关协议效力问题

涉及房地产登记历史遗留问题的合同纠纷主要是房屋买卖合同纠纷及房屋

租赁合同纠纷。

1. 涉及房地产登记历史遗留问题的房屋买卖合同纠纷

买卖存在房地产登记历史遗留问题的房屋的合同是否有效，在司法实践中存在争议，存在“有效说”及“无效说”两种观点。

有些法院直接以涉案房屋不得买卖为由认定房屋买卖合同无效，比如深圳市中级人民法院（2016）粤03民终8807号民事判决书：法院认为，2013年11月3日，罗某彦与郑某培、郑某签订的《房屋转让协议书》系双方真实意思表示，但涉案房产是刘某明、杜某英、罗某彦自建房，只有所有权证，没有办理房地产证，依法不得买卖，虽然深圳市不动产登记中心复函称述根据现有法律法规规定，在完善用地手续、办理房地产初始登记后可以换发不动产权证书，但是截止到本案法庭辩论终结前，涉案房产并没有换发不动产权证书，因此涉案合同在行政机构处理前仍为无效合同。

但是，同时也有法院认为存在房地产登记历史遗留问题的房屋不必然影响房屋买卖合同的效力，比如广东省高级人民法院（2019）粤民申11124号民事裁定书：涉案房屋于1992年已经取得原宝安县人民政府核发的房屋所有权证，根据本案审理过程中深圳市不动产登记中心的答复，该证件为有效证件，表明涉案房屋属于合法且权属清晰的财产。涉案房屋的登记所有人虽为廖某文，但廖某文与周某于2011年办理离婚手续时就约定该房屋归周某所有，此项约定对廖某文有法律约束力，周某此后有权对涉案房屋进行处分……可以进行转让的不动产并非仅限于商品房，故涉案房屋是否属于商品房、是否经申报并认定为存在登记历史遗留问题的房产，此不影响涉案合同效力的认定。

上述两个案件中，涉案房屋同样是涉及存在房地产登记历史遗留问题的房屋所有权证，但深圳市中级人民法院及广东省高级人民法院对涉案房屋买卖合同效力的认定结果完全不同。

笔者认为，涉及房地产登记历史遗留问题的房屋情形不一，房屋不得买卖的原因也有很多，属于违法建筑或非商品性质的房屋均可能会导致房屋不得买卖，不宜简单以涉案房屋不得买卖为由直接认定房屋买卖合同无效，对房屋买卖合同效力的认定应严格依据我国法律、行政法规关于合同效力的相关规定。根据我国《民法典》第一百五十三条的规定，违反法律、行政法规的强制性规定的民事法律行为无效。如涉案房屋已办理报建手续但未办理产权证，或者已取得房屋所有权证、房地产代用证但未完善用地手续或换发新的房地产证，没有法律、行政法规明确规定就该类房屋签订的买卖合同无效。该类房屋已办理报建手续或取得房产证,并非违法建筑,虽然暂时无法办理过户登记手续(政策上所谓的“不能买卖或者限制买卖”),但仅影响到合同的履行问题,不影响合同本身的效力问题。不能以合同成立生效后的履行问题去倒推合同的效力,否则将出现逻辑矛盾。如涉案房屋既未完善用地手续、办理报建手续,又未取得任何房产证,本身属于违法建筑,则涉案房屋买卖合同在当事人完善涉案房屋房地产登记历史遗留问题处理手续之前,应属于无效合同。

2. 涉及房地产登记历史遗留问题的房屋租赁合同纠纷

租赁存在房地产登记历史遗留问题的房屋的合同是否有效,在司法实践中争议不大。依据《最高人民法院关于审理城镇房屋租赁合同纠纷案件具体应用法律若干问题的解释》第二条的规定,审查涉案房屋是否取得建设工程规划许可证,以及房屋建设是否符合建设工程规划许可证的规定。如涉案房产未取得建设工程规划许可证或房屋建设不符合建设工程规划许可证的规定,则认定涉案房屋租赁合同无效。①

(三)房地产物权确认及转移登记问题

根据193号文及66号文的规定,符合条件的主体可向国土部门申请完善房地产登记历史遗留问题处理手续,取得房地产权证书。结合193号文及66号文的规定来看,符合条件的主体一般为房地产的实际权利人。那么申请主体直接请求法院确认其为房地产所有权人能否得到支持?请求法院判决相关当事人配合办理转移登记手续能否得到支持?

首先,关于确认物权的问题。根据我国《民法典》第二百零九条的规定,不动产物权的设立、变更、转让和消灭,经依法登记,发生效力;未经登记,不发生效力,但是法律另有规定的除外。但是,同时需要注意的是,物权登记仅具有推定效力,即推定登记权利人为物权人,该种推定效力可以被其他证据所推翻。故《最高人民法院关于适用〈中华人民共和国民法典〉物权编的解释(一)》第二条规定,当事人有证据证明不动产登记簿的记载与真实权利状态不符、其为该不动产物权的真实权利人,请求确认其享有物权的,应予支持。2015年12月24日《最高人民法院关于当前民事审判工作中的若干具体问题》也指出“注意区分不动产登记的内部

---

① 参见(2016)粤0307民初5756号民事裁定书。

和外部效力。不动产物权变动是法律行为及其他法律事实的产物,不是登记机关登记行为的产物,不动产物权登记是不动产物权变动的'要件'而非'原因'。不能因为法律将登记作为物权变动的生效要件,而错误地认为财产权是登记机关赋予的。对发生争议的不动产物权归属的最终判断,不能唯登记论,应当依赖于对物权变动原因的法律事实的审查"。因此,如当事人仅持有房屋买卖合同等证据材料,但未办理登记,法院一般不会支持当事人关于确认其为房地产所有权人的诉讼请求。但是,如果当事人提供的证据足以证明物权归属与登记内容不符,则可根据当事人提供的证据确认真实权利人享有物权。对于上述两种情形的区别,笔者试举两个案件予以辨析。

案例一

深圳深蓉塑料科技有限公司与深圳市天视实业有限公司所有权确认纠纷一案①

基本案情:1989 年第三人鹏基公司与被告签订《职工集体宿舍购销合同》,将涉案房屋转让给被告,但因涉案房产属于非市场商品房,故一直未能办理过户手续。后被告又将房产转让给第三人中航技公司,第三人中航技公司将涉案房产出资给原告,但一直未办理过户登记手续。原告遂诉请法院判决确认其涉案房屋属于原告所有,被告及两第三人协助将涉案房产过户登记到原告名下。法院在审理过程中,经征询深圳市不动产登记中心意见,确认涉案房屋属于1989 年7 月13 日前向本市房地产开发企业购买的房地产,可免补地价,认定商品房性质,具备过户登记条件。

法院认为:由于物权为登记主义,涉案房产目前登记在第三人鹏基公司名下,而在未登记到原告名下之前,原告并不享有涉案房产所有权,原告起诉请求确认其为案涉房产的所有权人,该院不予支持。深圳市不动产登记中心确认涉案房产可免补地价,认定为商品房性质,故涉案房产可以办理过户转移登记手续。法院支持原告关于被告及两第三人配合办理案涉房产过户转移登记手续的诉讼请求。

① 广东省深圳市福田区人民法院民事判决书,(2018)粤0304 民初24893 号。

案例二

王某与刘某清共有纠纷一案①

基本案情:原告刘某清与被告王某签订物业权益分配协议书约定双方共同出资购买涉案房产,由双方按出资比例享有份额,但由于涉案房产存在瑕疵,为便于办理相关拍卖手续,同意仅以被告王某名义落户。同日,涉案房产办理房地产权证,载明权利人为王某,房屋为市场商品房。法院在审理过程中,经征询深圳市不动产登记中心,该中心反馈涉案房产已核发房地产证,登记权利人为王某,该证附件栏记载:"代用证转移登记,产权数据以初始登记为准"。根据193号文第六条规定,涉案房产在无有效抵押、查封登记等情况下,可由当事人依法备齐材料向深圳市不动产登记中心申请办理转移登记。

法院认为:第一,不动产权属证书(房地产证)是不动产物权归属的凭证,即不动产权属证书记载的状态具有推定物权有效成立的证明作用,但如当事人有证据证明物权的实际状态与权属证书记载的状态不符,则可以通过诉讼方式予以变更或要求确认其物权。涉案房产实为刘某清、王某按份共有,但不动产权权属证书记载的权属状态为王某享有100%产权,与物权的实际状态不符,刘某清请求确认刘某清与王某按份共有涉案房屋所有权,刘某清享有31.57%的份额,符合法律规定,法院予以支持。第二,深圳市不动产权登记中心复函载明涉案房产在无有效抵押、查封登记等情况下,可办理转移登记。经查,涉案房产截至2017年9月30日无有效抵押,仅有该案的查封,原告刘某清请求被告王某配合原告将房屋所有权登记信息变更为原告占有31.57%份额的登记信息,法院予以支持。

上述两案中,原告均主张证载权利人与实际权利人不符,诉请判决确认涉案房产属于其所有,为何法院判决不一呢?原因在于案例一的房屋转让合同属于当事人关于物权变动的约定,是引起物权变动的原因,按规定必须办理不动产权登记后方可发生物权变动的效力;案例二中的物业权益分配协议书属于权利人关于物权归属的约定,是确定房屋真实权利状态的直接依据。

其次,关于房屋所有权转移登记问题。是否支持原告关于判决相关当事人配合办理涉案房屋所有权转移登记手续的诉讼请求,取决于起诉时是否具备转移登记的条件。涉案房屋所有权是否具有转移登记的条件,则取决于国土部门及不动

① 广东省深圳市中级人民法院民事判决书,(2017)粤03民终22024号。

产登记机构的认定意见。从上述两个案例也可看出，如国土部门及不动产登记机构反馈意见认定房屋具备办理所有权转移登记手续，则法院一般会支持原告关于配合办理过户登记手续的诉讼请求。①

反之，则不予支持，可参见深圳市宝安区人民法院（2018）粤 0306 民初 24642 号民事判决书："关于合同继续履行的问题。深圳市规划和国土资源委员会宝安管理局向原告作出的《答复意见》认为，在厘清被告与深圳市恒基房地产开发公司的关系后，涉案房产如欲办理房产证，仍需解决资料缺失、项目用地与规划道路冲突等问题，建议原告到深圳市档案局进一步查找相关资料，深圳市流塘股份合作公司配合提供相关资料并出具同意该项目办理房地产登记历史遗留问题的意见书后，由相应的单位申请办理房地产登记历史遗留问题，待完成上述两项工作后，深圳市规划和国土资源委员会宝安管理局将根据《深府〔2010〕66 号文》有关规定，启动该项目的规划确认的研究论证工作等后续手续。由此可知，办理涉案房产的房产证，仍须经行政主管部门办理一系列手续方可完成，鉴于涉案房产目前尚不具备由法院裁判过户登记至原告名下的客观条件，对于原告的诉讼请求，本院暂予以驳回，原告可待条件成就后再行主张权利。"

综上，若处理涉及房地产登记历史遗留问题的房地产纠纷案件，应重点关注涉案房屋存在何种情形的房地产登记历史遗留问题，是否属于单位内部职工分房产生的房改历史遗留问题，是否办理用地手续或报建手续，如有房地产权证书，何种原因导致证载内容与实际权利人不一致，以及是否有咨询过国土部门及不动产登记机构对于涉案房屋办理登记手续的意见。综合考虑上述问题的实际情况，有助于制定具有针对性且可行的起诉方案或应诉方案。

第八节　深圳城市化与原农村相关主体身份历史遗留问题

一、我国农村相关主体

（一）村民委员会与农村集体经济组织之区别

为了保持发展的稳定性，我国在土地、户籍管理等方面实行典型的二元制，将

① 参见（2015）深中法房终字第 1438 号民事判决书。

土地分为国有土地和集体土地，将户籍分为城市户口与农村户口。由于我国长期以来采取小农经济模式，工业化起步晚、发展慢，我国城市化发展程度和规模有限，农村集体土地和农村人口占比大。因此，农村（乡村）治理成为我国稳定发展的重要命题。所谓治理归根结底还是以人（主体）为中心，为人服务，故主体的设立、认定及管理在我国乡村治理制度中是至关重要的内容。

从管理职能出发，在改革开放前，1958 年中共中央政治局扩大会议通过《中共中央关于在农村建立人民公社的决定》，建立人民公社，实行政社合一，由其行使乡镇政权职权。人民公社下辖生产大队，大队下辖生产队，负责队内生产管理职能。改革开放后，我国将农村管理职能分为社会管理职能与经济管理职能两类，逐步分别建立起村民委员会自治管理制度和农村集体经济组织自治管理制度。

根据我国《宪法》第一百一十一条的规定，农村按居民居住地区设立的村民委员会是基层群众性自治组织，村民委员会负责办理本居住地区的公共事务和公益事业，调解民间纠纷，协助维护社会治安，并且向人民政府反映群众的意见、要求和提出建议。1987 年颁布的《村民委员会组织法》（2018 年修正），进一步明确村民委员会管理方面的要求。村民委员会成员由村民选举产生。虽然村民委员会具有自我管理本村公共事务层面的职能，但村民委员会并非行政机关，不享有行政管理职能。根据我国《民法典》第一百零一条的规定，村民委员会属于特别法人，具有基层群众性自治组织法人资格，可以从事为履行职能所需要的民事活动。

根据我国《宪法》第十七条的规定，集体经济组织在遵守有关法律的前提下，有独立进行经济活动的自主权。集体经济组织实行民主管理，依照法律规定选举和罢免管理人员，决定经营管理的重大问题。根据我国《民法典》第九十九条规定，农村集体经济组织同样属于特别法人，依法享有法人资格。根据农业农村部 2020 年 11 月 4 日印发的《农村集体经济组织示范章程（试行）》，农村集体经济组织依法履行管理集体资产、开发集体资源、发展集体经济、服务集体成员等职能，在党的基层组织领导下，依法开展经济活动。

可见，村民委员会和农村集体经济组织之间存在区别，两者在性质、管理职能范畴、层级划分、名称上均不一样。

1. 村民委员会作为群众性自治组织，侧重在村民公共事项自治方面，管理的范畴相对来说更广。涉及村民利益的事项，村民委员会作为自治组织均可参与管理。村民委员会不存在多层级组织的情况，村民委员会的范围由乡、民族乡、镇的人民政府提出，经村民会议讨论同意，报县级人民政府批准（《村民委员会组织法》)。一个区域则只会存在一个村民委员会,不存在多个村民委员会并存的可能。实务中村民委员会的名称一般是某某村民委员会。

2. 农村集体经济组织作为经济体,则侧重于村集体相关经济活动。一个区域内可能会存在多层农村集体经济组织。比如在一个乡(镇)范围内,可能同时存在乡(镇)农村集体经济组织、行政村集体经济组织、自然村集体经济组织三层农村集体经济组织。

农村集体经济组织的名称一般是某某镇经济发展公司[乡(镇)农村集体经济组织]、某某村经济合作社(行政村集体经济组织)、某某村民小组(自然村集体经济组织)。

(二)村民委员会与农村集体经济组织之联系

虽然村民委员会与农村集体经济组织存在区别,但是两者同样存在联系。首先,我国《村民委员会组织法》第八条规定,村民委员会应当尊重并支持集体经济组织依法独立进行经济活动的自主权。其次,考虑到农村集体经济组织制度在我国各地建设的程度不一,有些地方未设立农村集体经济组织,我国《民法典》第一百零一条规定,未设立村集体经济组织的,村民委员会可以依法代行村集体经济组织的职能。现实中,如设立了农村集体经济组织,行政村一级的村集体经济组织经营管理人员和村民委员会成员常常是"两个牌子一套人马"。

(三)村民身份的认定

何为村民?单从字面理解,村民是在本村居住的民众。但是,村民身份的认定直接关系被认定主体能否享受村民应有的权利(选举权、被选举权、表决权、分红权等)。在我国城乡二元制模式下,这些权利具备特殊的保障性和福利性(比如无偿分得承包经营土地和宅基地),尤其是作为村民对村集体利益的分红权,是我国对于无法享受城市生活保障的村民所给予的政策保障。权利的保障性及福利性,反过来决定了该类权利具有强烈的人身属性——如果不是村民则无权享受该类特殊权利。现实中,由于现在的人口流动条件比较宽松,存在城市居民返乡养老、空挂户等情况,即使在农村生活或者甚至拥有农村户口的居民,也可能同时享受着城市生活保障或其他特殊生活保障。因此,村民身份的认定不能简单以居住区域或户籍信息来划分,而应从实质上审查被认定主体与村集体之间的身份关系。只有属于村集体成员的主体才属于村民。

如何认定村集体成员？目前我国法律法规同样无明确规定。但是，在各地的行政管理和司法实践中，也逐步总结出一些经验做法。

农业农村部2020年11月4日印发的《农村集体经济组织示范章程（试行）》第八条规定，在本社成员身份确认基准日为____年____月____日，遵循“尊重历史、兼顾现实、程序规范、群众认可”的原则，统筹考虑户籍关系、农村土地承包关系、对集体积累的贡献等因素，按照有关法律、法规、政策共确认成员____人。本社成员的身份并非固定不变，可以因出现章程规定的情形取得或丧失成员身份。

《珠海市斗门区农村集体经济组织成员资格认定指导意见》（珠斗府〔2019〕6号）确立了认定农村集体经济组织成员资格的基本原则，并对成员资格的取得方式（原始取得、新增取得和表决取得）、丧失及保留情形作出详细规定。《文昌市农村集体经济组织成员资格认定指导意见》（文府〔2018〕201号）则是从正反面列举可确认及不可确认为集体经济组织成员的情形，以及导致集体经济组织成员资格丧失的情形。

《重庆市高级人民法院关于农村集体经济组织成员资格认定问题的会议纪要》（以下简称《农村集体经济组织成员资格认定的会议纪要》）确立的相关原则及处理规则，非常值得认可和借鉴。该会议纪要明确“应当以是否形成较为固定的生产、生活，是否依赖于农村集体土地作为生活保障为基本条件，并结合是否具有依法登记的集体经济组织所在地常住户口，作为判断农村集体经济组织成员资格的一般原则”。按照上述原则，该会议纪要列举集体经济组织成员资格取得及丧失的部分具体情形如下（见表1－29）：

表1－29　集体经济组织成员资格的取得与丧失

集体经济组织成员资格的取得	集体经济组织成员资格的丧失
父母双方均具有本集体经济组织成员资格，或者父母一方具有本集体经济组织成员资格且依法登记为本集体经济组织所在地常住户口，则该父母之子女自出生时起认定取得本集体经济组织成员资格	集体经济组织成员死亡，其集体经济组织成员资格自死亡时起丧失
因合法的婚姻、收养关系，在本集体经济组织所在地生产、生活，并将户口迁入本集体经济组织所在地的人员，认定取得本集体组织成员资格	取得其他集体经济组织成员资格的，自取得其他集体经济组织成员资格时起，其原有的集体经济组织成员资格丧失

续表

集体经济组织成员资格的取得	集体经济组织成员资格的丧失
因国防建设或者其他政策性原因，通过移民进入本集体经济组织所在地生产、生活，并将户口迁入本集体经济组织所在地的人员，认定取得本集体经济组织成员资格	迁入本市各区县（自治县）所辖街道办事处或者区县（自治县）人民政府驻地镇，转为非农业户口的，自取得非农业户口之日，其原有的集体经济组织成员资格丧失
—	迁入其他城镇，转为非农业户口，且纳入国家公务员序列或者事业单位编制的，其原有的集体经济组织成员资格丧失
—	在农村集体经济组织成员未改变户籍性质和退出承包地之前，一般不宜认定农村集体经济组织成员资格丧失

该会议纪要特别就几类特殊人员集体经济组织成员资格的认定进行了归纳（见表1－30）：

表1－30　特殊人员集体经济组织成员资格的认定

类型	处理规则
外嫁女/入赘男	应当以是否在配偶对方形成较为固定的生产、生活，是否依赖于对方农村土地作为生活保障为基本判断标准
外出就学的农村集体经济组织成员	毕业后在城市形成较为固定的生产生活基本条件，不依赖于农村集体土地之前，不应认定其丧失集体经济组织成员资格
服兵役人员	应当保留其集体经济组织成员资格。其中任干部的，或者按政策应当进行转业安置的士官，一般应认定其集体经济组织成员资格丧失
劳改、劳教和服刑人员	应当保留其集体经济组织成员资格
非因生活需要，而是出于利益驱动或其他原因，仅将户口挂在集体经济组织的	不应认定具有该集体经济组织成员资格
将非农业户口迁回原籍，成为农村户口，但不承包经营集体土地，而是以退休工资等其他稳定性收入作为基本生活保障的回乡退养人员	应认定为不具备集体经济组织成员资格

最高人民法院2016年印发的《第八次全国法院民事商事审判工作会议(民事部分)纪要》针对因土地承包、征收、征用引发争议的处理意见,同样可以作为农村集体经济组织成员认定问题的重要参考。该会议纪要规定"审理土地补偿费分配纠纷时,要在现行法律规定框架内,综合考虑当事人生产生活状况、户口登记状况以及农村土地对农民的基本生活保障功能等因素认定相关权利主体。要以当事人是否获得其他替代性基本生活保障为重要考量因素,慎重认定其权利主体资格的丧失,注重依法保护妇女、儿童以及农民工等群体的合法权益"。

笔者认为,对于是否属于农村集体经济组织成员的认定,可以分为形式审查与实质审查两方面。

形式审查方面,主要审查两点:一是户籍地是否在某村(行政村或自然村);二是是否在某村(行政村或自然村)生活。

实质审查方面:一是审查被认定主体是否参与某村集体经济组织的分红(集体资产收益分红);二是审查被认定主体是否依赖于本村集体土地作为基本生活保障,还是说已经获得其他替代性基本生活保障(比如转为非农业户口取得城市生活保障,或者纳入国家公务员序列或者事业单位编制,或者在其他村集体经济组织获得新土地作为基本生活保障)。在形式审查和实质审查两种关系上,实质审查重于形式审查。换言之,即使被认定主体在某村生活并且户籍地在某村,但其不参与某村集体经济组织的分红或已经取得其他替代性基本生活保障,则不应认定为某村集体经济组织成员,不应认定具有村民身份。

二、深圳市城市化中农村相关主体的转变

(一)村民委员会与村集体经济组织的转变

1.城市化"统征"时期

1992年深圳原特区内启动"统征"工作,将农村集体土地统一征收为国有土地,将农村转化为城市,将原特区范围内68个村委会、沙河华侨农场和所属持特区内常住农业户口的农民、渔民和蚝民转化为城市居民。1992年出台的《关于深圳经济特区农村城市化的暂行规定》规定,将原村民委员会的发展集体经济和组织村民自治的两大职能分开,分别由新的集体经济组织、居民委员会和街道办事处承担。

(1)在原各村集体企业的基础上组建和完善城市集体经济组织,独立承担发展集体经济的职能,原集体财产仍属于原全体村民集体所有,由集体企业代表原

村民行使集体财产的所有权。集体企业股权一般可分为三种形式:集体积累股(该部分股权产生的收益属于集体企业所有);个人分配股(该时期规定个人分配股仍属于集体企业所有,个人仅享有该部分股权的收益权,该部分股权不得继承、转让、买卖和抵押);个人集资股(由在本企业有分配权的人员和本企业工作人员个人投资形成,为投资者个人所有)。

(2)撤销村民委员会建制,按照我国《城市居民委员会组织法》(1989 年)建立居民委员会。现有村民居住比较集中的村,以自然村或村委会为基础建立居委会;村民居住分散的村,则将村民穿插归属到现有相邻的居委会。

(3)其他职能,原则上由区政府的派出机构街道办事处承担。

1994 年,深圳市人大常委会公告发布了《深圳经济特区股份合作公司条例》,为原农村集体经济组织改组后的企业法人的设立、治理及监管提供了依据。原特区范围内的社区集体经济组织[包括行政村或者村民小组(自然村)为基础组成的合作经济组织]改组后,经市工商行政管理机关依法核准登记成立股份合作公司。所谓的股份合作公司是指依法设立的,注册资本由社区集体所有财产折成等额股份并可募集部分股份构成的,股东按照章程规定享有权利和承担义务,公司以其全部资产(集体所有的土地除外)对公司债务承担责任的企业法人。此后,原特区范围内的社区集体经济组织改组后均据此成立股份合作公司。在股份合作公司管理上,主要涉及如下内容:

(1)股份合作公司的股东设立公司的财产基础可以分为两类:①以村民小组所有的集体财产为基础设立公司的,则应当以村民小组村民为股东;②以行政村所有的集体财产为基础设立公司的,则应当以村民小组为股东。但经村民会议以特别决议决定,行政村也可以以行政村和村民小组的集体所有财产为基础,以村民为股东设立公司。以村民小组所有的集体财产为基础设立的公司及以行政村所有的集体财产为基础设立的公司,即实务中常说的“小村”和“大村”。由于设立公司时确定的股东不同,所以可以看到实务中有些“大村”的股东为“小村”(原村民小组),有些则为村民。

(2)股份合作公司的股份设置成集体股和合作股,经审批同意可设置募集股。集体股是指设立公司时由集体财产折股后留归合作股股东集体享受股利的股份;合作股是指设立公司时由集体财产折股后分配给股东的股份;募集股是指公司通过募股形式由公司合作股股东和员工认购的股份,不得超过公司股份总额的 30%。合作股只能根据户籍关系在村民或村民小组之间进行分配,具体分配方法由公司章程规定。合作股可按照章程规定的范围内转让。募集股可以转让、抵押、依法继承。股权证是公司签发的股东据以享受权利和承担义务的书面凭证。

(3)在股份合作公司设立前由原行政村或原村民小组设立的企业,如果属于不具备企业法人资格的集体企业,则视为股份合作公司的分公司;如属于股份合作公司拥有股份的企业,股份额在50%以上的企业视为股份合作公司的子公司,股份额不足50%的企业视为股份合作公司的参股公司。

(4)股份合作公司在公司治理上实行股东代表大会制,权力机构为股东代表大会,并设立董事会、监事会。1997年修订后的《深圳经济特区股份合作公司条例》第二十七条首次规定股份合作公司内成立村集体资产管理委员会,由其作为集体股的资产代表人。

2. 城市化"统转"时期

2003年,深圳市启动城市化"统转"工作。2003年10月29日,中共深圳市委、深圳市人民政府印发《关于加快宝安龙岗两区城市化进程的意见》,规定宝安、龙岗两区撤镇建立街道办事处和居民委员会,原则上撤销一个镇设立一个街道办事处,一个村民委员会成立一个居民委员会。居委会与原村委会集体经济组织脱钩,独立运作。新成立的居委会要对原村委会和原村小组集体经济进行清产核资和资产评估,形成具有法律效力的资产评估报告和验资报告,并在此基础上,将原村委会和原村小组集体经济组织的所有财产等额折成股份组建股份合作公司。股份合作公司原则上设立集体股、个人股。集体股是指设立股份合作公司时由集体财产折股后留归全体股东所有的股份。个人股是指设立股份合作公司时由集体财产折股后分配给原村民的股份,原村民因此成为股份合作公司的股东。通过城市化"转地",宝安、龙岗两区范围内的农业户口村民一次性办理"农转非"手续,转为非农业户口的城市居民。

2010年,深圳市人大常委会审议通过《关于修改〈深圳经济特区股份合作公司条例〉等三项特区法规的决定》,将该条例的适用范围明确为"适用于福田区、罗湖区、南山区、盐田区内由社区集体经济组织改组设立的股份合作公司",但同时规定"宝安区、龙岗区、光明新区和坪山新区参照适用本《条例》",为原特区外股份合作公司提供了参照适用依据。2019年,深圳市人大常委会审议通过《关于修改〈深圳经济特区股份合作公司条例〉的决定》,将该条例的适用范围扩大到"本市由社区集体经济组织改组的股份合作公司设立、运营以及对其监督管理的活动"。《深圳经济特区股份合作公司条例》(2019年修正)允许合作股、募集股在章程规定的范围内依法继承和转让，将原来的股东代表大会制改为股东大会制，规定公司的权力机构为股东大会，但允许股东人数在200人以上的公司根据公司实际情况，依据章程规定实行股东代表大会制。另外，为了加强对集体资产的监管，《深圳经济特区股份合作公司条例》专门增加了“集体资产管理委员会”一章。

在原村委会或原农村集体经济组织改制成立股份合作公司时，为了界定村民个人的合作股股权，凝固合作股总股数，一般会通过公司章程划定具体的时间节点作为认定时间界限，综合考虑村民的户籍登记、承担责任田、以往参与分红等情况，认定具有认购入股资格的村民，并实行“一刀切断”的认购方法，将合作股的股份按照划定的时间节点按当时的现有人口一次性配置到村民个人所有。对于不同类型的村民（比如原籍或外嫁女、入赘男），公司可通过章程划定合作股股东的不同类型及入股资格，区别对待。不同类别的合作股股东在认购股份时所需要缴纳的费用不同。

（二）原村民身份的转变及认定

1. 农业户口村民身份的转变

1992年原特区内“统征”时期出台的《关于深圳经济特区农村城市化的暂行规定》，规定“将特区内原农民全部一次性转为城市居民”。2003年原特区外“统转”时期出台的《关于加快宝安龙岗两区城市化进程的意见》，规定“农业户口村民一次性办理‘农转非’手续，转为非农业户口的城市居民”。因此，经过两次城市化“征、转地”，深圳市范围内的农业户口村民全部转为城市居民，深圳成为全国首个、也是唯一一个没有农民和集体土地的城市。

2. 原村民身份的认定

之所以称为“原村民”，是为了与城市化转变后的居民身份相区别。那“原村民”与“现居民”，具体应如何区别呢？

首先，在“原村民”与“现居民”转变之间，必然存在一条时间线，在该时间节点前为“原村民”，在该时间节点后则为“现居民”。如不如此划分，则无法清晰地将“原村民”与“现居民”区分开来。

其次，结合前文分析，对村民的认定要从形式和实质两方面考虑，形式上户籍是否登记在某村、是否在某村生活，实质上是否参与某村分红、是否取得其他替代土地的基本生活保障。原村民本身就是村民，所以对原村民的认定同样需要考虑上述因素。

因此,深圳涉及原村民认定的政策,同样是考虑了上述因素。比如,《深圳经济特区处理历史遗留违法私房若干规定》第二条第二款规定:“本规定所称原村民,是指原特区内截止1993年1月1日公安机关登记在册并参加本村劳动分红的农村集体经济组织成员。”《深圳市原村民非商品住宅建设暂行办法》第四条第二款规定:“原村民是指公安机关登记在册(特区内截止1993年1月1日、特区外截止2003年10月29日)并参加本村劳动分红的农村集体经济组织成员……”1993年1月1日是原特区内镇村建制转变日期。2003年10月29日是《关于加快宝安龙岗两区城市化进程的意见》施行日期。

可见,深圳现行政策对原村民的认定主要是考虑了时间节点时的户籍登记及参加本村劳动分红两个因素。一般情况下,只有同时具备上述两个条件,才能认定为原村民。但实务中存在特殊情形,下文将进行分析。

3. 农业户口村民与原村民的联系与区别

如前文所述,农业户口村民是公安机关登记为农业户口的自然人,原村民是截至时间节点公安机关登记为某村农业户口并参与该村劳动分红的自然人。可见,一般情况下,农业户口村民的范畴比原村民的范畴更大。农业户口村民不一定参与所在村的劳动分红,可能属于“空挂户”,不一定是原村民,但原村民通常是具有农业户口的村民。

4. 原村民与股份合作公司股东的联系与区别

按照《深圳经济特区股份合作公司条例》的规定,股份合作公司的股东要么是原村民小组的村民,要么是原村民小组。但具体如何认定,还是要看各股份合作公司的章程如何规定。各个股份合作公司对合作股股东类别及具体入股资格,均可能存在细微的差别,或者是在认定时点上,或者是在对外嫁女、入赘男或其子女的处理上。总体而言,相对于原村民的认定条件来说,股份合作公司对合作股股东的认定更为宽松些。原村民一般具备股份合作公司入股资格。一些可能无法认定为原村民的自然人,也可能符合股份合作公司的入股条件。但是,也存在符合入股资格的原村民因个人原因或其他原因未及时办理入股手续,导致未成为股份合作公司的合作股股东。

总而言之,不能将原村民与股份合作公司合作股股东两者完全一一对应。既存在股份合作公司合作股股东不一定是原村民的情况,也存在原村民不一定是合作股股东的情况。在认定时,按照各自的认定规则处理。

三、实务中原村民认定及处理疑难问题

(一)特殊情形下的原村民认定问题

根据《深圳市原村民非商品住宅建设暂行办法》的规定,必须同时具备“公安机关登记在册(特区内截止1993年1月1日、特区外截止2003年10月29日)”及“参加本村劳动分红”两个条件,才能被认定为原村民。但是,现实中存在几种较为特殊的情况,对能否认定为原村民,存在争议。

第一,截至时间节点之日,不同时具备户口登记在本村及参与本村劳动分红两个条件。例如,外嫁女户口虽然迁移至外地但一直参与本村劳动分红,或者外嫁女户口虽然仍在本村但已参与外嫁村的劳动分红,又如,因外出就学、服兵役导致在时间节点前(原特区内截至1993年1月1日、原特区外截至2003年10月29日)户口没有登记在本村,但一直有参与本村劳动分红,在时间节点后才把户口迁移回本村。

对于该类情形,笔者认为,原村民的认定实质上源于村民的认定,只是由于城市化一次性“征转”地的原因,比村民增加了一个时间节点的条件。

因此,对原村民的认定不应完全囿于户籍登记的形式条件,而应该结合城乡二元制度的目的,参照前文关于村民的认定方法,从形式和实质两方面综合认定原村民的身份,实质重于形式。

从实务的角度来看,在处理原村民身份认定问题时,一方面需要向公安机关核查户口登记信息(形式条件),另一方面需要向股份合作公司核实被认定主体在时间节点前是否有参加本村劳动分红。股份合作公司的核查意见重于公安机关的核查意见。如一直有参与本村劳动分红,即使户籍登记不在本村,也应认定为原村民;反之,如从没参与过本村劳动分红,即使户口登记在本村,也不应认定为原村民。

第二,截至时间节点之日,同时具备户口登记在本村及参与本村劳动分红两个条件,但是时间节点之后,丧失户口登记在本村或参与本村劳动分红的条件。比如,原特区内在1993年1月1日之后、原特区外在2003年10月29日之后,某原村民的户口迁移出本村或者不再参与本村劳动分红。

对于该类情形,能否认定该原村民仍具有原村民身份,直接影响该原村民能否就其原宅基地或原村民住宅获得补贴,或者在房屋征收、利益统筹项目中能否获得优待补偿。对该原村民而言,至关重要。

笔者认为,应当认定该类情形下的原村民仍具有原村民身份,也就是说,即使在规定的时间节点之后户口迁移出本村或不再参与本村集体分红,也不影响其属于原村民的事实。理由如下。

一是政策规定只要在时间节点截止时符合条件的,就具备原村民身份,没有考虑时间节点后是否符合条件的问题。

二是之所以划定原村民,是为了对因城市化"统征""统转"丧失土地保障的村集体经济组织成员给予优待性或倾斜性的政策保障。在时间节点截止时丧失土地保障的客观事实,不因时间节点后是否迁出户口、是否继续参与集体分红而有所区别。

就该问题,在深圳市中级人民法院作出的(2016)粤03行终24号行政判决书中,法院也认为:"房屋征收部门在核查红线内户籍情况时,应当对在上述节点前户籍上的家庭成员信息均进行核查统计,在上述时间节点前,户籍在红线内的原村民,均可按照《深圳市原村民非商品住宅建设暂行办法》以及区内的补偿方案认定为原村民,符合户籍条件的可认定其属于'一户',享受'一户'原村民的补偿标准。"

(二)原村民涉及的一户一栋认定问题

1."一户一栋"的依据

深圳市范围内的"一户一栋"制度其实承接于我国《土地管理法》所规定的"一户一宅"制度(《土地管理法》第六十二条第一款规定:"农村村民一户只能拥有一处宅基地,其宅基地的面积不得超过省、自治区、直辖市规定的标准。")。结合《土地管理法》的规定,深圳市在一系列的文件中对此进一步予以明确规定。《深圳市宝安、龙岗区规划、国土管理暂行办法》第四十八条规定,农村居民住宅用地标准为每户基底投影面积不超过100平方米。《深圳市宝安龙岗两区城市化土地管理办法》(深府〔2004〕102号)第十四条规定,个人居住用地按照100平方米/户计算,建筑面积不超过480平方米。2004年城市化转地后,2006年深圳市政府出台的《深圳市原村民非商品住宅建设暂行办法》第四条规定,原村民居住用地的基底面积不超过100平方米,住宅建筑面积不得超过480平方米。按照每户原村民划定原农村宅基地或者非农建设用地标准中的一户,是指原村民的户籍单位。

上述规定就是"一户一栋"的直接依据。在深圳市范围内,"一户一栋"是指一户原村民只能按规定标准(基底面积不超过100平方米,建筑面积不超过480

平方米)建设的一栋住宅。如原村民的一栋住宅建设标准超过规定或者住宅栋数超过一栋,则超出部分视为违建。

2."一户一栋"的认定

"一户一栋"涉及"一户"及"一栋"两个概念。"一栋"容易理解,即一栋基底面积不超过100平方米、建筑面积不超过480平方米的住宅。从政策规定来看,"一户"似乎也好理解。

按照《深圳市原村民非商品住宅建设暂行办法》第四条第二款的规定,"……按照每户原村民划定原农村宅基地或者非农建设用地标准中的一户,是指原村民的户籍单位。原村民中年满30周岁未婚的(特区内截至1993年1月1日、特区外截至2004年3月31日)可认定为一户"。深圳各区通过原村民非商品住宅建设实施细则对"一户"的概念及情形进一步明确。

《深圳市宝安区原村民非商品住宅建设实施细则》第八条第二款规定:"……一户一栋原则中的一户,是指原村民的户籍单位,凡于批准两区镇村建制转变之日(2004年3月31日)公安部门已登记在册分户且已婚的原村民家庭、已婚但未到公安部门办理分户手续的原村民家庭、已离异或年龄已满30周岁的单身原村民,均可认定为一户。"

《龙华新区原村民非商品住宅建设审批实施细则》对"一户"的规定与宝安区的基本相同。

《龙岗区原村民非商品住宅建设实施细则(试行)》第十一条第二款规定"……一户一栋原则中的一户,是指原村民的户籍单位,凡于2004年3月31日前,在公安部门登记分户的原村民家庭、已婚但未到公安部门办理分户手续的原村民家庭、已满30周岁的单身原村民,均可认定为一户"。

综上,认定为"一户"需要符合三个条件:一是于时间节点登记在册;二是属于原村民所在的户口;三是属于规定的情形,其中规定的情形包括四类:(1)于时间节点公安部门已登记在册分户且已婚的原村民家庭;(2)于时间节点已婚但未到公安部门办理分户手续的原村民家庭;(3)于时间节点已离异的单身原村民;(4)于时间节点已年满30周岁的单身原村民。

上述规定似乎把"一户"规定得相当清楚,但是在实务中处理起来却非常麻烦。试举若干例言之:

例一,在时间节点之日属于原村民家庭的夫妻甲乙二人,享有一户一栋建房指标,但一直未使用。甲乙二人未经合法报建手续共建成历史遗留违法私房三栋。试问,甲乙二人能否将一户一栋建房指标落在任一栋历史遗留违法私房上?

例二,在时间节点之日属于原村民家庭的夫妻甲乙二人,享有一户一栋建房指标,但一直未使用。后甲乙因工作原因将户口迁出本村。试问,甲乙二人能否继续享受"一户一栋"政策福利?

例三,在时间节点之日属于原村民家庭的甲乙丙三人为兄弟关系,三人均属于原村民。该户享有一户一栋建房指标,但一直未使用。时间节点后,甲乙丙三人各自娶妻成家分户。试问,原一户一栋建房指标应归甲乙丙三人哪一方享有?还是说甲乙丙三人均享有一户一栋建房指标?

例四,在时间节点之日属于原村民家庭的夫妻甲乙二人,享有一户一栋建房指标,但一直未使用。时间节点后,甲乙二人生育一子。后甲乙二人不幸去世。试问,儿子所在户是否属于"一户",能否直接享受一户一栋建房政策,或者说能否继承父母的一户一栋建房指标?

上述四个例子从层次上主要涉及:原村民户籍单位能否任意决定"一户一栋"建房指标的使用、原村民户籍单位是否会丧失"一户一栋"建房指标、"一户一栋"建房指标能否在原村民家庭成员中分配,以及"一户一栋"建房指标能否由非原村民继承。

对于第一个例子,现在实务中是允许业主将一户一栋建房指标落在任一栋历史遗留违法私房上的,但是一旦选定之后,后续不得变更且不再享有一户一栋建房指标。对于第二个例子,其实与前文所分析的时间节点后原村民将户口迁出本村,是否影响原村民身份认定的问题相同。原村民户籍单位迁出本村,不影响该户籍单位继续享有"一户一栋"建房指标。此处不再赘述理由。

对于例三与例四,笔者检索了相关诉讼案件裁判文书,暂时未发现因同类问题引起纠纷诉至法院的。但是,该类问题在非诉讼实务中争议很大。笔者认为,对例三与例四问题的理解与分析,关键点在于对"户"的认识。

根据《户口登记条例》第五条中的规定,"户口登记以户为单位"。此处的户属于户口登记单位,并不当然具有民事主体资格。应予以注意的是,《民法典》将"农村承包经营户"设在第二章"自然人"中,第五十五条规定"农村集体经济组织的成员,依法取得农村土地承包经营权,从事家庭承包经营的,为农村承包经营户"。该规定等于认可农村承包经营户具有民事主体资格。《民法典》第五十六条第二款规定,"农村承包经营户的债务,以从事农村土地承包经营的农户财产承担;事实上由农户部分成员经营的,以该部分成员的财产承担"。该规定等于承认农户具有民事责任承担能力。

那么户口登记中的“户”与农村承包经营户中的“户”是否相同，“一户一栋”中的“户”指的是前者还是后者？

首先，虽然户口登记中的“户”与农村承包经营户中的“户”经常统一，但是从《户口登记条例》和我国《民法典》的规定来看，两者截然不同。前者是户籍单位，后者是承包经营农村土地的主体。即使属于农村户籍单位成员，也并不必然都会参与承包经营农村土地。只有以家庭名义承包经营农村土地的农村集体经济组织成员，才属于农村承包经营户成员。

其次，结合《土地管理法》第六十二条中“农村村民一户只能拥有一处宅基地”的规定来看，宅基地是为了解决农村家庭居住问题，通常是以家庭户籍单位分配宅基地。农村常常说的“分家”，实际上也就是“分户”。只有“分户”后才有资格去申请新的宅基地。因此，“一户一宅”中的“户”指的应该是户籍单位。同理，“一户一栋”中的“户”指的应该也是户籍单位。

既然“一户一栋”中的“户”指的是户籍单位，户籍单位又不具有民事主体资格，那么就不能认为一户一栋建房指标属于户籍单位所有，而应属于户籍单位中原村民成员所共有（类似于家庭共有）。同时，由于一户一栋建房指标本身具有强烈的人身属性，归根结底仍然是对原村民的优待和帮扶。所以，一户一栋建房指标只能由户籍单位中的原村民自身享有，不能作为遗产由继承人继承。但是，如果原村民已经使用了一户一栋建房指标，将指标转化为住宅房屋，将“期待权”转化为实实在在的“物权”，则该住宅房屋可作为遗产由继承人继承。

回到例三与例四。按照上述分析，笔者认为，在例三中，原同在一个户籍单位的甲乙丙分户后，三人均共有一户一栋建房指标及相应的优待利益，三方可通过协商折价补偿的方式对一户一栋建房指标及相应的优待利益进行分割处理。在例四中，原享有一户一栋建房指标的甲乙夫妻二人去世后，基于指标本身强烈的人身属性，一户一栋建房指标应随之灭失，其儿子丙无权直接或者通过继承方式获得一户一栋建房指标。

四、小结

本节系统梳理了我国原农村相关主体，以及深圳城市化过程中原农村相关主体身份转变的规定，重点分析了实务中关于原村民身份认定及“一户一栋”认定的疑难问题。

由于我国目前实行典型的城乡二元制，农村相关主体是我国农村治理制度中的重要内容。农村相关主体包括村民委员会、农村集体经济组织和村民。村民委员会和农村集体经济组织负责农村社会管理和经济管理两大职能。村民身份认定要从形式和实质两方面综合考虑，实质重于形式。深圳经过“统征”“统转”两次城市化，将原农村相关主体身份进行转变，村民委员会改制为居民委员会，农村集体经济组织改制为股份合作公司，农业户口村民改为居民，符合条件的农业户口村民可入股成为股份合作公司合作股股东。原村民与农业户口村民、合作股股东并非一一对应。原村民身份认定在实务中存在较大争议。原村民涉及的“一户一栋”政策规定虽然比较清晰明确，但实务中争议问题较多较大。要准确合理处理“一户一栋”相关问题，需要准确理解“一户一栋”中“户”的概念及其性质。

第二章
土地整备利益统筹制度

深圳土地整备利益统筹制度是如何逐步建立起来的？目前搭建起了怎样的政策体系？形成了怎样的实施流程？何为土地整备利益统筹？土地整备利益统筹与深圳其他旧改模式有何区别？本章拟通过明晰土地整备利益统筹的概念夯实土地整备利益统筹制度的基础，进而从宏观层面为读者厘清土地整备利益统筹制度的架构与脉络。

第一节　土地整备利益统筹制度的演进

一、存量土地开发模式的探索

在国家层面，从新中国成立到改革开放，再到21世纪以来，中国城镇化经历了缓慢发展期、加速发展期和快速发展期三个阶段。

2019年年末，我国常住人口城镇化率达到60.60%。随着城市化的快速发展，我国城市建设逐渐由“增量规划”进入“存量规划”阶段。

2020年3月30日，中共中央、国务院联合发布《关于构建更加完善的要素市场化配置体制机制的意见》，明确提出“鼓励盘活存量建设用地。充分运用市场机制盘活存量土地和低效用地，研究完善促进盘活存量建设用地的税费制度。以多种方式推进国有企业存量用地盘活利用。深化农村宅基地制度改革试点，深入推进建设用地整理，完善城乡建设用地增减挂钩政策，为乡村振兴和城乡融合发展提供土地要素保障”。

深圳层面，自设立深圳经济特区以来，深圳一直通过高效供地保障城市化发展，并且不断进行土地管理制度的改革和创新，其中经历了三大变革：1987 年，深圳市在全国范围内率先推进国有土地有偿使用制度，进入国有土地有偿使用阶段；1992 年深圳对原特区内的土地实施“统征”，2004 年对原特区外的土地实施“统转”，在法律上实现全市土地国有化；2009 年《深圳市城市更新办法》出台、2011 年《关于推进土地整备工作的若干意见》出台，深圳市开始进入存量土地开发时代，初步探索出城市更新与土地整备两种模式。

二、深圳市存量土地开发前期状况及症结

2009 年，深圳市人民政府正式出台《深圳市城市更新办法》，成立城市更新专职机构，建立了城市更新计划、规划、实施主体确认、用地出让等管理机制，并且相继出台一系列配套文件，保证城市更新项目的规划推进和有效实施。2020 年 12 月 30 日，《深圳经济特区城市更新条例》出台，标志着深圳存量土地开发进入特区立法阶段。

2011 年，深圳市人民政府正式出台《关于推进土地整备工作的若干意见》（深府〔2011〕102 号），提出了综合运用收回土地使用权、房屋征收、土地收购、征转地历史遗留问题处理、填海（填江）造地等多种方式，旨在实现优化城市功能结构和空间布局，解决历史遗留问题，挖掘土地潜力，缓解土地供求矛盾。

2012 年，发布的《深圳市土地管理制度改革总体方案》提出要加强土地节约集约利用，创新土地二次开发利用机制。2012 年，中共深圳市委办公厅、深圳市人民政府办公厅印发《〈深圳市土地管理制度改革总体方案〉近期实施方案（2012—2015 年）》，提出完善土地收益分配调节机制，建立健全存量土地循环利用机制和配套政策。统筹研究制定城市更新、土地整备、城市发展单元等土地二次开发利用机制和配套政策，重点在历史遗留问题处理、土地供应方式、征收补偿原则、安置标准和方式、土地收益分配调节方式等方面进行政策创新。随着存量土地开发政策的推行和实施，存量土地供应逐渐成为深圳市城市空间供给的重要途径。2012 年，深圳市存量土地供应超过新增用地，存量用地供地规模占供地总量的 56%，深圳市全面进入存量土地开发时代。

但是，随着存量土地开发工作的深入推进，深圳市存量土地开发背后的问题逐渐暴露。

一方面，城市更新条件严格、门槛高，市场主导又引发一系列乱象，许多项目

陷入开发僵局。未来能进行城市更新或者通过城市更新可产生较好经济效益的土地越来越少。据西政地产金融研究院统计,截至 2022 年 6 月已列入城市更新计划项目 986 个,拆除范围面积累计 8344.64 公顷;已通过城市更新专规批复项目 634 个,计容建筑面积累计 18,577.00 公顷;实施主体公示项目 480 个,拆除范围面积累计 3552.44 公顷。2022 年上半年,已列入城市更新计划项目 4 个,已通过城市更新专规批复项目 12 个,实施主体公示项目 13 个。

由此可明显看出,虽然已列入城市更新计划的项目在累计的数量及体量上均超过已通过城市更新专项规划批复及取得实施主体确认的项目,但是同期新增的城市更新项目数量已经低于通过城市更新专项规划批复及取得实施主体确认的城市更新项目。城市更新项目已经由增量转为存量消化。

另一方面,常规土地整备主要是为了满足重点产业项目、公共基础设施建设用地需求,以及解决土地历史遗留问题。政府需要投入土地整备资金,由于补偿标准远低于城市更新,同时又缺乏强制性手段,部分存量土地无法纳入土地整备范围,民众配合度及参与积极性均不高,项目后期面临拆迁难问题,项目陷入僵局。该情况下,亟须总结以往项目经验,创设一种新的存量土地开发制度以适应深圳市城市建设需求。

三、深圳市土地整备利益统筹制度的建立及发展

(一)国内外土地重划模式简述

发达国家的存量土地开发模式以土地重划模式为主。土地重划源于德国,指将一定范围内畸零细碎的土地交换、整合为完整的大地块,整理后部分地块按照一定比例返还给原土地使用权人。

20 世纪中后期,土地重划成为世界上许多国家和地区城市发展建设的重要工具。德国的土地重划主要用于解决城市无序扩张、老城区改造和新城建设的用地问题;日本的土地重划主要解决灾后重建、大规模居住区和相应公共基础设施的用地问题;韩国的土地重划主要解决城市地区的居住、商业、工业和准城市地区住宅的用地问题。①

我国最早实施土地存量开发的地区是我国台湾地区。我国台湾地区的土地

① 参见肖靖宇、戴根平、魏秀月:《深圳市土地整备利益统筹共享机制研究》,载《规划师》2020 年第 16 期。

重划最早应用于农地重划方面，旨在提高农地的利用效率，随后推行到市地重划领域，并对重划区进行了统一的规划和建设。按照主导主体不同，我国台湾地区的市地重划划分为公办市地重划（政府主导）和自办市地重划（土地所有权人主导）两种类型。在不加重政府财政负担的基础上，实现土地地籍的整理，完成城市基础设施建设任务。深圳市的土地整备利益统筹便是源于我国台湾地区的市地重划，并结合深圳实际情况进行了改良。①

（二）深圳市土地整备利益统筹制度建立及发展

2011 年，深圳市人民政府出台《关于推进土地整备工作的若干意见》，首次提出“土地整备”概念，后来又吸收和借鉴了我国台湾地区的市地重划中的发挥土地权益人主观能动性、以土地权属分配为基础、以实现公共基础设施建设和城市环境改善为目标推动项目实施的核心做法。至今，土地整备利益统筹主要经历了三大阶段。

1. 个别项目试点阶段：2012 年，深圳市开始在坪山区南布、沙湖社区进行土地整备利益统筹试点，开始摸索以行政村为土地整备对象、以权属调查为基础、综合运用规划及产权等手段一揽子解决土地历史遗留问题的土地整备模式。封闭试点项目采用“土地＋规划＋资金”的补偿方式，实现了土地、规划和产权等政策的互动，通过全过程的规划协商，获得了多方共赢的土地整备结果。

2. 全市利益统筹试点阶段：2015 年，深圳市规划国土委出台《土地整备利益统筹试点项目管理办法（试行）》（深规土〔2015〕721 号，以下简称 721 号文，已失效），规定了整村统筹整备项目和片区统筹整备项目两类，确立了区政府提出试点项目名单、市规划国土部门审核、市政府审批立项、政府与继受单位签订框架协议书及补偿协议书、继受单位理顺项目范围内土地经济利益关系的基本程序。在全市选取 40 个项目（总面积约为 34 平方公里）作为试点，大力开展土地整备利益统筹工作。但鉴于试行政策不能全面照顾所有个案的项目实际情况，“一刀切”的政策做法难以完全适用，该阶段成功过审的项目寥寥无几，顺利完成算大账、算细账、搬迁补偿安置协议备案、开发建设、回迁选房等程序并顺利预售的，也仅有龙华区观湖街道下围土地整备利益统筹试点项目。

该阶段，深圳市规划国土委也曾出台过一些利益统筹项目配套文件，但尚未

① 参见肖靖宇、戴根平、魏秀月：《深圳市土地整备利益统筹共享机制研究》，载《规划师》2020 年第 16 期。

体系化，主要集中在技术规范层面，比如《土地整备利益统筹试点项目实施方案编制技术指引（试行）》《深圳市土地整备规划编制技术指引（试行）》《土地整备留用地规划研究审查技术指引（试行）》《市规划国土委关于明确土地整备利益统筹试点项目地价测算有关事项的通知》等。不过，这些试点和探索给后续土地整备利益统筹的体系化建制提供了宝贵的经验。

3. 利益统筹政策系统建制阶段：2018 年，深圳市规划国土委在总结试点经验的基础上，出台《深圳市土地整备利益统筹项目管理办法》（深规土规〔2018〕6 号），第四条明确规定“在利益统筹项目范围内，政府与原农村集体经济组织继受单位‘算大账’，通过资金安排、土地确权、用地规划等手段，集约节约安排土地，保障城市建设与社区发展空间需求。原农村集体经济组织继受单位与相关权益人‘算细账’，通过货币、股权和实物安置等手段，确保权益人相关权益，实现整备范围内全面征转清拆。除留用土地外，其余土地全部移交政府管理”。

此后，深圳市人民政府办公厅印发了《关于进一步优化土地整备项目管理工作机制的若干措施的通知》（深府办函〔2018〕281 号），深圳市规划国土部门出台了《关于规范土地信息核查及现状容积率核算工作的通知》（深规土〔2018〕859 号）、《关于规范土地整备规划审批有关事项的通知》（深规土〔2018〕805 号）、《关于规范土地整备利益统筹项目补偿安置有关事项的通知》（深规划资源〔2019〕255 号）和《关于规范土地整备指标台账管理有关事项的通知》（深规划资源〔2020〕428 号）等配套政策，深圳市各区也纷纷出台相关配套文件，如《龙华区土地整备利益统筹项目计划申报指引（试行）》，《龙岗区“先整备后统筹”土地整备工作规程》及《龙岗区土地整备利益统筹项目搬迁补偿安置协议备案工作指引》。

至此，深圳市的土地整备利益统筹活动进入了蓬勃发展阶段。根据 2021 年公布的《深圳市 2021 年度城市更新和土地整备计划》，深圳市利益统筹项目计划立项已经累计 153 个，整备总实施规模 6549.7 公顷。据不完全统计，目前在深圳市范围内，龙华区利益统筹项目数量最多，超过 50 个，龙岗区利益统筹项目总体规模最大，超过 2700 公顷。由于近两三年为了优化产业布局、保障重大产业落地，深圳市辖区范围内的政府充分发挥土地整备利益统筹的制度优势，将大面积的连片土地纳入利益统筹项目实施范围，重点推进“平方公里”级别的大型利益统筹项目。比如，坪山的高新北、高新南产业片区利益统筹项目，龙岗的光学智谷横岗南产业片区项目、电子信息产业集群承载区平湖生态园产业片区项目，龙华的梅观创新产业走廊福城观澜产业地块利益统筹项目，福城南产业片区利益统筹项目等。

该类重点大型利益统筹项目基本上具有如下特点："片区统筹，连片开发""聚焦产业，优化布局""政府主导，快速攻坚"。

一个普通的利益统筹项目，从计划立项到实施方案编制、规划研究审批、签约、搬迁补偿，若正常推进，快则需要四五年时间，慢则需要六七年时间。而政府主导的这种重点利益统筹项目，从计划立项到搬迁补偿，快则1年，慢则1年半就能完成。大部分的工作在提前开展，可能还没计划立项但就已经进场开展摸底、测绘等工作了，开发主体还没上交易平台选定但就已经签约并补偿、搬迁、拆除。

该类重点大型利益统筹项目的实施及推进，给现行利益统筹政策带来了很大的冲击，或者说挑战。以往的利益统筹项目均要求以继受单位及其成员实际掌控的用地（通常称为集体用地）作为实施对象，现在为了片区统筹、连片开发，很多非村集体用地（比如其他企业或个人的国有已出让土地、划拨土地），以往有争议的"三方征地"都被纳入利益统筹项目中，该类土地纳入利益统筹项目，是否符合利益统筹政策的规定，是否需要征集土地权利人的意愿？政府主导统筹推进，是否改变了原来"算大账""算细账"模式下政府的法律地位？是否导致原来"算细账"阶段所签订的搬迁补偿安置协议的性质发生改变？这些问题，亟须在政策依据上予以解决、明确并回应，否则将很可能导致项目在推进过程中不断产生争议，影响项目的正常实施。

四、深圳土地整备利益统筹未来演进的方向

2022年3月30日，深圳市规划和自然资源局发布《关于公开征求〈深圳市土地整备利益统筹办法〉（征求意见稿）意见的通告》，预示着未来将很快进入"利益统筹4.0时代"。

结合《〈深圳市土地整备利益统筹办法〉（征求意见稿）起草说明》来看，《深圳市土地整备利益统筹办法》（征求意见稿）是基于落实《深圳建设中国特色社会主义先行示范区综合改革试点实施方案（2020—2025年）》、构建存量用地开发政策体系，盘活存量用地、促进空间结构调整和实现城市功能优化，完善利益统筹政策体系、完善并调和现行利益统筹政策不平衡问题等三大目的而制定。为了实现上述三大目的，解决实现上述目的过程中存在的问题，《深圳市土地整备利益统筹办法》（征求意见稿）调整了政策制定目的、制度关系架构，扩大了实施对象，重新设计了利益统筹规则，简要梳理了项目实施流程。

现行的利益统筹项目操作模式较为单一,政府与继受单位"算大账",搬迁人与相关权益人"算细账",政府以继受单位作为杠杆,撬动了以往通过常规土地整备难以撬动的继受单位及相关权益人的利益,实现了自己保障城市基础设施、公共服务设施及重大产业项目的用地供应、解决土地历史遗留问题等目的。未来的利益统筹新政则是以"权益为核心",结合项目实际情况确定可行适用的实施模式。结合《深圳市土地整备利益统筹办法》(征求意见稿)来看,未来至少可能会有如下四种实施模式(见图 2 -1):

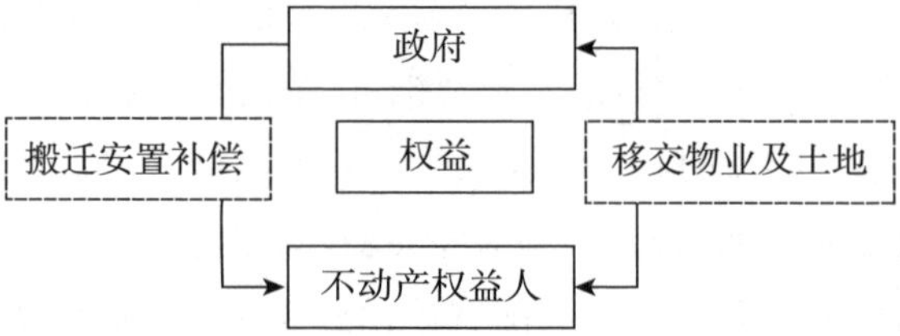

模式一

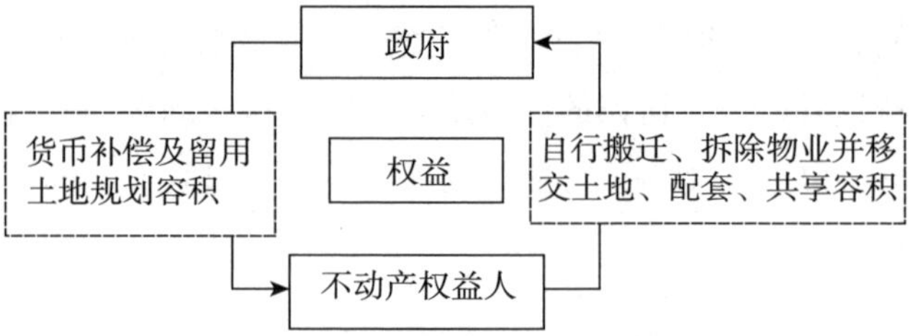

模式二

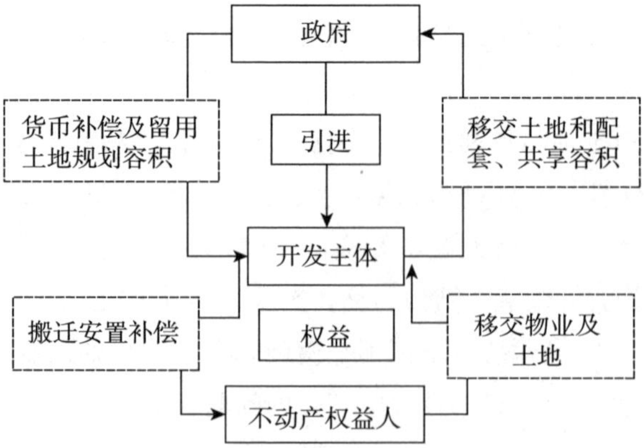

模式三

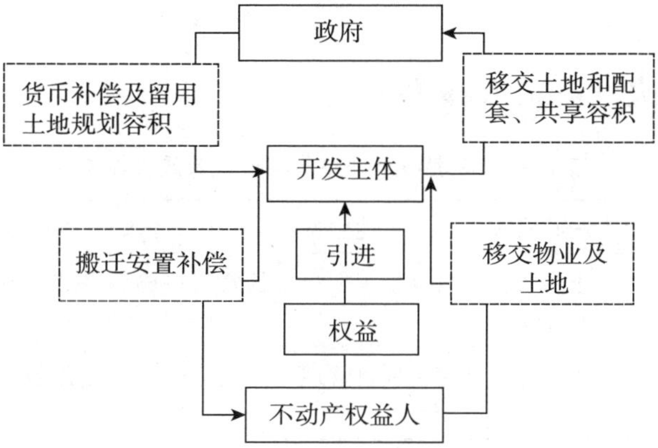

图 2 -1　四种利益统筹项目实施模式

在不同的模式下,所形成的法律关系性质不同,所产生的法律效果、财税负担也会有所不同。

因此,届时选择何种实施模式,将成为利益统筹项目中首要、重中之重的问题。而该问题之关键,又在于实施模式的选择权谁可以享有,应由谁享有,最终选择何种实施模式的决定权又由谁享有? 笔者认为,这三个问题才是决定未来利益统筹实施及演进走向的关键性问题。

第二节　深圳土地整备利益统筹政策体系概述

由于深圳土地整备制度前期一直处在探索、试点、总结经验的过程中,所以深圳土地整备利益统筹政策呈现两个特点:一是庞杂,政策体系庞大但内容较为杂乱,常规土地整备与土地整备利益统筹政策交杂;二是时效性突出,很多政策文件的制定要么是为了解决当下的问题,要么是为了探索新的方向,所以政策文件的有效期比较短。不过,这些已失效的文件都是现行土地整备利益统筹制度的渊源,如果不一并对此加以了解,则犹如管中窥豹,无法看到土地整备利益统筹制度的全貌。

鉴于深圳土地整备利益统筹政策的特点,笔者在本节将按照“先总后分、以流程为纵线、以板块为横线”的逻辑对深圳土地整备利益统筹政策体系作一个梳理,以便读者在研究及开展土地整备利益统筹业务过程中,条理清晰地找政策、懂政策、用政策。

一、土地整备利益统筹政策体系

表 2－1 深圳市土地整备利益统筹政策体系

纲领文件	《深圳市人民政府关于推进土地整备工作的若干意见》(深府〔2011〕102 号)
	《关于优化土地整备项目管理工作机制的暂行措施》(深府办函〔2013〕147 号,已于 2015 年失效)
	《关于进一步优化土地整备项目管理工作机制的若干措施》(深府办函〔2018〕281 号)
	《土地整备利益统筹试点项目管理办法(试行)》(深规土〔2015〕721 号,2017 年失效)
	《深圳市土地整备利益统筹项目管理办法》(深规土规〔2018〕6 号)
	《深圳市土地整备利益统筹办法》(征求意见稿)
事权下放相关文件	《深圳市人民政府关于印发全面深化规划国土体制机制改革方案的通知》(深府函〔2016〕259 号)
	《深圳市人民政府关于深化规划国土体制机制改革的决定》(深圳市人民政府令第 298 号,已失效)
	《深圳市人民政府关于规划和自然资源行政职权调整的决定》(深圳市人民政府令第 327 号)
土地整备资金管理	《深圳市土地整备资金管理暂行办法》(深府办〔2012〕22 号,2017 年失效)
项目申报立项	《土地整备年度计划项目申报审批工作指引》
	《龙华区土地整备利益统筹项目计划申报指引(试行)》(深龙华更新整备〔2019〕109 号,2022 年 12 月 12 日到期)
实施方案编制前期摸底	《市规划国土委关于规范土地整备土地信息核查及现状容积率核算工作的通知》(深规土〔2018〕859 号)
实施方案编制与审查、审批	《土地整备利益统筹试点项目实施方案编制技术指引(试行)》(深规土〔2016〕890 号)
	《深圳市土地整备规划编制技术指引(试行)》(深规土〔2016〕891 号)
	《土地整备留用地规划研究审查技术指引(试行)》(深规土〔2016〕65 号,已失效)

续表

实施方案编制与审查、审批	《市规划国土委关于规范土地整备利益统筹试点项目审批工作等有关事项的通知》(深规土〔2016〕193 号,已失效)
	《土地整备项目规划审批工作规程》(深规土〔2016〕832 号,已失效)
	《土地整备项目审批工作规程》(深规土〔2017〕720 号)
	《市规划国土委关于规范土地整备规划审批有关事项的通知》(深规土〔2018〕805 号)
	《市规划和自然资源局关于进一步规范土地整备规划编制和审查等有关事项等通知》(深规划资源〔2020〕2 号)
引入合作开发主体	按照《深圳市土地整备利益统筹项目管理办法》(深规土规〔2018〕6 号)及各区集体用地交易管理政策执行,比如《龙华区股份合作公司集体用地土地使用权交易管理办法》(深龙华府办规〔2020〕9 号)、《龙岗区社区股份合作公司集体用地开发和交易监管实施细则》(深龙府办规〔2022〕2 号)、《宝安区股份合作公司集体用地土地使用权交易管理办法》(深宝集资〔2020〕26 号)
"算细账"搬迁补偿安置	《市规划和自然资源局关于规范土地整备利益统筹项目补偿安置有关事项的通知》(深规划资源〔2019〕255 号)
	《龙岗区土地整备利益统筹项目搬迁补偿安置协议备案工作指引》(深龙更新整备〔2021〕167 号)
	《宝安区土地整备利益统筹项目补偿安置协议备案及项目监管工作指引(试行)》(深宝更新整备函〔2022〕46 号)
	《深圳市龙华区土地整备利益统筹项目补偿安置协议备案及项目监管操作规程》(深龙华更新整备〔2022〕175 号)
不动产注销登记	《市规划国土委关于规范土地整备涉及已拆除不动产权利注销登记工作的通知》(深规土〔2017〕247 号)
	《深圳经济特区不动产登记条例》(征求意见稿)
建筑物拆除	《深圳市土地整备利益统筹项目管理办法》(深规土规〔2018〕6 号)
	《深圳市房屋拆除工程管理办法》
土地入库	《关于做好土地整备地块验收和移交入库的通知》(深规土〔2012〕180 号)
	《市规划国土委关于进一步完善土地整备地块验收和移交入库工作的通知》(深规土〔2015〕30 号)
	《市规划国土委关于优化调整土地整备地块验收、分类移交和入库管理有关工作事项的通知》(深规土〔2016〕833 号)
	《深圳市储备土地管理和监管工作指引(试行)》(深规划资源〔2020〕667 号)

续表

留用土地指标管理	《市规划和自然资源局关于规范土地整备指标台账管理有关事项的通知》(深规划资源〔2020〕428 号)
地价测算	《市规划国土委关于明确土地整备利益统筹试点项目地价测算有关事项的通知》(深规土〔2016〕683 号)
	《深圳市人民政府办公厅关于印发深圳市地价测算规则的通知》(深府办规〔2019〕9 号)
留用土地出让	《深圳经济特区土地使用权出让条例》(2021 年修正)

二、"强区放权",规划国土体制机制改革

2016 年,深圳市全面深化规划国土体制机制改革,在城市更新、土地整备领域进行"强区放权",全面调整规划、土地事权,科学合理划分市、区权责,增强区的决策权和执行力。在城市更新领域,全面下放城市更新职权。在土地整备领域,下放调整土地整备(房屋征收)职权。所以,在深圳土地整备机制方面,存在"强区放权"前后的区别。

在 2016 年"强区放权"之前,根据《深圳市人民政府关于推进土地整备工作的若干意见》(深府〔2011〕102 号)的规定,土地整备实施方案、供地方案及农用地转用实施方案须报市土地整备机构或者市政府审批,整备后的土地验收、入库、管理工作由市土地储备中心负责。2016 年"强区放权"之后,土地整备部分职权下放调整到区级政府或相关部门行使。

根据《深圳市人民政府关于印发全面深化规划国土体制机制改革方案的通知》(深府函〔2016〕259 号)第三条第一款第六项及第九项规定,以及《深圳市人民政府关于深化规划国土体制机制改革的决定》(深圳市人民政府令第 298 号,已失效)的规定,该次土地整备体制机制改革,"强区放权",主要涉及如下几个方面:

(1)下放土地整备实施方案审批职权。将货币补偿类土地整备方案审批权调整至各区,实行一级审批。

(2)下放以协议方式供应建设用地及农用地转用实施方案的审批权。不占用国有储备土地的留用土地、征地返还用地、拆迁安置用地的供地方案及农用地转用实施方案调整至区政府(含新区管理机构)审批。

(3)下放用地规划报审权。不占用国有储备土地的留用土地、征地返还用地、拆迁安置用地,涉及未制定法定图则地区或者需要对法定图则强制性内容进行调

整的规划报审职权，调整到区政府及其职能部门行使。

(4)下放土地整备项目验收、分类移交、入库、管理等职权。将辖区土地整备项目验收、分类移交、入库、管理等职权调整由区政府统筹开展，并报市土地整备局备案。

(5)下放非经营性用地的储备土地管理职权。实施国有储备土地分类管理。将规划为农地、林地、水库、公园等且未划定管理线的储备土地，以及已明确由各区负责建设文教体卫、市政道路等城市基础设施和公共服务设施的储备土地移交各区管理；市土地储备中心主要负责规划为经营性建设用地的储备土地管理，以及全市储备土地的日常监管。

2016 年之后的深圳市土地整备制度改革及政策文件制定，基本上是在落实上述改革任务，包括后续出台的《关于进一步优化土地整备项目管理工作机制的若干措施》(深府办函〔2018〕281 号)、《土地整备项目审批工作规程》(深规土〔2017〕720 号)、《深圳市储备土地管理和监管工作指引(试行)》(深规划资源〔2020〕667 号)等。

2020 年 4 月 7 日，深圳市人民政府颁布《关于规划和自然资源行政职权调整的决定》(深圳市人民政府令第 327 号)，规定居住用地(不含通过城市更新、棚户区改造方式出让的居住用地)、作价出资用地、市投市建项目用地、以划拨或者协议方式供应的只租不售的创新型产业用房和科研项目用地、未完善征(转)地补偿手续用地流转方案、置换用地、占用国有储备土地总面积 3000 平方米及以上的留用土地、征地返还用地、安置房用地的土地供应方案由市规划和自然资源部门审核后报市政府审批。除前述所列情形外，土地供应方案由区政府负责审批。

三、土地整备利益统筹体制机制

在不断的试点和总结过程中，深圳通过一系列的利益统筹政策，从计划立项、资金管理、实施方案编制与审批到引入合作开发主体、“算细账”，再到土地出让，逐步建立起一套套机制，并不断加以完善。笔者下面将对利益统筹各阶段的机制作简要介绍，后续章节再深入具体分析各阶段的实务要点及疑难问题。

(一)土地整备年度计划管理机制

土地整备年度计划由市规划和自然资源部门结合《深圳市土地整备专项规划》，会同各区政府(含新区管理机构)及相关职能部门编制，报市政府批准后实施。具体到各区,是由各区土地整备部门组织编制土地整备年度计划草案,经区政府审议通过后报市规划和自然资源部门审议,最终报市政府批准。

应予以注意的是,常规土地整备项目由政府主管部门单方依职权划定。利益统筹项目由于涉及市场主体之间的搬迁补偿安置及留用土地开发建设,并非完全的公益性,按照现行土地整备利益统筹政策,利益统筹项目由继受单位申报立项,由政府主管部门依申请审查后划定。未来土地整备利益统筹新政出台后,是否会改变目前利益统筹项目的申报立项模式,仍无法确定。但是,根据《市规划和自然资源局关于〈深圳市土地整备利益统筹办法〉(征求意见稿)公开征求意见反馈表》,在回应关于"明确项目的申请主体(启动主体),增加不动产权益人意愿征集、项目立项条件条款"的公众意见时,市规划和自然资源局反馈"根据《关于推进土地整备工作的若干意见》,土地整备的实施主体是区政府,由区政府作为土地整备项目的申请主体",似乎在回避利益统筹项目在性质上的特殊性。

土地整备年度计划调整实行常态申报机制和定期调整机制。各区可根据土地整备工作实际情况,逢单月份提出一次土地整备专项计划项目调整申请。土地整备项目调整由市规划和自然资源部门统筹确定后报市政府备案,利益统筹项目调整由市规划和自然资源部门统筹后报市政府审批。项目实施范围年度内调整优化部分的面积不超过原项目实施面积 20% 的,不视作项目调整情形,但需将调整后范围报送市规划和自然资源部门。

(二)土地整备资金管理机制

土地整备资金管理机制主要是解决"进"与"出"两方面的问题。所谓的"进"是资金来源,所谓的"出"是资金使用。

资金来源方面:与常规土地整备项目一样,利益统筹项目总资金包括直接补偿费、不可预见费、技术支持费、业务费。年度土地整备资金由市财政部门根据市土地整备计划和项目资金需求进行安排,由市规划和自然资源部门在年度土地整备计划中明确资金计划内容,并负责本级土地整备资金的会计核算和拨付。各区土地整备机构负责辖区内土地整备项目的成本核算,建立土地整备项目资金台账,与市规划和自然资源部门进行对账。简单来说,每个区的土地整备项目都是向市里申请要钱。

资金使用方面:直接补偿费是支付给补偿对象的土地整备补偿费用。不可预见费只可用于支付补偿利益相关方。但是,在利益统筹项目中,直接补偿费和不可预见费都是只支付给继受单位，与相关权益人没有关系。技术支持费与业务费则是用于政府开展土地整备工作所需。因此，无论是在常规土地整备项目还是在利益统筹项目中，不能想当然地认为土地整备资金都是用于补偿权利人的。

（三）留用土地（指标）前期管理机制

留用土地前期管理主要包括留用土地（指标）核算、落实及规划安排三个方面。

留用土地（指标）核算：留用土地作为确认给继受单位的用地，由项目范围内的已批合法用地、项目范围外调入合法指标以及项目内核定的利益共享用地三部分组成。三部分用地均按照不同的规则进行核算，但核算后最终留用的土地规模不得超过项目规划建设用地面积的55%。

留用土地（指标）落实：留用土地优先在利益统筹项目范围内安排落地。如果无法在项目范围内安排落地，则可先确认为留用土地指标，调到本街道或其他街道的城市更新项目、利益统筹项目或者直接落到经济关系未理顺的已建成区由继受单位作为集体用地开发建设。

留用土地（核算）规划安排：按照上述规则确定留用土地（指标）规模及落地位置后，则依据经批准的法定规划，确定留用土地规划建设面积。在编制留用土地规划过程中，可按规定对法定规划作出调整并报上级部门审批确定。留用土地规划建设面积由基础建筑面积、配套建筑面积和共享建筑面积三部分组成。

（四）实施方案编制及审批机制

实施方案编制内容：利益统筹项目实施方案主要包含两大部分内容——资金方案和留用土地方案。资金方案内容包括直接补偿费、不可预见费、技术支持费及业务费等费用的核算及结果。因为《土地整备利益统筹试点项目实施方案编制技术指引（试行）》（深规土〔2016〕890号）规定实施方案中包括货币补偿方案，所以有些区编制的实施方案依然将资金方案表述为货币补偿方案。其实表述为“货币补偿方案”是不准确的，因为资金方案中的技术支持费及业务费并非用于补偿。如表述为“货币补偿方案”，在逻辑上无法涵盖方案中的全部内容。留用土地方案内容包括留用土地的选址、规模、规划功能、开发强度、配套设施等。

实施方案编制主体：按照规定，由区政府指定的土地整备实施单位编制实施方案，由各区土地整备事务机构作为实施主体组织编制留用土地的土地整备规划。实务中,在实施方案留用土地规划编制过程中,会由区土地整备部门与开发主体、继受单位及相关职能部门沟通确定统一意见后,再由辖区街道办以其名义编制报区土地整备部门审查。

实施方案审批机制:实施方案中的资金方案由区政府一级负责审批,而对留用土地规划区政府一级只有审议权。区政府审议通过留用土地规划后,视留用土地占用国有储备土地是否超过3000平方米的情况,确认由不同主体负责提请图则委审批。未超过的,可以由区政府一级直接提请图则委审批留用土地规划;超过的,则由区政府审查并报市规划和自然资源部门审议,由市土地整备局提请图则委审批留用土地规划。

(五)供地方案审批机制

留用土地供地方案由区规划和自然资源部门依据审批通过的实施方案进行编制,并视留用土地占用国有储备土地是否超过3000平方米的情况,确认由不同层级的政府审批。未超过的,可以由区政府审批留用土地供地方案和相应的农用地转用实施方案,并下达用地批复;超过的,则由市政府审批留用土地供地方案和相应的农用地转用实施方案,并下达用地批复。

(六)合作开发主体引入机制

考虑到继受单位的资金实力、专业能力、风险承受能力有限,为了有效解决土地、建(构)筑物及青苗、其他附着物的补偿、拆除、清理问题,以及顺利完成留用土地的开发建设,现行土地整备利益统筹政策设计了合作开发主体引进机制。

引入合作开发主体的主体作为留用土地使用权人的继受单位。引入合作开发主体的方式包括合作开发或作价入股等。引入合作开发主体的时点,按照《深圳市土地整备利益统筹项目管理办法》(深规土规〔2018〕6号)的规定,是在留用土地审批主体并核发留用土地批复后。对于引入合作开发主体的时点,各区实务操作和规定较《深圳市土地整备利益统筹项目管理办法》的规定要求更为宽松。

(七)"算细账"机制

所谓"算细账",是指由搬迁人与被搬迁人通过搬迁补偿安置厘清经济利益关系。"算细账"的主体为搬迁人与被搬迁人双方。搬迁人为继受单位或继受单位及其引进的合作开发主体,被搬迁人则为土地、建(构)筑物、青苗、其他附着物的相关权益人。“算细账”的方式为签订搬迁补偿安置协议。“算细账”的补偿标准无强制性规定，由搬迁人与被搬迁人自行协商。“算细账”的完成节点为搬迁人与全部被搬迁人签订了搬迁补偿安置协议并且该协议经区土地整备部门备案。“算细账”的目的：一是通过厘清项目范围内的经济利益关系，为建（构）筑物、青苗、其他附着物的拆除、土地移交提供条件；二是确定补偿结果（包括货币补偿及回迁物业），监督搬迁人依约补偿，保障被搬迁人搬迁补偿安置利益，以防影响项目推进或者造成烂尾。

（八）土地入库及储备土地管理机制

我国实行储备土地管理制度，严格执行入库、储备、出库管理模式。所有的国有土地必须先作为净地（权属与现状均“干净”）完成入库，才能出库提供给土地使用权人使用。城市更新和土地整备利益统筹两种存量土地开发的模式也不例外。城市更新项目实施主体和利益统筹项目搬迁人无权基于其签订了搬迁补偿安置协议就主张直接获得了合法土地使用权，必须先完善土地入库手续后，才能按照规定办理土地使用权出让手续。

深圳市对全市储备土地分为经营性储备土地和非经营性储备土地两种，经营性储备土地由市土地储备中心负责管理，非经营性储备土地由各区（含新区）负责管理。除由区规划和自然资源部门依法收回土地外，通过其他土地整备方式收回的土地，由区土地整备部门负责申请办理入库手续，由区规划和自然资源部门负责权属验收，由相应的储备土地接收管理部门参与现状验收。权属和现状均验收合格，则可签订地块验收、移交确认书，移交给相应的储备土地管理部门。

（九）留用土地指标管理机制

留用土地指标是指按照土地整备利益统筹政策相关规定已确定留用给继受单位但尚未落实的土地规模。留用土地与留用土地指标区别在于，留用土地是已经落实在地，留用土地指标仅仅是一个指标（数值），尚未落地。

留用土地指标由区规划和自然资源部门负责建立指标台账进行管理。留用土地指标管理包括指标下达、指标锁定、指标核销等环节。留用土地指标批复由区土地整备部门提请区政府下达。如留用土地指标拟调入城市更新项目或者其他利益统筹项目，则由区城市更新和土地整备部门与区规划和自然资源部门对接核对，由区规划和自然资源部门根据核对结果负责锁定指标。如城市更新或利益统筹项目未审批通过,则解除指标锁定。如城市更新或利益统筹项目土地使用权出让合同顺利签订,则意味着留用土地指标已使用,转为合法的土地使用权,遂由区规划和自然资源部门核销指标。

(十)留用土地地价测算机制

以土地的商品性为标准,留用土地可分为非市场商品性质与市场商品性质两种类型。由继受单位自用的留用土地属于非市场商品性质土地,免交地价;进入市场交易的留用土地属于市场商品性质土地,需按规定缴纳地价。

2019 年,深圳市政府整合土地出让、城市更新、土地整备、棚户区改造等地价政策形成统一的地价测算规则——《深圳市地价测算规则》,建立以标定地价为核心的土地市场价格体系,由非营利性评估机构采取标定地价系数修正法(70% 权重)和剩余法(整体估价,30% 权重)评估确定土地市场价格。《深圳市地价测算规则》确立新供应土地地价测算公式为:宗地地价 = ∑(土地的市场价格 × 对应建筑面积 × 基础修正系数 × 项目修正系数)。其中,同一宗地包含多种建筑类型的,按照不同建筑类型和建筑面积分别测算地价后合计。

具体到利益统筹项目留用土地的地价,除了常规因素影响地价外,还受到项目修正系数的影响。土地整备留用土地项目修正系数根据《深圳市地价测算规则》的附表 9《留用土地项目修正系数表》确定。

四、小结

深圳土地整备利益统筹政策体系是在土地整备政策的基础上,结合利益统筹项目的特殊性,从计划申报立项、实施方案编制、土地整备资金使用、留用土地管理到引入合作开发主体、"算细账"等全流程,制定出台并不断完善相应的政策文件形成的。从事权安排的角度,该体系可以分为"强区放权"前与"强区放权"后两个阶段。从土地整备利益统筹项目各环节的角度,该体系可以分为土地整备年度计划管理、土地整备资金管理、留用土地(指标)前期管理、实施方案编制与审批等十大机制。这十大机制的设计与完善,有效推动利益统筹项目的实施与运转。

第三节 深圳土地整备利益统筹概念之辨析

对事物的认识与判断,往往是由对事物基本要素的认识决定的。深圳的土地整备利益统筹制度发展至今，在实施过程中存在较多争议性问题，除了因为在不断探索、创新利益统筹模式外，还有一个重要的原因是，业内人士对现行利益统筹制度的基础内容认识不一，部分人存在较大的认识偏差。

如果业内人士要准确理解并寻找争议性问题的正确解决路径，以及对持不同意见的人士作出有说服力的解释，则须从研究利益统筹的基础内容开始。本节将结合利益统筹政策及实务，对利益统筹的概念、特征及性质进行研究，并对未来利益统筹的定义提出完善建议。

一、利益统筹的概念

（一）政策漏洞之检讨

刚接触利益统筹业务的人内心提出的第一个问题基本都是："什么是利益统筹？"这是个非常基础但非常关键的问题。这个问题实质上是在探究利益统筹的概念。利益统筹的概念作为建立、设计利益统筹制度的基石，决定了利益统筹制度的架构设计、实施范围、法律关系及行为性质，足以动摇利益统筹制度本身。对这个问题如果我们不搞清楚，那么我们根本不知道自己在讨论什么、研究什么、解决什么。因此，给利益统筹概念下一个清晰、准确的定义，是制定利益统筹政策的第一要务。

但是，对于这样一个基础的问题，即使是长年处理利益统筹业务的人士，可能也会一时语塞，不知如何回答。因为翻遍现行的利益统筹政策，尽管有关于利益统筹项目申报条件、实施对象等方面只言片语的规定，但是无法找到对利益统筹概念的准确定义。

大家对利益统筹概念（"什么是利益统筹"）最为直观的认识，主要来自《深圳市土地整备利益统筹项目管理办法》（深规土规〔2018〕6 号）第二条第一款的规定："本办法适用于以原农村集体经济组织继受单位及其成员实际掌控用地为主要实施对象的土地整备利益统筹项目（以下简称'利益统筹项目'）。利益统筹项目以街道为界限（大鹏新区以新区为界限），项目范围内至少有一块 3000 平方米以上集中成片的未完善征（转）地补偿手续规划建设用地。利益统筹项目应纳入全市土地整备年度计划的利益统筹项目目录，并报市政府批准。"

从逻辑学的角度，对概念进行逻辑划分的意义在于区分不同的事物（"表象"),"促进知识的完备"。① 但是,单纯从《深圳市土地整备利益统筹项目管理办法》(深规土规〔2018〕6 号)第二条的规定来看,不管是关于实施对象、范围界限的要求,还是关于用地面积的要求,都无法将利益统筹项目与常规土地整备项目相区分。因为常规土地整备项目的实施对象也完全有可能为"继受单位及其成员实际掌控用地",项目范围内也完全有可能为"有一块 3000 平方米以上集中成片的未完善征(转)地补偿手续规划建设用地"。因此,对《深圳市土地整备利益统筹项目管理办法》(深规土规〔2018〕6 号)第二条,只能理解为是关于申报利益统筹项目基本条件的规定,而非关于利益统筹概念的规定。

现行政策对利益统筹概念无明确定义,那么,追本溯源是否可以找到相关规定呢?

利益统筹最早源于 721 号文,所规定的"整村统筹整备项目"及"片区统筹整备项目"。721 号文第八条第一款第一句规定:"本办法所称整村统筹整备项目,是指以原农村集体经济组织继受单位及其成员实际使用的成片区域为实施对象的土地整备项目。"721 号文第十二条第一款规定:"本办法所称片区统筹整备项目,是指以原农村集体经济组织继受单位及其成员实际使用、未完善征(转)地补偿手续的地块为实施对象的土地整备项目。"上述规定从文义表述上貌似给"整村统筹整备项目"及"片区统筹整备项目"的概念下了定义,但是,从逻辑学角度来看,实质上仍然无法根据这些所谓的"定义"将"整村统筹整备项目"及"片区统筹整备项目"与常规土地整备项目区分开来。

历史上的政策及现行政策对利益统筹概念均无明确定义,作为利益统筹新政的《深圳市土地整备利益统筹办法》(征求意见稿)是否对此有明确规定呢? 同样没有。

《深圳市土地整备利益统筹办法》(征求意见稿)第二条第一款只是对利益统筹实施对象作出了规定:"本办法适用于以未完善征(转)地补偿手续用地、已征未完善出让手续用地、国有已出让用地等存量低效用地为主要实施对象的土地整备利益统筹(以下简称'利益统筹')项目。"该条款表述本身也存在歧义,在明确该办法适用范围时,在利益统筹项目前缀加了定语,容易让人误以为还存在其他情形、以其他用地为实施对象的利益统筹项目。通常情况下,确定适用范围都是直接对规范性文件(此处指广义的规范性文件)的调整对象的概念进行明确,比如《民法典》第一百一十四条、《公司法》第二条及《深圳经济特区城市更新条例》第

① [德]康德:《逻辑学讲义》,许景行译,商务印书馆 2018 年版,第 141 页。

二条。

综上可见，政策文件对利益统筹的概念并无明确规定，存在政策漏洞。利益统筹政策文件对利益统筹概念的回避处理，有可能是政策制定者有意为之。因为相对于城市更新来说，利益统筹模式更为新颖，探索空间还非常大，所以政策制定者希望给利益统筹的认定及适用留下弹性空间，便于后续对该模式继续探索、创新。实务操作中，制定政策的政府主管部门或土地整备部门，为了解决实操中出现的问题，实际也借政策上“利益统筹的概念”漏洞，对利益统筹的相关规则进行扩大或缩小解释。

不过，笔者认为，回避规定利益统筹的概念并非长久之计。第一，从实务的角度来看，要解决实务中的问题，必须给现行利益统筹政策下的利益统筹概念下明确的定义。第二，经过多年的试点和实践，利益统筹模式的制度架构已经基本确定。因此，在未来的利益统筹新政中，建议最好对利益统筹概念作出明确规定。如需为利益统筹模式的探索、创新留下空间，完全可以在规定利益统筹的概念时通过技术性的表述实现“留口子”的目的。

（二）利益统筹概念之探究确定

虽然现行利益统筹政策并无关于利益统筹概念的规定，但利益统筹属于已经客观存在的客体，通过探究利益统筹的内在特征，并根据其“内在特征来陈述对象”①，很可能可以给利益统筹该概念下一个“真实、明晰、周详、确定”的定义。②

结合利益统筹政策规定及实务认识来看，笔者认为，利益统筹是指为了实现特定目的，由继受单位主动申请以继受单位及其成员实际掌控用地为主要实施对象，通过由政府与继受单位“算大账”、继受单位或继受单位及其引进的开发主体与相关权益人“算细账”的双层模式厘清经济利益关系，实现项目范围内全面征转清拆的国有土地一级开发活动。

二、利益统筹的特征

（一）利益统筹是国有土地一级开发活动

土地一级开发通常被认为由政府或其授权委托的企业，对一定区域范围内的城

---

① ［德］康德：《逻辑学讲义》，许景行译，商务印书馆2018年版，第106页。

② ［德］康德：《逻辑学讲义》，许景行译，商务印书馆2018年版，第108页。

市国有土地、乡村集体土地进行统一的征地、补偿、安置、拆迁、清理，使之成为符合入库、供应条件的净地。有些土地一级开发还需要实施主体对土地进行“三通一平”“五通一平”“七通一平”。像城市更新、棚改等模式的旧城改造活动通常都会被认为属于土地一级开发的范畴。利益统筹本质上就是政府通过“算大账”“算细账”的双层模式厘清（法律意义上）的国有土地的经济利益关系，使项目范围内的土地成为符合入库、供应条件的净地。因此，利益统筹属于国有土地一级开发的范畴。

（二）利益统筹是为了实现特定目的的活动

根据《深圳市土地整备利益统筹项目管理办法》（深规土规〔2018〕6 号）第一章的规定，利益统筹是为了保障城市基础设施、公共服务设施和重大产业项目土地供应，加强规划实施，推动土地集约节约利用，促进城市发展和社区转型发展，“一揽子”解决历史遗留问题。

根据《深圳市人民政府关于推进土地整备工作的若干意见》（深府〔2011〕102 号）第一条的规定，土地整备的工作目标是“通过实施土地整备工作，最终实现优化城市功能结构和空间布局，解决历史遗留问题，提高政府工作效能，以城市发展引领经济发展，推动经济社会可持续发展”。

可见，土地整备的实施目的更为宏观，利益统筹的实施目的更加明确具体地指向“城市基础设施、公共服务设施和重大产业项目土地供应”及“社区转型发展”，利益统筹的实施目的在土地整备的实施目的范围内。因此，从实施目的这个层面来看，可认为利益统筹属于土地整备的范畴。

但是，土地整备的其他实施方式（如土地使用权收回、房屋征收），包括实务中常说的“协商征收”（有时也表述为“常规土地整备”，但是这两种表述其实都不规范），与利益统筹的实施目标并不完全一致。像房屋征收只能是为了公共利益（比如公共基础设施建设），如果利益统筹是为了重大产业项目落地，则无法认定其公益性。又比如常规土地整备，除非涉及征地安置历史遗留问题需要按照 81 号文或《关于原特区外村办学校土地房产遗留问题处理的意见》（深规土规〔2018〕2 号）的规定留用土地，否则只是对包括继受单位在内的权利人给予货币补偿，无法实现促进“社区转型发展”的目的。

（三）利益统筹以继受单位及其成员实际掌控用地作为主要实施对象

根据《深圳市土地整备利益统筹项目管理办法》（深规土规〔2018〕6 号）第二

条的规定，利益统筹以继受单位及其成员实际掌控用地作为主要实施对象。该貌似清晰明确的特征，其实存在两个至今难以厘清的问题：第一，什么是继受单位及其成员实际掌控用地？第二，怎么理解“主要实施对象”的含义？

1.继受单位及其成员实际掌控用地的认定。“实际掌控用地”并非规范的法律术语，而是为解决实际问题而创造出来的政策性表述。从物权法理论来看，“实际掌控用地”似乎可以理解为三种情形：一是由物权人的继受单位及其成员直接占有的土地；二是由物权人的继受单位及其成员间接占有的土地；三是由非物权人的继受单位及其成员直接占有的土地。

第一种情形不会有争议，比如继受单位及其成员已取得房地产证的土地。第二种情形虽然是间接占有，与“实际掌控”在文义上存在偏差，但是物权人间接占有物，并未实际丧失对物的掌控。因此，第二种情形下的土地作为利益统筹实施对象，也不容易产生争议。第三种情形本来也应该不存在争议。因为如果是继受单位及其成员无权、非法占有他人的合法土地，继受单位及其成员应依法返还土地，当然无申请将他人合法用地纳入利益统筹项目的权利。但是，如果继受单位及其成员直接占有的是“三方征地”，或“三方征地”被继受单位及其成员以外的主体直接占有，该“三方征地”是否能被认定为“继受单位及其成员实际掌控用地”？这个问题，从《深圳市土地整备利益统筹项目管理办法》（深规土规〔2018〕6号）起草制定开始，就一直存在争议，目前也没有明确定论。这个问题的关键其实在于如何认定“三方征地”的权属性质及状态。

对于“三方征地”的权属性质及状态，笔者在“深圳土地历史遗留问题”一节中进行了详细分析，具体可参阅该节内容。“三方征地”属于代征地的其中一种形式。“三方征地”权属性质及权利状态如何，取决于是否已经完善征（转）地补偿手续、是否已经完善出让手续。未完善征（转）地补偿手续的，属于国有的未完善征（转）地补偿手续用地；已完善征（转）地补偿手续但未完善出让手续的，属于国有的已征未完善出让手续用地。相对应地，如果“三方征地”被认定为未完善征（转）地补偿手续用地，无论是否由继受单位及其成员直接占有，都属于利益统筹政策规定的主要实施对象；如果“三方征地”被认定为已征未完善出让手续用地，则不属于现行利益统筹政策规定的主要实施对象，但是属于利益统筹新政下的实施对象。

2.“主要实施对象”的含义。对“主要实施对象”含义的理解之所以存在争议，是因为在利益统筹实务中，为“一揽子”解决历史遗留问题，或为统筹规划，经常面临能否将已征未完善出让手续用地，甚至非继受单位或其成员拥有的国有已出让土地纳入利益统筹项目范围的问题。

单纯从文义上理解,《深圳市土地整备利益统筹项目管理办法》(深规土规〔2018〕6号)仅规定了以继受单位及其成员实际掌控用地为"主要"实施对象,并没有规定为唯一实施对象。因此将已征未完善出让手续用地或非继受单位或其成员拥有的国有已出让土地纳入利益统筹项目并没有违反政策规定。基于文义解释,实务中很多利益统筹项目都将已征未完善出让手续用地、非继受单位或其成员拥有的国有已出让土地纳入项目范围,比如龙华的观湖北片区土地整备利益统筹项目、光明的薯田埔社区土地整备利益统筹项目。但是,即使该文义解释成立,仍会面临其他非继受单位及其成员实际掌控用地占比多少,才算是比较合理?是60%、80%还是90%?以前曾有征求意见的政策文件拟就此作出规定,但是并无下文。在政策没有明确规定的情况下,政府主管部门在该问题上存在较大的自由裁量权。

(四)利益统筹由继受单位主动申请立项、实施

能否将已征未完善出让手续用地、非继受单位或其成员拥有的合法土地纳入利益统筹项目范围的问题,其实并非仅涉及如何认定利益统筹实施对象那么简单,还涉及是否须征集土地、物业权利人意愿,能否由政府单方将该类土地、物业划入利益统筹项目范围的问题。因为将土地及地上建(构)筑物纳入利益统筹项目对土地及地上建(构)筑物权利人存在重大的实质性影响,如果确实要纳入,要么是为了公共利益依法对土地及地上建(构)筑物进行征收,要么必须经过土地及地上建(构)筑物权利人的同意,否则将有违基本的行政法原理,严重违反行政合理性原则中的正当原则。因此从利益统筹的制度架构及目的来看,利益统筹项目的实施必然存在市场利益(继受单位、开发主体以营利为目的。在搬迁补偿安置中,被搬迁人实质上也是以营利为目的的主体),却并非必然为了公共利益(比如为了解决重大产业项目的土地供应问题),所以如果政策规定允许政府主管部门单方将非继受单位及其成员实际掌控用地划为利益统筹实施对象,则政策作出该规定的合法性将容易被质疑,很可能会被认定违法。

实务中深圳大部分行政区的利益统筹项目名义上都是由继受单位作为申报主体,向街道办事处提出立项申请,街道办事处再报给区土地整备部门,区土地整备部门审查后再层报给市级主管部门,最后经市政府批准纳入土地整备年度计划。因此,将继受单位及其成员实际掌控用地作为实施对象纳入利益统筹项目,可以视为经过土地权利人的同意,合法性问题得以解决。但是,很多利益统筹项

目未经土地权利人的同意，就将其他主体的土地纳入利益统筹项目范围，根据前述分析，这种行政行为严格来说是违法的。深圳市规划和自然资源局在《市规划和自然资源局关于〈深圳市土地整备利益统筹办法〉（征求意见稿）公开征求意见反馈表》中，回应关于"明确项目的申请主体（启动主体），增加不动产权益人意愿征集、项目立项条件条款"的公众意见，处理结果是不采纳，理由是："根据《关于推进土地整备工作的若干意见》，土地整备的实施主体是区政府，由区政府作为土地整备项目的申请主体。"这种观点，实质上忽视，甚至说回避了利益统筹与其他土地整备实施方式在性质上的区别。

从实务的角度来看，由于政策的滞后性，为了解决实务问题，为了探索新模式，不得不一再突破现有政策，实现创新。但是，制度创新应该是在符合基本的法律理念基础上开展的，而非罔顾基本的法律原则。目前正在制定新的利益统筹政策过程中，笔者认为，政策制定者应勇敢地直面该问题，通过制度设计解决单方将其他权利人的土地纳入利益统筹项目的合法性问题。

（五）利益统筹采取由政府与继受单位"算大账"、由继受单位或继受单位及其引进的开发主体与相关权益人"算细账"的双层、多向制度架构

常规的土地整备项目，都是政府与权利人双方建立搬迁补偿安置合同关系，双方通过搬迁补偿安置厘清经济利益补偿关系，形成的是单层、双向的制度架构（见图2－2）。

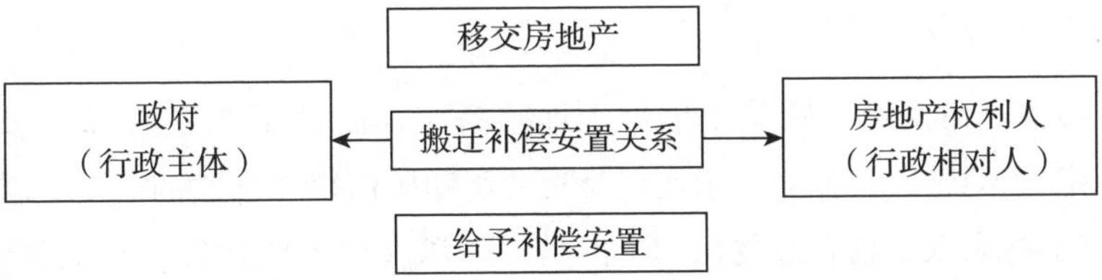

图2－2　土地整备项目单层、双向制度架构

现行利益统筹政策则是以继受单位为连接点，围绕政府、继受单位、开发主体、相关权益人四方主体，建立起由政府与继受单位"算大账"、由继受单位或继受单位及其引进的开发主体与相关权益人"算细账"的双层、多向制度架构（见图2－3）。

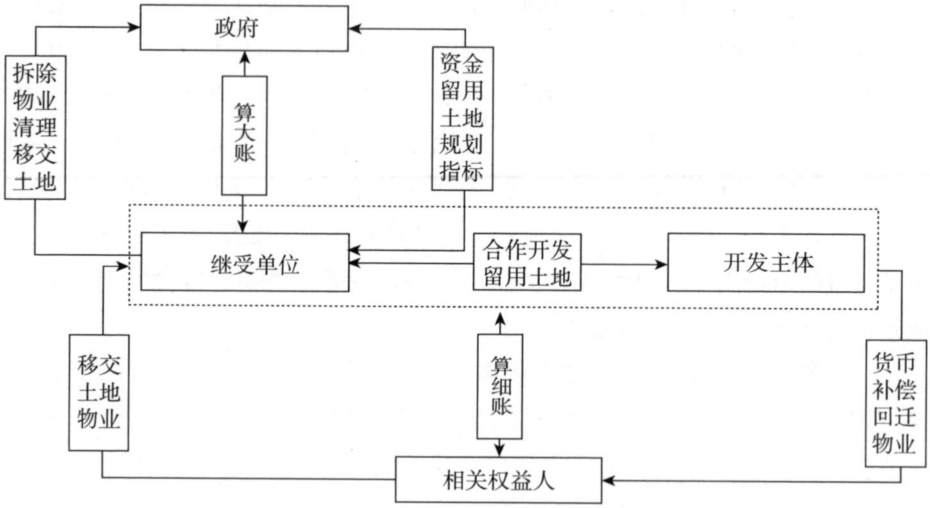

图 2－3　利益统筹双层、多向制度架构

这个双层、多向的制度架构，改变了原先政府直接与权利人发生法律关系的局面，在各个主体之间形成了新的法律关系。各个主体之间的法律关系直接影响各方的权利义务内容，甚至对利益统筹实务中争议较大的税务问题都有重要影响，笔者后续将就此重点分析。

三、利益统筹的性质

（一）公益性与营利性

根据《深圳市人民政府关于推进土地整备工作的若干意见》（深府〔2011〕102号）的规定，土地整备工作立足于实现公共利益和城市整体利益的需要。因此，土地整备项目本身应该是具有公益性的。但是，从《深圳市土地整备利益统筹项目管理办法》（深规土规〔2018〕6号）规定的制定目的来看，利益统筹项目并非必然具有公益性。比如为了解决重大产业项目的土地供应问题，就很难解释为为了公共利益。

按照现行利益统筹政策设计的制度架构，继受单位以与项目范围内相关权益人厘清经济利益关系为代价，从政府获得整备资金及留用土地，自行或引进开发主体对留用土地进行开发建设。可见，至少在“算细账”这个环节，利益统筹具有营利性。

综上，利益统筹必然存在营利性，但不必然具有公益性。

(二)行政性与市场性

在政府与继受单位“算大账”的环节,主要是由政府单方依职权实施,体现了利益统筹的行政性。在继受单位引进开发主体,以及继受单位及其开发主体与相关权益人“算细账”环节,则是由作为平等民事主体的双方自由、平等协商确定补偿安置方案,签订搬迁补偿安置协议,这体现了利益统筹的市场性。

综合上述分析,可以得出如下结论:利益统筹并非纯粹的行政活动或市场活动,而是由一系列行政行为、民事行为组成的国有土地一级开发活动。

四、新政下利益统筹概念之探究及建议

利益统筹新政对利益统筹的制度框架及实施模式的规定并非十分清晰,要探究清楚新政下利益统筹的内在特征,并非易事。笔者结合个人对新政的理解,以及对现行利益统筹政策规定不合理之处的检讨,建议未来可将利益统筹定义为:利益统筹是指为了实现特定目的,由政府依职权或由不动产权益人申请以各类存量低效用地作为主要实施对象,在不同模式下由政府、不动产权益人或市场主体作为搬迁人通过搬迁补偿安置的方式厘清项目范围内的经济利益关系,完成项目土地清理,据此从政府获得整备资金及规划容积指标的国有土地一级开发活动。

之所以建议对利益统筹作上述定义,主要出于如下考虑:一是利益统筹新政对利益统筹制度的调整及优化,没有改变利益统筹仍属于国有土地一级开发活动的性质。二是利益统筹新政调整扩大了利益统筹实施对象的范围,将未完善征(转)地补偿手续用地、已征未完善出让手续用地、国有已出让用地等存量低效用地均纳入实施对象的范围。如前所述,如非因公共利益需要,将不动产权益人的土地纳入利益统筹项目范围,须经不动产权益人的同意。故在项目启动条件上规定了“政府依职权”及“不动产权益人申请”两种形式,供在不同的模式下选择适用。三是按照利益统筹新政,实施模式或者制度架构并非只有目前的“算大账”“算细账”模式,而是可能存在四种,甚至更多模式。在不同的模式下,可能由政府、不动产权益人或市场主体作为搬迁人。但无论是哪个主体作为搬迁人,均需通过搬迁补偿安置的方式厘清项目范围内的经济利益关系,拆除建(构)筑物、清理并向政府移交土地。四是按照利益统筹新政,除了政府作为搬迁人以外,其他搬迁人负责搬迁补偿安置工作,目的在于换取政府拨付的土地整备资金及划定的规划容积指标。

五、小结

本节通过对过去、现行及正在征求意见稿的利益统筹政策进行研究，检讨关于利益统筹概念所存在的政策漏洞。通过对现行利益统筹政策下利益统筹内在特征的探究，分析实务中的争议性问题，给利益统筹作出真实、明晰、周详、确定的定义，归纳出利益统筹的公益性与营利性、行政性与市场性，得出以下结论：利益统筹并非纯粹的行政活动或市场活动，而是由一系列行政行为、民事行为组成的国有土地一级开发活动。最后，结合对利益统筹新政的理解及对现行政策不合理的反思，对未来利益统筹的定义提出建议。

第四节　利益统筹项目操作流程

2018 年以前，利益统筹的操作流程并不像城市更新那么清晰，大部分利益统筹项目都处于政府与继受单位“算大账”阶段，能进入“算细账”阶段的利益统筹项目寥寥无几。即使要进入下一阶段，对于具体的操作流程与审批流程，继受单位、市场主体，甚至包括政府主管部门也都不清楚。

自 2018 年以来，随着《深圳市土地整备利益统筹项目管理办法》（深规土规〔2018〕6 号）及相关配套文件的出台，经过这几年的实践与总结，利益统筹项目已经形成较为完善、清晰、能够闭环的操作流程。

一、现行利益统筹项目操作流程

现行利益统筹政策中没有关于利益统筹项目的具体操作流程图。不同性质的主体，对于操作流程各环节的关注度有所不同。即使对于同一环节，不同性质主体所关注的重点也有所不同。比如，继受单位更关心申报流程、“算大账”流程及引进合作开发主体是否有损集体资产利益；市场主体更关心留用土地规划审批结果、与继受单位的合作开发模式是否具有经济可行性、搬迁补偿安置协议备案结果是否能通过审查，土地使用权何时能出让，何时能开工；土地整备部门则更关心实施方案编制与审批、土地入库、搬迁补偿安置协议备案是否符合规定、用地审批等。

笔者以项目启动及实施的先后顺序为纵线，结合项目各阶段行政性与市场性的强弱，将利益统筹项目操作流程梳理如下，供业内人士在操盘利益统筹项目时参考（见图 2－4）。

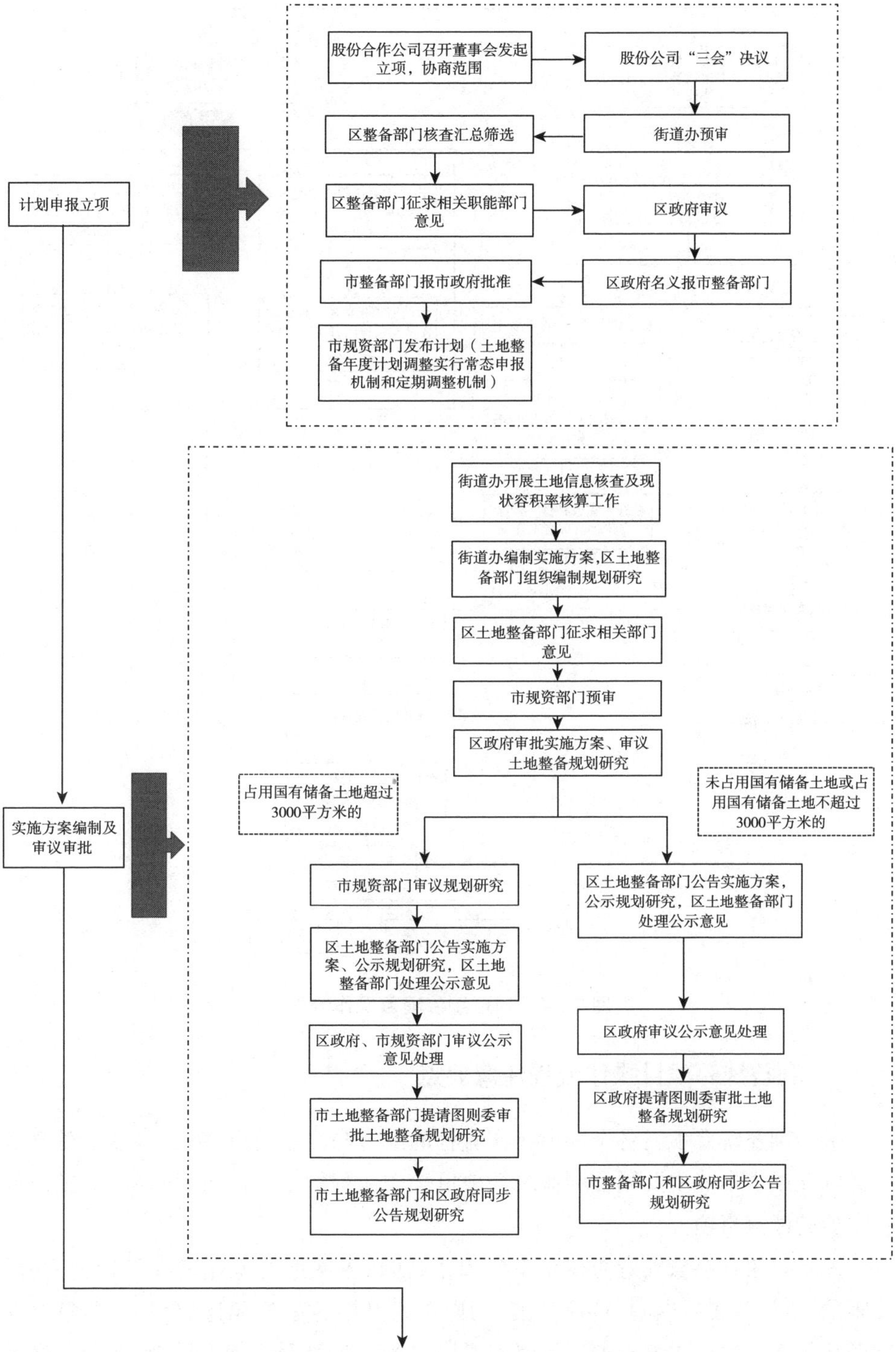
计划申报立项
股份合作公司召开董事会发起立项，协商范围
股份公司“三会”决议
街道办预审
区整备部门核查汇总筛选
区整备部门征求相关职能部门意见
区政府审议
区政府名义报市整备部门
市整备部门报市政府批准
市规资部门发布计划（土地整备年度计划调整实行常态申报机制和定期调整机制）
实施方案编制及审议审批
街道办开展土地信息核查及现状容积率核算工作
街道办编制实施方案,区土地整备部门组织编制规划研究
区土地整备部门征求相关部门意见
市规资部门预审
区政府审批实施方案、审议土地整备规划研究
占用国有储备土地超过3000平方米的
未占用国有储备土地或占用国有储备土地不超过3000平方米的
市规资部门审议规划研究
区土地整备部门公告实施方案、公示规划研究，区土地整备部门处理公示意见
区政府、市规资部门审议公示意见处理
市土地整备部门提请图则委审批土地整备规划研究
市土地整备部门和区政府同步公告规划研究
区土地整备部门公告实施方案，公示规划研究，区土地整备部门处理公示意见
区政府审议公示意见处理
区政府提请图则委审批土地整备规划研究
市整备部门和区政府同步公告规划研究

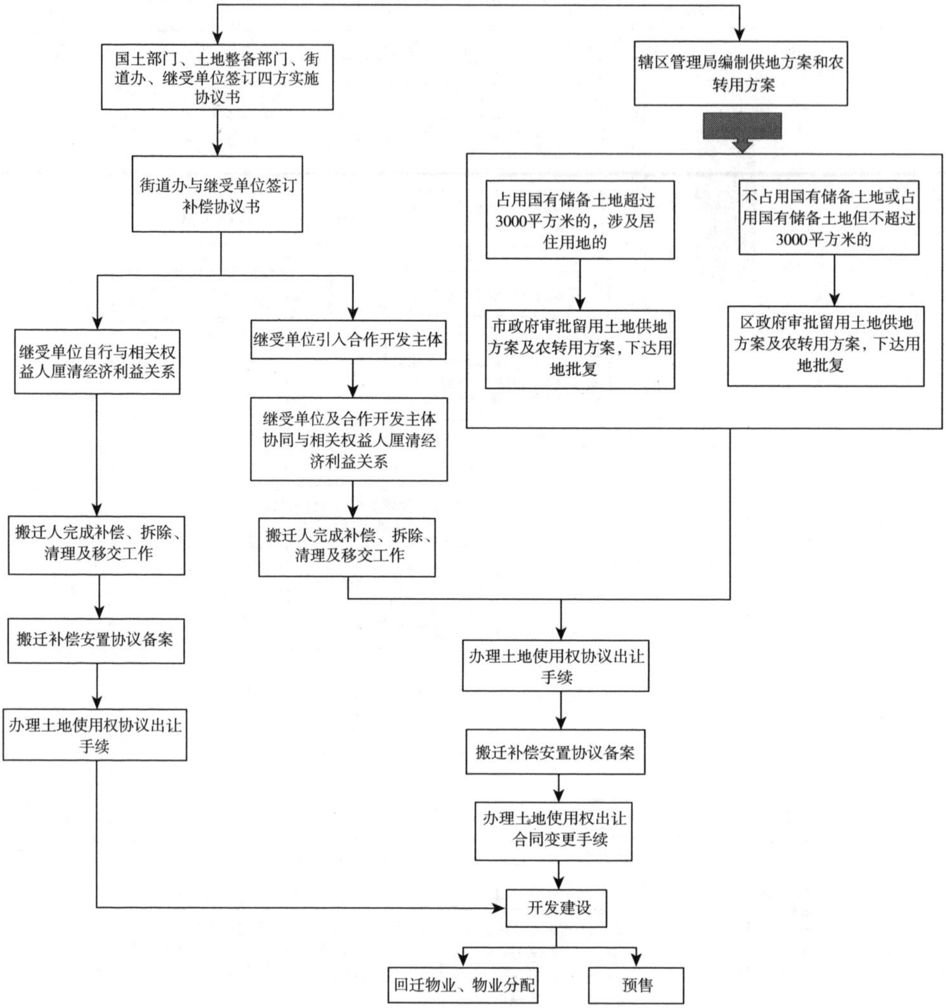

图 2－4　利益统筹项目操作流程

二、利益统筹项目操作流程注意要点

关于利益统筹项目各个环节操作流程的细节与注意要点，笔者将在后续章节中详细介绍。本节主要结合利益统筹项目操作流程的整体情况，简要说明操作流程主要的注意事项。

一是以搬迁补偿安置协议备案为界限，协议备案前的操作流程是较为完善、清晰的，协议备案后（包括协议备案）的操作流程并不完善、清晰，程序上的争议性问题比较多。这意味着在搬迁补偿安置协议备案阶段及后续工作中，将会有许多程序性问题需要和政府相关部门沟通、解释。如果沟通、解释不顺畅，将会影响项目推进速度。

二是利益统筹项目在程序上的操作具有较强的灵活性。虽然利益统筹项目主要的程序存在必然的先后顺序，比如取得留用土地批复后才能办理土地使用权出让手续，但是利益统筹项目不像城市更新项目的程序性那么强。从行政审批的角度来看，城市更新项目作为依申请审批的旧改活动，计划、规划、实施主体确认、土地使用权出让等程序中的每个环节必须按照先后程序按部就班地完成。利益统筹项目由于同时具有行政性和市场性，很多时候基于公共利益需要或者其他特殊需要，有些程序可能会前置。最为常见的情形是，为了加快公共基础设施落地，政府要求提前拆除并移交土地。有时，甚至利益统筹项目尚未立项纳入土地整备年度计划，就需要开展前期测绘、摸底调查等工作；尚未引进合作开发主体，就由合作开发主体开展签约补偿工作。从操盘项目的角度来看，我们可以利用利益统筹项目的灵活性加快项目的工作。

第五节　深圳存量土地开发模式之对比

为了盘活深圳存量土地，提升国土空间资源利用效率，深圳目前主要依靠城市更新、土地整备和棚户区改造“三驾马车”。这三种模式既存在共性，也存在个性。在实务中，如果对三种模式的共性与个性认识不准确，很可能会导致处理思路出现偏差。本节拟通过梳理对比三种模式的共性与个性，希望有助于读者准确认识、理解和区分城市更新、土地整备和棚户区改造这三种模式。

一、城市更新、土地整备和棚户区改造的共性

在共性方面，城市更新、土地整备和棚户区改造都属于存量土地开发模式。存量土地一般是指在城乡建设中已经占用或使用的土地。存量土地开发是通过对存量土地进行清理、整合、重配空间资源，实现对存量土地的充分、合理、高效利用。之所以会出现存量土地开发模式，一是因为地区范围内的土地资源有限，增量土地存在“瓶颈”；二是因为部分存量土地被闲置未利用或利用不充分、不合理、产出低。

深圳存量土地开发主要路径如图2－5所示。

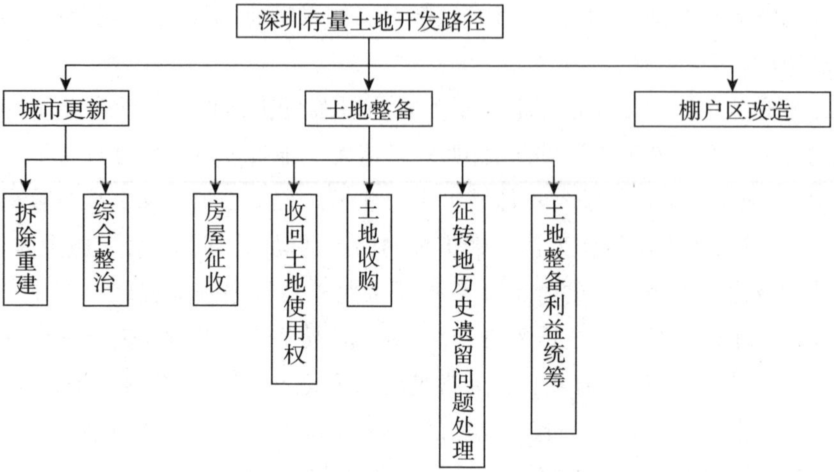

图 2-5 深圳存量土地开发主要路径

在土地整备实务中,常见的实施方式其实只有三种:协商补偿(俗称“常规土地整备”)、房屋征收及土地整备利益统筹。笔者在下文主要对房屋征收、常规土地整备、利益统筹、棚户区改造与城市更新的区别点进行梳理。

二、五种路径之区别

(一)概念之区别

表 2-2 概念区别

房屋征收	因公共利益需要,由政府征收国有土地上单位、个人的房屋,并给予被征收房屋所有权人补偿的活动
棚户区改造	以公共利益为目的,由各区政府主导,以人才住房专营机构为主,对符合规定条件的老旧住宅区、城中村、旧屋村主要通过拆旧建新的方式进行改造的活动
常规土地整备	无法定概念。通常理解为立足于公共利益和城市整体利益需要,按照规定程序就项目用地范围内的土地及其地上房屋、构筑物、附着物、青苗等协商补偿后,拆除、清理并移交土地入库
利益统筹	无法定概念。通常理解为为实现特定目的,由原农村集体经济组织继受单位主动申请以继受单位及其成员实际掌控用地为主要实施对象,通过由政府与继受单位“算大账”、继受单位或继受单位及其引进的开发主体与相关权益人“算细账”的双层模式厘清经济利益关系,实现项目范围内全面征转清拆的国有土地一级开发活动
城市更新	对城市建成区内符合规定情形的区域,根据规定进行拆除重建或者综合整治的活动

(二)实施目的之区别

表 2-3 实施目的

路径类型	实施目的	变化特征
房屋征收	完全而且必须为了公共利益	公益性由强至弱
棚户区改造	完全而且必须为了公共利益	
常规土地整备	不完全、不必然为了公共利益	
利益统筹	不完全、不必然为了公共利益	
城市更新	与公共利益无关,为了市场主体利益	

(三)启动方式之区别

表 2-4 启动方式

路径类型	启动方式	变化特征
房屋征收	政府依职权单方划定范围,列入房屋征收年度计划	政府依职权 不受市场意志影响
棚户区改造	1. 业主向辖区街道办申请启动棚改,街道办向上申请纳入棚改计划。 2. 辖区街道办依职权组织征集意愿,向上申请纳入棚改计划	
常规土地整备	政府依职权单方划定范围,列入土地整备年度计划	
利益统筹	继受单位向辖区街道办申报列入土地整备年度计划(但实务中存在政府单方划定的情形)	
城市更新	权利主体自行申报或委托单一主体申报列入城市更新单元计划	政府依申请 尊重市场意愿

(四)实施主体之区别

表 2-5 实施主体

路径类型	实施主体	变化特征
房屋征收	房屋征收部门或其委托的非营利性单位	非营利性法人
棚户区改造	人才住房专营机构或企业,人才住房专营机构为主	
常规土地整备	土地整备部门或其委托辖区街道办事处	
利益统筹	算大账阶段:辖区街道办事处; 算细账阶段:继受单位或继受单位及其引进的开发主体	
城市更新	市场主体	营利法人

（五）实施对象之区别

表 2－6 实施对象

路径类型	实施对象	变化特征
房屋征收	国有土地上房屋、构筑物及其他附属物（含所占土地）	无变化规律
棚户区改造	1. 使用年限 20 年以上，且存在住房质量、消防等安全隐患或者使用功能不齐全或配套设施不完善的老旧住宅区； 2. 使用年限不足 20 年，按照《危险房屋鉴定标准》鉴定危房等级为 D 级，但经区政府（含新区管理机构）批准纳入棚改的住宅区； 3. 具备改造条件的城中村、旧屋村（实务操作基本不涉及）	
常规土地整备	不必然存在房屋，可能是空地	
利益统筹	继受单位及其成员实际掌控用地，对是否属于建成区、房屋建设时间无要求。对于三方征地、非继受单位或其成员的“两规”用地、已出让或划拨土地能否作为实施对象，有争议，但实务中存在将该类用地纳入项目的情况	
城市更新	以符合规定情形、规定建成时间条件的建成区为主，未建设用地在特殊条件下纳入项目范围	

（六）法律关系之区别

表 2－7 法律关系

路径类型	法律关系	变化特征
房屋征收	房屋征收补偿法律关系，单纯属于行政机关与行政相对人之间的行政法律关系	单纯的行政法律关系
棚户区改造	法律关系性质存在争议，被认定属于行政法律关系的可能性较大	↓
常规土地整备	行政协议法律关系，单纯属于行政机关与行政相对人之间的行政法律关系	行政法律关系、民事法律关系并存
利益统筹	算大账：行政法律关系为主； 算细账：民事法律关系为主	↓
城市更新	民事法律关系为主	单纯的民事法律关系

（七）有无强制性之区别

表 2-8　有无强制性

路径类型	有无强制性	变化特征
房屋征收	具有强制性，如未协商签订补偿协议，可直接单方决定补偿、强制搬迁拆除	强制性渐弱
棚户区改造	不具有直接强制性，如未协商签订补偿协议，可启动房屋征收程序	
常规土地整备	不具有直接强制性，如未协商签订补偿协议，符合规定条件可启动房屋征收程序	
利益统筹	不具有强制性，如未协商签订补偿协议，暂无启动房屋征收程序的依据	
城市更新	不具有强制性，如未协商签订补偿协议，不必然启动房屋征收程序，符合规定条件才可启动房屋征收程序	

（八）补偿标准之区别

表 2-9　补偿标准

路径类型	补偿标准	变化特征
房屋征收	补偿标准明文规定，协商谈判空间极小	法定标准
棚户区改造	产权调换标准：套内建筑面积 1∶1 或不超过建筑面积 1∶1.2； 货币补偿标准：按照《深圳市房屋征收与补偿实施办法（试行）》的规定确定	
常规土地整备	补偿标准明文规定，协商谈判空间极小	
利益统筹	算大账：补偿标准明文规定，无谈判空间； 算细账：市场标准，无明文规定	
城市更新	市场标准，无明文规定	市场标准

(九)实施成果之区别

表 2－10　实施成果

路径类型	实施成果	变化特征
房屋征收	土地清理后移交建设单位使用	无变化规律
棚户区改造	拆除建筑物,清理土地,土地入库,协议出让土地使用权给实施主体	
常规土地整备	拆除建筑物,清理土地,土地入库,移交建设单位使用或储备管理	
利益统筹	拆除建筑物,清理土地,土地入库,协议出让留用土地使用权给继受单位	
城市更新	拆除建筑物,清理土地,土地入库,协议出让土地使用权给实施主体	

三、利益统筹与城市更新之深度对比

上文从概念、实施目的、启动方式等 9 个方面对房屋征收、棚户区改造、常规土地整备、利益统筹、城市更新 5 种存量土地开发路径的区别点进行了梳理。不过仅从上述 9 个方面入手,可能仍难以让读者准确理解利益统筹与城市更新的实质区别。

因为两者看起来是如此相似,比如涉及城中村、旧屋村的城市更新项目与利益统筹项目都会由股份合作公司通过交易平台引进合作方,城市更新项目与绝大部分的利益统筹项目都涉及开发商主导的搬迁补偿安置工作,以及搬迁补偿安置协议备案,土地使用权都是通过协议出让方式提供给受让人。以至于大部分人,包括笔者也经常提出这样的说法,利益统筹可以简单粗暴理解为“常规土地整备＋城市更新”,前期是常规土地整备,后期是城市更新。

但是,既然是“简单粗暴理解”,就意味着这种理解必然存在性质上的偏差。提出这种说法主要是为了让初接触利益统筹的人对利益统筹外观有个具体、形象的认识。如果要准确区分利益统筹与城市更新,除了上述概念、实施目的、启动主体等 9 个方面外,关键还需认识到如下 3 点。

(一)继受单位主体身份性质不同

在城市更新项目中,继受单位只是拟更新改造的集体用地及集体被搬迁物业权利人。不管继受单位与合作方名义上签订的是搬迁补偿安置协议还是合作协议,继受单位与意向实施主体之间只存在民事主体间拆迁安置补偿合同关系。继受单位从实施主体获得的并非合作开发房地产的收益分成,而是搬迁补偿安置利益。

在利益统筹项目中,继受单位既是拟开发建设的留用土地权利人,又是拟拆除的集体被搬迁物业权利人。基于这两个身份,继受单位与合作方合作实施利益统筹项目过程中,继受单位一方出地(留用土地)、合作方出资,双方合作开发留用土地。继受单位作为其中一方合作开发主体,有权获得收益分成;继受单位同时为集体被搬迁物业权利人,有权获得搬迁补偿安置利益。理论上,继受单位与合作方可以签订两份协议,即留用土地合作开发协议及搬迁补偿安置协议,形成合作开发房地产合同关系及民事主体间拆迁安置补偿合同关系。只不过在实务操作中,一般在继受单位引进合作方之前的资产评估及可行性研究分析中,就会将留用土地及集体被搬迁物业价值一并评估作价。所以,从权益实质的层面来看,继受单位与合作方之间的留用土地合作开发协议所约定的继受单位收益分成包含对继受单位集体被搬迁物业的补偿。

(二)搬迁补偿安置义务主体确定的方式不同

在城市更新项目中,意向实施主体与项目拆除范围内的土地、物业权利主体自由协商签订搬迁补偿安置协议后,意向实施主体即成为搬迁补偿安置义务主体。可以说城市更新项目是通过意定方式确定搬迁补偿安置义务主体。据此确定的搬迁补偿安置义务主体后续须经城市更新部门确认后方可成为合法的项目实施主体。民事主体意定在前,政府确认在后。

在利益统筹项目中,《深圳市土地整备利益统筹项目管理办法》(深规土规〔2018〕6 号)及《市规划和自然资源局关于规范土地整备利益统筹项目补偿安置有关事项的通知》(深规划资源〔2019〕255 号)明确规定,项目范围内的继受单位或继受单位及其引进的合作开发主体为搬迁人。可以说利益统筹项目是通过法定方式确定搬迁补偿安置义务主体。只有据此确定的搬迁补偿安置义务主体才有权开展项目范围内的搬迁补偿安置工作,其他主体均无此权利。所以利益统筹项目非常关注搬迁人的资格问题,而城市更新项目则不会提前关注搬迁补偿安置协议搬迁人的资格问题。

（三）协议备案的目的及效果不完全相同

虽然城市更新项目与利益统筹项目都存在搬迁补偿安置协议备案环节，但两者的目的及效果不完全一致。

城市更新项目对搬迁补偿安置协议进行备案审查，主要是实现两个目的：一是审查意向实施主体是否厘清了项目拆除范围内所有土地、房屋、构筑物等的经济利益关系，是否通过厘清经济利益关系形成了单一主体；二是确定货币补偿金额与回迁规模、类型，据此对实施主体是否履行搬迁补偿安置义务进行监管。协议备案审查通过后的法律效果是将意向实施主体确认为城市更新项目的实施主体。只有城市更新项目的实施主体才有权向城市更新部门申请办理土地使用权出让手续。

利益统筹项目对搬迁补偿安置协议进行备案审查，主要是实现两个目的：一是审查搬迁人是否厘清了项目拆除范围内所有土地、房屋、构筑物等的经济利益关系；二是确定货币补偿金额与回迁规模、类型，据此对搬迁人是否履行搬迁补偿安置义务进行监管。利益统筹项目协议备案审查无须审查是否形成单一主体，也不会据此确认实施主体。

如前所述，在城市更新项目中，实施主体并非提前确定的，理论上任何法人、自然人、非法人组织在形成单一主体后，都有可能成为城市更新项目实施主体。但是，在利益统筹项目中，根据现行的土地整备利益统筹政策，在项目立项时就确定项目涉及的继受单位或继受单位及其引进的合作方为项目的搬迁人，并且只有继受单位才有权与国土部门签订土地使用权出让合同，只有继受单位引进的合作方才有权与国土部门签订土地使用权出让合同补充协议。

因此，利益统筹项目的搬迁补偿安置协议备案不产生确认实施主体的法律效果，更不产生确认哪个主体有权签订留用土地使用权出让合同或补充协议的法律效果。在利益统筹项目中，继受单位及合作方签订土地使用权出让合同及补充协议的权利来源依据，并非他们与相关权益人签订了搬迁补偿安置协议，而是《深圳市土地整备利益统筹项目管理办法》（深规土规〔2018〕6 号）及《市规划和自然资源局关于规范土地整备利益统筹项目补偿安置有关事项的通知》（深规划资源〔2019〕255 号）的规定。

四、存量土地开发路径之衔接

综合前文的对比，房屋征收、棚户区改造、常规土地整备的补偿标准均有明文规定，而且相对于利益统筹"算细账"和城市更新的市场补偿标准而言，补偿标准较低，业主接受度较低，配合积极性也低。利益统筹"算细账"和城市更新的补偿标准虽然较高，但是利益统筹和城市更新均无强制性。如果业主提出天价补偿诉求，拒绝配合签约，项目实施主体无权单方决定补偿、强制搬迁、拆除物业。

为了破解签约难题，发挥各路径之间的优势，弥补各路径之间的劣势，需探究存量土地开发各路径之间衔接的可能性。为降低对抗性，存量土地开发一般是以房屋征收路径作为兜底保障。存量土地开发路径之间的衔接，主要着眼于其他路径能否衔接到房屋征收路径。

（一）棚户区改造与房屋征收

根据《深圳市人民政府关于加强棚户区改造工作的实施意见》的规定，棚户区改造项目在满足基础设施及公共服务配套设施要求的基础上，其住宅部分除用于搬迁安置住房外，应当全部用作人才住房和保障性住房，以租为主，租售并举，统一由人才住房专营机构运营管理。可见，深圳的棚户区改造实质上属于由政府组织实施的保障性安居工程，属于《国有土地上房屋征补条例》第八条及《深圳市房屋征收与补偿实施办法（试行）》第八条所规定的可实施房屋征收的情形。《深圳市人民政府关于加强棚户区改造工作的实施意见》也明确棚户区改造是为了公共利益需要。因此，《深圳市人民政府关于加强棚户区改造工作的实施意见》规定，签约期内达不成补偿协议，或房屋所有人不明确的，区政府可以根据公共利益的需要依法实施房屋征收。（见图2－6）

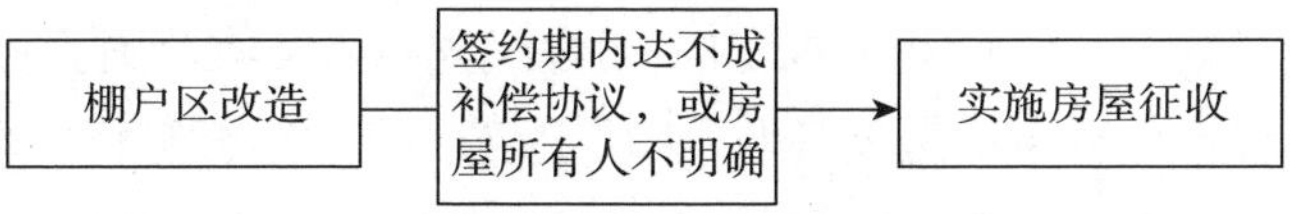

图2－6　棚户区改造规定

（二）常规土地整备与房屋征收

《深圳市房屋征收与补偿实施办法（试行）》第八条第二款规定："因政府土地整备确需征收房屋的，应当符合《条例》、本办法的规定，并纳入全市土地整备年度计划。全市土地整备年度计划对土地整备涉及房屋征收的计划安排，与全市年度房屋征收计划具有同等法律效力。"《深圳市房屋征收与补偿实施办法（试行）》第十九条第四款规定："政府实施土地整备确需征收房屋的，除应当符合本办法第八条、本条第一款第(一)、(三)、(四)、(五)项规定外,还应当符合土地整备年度计划的要求,并具有经市房屋征收部门审核的土地整备项目实施方案。”因此,常规土地整备在符合规定条件的情况下,也可由相关部门实施房屋征收。(见图 2-7)

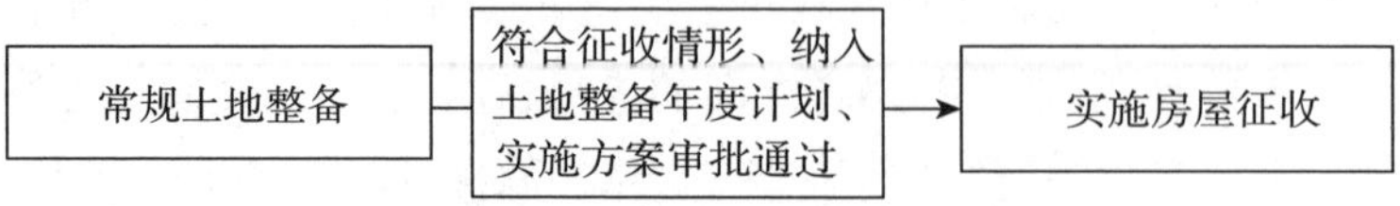

图 2-7 常规土地整备规定

(三)城市更新与房屋征收

在《深圳经济特区城市更新条例》出台前,2016 年修改的《深圳市房屋征收与补偿实施办法(试行)》第八条第一款规定:“为了保障国家安全、促进国民经济和社会发展等公共利益的需要,有下列情形之一,确需征收房屋的,按照本办法规定纳入全市年度房屋征收计划后,由辖区政府实施房屋征收:……(五)由政府依照城乡规划法有关规定组织实施的对危房集中、基础设施落后等地段进行旧城区改建和城市更新的需要……”《深圳市城市更新办法实施细则》第七十一条规定:“根据城市发展需要和全市城市更新专项规划等规划的要求,为实施城市规划,由政府组织对具有危房集中、基础设施落后等情形的区域进行城市更新,需要调整使用土地的,政府相关部门应当按照《国有土地上房屋征补条例》进行房屋征收。拆除重建类城市更新项目在城市更新单元规划批准两年后,仍因搬迁谈判未完成等原因未能确认项目实施主体,经综合判断确有实施的必要性和紧迫性,且符合《国有土地上房屋征补条例》相关规定的,可以优先纳入征收范围。”但是在城市更新项目实施过程中能否启动房屋征收,本质上仍取决于是否符合《国有土地上房屋征补条例》的规定,是否满足公共利益需要的条件。对该条件的审查是非常严苛的,因此,以往在城市更新项目中基本上无实施房屋征收的可能。直至 2019 年 8 月,罗湖区城市更新和土地整备局就木头龙城市更新项目剩余未签约的被搬迁物业发布深圳市罗湖区翠竹街道木头龙片区零星房屋征收提示,才正式拉开了深圳市首例“城市更新 + 房屋征收”项目的序幕。

2021 年施行的《深圳经济特区城市更新条例》第三十六条至第三十九条对城市更新项目启动房屋征收的条件及主要流程进行了规定。在旧住宅区、城中村合法住宅、住宅类历史违建部分符合规定签约比例的情况下,区人民政府可以对未签约部分房屋实施征收。

深圳市规划和自然资源局起草的《深圳市城市更新未签约部分房屋征收规定》（征求意见稿）对城市更新未签约部分房屋征收的条件、流程进行细化。

2021年12月3日，深圳市罗湖区城市更新和土地整备局发布罗湖区桂园街道蔡屋围城市更新统筹片区蔡屋围（城中村）项目一期子项目B房屋征收提示。蔡屋围城市更新统筹片区蔡屋围（城中村）项目成为《深圳经济特区城市更新条例》出台后首个实施房屋征收的城市更新项目。

综上，无论是从政策规定，还是从实务操作上，对城市更新项目未签约部分房屋实施征收未来均存在可行路径。

（四）利益统筹与房屋征收

利益统筹项目能否通过实施房屋征收解决签约难、拆迁难问题，一直备受关注。从体系上，利益统筹仍属土地整备的范畴。根据《深圳市房屋征收与补偿实施办法（试行）》第八条及第十九条第四款的规定，符合规定条件的土地整备项目可实施房屋征收。但问题之关键在于，所谓“规定条件”指什么？利益统筹项目是否符合所谓的“规定条件”？

根据《深圳市房屋征收与补偿实施办法（试行）》第八条的规定，“规定条件”应指因公共利益需要。利益统筹项目能否实施房屋征收，取决于实施该征收行为是否是为了公共利益。如前述分析，利益统筹项目不完全、不必然为了公共利益。如果不是为了公共利益，比如仅是为了落实重大产业项目，解决供地问题，则不能对未签约房屋实施征收。但是，能否参照《深圳经济特区城市更新条例》的规定，在符合规定签约比例的情况下，以绝大多数已签约业主及项目实施的利益属于公共利益为由，对未签约房屋实施征收？

笔者认为，在《深圳市房屋征收与补偿实施办法（试行）》未作明确规定的情况下，该种处理方式存在违法风险。利益统筹项目能否对未签约房屋实施房屋征收，仍有待于《深圳市房屋征收与补偿实施办法（试行）》的修订完善或上位法、与该办法效力等级相同的政府规章予以明确。

第三章
利益统筹项目计划申报

利益统筹项目计划申报属于利益统筹项目启动的第一步，然而是政策规定最不明确的一步。政策上的不明确导致实务中有大量争议疑难问题亟须研究并明确解决路径。

第一节　利益统筹项目计划申报实操要点

利益统筹项目申报立项是项目启动的第一步。但是，对于这第一步的相关要求，现行利益统筹政策的规定十分粗略，实务中存在的争议性问题也比较多。《深圳市土地整备利益统筹项目管理办法》（深规土规〔2018〕6号）只有第二条对利益统筹项目的实施对象及利益统筹项目目录管理有所规定。至于什么情形下可以申报利益统筹项目、申报项目范围如何划定、由谁负责申报、申报流程如何安排、已经申报立项的利益统筹项目能否调整或者退出？这些问题都需要各区在实务中探索，并通过政策予以明确。龙华区和光明区分别就利益统筹项目计划申报制定《龙华区土地整备利益统筹项目计划申报指引（试行）》、《光明区土地整备利益统筹项目计划申报指引（试行）》（征求意见稿）。笔者根据上述两个文件的规定，并结合实务遇到的问题，对利益统筹项目计划申报相关要点进行研究分析。

一、利益统筹项目范围划定

按照《深圳市土地整备利益统筹项目管理办法》（深规土规〔2018〕6号）第二条的规定，利益统筹项目的主要实施对象为继受单位及其成员实际掌控用地，以街道为界限(大鹏新区以新区为界限),项目范围内至少有一块3000平方米以上集中成片的未完善征(转)地补偿手续规划建设用地。《龙华区土地整备利益统筹项目计划申报指引(试行)》在《深圳市土地整备利益统筹项目管理办法》(深规土规〔2018〕6号)的基础上,对项目范围划定的要求加以细化,要求符合如下要求:

(1)实施对象原则上是继受单位及其成员实际掌控用地。

(2)申报范围原则上以街道为界限,项目范围内至少有一块3000平方米以上的集中成片的未完善征(转)地补偿手续的规划建设用地。

(3)项目范围原则上应包含集中成片、相对规整的公共服务设施用地及产业、居住、商业等经营性用地,移交政府用地的规模及空间位置应符合规划建设的标准。

(4)项目范围边界原则上需综合考虑片区功能完整性、系统性和项目可实施性,依据规划用地情况、自然地理要素和土地权属情况划定。其中,项目范围原则上应包含完整的产权边界或规划用地边界;涉及道路的,边界原则上以现状道路或规划道路为界;涉及山体、河流等自然地理实体的,边界原则上以自然地理实体边界为界。

上述第一个要求,即对利益统筹项目实施对象的要求,笔者在"深圳土地整备利益统筹概念之辨析"一节中已作过相应分析。《龙华区土地整备利益统筹项目计划申报指引(试行)》的规定更加直白地明确"实施对象原则上是继受单位及其成员实际掌控用地"。有原则必有例外,《龙华区土地整备利益统筹项目计划申报指引(试行)》并不禁止将非继受单位及其成员实际掌控用地,比如其他企业、非原村民享有土地使用权的国有已出让用地、划拨用地等纳入利益统筹项目实施范围。在实务中,目前已经有越来越多的利益统筹项目将非继受单位及其成员实际掌控的用地纳入项目实施范围。《光明区土地整备利益统筹项目计划申报指引(试行)》(征求意见稿)甚至明确规定"为满足片区统筹规划需求的,可将非社区股份合作公司或其成员掌控的国有已出让土地、历史遗留用地纳入项目申报范围"。未来关于实施对象的限定将会进一步放开。

上述第二个要求,同样基于有原则必有例外,《龙华区土地整备利益统筹项目计划申报指引(试行)》并不完全禁止利益统筹项目实施范围跨街道。比如,龙华区的梅观创新产业走廊利益统筹项目就跨越了龙华区福城和观澜两个街道。只是如果项目跨越两个街道,在手续办理上将十分烦琐,沟通协调成本也非常高。对于由市场主体推进的利益统筹项目,如果不是出于规划统筹考虑,不建议跨街道划定利益统筹项目实施范围。

上述第三个要求与《深圳市土地整备利益统筹项目管理办法》(深规土规〔2018〕6号)的制定目的相符。《深圳市土地整备利益统筹项目管理办法》(深规土规〔2018〕6号)第一条就明确规定,制定《深圳市土地整备利益统筹项目管理办法》(深规土规〔2018〕6号)是为了保障城市基础设施、公共服务设施和重大产业项目土地供应,加强规划实施,推动土地集约节约利用。

上述第四个要求,主要是基于对项目范围划定的合理性考虑,确保土地集约节约利用、整体规划统筹,避免土地资源的不合理使用。对项目范围边界的要求主要参照借鉴了《深圳市拆除重建类城市更新单元计划管理规定》对城市更新项目拆除范围边界的规定。

上述四个要求(条件)中,前两个虽然也存在争议,但相对来说比较好界定,后两个条件在认定上具有更大的弹性。何为"集中成片、相对规整"?何为"片区功能完整性、系统性和项目可实施性"?虽然这些问题可以通过项目可行性研究报告予以解释,但不可否认的是,政府主管部门在这两个条件的认定上享有较大的自由裁量权。这意味着在利益统筹项目申报条件上,存在与政府主管部门沟通和博弈的空间。

二、利益统筹项目申报情形

包括《深圳市土地整备利益统筹项目管理办法》(深规土规〔2018〕6号)在内的市级政策文件未对利益统筹项目申报情形作出规定。《龙华区土地整备利益统筹项目计划申报指引(试行)》结合《深圳市土地整备利益统筹项目管理办法》(深规土规〔2018〕6号)的制定目的,将可纳入利益统筹项目范围的土地区分为一般情形和优先、鼓励纳入情形两种情况。

可纳入利益统筹项目范围土地的一般情形如表3-1所示。

表3-1 可纳入利益统筹项目范围土地的一般情形

序号	一般情形
1	为保障公共利益,规划独立占地的教育设施、医疗卫生设施、文体设施、道路交通等城市公共配套设施、城市基础设施或其他城市公共利益项目亟须落实的
2	为促进产业发展,深入挖掘产业空间潜力,确保重大项目供地,需要提前进行成片土地开发的

续表

序号	一般情形
3	为推进规划实施，现有土地用途、建筑物使用功能明显不符合社会经济发展要求，用地零散、效率低下或不利于城市空间和功能的战略性优化的
4	经市（区）政府批准应当进行利益统筹的其他情形

优先、鼓励纳入利益统筹项目范围土地的情形如表3－2所示。

表3－2　优先、鼓励纳入利益统筹项目范围土地的情形

序号	优先、鼓励纳入情形
1	违法建筑空间管控专项行动中未完善征（转）地补偿手续的未建设空地应优先纳入利益统筹项目。鼓励原农村集体经济组织继受单位将管辖范围内违法建筑空间管控专项行动中未完善征（转）地补偿手续的未建设空地一并纳入利益统筹项目申报范围
2	位于一级工业区块线、《深圳市土地整备专项规划（2016—2020）》重点整备片区以及规划产业用地相对集中等区域的项目，范围划定时原则上应包含不小于50,000平方米的集中成片区域，此类用地应优先纳入利益统筹项目
3	对于积极配合政府开展房屋征收与补偿工作的，该原农村集体经济组织继受单位申报的利益统筹项目可优先纳入计划
4	鼓励原农村集体经济组织继受单位将管辖范围内未完善征（转）地补偿手续用地全部纳入利益统筹项目，一揽子解决土地历史遗留问题
5	鼓励集中成片大面积的建成区纳入利益统筹项目范围
6	鼓励将基本生态控制线范围内现状为建成区的非规划建设用地纳入利益统筹项目范围统筹协调解决

对于申报纳入利益统筹项目的情形，未来宜由市级主管部门通过规范性文件的形式进行统一规定，同时允许各区在市级政策文件的基础上对纳入利益统筹的情形予以细化。

三、利益统筹项目申报主体

利益统筹项目由谁负责申报立项，属于利益统筹项目中的争议性问题。

如果按照常规的土地整备项目处理，根据《深圳市人民政府关于推进土地整备工作的若干意见》（深府〔2011〕102 号）的规定，由各区土地整备部门组织相关部门初步确定区土地整备年度计划草案后报区政府审议通过，然后报市规划和自然资源部门审议，最终由市政府批准。可见，常规的土地整备项目是由政府部门依职权、单方决定申报纳入土地整备年度计划的。深圳市规划和自然资源局在《市规划和自然资源局关于〈深圳市土地整备利益统筹办法〉（征求意见稿）公开征求意见反馈表》中，回应关于“明确项目的申请主体（启动主体），增加不动产权益人意愿征集、项目立项条件条款”的公众意见，也认为“根据《关于推进土地整备工作的若干意见》，土地整备的实施主体是区政府，由区政府作为土地整备项目的申请主体”，即认为利益统筹项目是由政府依职权、单方决定申报纳入土地整备年度计划，无须考虑权益人的意愿问题。

但是，在实务操作中，利益统筹项目申报立项的做法与常规土地整备项目有着明显的、性质上的区别。由于利益统筹项目以继受单位及其成员实际掌控用地为主要实施对象，故实务中一般都是由拟纳入利益统筹项目的土地涉及的继受单位作为申报主体，向辖区街道办申请纳入土地整备年度计划。

比如《龙华区土地整备利益统筹项目计划申报指引（试行）》规定，继受单位召开股份合作公司董事会发起立项，协商项目范围，经股份合作公司董事会、监事会、集体资产管理委员会同意后，向辖区街道办事处提出申报利益统筹项目计划的申请。《光明区土地整备利益统筹项目计划申报指引（试行）》规定，社区股份合作公司确定项目申报范围、编制意向方案，并经股份合作公司董事会、监事会、集体资产管理委员会表决同意后，向辖区街道办事处提出利益统筹项目立项的申请。

可见，在实务操作中，利益统筹项目是由政府依申请进行审批纳入土地整备年度计划的，以申报主体具有整备意愿为前提。并且，根据涉及的继受单位是否单一，《龙华区土地整备利益统筹项目计划申报指引（试行）》及《光明区土地整备利益统筹项目计划申报指引（试行）》（征求意见稿）将申报方式分为单独申报（如图 3 –1 所示）与联合申报（如图 3 –2 所示）。

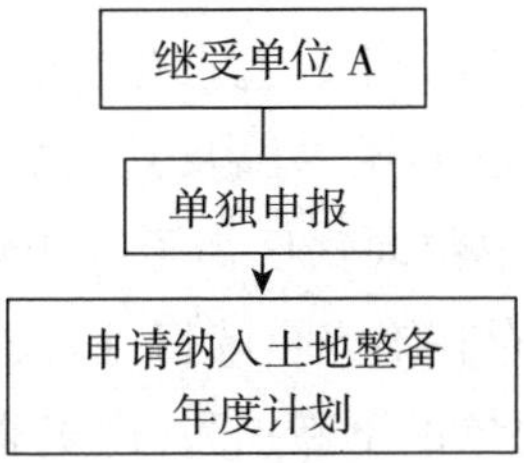

图 3－1　单独申报

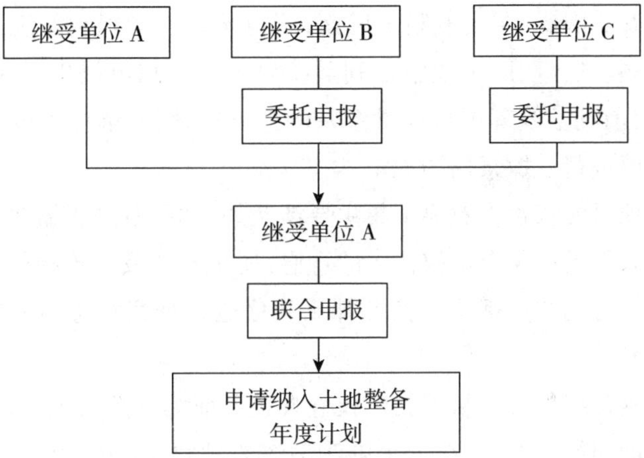

图 3－2　联合申报

利益统筹项目究竟应由政府依职权单方决定申报纳入土地整备年度计划，还是应由政府依申请进行审批纳入土地整备年度计划？

笔者在“深圳土地整备利益统筹概念之辨析”一节中，对此作了初步分析。考虑到篇幅及研究内容侧重点不同，本节仅对此提供结论性观点，暂不赘述。按照目前的利益统筹政策，笔者更倾向认可实务操作中的观点及做法，即利益统筹项目应由政府依申请进行审批纳入土地整备年度计划。但是在未来的利益统筹新政中，究竟是由政府依职权、单方决定申报纳入土地整备年度计划，还是由政府依申请进行审批纳入土地整备年度计划，笔者认为需要结合不同情形下的利益统筹项目来决定。

四、利益统筹项目权益人意愿征集

利益统筹项目是否需进行意愿征集，同样属于利益统筹项目中的争议性问题。

虽然现行利益统筹政策没有关于权益人意愿征集方面的规定,但是按照现行利益统筹政策,利益统筹项目以继受单位及其成员实际掌控用地为主要实施对象,利益统筹项目又是由继受单位向辖区街道办申请立项。所以,可以认为利益统筹项目通过程序上的设计,存在不完全的权益人意愿征集制度。

随着利益统筹项目实施对象的不断扩大,许多非继受单位及其成员实际掌控的土地被继受单位或者政府单方划进利益统筹项目范围内。该类土地的权益人在利益统筹项目实施过程中,对继受单位或者政府单方将其土地划进利益统筹项目的合法性质疑。因此,在政策制定层面,不得不慎重考虑利益统筹项目权益人的意愿征集问题。《光明区土地整备利益统筹项目计划申报指引(试行)》(征求意见稿)就对目前利益统筹项目经常涉及的三方征地、非继受单位的国有已出让用地的处置意愿进行了探索性的规定。

利益统筹项目的权益人意愿征集主要涉及如下问题:是否需要征集相关权益人的意愿?是只需要征集土地权益人的意愿,还是土地及建筑物权益人的意愿都要征集?在哪个时间节点征集?按照什么程序进行征集?意愿征集的比例要求如何?

由于现行利益统筹项目暂无关于权益人意愿征集方面的规定,这些问题目前无法得到准确的回答。但是,在未来的利益统筹项目中,由于实施对象范围的扩大,必然会面临这些问题。笔者在此暂不赘述,待下一节再对此作专门的研究分析。

五、利益统筹项目申报流程

利益统筹项目申报立项,可以分为继受单位申请、街道办初审(预审)、土地整备部门审查、区工作领导小组审议、市规划和自然资源部门审议及市政府批准等6个环节。以下以龙华区和光明区为例,对利益统筹项目申报立项的流程进行梳理介绍。

按照《龙华区土地整备利益统筹项目计划申报指引(试行)》,龙华区利益统筹项目申报立项流程如图3-3所示。

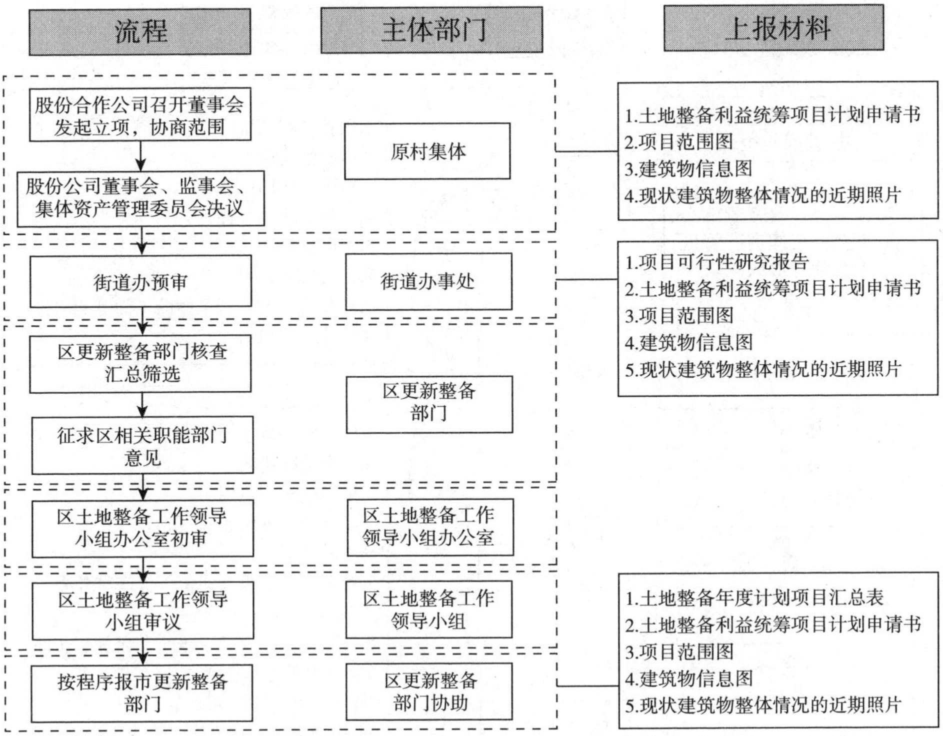

图 3－3　龙华区利益统筹项目申报立项流程

按照《光明区土地整备利益统筹项目计划申报指引(试行)》(征求意见稿)，光明区利益统筹项目申报立项流程如图 3－4 所示。

对比龙华区和光明区利益统筹项目的申报立项流程,可知:

第一,利益统筹项目申报立项都是由股份合作公司(继受单位)发起立项申请,并且需召开董事会、监事会、集体资产管理委员会对申报立项事宜进行决议;第二,项目可行性研究工作都是由辖区街道办组织开展,由其编制利益统筹项目可行性研究方案(报告);第三,光明区关注到利益统筹项目涉及第三方权利主体的意愿征集问题,并对此作出了规定。

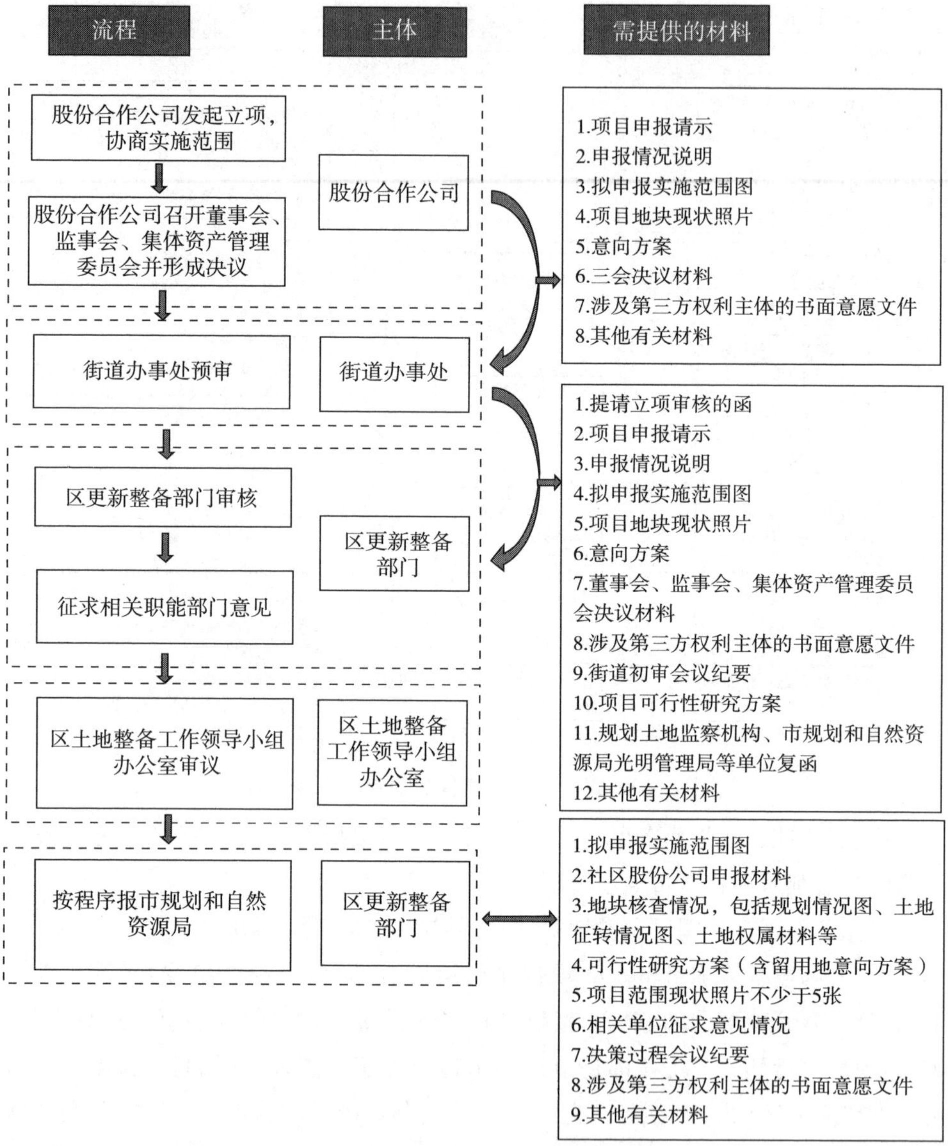

图3－4　光明区利益统筹项目申报立项流程

六、利益统筹项目申报材料

按照《龙华区土地整备利益统筹项目计划申报指引(试行)》,利益统筹项目申报立项需提供如下资料。

1. 申请书。

2. 项目范围图（应包括项目范围的空间位置及坐标、未完善征（转）地补偿手续的用地范围、规划地块边界等信息）。

3. 建筑物信息图（应包含项目范围内所有建筑物平面位置、结构、建筑量等信息）。

4. 董事会、监事会、集体资产管理委员会决议证明材料。

5. 现状建设情况的近期照片 3 至 5 张。

6. 项目可行性研究报告。报告应说明：(1)项目范围内及项目所在社区整村土地权属情况及现状建设情况；(2)项目开展的必要性、可行性分析评估；(3)预判项目范围划定的合理性；(4)对范围内现有规上企业的安置（如存在规上企业的情况）、正在实施房屋征收和土地整备项目的影响等方面进行说明；(5)提出项目对完善片区城市基础设施和公共服务设施或拓展产业发展空间的作用与意义，与周边其他城市更新项目的关系及统筹建议；(6)就存在的问题提出相关建议；(7)其他认为必要的情况说明。

按照《光明区土地整备利益统筹项目计划申报指引（试行）》（征求意见稿），光明区利益统筹项目申报立项需提供如下材料：

(1)社区股份合作公司提请项目申报的请示。

(2)申报情况说明。

(3)拟申报实施范围图（CAD 及 PDF 格式各一份，并使用2000 国家大地坐标系）。

(4)项目地块现状照片不少于 5 张。

(5)意向方案。

(6)董事会、监事会、集体资产管理委员会决议材料。

(7)如项目范围内涉及第三方主体掌控的国有已出让用地的，原则上应提供相关权益人意愿征集书面文件。

(8)如项目范围内涉及三方征地的，原则上应提供三方征地相关权益人用地处置意愿的书面承诺文件。

(9)辖区街道办事处领导班子（联席会议）会议或街道土地整备工作领导小组会议会议纪要。

(10)项目可行性研究方案（内容应当包括项目背景、实施范围、土地和建筑物权属及利用现状、规划情况、留用地指标核算及土地分配方案、留用地规划功能与开发强度初步分析,货币补偿方案、经济可行性论证等方面的具体情况分析)。

(11)规划土地监察机构关于项目实施范围内涉及行政处罚建筑物核查的复函。

(12)市规划和自然资源局派出机构关于项目地块土地信息核查的函件。

(13)区更新整备部门认为需要提供的其他必要材料。

七、利益统筹项目的计划调整及退出

(一)常态申报机制和定期调整机制

土地整备年度计划调整实行常态申报机制和定期调整机制。各区可根据土地整备工作实际情况,逢单月份提出一次土地整备专项计划项目调整申请。土地整备项目调整由市规划和自然资源部门统筹确定后报市政府备案,土地整备利益统筹项目调整由市规划和自然资源部门统筹后报市政府审批。项目实施范围年度内调整优化部分的面积不超过原项目实施面积20%的,不视作项目调整情形,但需将调整后范围报送市规划和自然资源部门。

各区在此基础上,细化了利益统筹项目的土地整备年度计划调整和退出的规定。

(二)利益统筹项目的土地整备年度计划调整

1. 调整条件

利益统筹项目的土地整备年度计划调整需符合两个条件:一是因公共利益、规划统筹、项目实施等需要;二是土地整备年度计划调整后仍应保障实施范围内公共配套的服务水平、用地的完整性以及项目的可实施性。

2. 调整的申请主体

需进行土地整备年度计划调整的利益统筹项目应由继受单位书面提出项目调整申请。(见表3-3)

表3-3 申请主体

情形	审批层级
项目调整范围不超过原项目实施范围面积的10%	辖区街道办事处对项目调整情况进行审定,并将调整资料报送区领导小组办公室备案

续表

情形	审批层级
项目调整范围超过原项目实施范围面积的10%,不超过原项目实施范围面积的20%	由辖区街道办事处对项目调整情况进行初审,并报区领导小组办公室审定
项目调整范围超过原项目实施范围面积的20%	项目调整情况经区领导小组会议审议通过后,按程序上报审批

3. 计划调整的其他要求

已签订土地整备资金拨付协议书,已支付该项目部分补偿资金的,在调整项目范围时,原则上范围只增不减。对于调减范围项目,须提供相关地块的结算资料(包括资金使用情况及项目完成情况的说明)。

(三)利益统筹项目退出土地整备年度计划

1. 退出土地整备年度计划的条件

利益统筹项目退出土地整备年度计划需考虑两个条件:(1)退出计划是因公共利益、规划统筹、项目实施等需要;(2)项目实施方案已经区领导小组审议的原则上不得申请退出年度土地整备计划。

2. 退出土地整备年度计划的要求

纳入土地整备年度计划的项目,申报退出计划时,应由申报主体明确项目范围内相关权利人的利益关系并作出相应承诺,经股份合作公司董事会、监事会、集体资产管理委员会同意后,向区土地整备部门提交退出申请书,详细说明计划退出理由,按程序报市规划和自然资源部门审定。

第二节 利益统筹项目计划申报五大疑难问题分析

从政策的规定来看,利益统筹项目是由继受单位作为申报主体,向辖区街道办提起申请,辖区街道办向上层报。这过程看似程序明确、简单,但实际上由于政策上的不明确、制度的探索性,利益统筹项目计划申报阶段其实还存在许多疑难未决的问题。

如果对这些前期问题没有清楚的认识及准备,后续项目实施过程中很可能就猝不及防地踩雷。因此，无论是民企拟投资拓展的项目，还是政府主导、国企运营的项目，都需要格外重视利益统筹项目的计划申报立项工作。

笔者结合自身研究及实务经验，总结了如下5个利益统筹项目计划申报疑难问题：计划申报主体如何确定，计划申报是否需征集意愿，计划申报是否需核查土地信息，计划立项前能否提前拆除建筑物及计划申报审批行为是否可诉。本节对上述5个问题进行研究分析。

一、计划申报主体如何确定

（一）继受单位申报或政府申报

市级文件没有明确规定利益统筹项目计划申报由谁负责提起。龙华及光明两区关于计划申报的规范性文件均规定，利益统筹项目计划由涉及的继受单位申报。涉及多个继受单位的，可以委托同一个继受单位申报。实务操作中，既存在由继受单位申报、政府审批的模式，也存在政府单方确定纳入年度土地整备计划项目范围的模式。前种模式以民企投资运营的项目为主，后种模式以政府主导、国企运营的项目为主。

利益统筹项目究竟应依申请，还是依职权单方纳入年度土地整备计划？究竟是由继受单位申报，还是由政府部门申报？笔者认为这取决于利益统筹项目的目的与性质。

笔者在“深圳土地整备利益统筹概念之辨析”一节分析认为，目前的利益统筹项目在目的上具有公益性和营利性，在行为性质上具有行政性与市场性，是由一系列行政行为、民事行为构成的国有土地一级开发活动。

首先，行为具有行政性，意味着相关行政行为就必须遵循“法无授权即禁止”的原则。也就是说，如果没有明文规定，政府部门不得在未经土地权利人同意的情况下，单方将集体用地、其他合法用地纳入年度土地整备计划。

其次，利益统筹项目并非单纯为了公共利益，同时也兼备营利性，意味着不管是在立法（政策制定层面），还是在释义（政策解释层面）上，都不能规定或解读为政府可单方将集体用地、其他合法用地纳入年度土地整备计划，否则有违行政合理性原则中的正当原则。简单直接地说，如果在利益统筹项目具有营利性情况下，允许政府未经土地权利人同意，单方将利益统筹项目纳入年度土地整备计划，与政府进行社会管理、提供公共服务的目的不符，容易滋生腐败问题。

综上，笔者认为，现行制度框架下的利益统筹项目应由继受单位申报，由政府依申请对计划立项申报进行审批。

(二)继受单位申报或其他市场主体申报

利益统筹项目能否由土地权利人(包括继受单位在内)委托其他市场主体申报计划呢?

就目前的利益统筹政策而言,只允许继受单位之间委托申报,不允许委托非继受单位的其他市场主体受委托申报计划。笔者认为,在利益统筹项目的实施对象进一步扩大之前,确实不适宜由其他市场主体申报计划。因为后续涉及政府与继受单位“算大账”、签订实施协议书等事宜,如果由其他市场主体受继受单位的委托申报计划,容易造成程序上的混乱。

但是,在实际操作中,目前大部分的利益统筹项目虽然名义上是由继受单位申报计划,实际上都是由意向合作方全程跟进或者政府主导计划申报立项工作。意向合作方的提前介入,一方面有利于提前“占坑位”,另一方面可提前调查摸底项目中的情况(包括土地、建筑物现状及权属情况、相关主体间的人际关系情况)。

结合之前征求公众意见的《深圳市土地整备利益统筹办法》,由于利益统筹项目的实施对象扩大,不再限定以继受单位及其成员实际掌控用地为主要实施对象,故未来有可能会因实施目的、实施模式的不同,导致利益统筹项目的计划申报主体呈现出多样化的局面。比如,以落实公共项目为目的的,由政府依职权单方申报;以盘活存量低效用地开发建设为目的的,由市场主体间联合委托单一主体申报。

二、计划申报是否需征集意愿

按照现行利益统筹政策,利益统筹项目计划申报无须专门征集申报意愿。但是,现在的利益统筹项目一般都是以继受单位及其成员实际掌控用地为主要实施对象,并且由继受单位申报计划,故实际上已经得到继受单位的同意。结合龙华区及光明区的规定,利益统筹项目计划申报只需继受单位召开董事会、监事会、集体资产管理委员会决议,无须股东(代表)大会决议,能否据此认为已经按程序取得继受单位成员同意呢?笔者认为不能。利益统筹项目计划申报涉及继受单位及成员的重大利益,应经股东(代表)大会进行决议,方可认定已按程序取得继受单位成员同意。

结合目前利益统筹项目实务及未来利益统筹新政,利益统筹项目实施范围在不断扩大。是否需专门征集其他权利人意愿,成为利益统筹项目无法回避的问题。光明区就此作了探索,在《光明区土地整备利益统筹项目计划申报指引(试行)》(征求意见稿)中规定,利益统筹项目涉及三方征地、非继受单位的国有已出让用地的,需提供意愿征集证明材料。笔者认为,该种做法是符合法理的。如前所述,利益统筹项目在目的上具有公益性和营利性,在行为性质上具有行政性与市场性。政府或者继受单位不得未经他人同意,擅自将他人拥有的土地纳入利益统筹项目,否则有违基本的法理(行政法上的正当原则及民法上的私人财产不得侵犯及自愿原则)。

既然利益统筹项目需征集意愿,那是只需要征集土地权益人的意愿,还是土地及建筑物权益人的意愿都要征集?在哪个时间节点征集?按照什么程序进行征集?意愿征集的比例要求如何?这些问题目前政策均无规定。笔者就此仅作一探讨。

第一,对于意愿征集对象问题。如果参照目前城市更新的做法,则土地及建筑物权益人意愿都需要征集。但是,笔者认为在利益统筹项目中征集土地权益人的意愿即可。如此认为主要是基于土地权益人与建筑物权益人之间的关系。

对于非集体用地上的建筑物,包括已办理产权证及未办理产权证两种情形。已办理产权证的建筑物与所占土地权益人往往相同,故征集土地权益人意愿相当于征集了建筑物权益人意愿;未办理产权证的建筑物与所占土地权益人往往不同,两者存在经济利益关系需厘清。作为土地权益人有权选择直接协商厘清或者在利益统筹项目搬迁补偿安置阶段协商厘清,故仅征集土地权益人意愿并未改变建筑物权益人与土地权益人之间的关系,亦未减损建筑物权利人的利益。

对于集体用地[包括非农建设用地、征地返还用地、旧屋村用地、未完善征(转)地补偿手续用地]上的建筑物,如果已办理产权证且建筑物权益人与集体用地权益人不一致(经常出现在"两规"用地与非农建设用地等重叠的场合),则需单独征集建筑物权益人(同时也是所占土地权益人)的意愿;如果未办理产权证,则建筑物权益人与集体用地权益人之间存在经济利益关系需厘清,该情形与前述建筑物权益人与非集体用地权益人的关系相同,可仅征集集体土地权益人意愿。需要特别说明的是,对于已征未完善出让手续用地,由于征集征地补偿实施方已经厘清其与继受单位之间的征地补偿关系,仅是未完善出让手续,所以宜征集土地权益人的意愿。

简单而言,如果是已经办理产权证的建筑物,需单独征集其意愿;如果是未办理产权证的建筑物,则征集土地权益人意愿即可。

第二,对于意愿征集时点问题。意愿征集是为了解决利益统筹项目申报立项是否与权益人意愿相一致的问题,故应在向辖区街道办提起利益统筹项目计划立项申请前完成意愿征集工作。

第三,对于意愿征集程序问题。为了保证意愿征集的真实性、合法性,利益统筹项目申报主体收集相关权益人意愿证明材料后,应报辖区街道办审查,审查通过后公示,公示无异议或者异议不成立,则视为完成意愿征集工作。

第四,对于意愿征集比例问题。利益统筹项目申报立项对土地权益影响重大,笔者认为意愿征集比例需要占绝对多数,至少需要达到2/3。意愿征集比例可以作为利益统筹项目纳入年度土地整备计划的必要性、可行性的重要依据。

三、计划申报是否需核查土地信息

按照现行利益统筹政策的规定,实务操作中一般在利益统筹项目纳入年度土地整备计划后、实施方案编制前,开展土地信息核查工作。由于在利益统筹项目计划申报立项前未开展正式的土地信息核查工作,后续容易出现土地信息错误的问题,包括土地权属主体有误、土地权属存在争议,轻者导致后续需不断调整项目范围,重者影响整个项目的规划安排,经济可行性分析严重偏离预期,面临项目烂尾的风险。因此,笔者建议如下。

第一,将土地信息核查工作前置到利益统筹项目计划申报审查环节,确保土地信息的准确性。

第二,意向合作方在前期介入利益统筹项目申报立项工作过程中,切勿只听取继受单位的单方言辞,要注意多方了解、多渠道调查项目范围内土地的权属及历史情况。避免后续因土地权属争议或存在多个权属主体,影响项目可行性或增加项目成本。

四、计划立项前能否提前拆除建筑物

根据《市规划国土委关于规范土地整备土地信息核查及现状容积率核算工作的通知》的规定,已纳入土地整备计划的土地整备利益统筹项目,因政府工程项目建设需要将范围内现状建筑物先行拆除移交政府的,经区政府同意后依据拆除前的相关测绘数据确认现状建筑面积。由此可见,政策上允许在利益统筹项目纳入年度土地整备计划后,签订搬迁补偿安置协议并移交被搬迁物业前,先行拆除项目范围内的建筑物,并移交土地给政府用于市政工程建设。提前拆除的建筑物可计入现状建筑面积,不影响相关资金及指标核算。但是,在纳入土地整备计划前,意向申报的利益统筹项目能否提前拆除建筑物,提前拆除的建筑物及提前移交的土地能否作为核算土地整备资金及留用土地指标的基数,存在疑问。

理论上,既然利益统筹项目尚未纳入土地整备计划,则不存在核算土地整备资金及留用土地指标的前提。不过,实务中为了解决市政工程建设用地紧急的问题,同时提高不动产权益人配合的积极性,创设如下模式:由辖区街道办或土地整备部门与继受单位、意向开发主体(或建筑物权益人)签订三方协议,约定继受单位、意向开发主体或建筑物权益人(意向开发主体通常已经提前收购项目范围内的被搬迁物业)配合将市政工程所需用地提前拆除建筑物并移交给政府使用,后续辖区街道办或土地整备部门在职权职责范围内支持、配合继受单位将土地纳入利益统筹项目实施范围申报年度土地整备计划。如后续顺利纳入年度土地整备计划,则由项目搬迁人按照市场标准对建筑物权益人进行补偿;又如后续无法纳入年度土地整备计划,则由辖区街道办按照房屋征收标准对建筑物权益人进行补偿。该种模式既可解决市政工程建设用地问题,又可保障建筑物权益人补偿权益不落空,属于利益统筹与常规土地整备的联动实施。具体关系如图 3－5 所示。

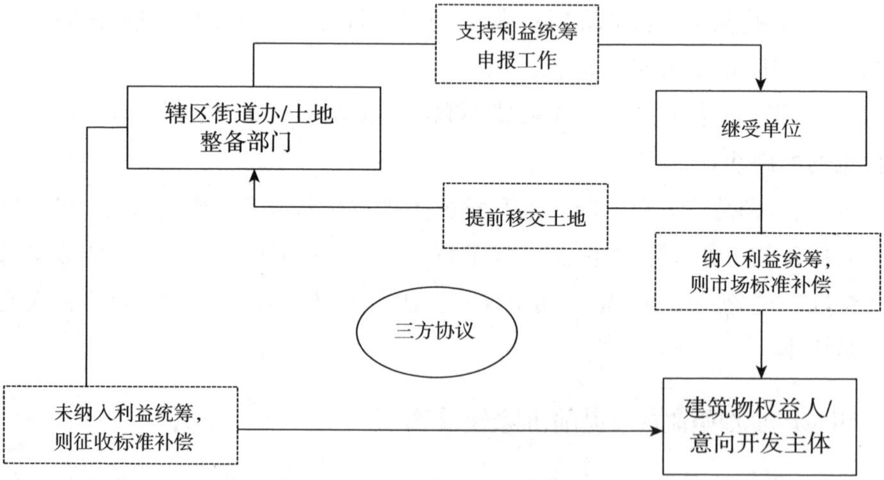

图 3－5 利益统筹与常规土地整备的联动关系

五、计划申报审批行为是否可诉

随着实务中利益统筹项目实施对象的不断扩大,许多非继受单位及其成员拥有的国有已出让用地,未经权利人同意即被纳入利益统筹项目实施范围。许多土地使用权人纷纷对此提出异议,诉求跳出利益统筹项目实施范围。

如前所述,无论是在现行利益统筹政策框架下,还是在未来的利益统筹新政中,未经权利人同意,就将土地纳入项目实施范围,是存在合法性问题的。但是,在此场合下,土地权利人是否有权直接就计划申报审批行为提起行政诉讼呢?这涉及计划申报审批行为的可诉性问题。

首先,我们先简单梳理一下利益统筹项目计划申报立项流程:继受单位申请(或辖区街道办商区土地整备部门划定)—辖区街道办初审—区土地整备部门审查、汇总—区政府名义报市规划和自然资源部门审议—市政府批准—市规划和自然资源部门公告。可见,无论是依申请审批,还是依职权审批,利益统筹项目计划申报立项过程包含了各个行政主体一系列的行政行为。从终局性和对外效力的角度来看,只有市规划和自然资源部门的公告是整个项目计划申报立项过程中产生对外效力且具有终局性的行政行为:公告后,在计划中的利益统筹项目可按程序启动后续工作;不在计划中的土地则不能按照利益统筹政策实施相关工作。因此,如果计划申报审批行为可诉,也仅有市规划和自然资源部门的公告行为可诉,辖区街道办初审、区土地整备部门审查及市政府内部批准的行为并不可诉。

其次,虽然市规划和自然资源部门的公告行为在利益统筹项目申报立项阶段是终局性行为,但就利益统筹项目整个实施流程来看,项目计划申报立项仅是利益统筹项目实施活动过程中的一个环节。因此,市规划和自然资源部门公告年度土地整备计划的行为仅是利益统筹项目实施活动中的一个过程性行为,对后续是否真的会实施利益统筹并无确定、终局性的意义。也就是说,纳入了年度土地整备计划,不代表必然会启动利益统筹工作。

最后,正因为利益统筹项目计划申报立项不代表必然会启动利益统筹工作,相关土地权利人仍可正常占有、使用土地并获得相应收益,所以土地纳入利益统筹项目实施范围,列入年度土地整备计划,不会对土地权利人的权利义务产生实质性影响。

根据《最高人民法院关于适用〈中华人民共和国行政诉讼法〉的解释》第一条第二款第六项及第十项的规定,行政机关为作出行政行为而实施的准备、论证、研究、层报、咨询等过程性行为,以及对公民、法人或者其他组织权利义务不产生实际影响的行为不属于人民法院行政诉讼的受案范围,笔者倾向认为利益统筹项目计划申报审批行为不可诉。

虽然利益统筹项目计划申报审批行为不可诉，但笔者认为土地权利人仍有权利救济路径。具体救济路径可结合土地权利人诉求而定。

权利人不同意将自己的土地纳入利益统筹项目实施范围的，可向市规划和自然资源部门申请将自己拥有的土地调出土地整备计划实施范围。市规划和自然资源部门答复不同意的，该答复行为属于对土地使用权人权利义务产生实质性影响的终局性行为。因此，如果对该答复行为不服，可就该答复行为提起行政诉讼。

权利人同意将自己的土地纳入利益统筹项目实施范围，但对补偿方式、补偿结果不服的，由于利益统筹项目“算细账”阶段是通过平等自由协商方式厘清经济利益关系，故可通过协商方式与搬迁人确定补偿方式及补偿结果。未经协商一致，搬迁人擅自强制搬迁、拆除建筑物的，可就搬迁人的违法搬迁、拆除行为提起民事诉讼，追究其民事责任，涉嫌犯罪的，可向公安机关报案，追究其刑事责任。

六、小结

本节对利益统筹项目计划申报立项阶段涉及的5个疑难问题进行研究分析，认为在现行制度框架下的利益统筹项目应由继受单位申报，由政府依申请对计划立项申报进行审批，未来有可能会因实施目的、实施模式的不同，导致利益统筹项目的计划申报主体呈现多样化的局面。虽然目前没有关于利益统筹项目征集意愿的专门规定，但是结合利益统筹项目的目的及性质，笔者建议未来制定政策明确规定，在利益统筹项目计划申报立项前征集土地权益人意愿。为了确保意愿征集对象的准确性，建议在申报立项前核查土地信息。如果土地权益人认为利益统筹项目申报审批行为违法，笔者认为土地权益人无权直接就该审批行为提起行政诉讼，但可通过申请将土地调出土地整备计划或与搬迁人协商补偿的方式实现权利救济。

第四章
利益统筹项目“算大账”阶段

利益统筹项目“算大账”阶段以政府为主导，存在大量的行政行为，政府土地整备主管部门高度重视相关行政行为的合规性及法律风险问题。同时利益统筹项目“算大账”的结果直接关系利益统筹项目“利益蛋糕”的大小。

第一节　利益统筹项目“算大账”概述

一、利益统筹项目“算大账”的概念

何为利益统筹项目“算大账”？现行利益统筹政策并无明确定义。《深圳市土地整备利益统筹项目管理办法》（深规土规〔2018〕6 号）第四条第一款规定：“在利益统筹项目范围内，政府与原农村集体经济组织继受单位‘算大账’，通过资金安排、土地确权、用地规划等手段，集约节约安排土地，保障城市建设与社区发展空间需求。”结合政策规定及实务操作来看，笔者认为，利益统筹项目“算大账”是指政府在利益统筹项目列入年度土地整备计划后，按照规定程序，就继受单位后续负责补偿、安置相关权益人及清理、移交土地的行为，通过资金安排、留用土地（指标）的手段平衡政府与继受单位之间利益的行政活动。利益统筹项目“算大账”具有如下特点。

第一，利益统筹项目“算大账”应在利益统筹项目列入年度土地整备计划，也就是计划申报立项成功之后进行。

第二，利益统筹项目“算大账”应按照规定程序进行，包括从土地信息核查、测

绘、评估、实施方案编制、审议、审批到实施协议书签订等。

第三,利益统筹项目"算大账"的本质是对继受单位负责"算细账"等工作的利益补偿。从经济利益的角度,政府和继受单位"算大账"与继受单位负责"算细账"工作两者互为对价:政府之所以愿意和继受单位"算大账",是因为继受单位同意负责"算细账"工作;继受单位之所以同意负责"算细账"工作,是因为政府愿意与其"算大账"。一言以蔽之,即《深圳市土地整备利益统筹项目管理办法》(深规土规〔2018〕6 号)所称的"利益统筹"。

第四,利益统筹项目"算大账"主要依靠资金安排和留用土地(指标)两种手段。留用土地包括留用土地规模、选址、规划、地价等内容。

第五,利益统筹项目"算大账"的目的在于平衡政府与继受单位之间的利益。

第六,利益统筹项目"算大账"在性质上属于政府主导组织实施的行政活动。

二、利益统筹项目"算大账"的流程

利益统筹项目"算大账"是在利益统筹项目列入年度土地整备计划之后进行的。一般由辖区街道办启动利益统筹项目"算大账"工作。具体流程如图 4 - 1 所示。

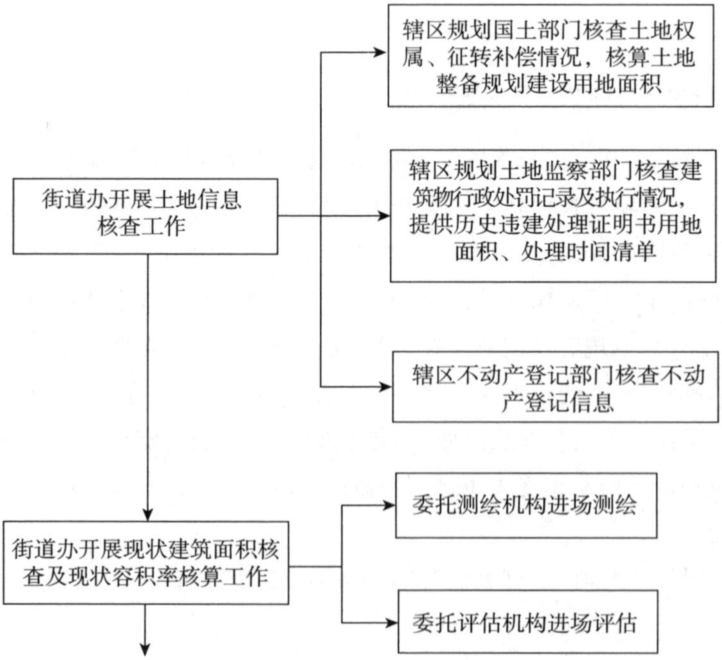

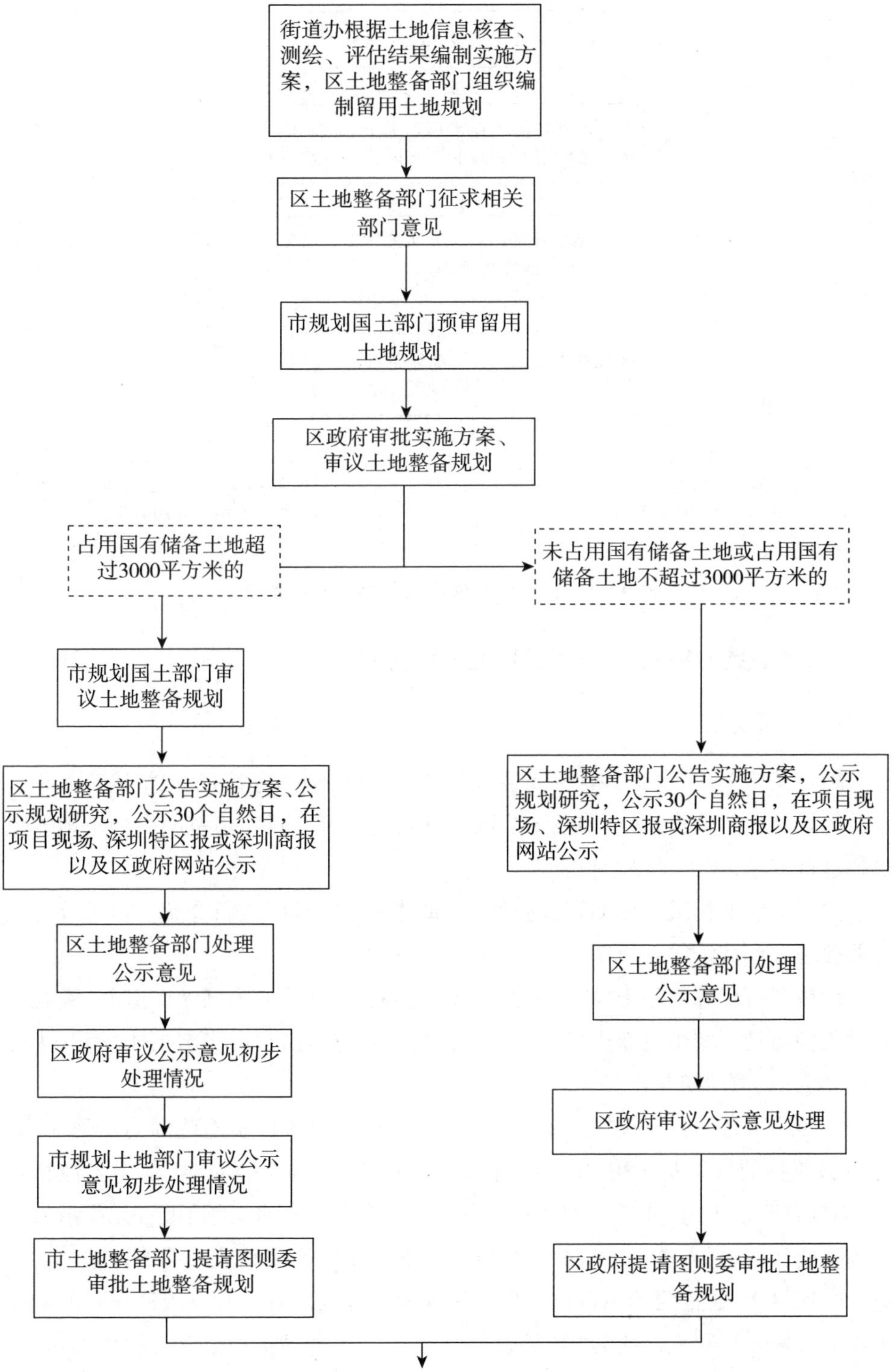
街道办根据土地信息核查、测绘、评估结果编制实施方案，区土地整备部门组织编制留用土地规划
区土地整备部门征求相关部门意见
市规划国土部门预审留用土地规划
区政府审批实施方案、审议土地整备规划
占用国有储备土地超过3000平方米的
未占用国有储备土地或占用国有储备土地不超过3000平方米的
市规划国土部门审议土地整备规划
区土地整备部门公告实施方案、公示规划研究，公示30个自然日，在项目现场、深圳特区报或深圳商报以及区政府网站公示
区土地整备部门处理公示意见
区政府审议公示意见初步处理情况
市规划土地部门审议公示意见初步处理情况
市土地整备部门提请图则委审批土地整备规划
区土地整备部门公告实施方案，公示规划研究，公示30个自然日，在项目现场、深圳特区报或深圳商报以及区政府网站公示
区土地整备部门处理公示意见
区政府审议公示意见处理
区政府提请图则委审批土地整备规划

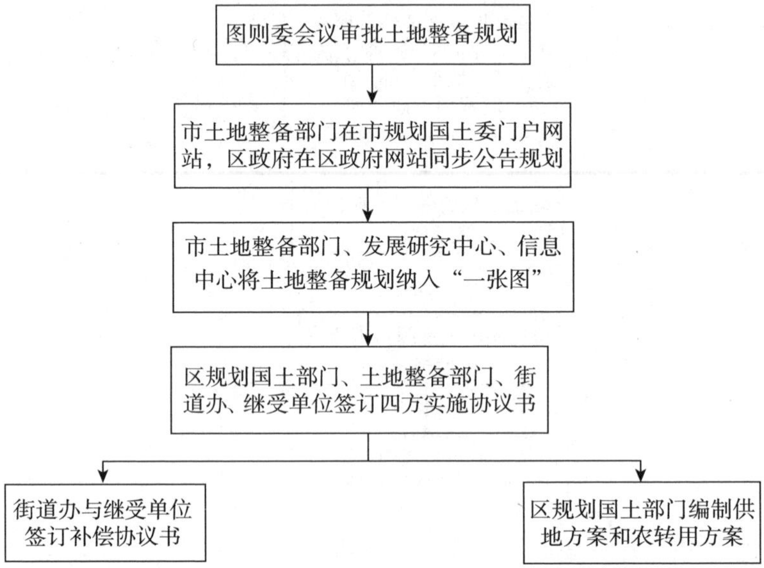

图 4－1　利益统筹项目“算大账”具体流程

三、利益统筹项目“算大账”相关书面材料

（一）测绘报告

项目实施单位（一般为辖区街道办事处）开展土地信息核查、现状建筑面积核查及现状容积率核算，必须委托测绘机构对利益统筹项目实施范围内的土地及建筑物进行测绘，并出具测绘报告。

关于测绘的相关基础知识，笔者将会通过专门的章节进行介绍。本部分主要简要梳理在利益统筹项目中测绘报告的注意事项。

1. 在利益统筹项目中，测绘报告由项目实施单位（通常为辖区街道办）委托的测绘机构出具。城市更新项目中的测绘报告一般都是由意向实施主体（通常为开发商）委托的测绘机构出具。

2. 测绘报告的作用仅在于定量，即确定利益统筹项目实施范围内土地面积、建（构）筑物的数量及面积，用于核算现状容积率、土地整备资金、留用土地指标等，不具有确定土地、建（构）筑物权属的效力及作用。因此，测绘报告无须由权利人签字确认，权利人签字确认的测绘报告也不能作为证明物业权属的证据。在利益统筹项目中，通常测绘报告上不会注明权利人是谁。有些利益统筹项目的测绘报告上将物业权利人注明为“某某股份合作公司”，这是不规范并且错误的做法。

物业权利人最终只能依据物业权益核实结果而定。

3. 实务中存在利益统筹项目实施范围红线压占建筑物的可能。虽然测绘报告会体现整栋建筑物的测绘数据，但同时也会注明位于红线范围内、外各自的面积数据。该问题影响后续对继受单位土地整备资金（直接补偿费）的核算及对物业权益人的补偿。位于红线范围外的面积无法作为土地整备资金核算基数，但从厘清经济利益关系的角度，在利益统筹项目“算细账”阶段，继受单位就红线内外的面积一般都需给予补偿。

4. 辖区街道办事处委托测绘机构出具的测绘报告，不仅是利益统筹项目“算大账”的依据，而且是后续利益统筹项目“算细账”的重要依据。利益统筹项目“算大账”阶段以辖区街道办事处委托测绘机构出具的测绘报告为依据，到了利益统筹项目“算细账”阶段，继受单位仍需以前述测绘报告为准进行补偿，不得另行委托测绘机构出具测绘报告。必须保证利益统筹项目“算大账”与利益统筹项目“算细账”测绘数据的一致性，否则将直接影响后续的搬迁补偿安置协议备案工作。

5. 测绘报告是未来核实物业权益人的基础。这并非指测绘报告是物业权益人的证明材料，而是指未来必须核实、确认测绘报告所体现的所有土地、建（构）筑物的权益人，不能有所遗漏。

（二）评估报告

为确定利益统筹项目“算大账”阶段需支付给继受单位的土地整备资金（直接补偿费），需由辖区街道办事处委托评估机构按照利益统筹政策规定的标准开展评估工作，并出具评估报告。该评估报告是辖区街道办事处编制实施方案及后续签订实施协议书、补偿协议书的依据。

关于评估的相关基础知识，笔者将会通过专门的文章与测绘相关基础知识一并进行介绍。本部分主要简要梳理在利益统筹项目中评估报告的注意事项。

1. 在利益统筹项目中，评估报告一般由辖区街道办事处委托的评估机构出具。

2. 评估报告的作用仅在于定价，即确定参与土地整备资金核算的土地、建（构）筑物价值，不具有确定土地、建（构）筑物权属的效力及作用。

3. 评估报告上的数据有可能与测绘报告上的数据有所出入。因为测绘报告是对整个利益统筹项目实施范围内土地、建（构）筑物的测绘，但项目范围内的个别土地、建(构)筑物可能由于不符合政策规定,无法纳入土地整备资金(直接补偿费)核算范围。另外,评估机构会对利益统筹项目范围内的青苗进行清点,通过评估报告确定青苗的数量。该青苗部分的数据是核实确认青苗权益人的基础,未来必须核实、确认评估报告上青苗的权益人。

(三)实施方案及相关公告公示文件

根据《深圳市土地整备利益统筹项目管理办法》(深规土规〔2018〕6 号)第十二条的规定,利益统筹项目需要编制实施方案。以下简要梳理、分析与实施方案相关的内容。

1. 实施方案的编制要求

《深圳市土地整备利益统筹项目管理办法》(深规土规〔2018〕6 号)第十二条笼统规定,实施方案包括资金方案和留用土地方案。留用土地在项目范围内安排的,留用土地方案中应明确留用土地的位置、规模、用途和规划控制指标。留用土地在项目范围外安排的,留用土地方案应明确留用土地的指标类别、规模和安排方案。

目前,对实施方案(含留用土地规划)编制要求进行具体规定的,主要是利益统筹项目试点时期 2016 年出台的《土地整备利益统筹试点项目实施方案编制技术指引(试行)》、《深圳市土地整备规划编制技术指引(试行)》以及利益统筹项目全面实施时期 2018 年出台的《市规划国土委关于规范土地整备规划审批有关事项的通知》(深规土〔2018〕805 号)。

《土地整备利益统筹试点项目实施方案编制技术指引(试行)》规定,实施方案主要是对利益统筹项目的项目概况、整备方式、工作职责分工与计划、土地分配方案、货币补偿方案(现在也称资金方案)、留用土地方案、土地验收与移交方案、效益分析与风险评估等内容进行明确。

《深圳市土地整备规划编制技术指引(试行)》规定以下内容。

(1)土地整备规划编制主要包括如下内容:土地分配(确定留用土地、移交政府用地的规模及选址范围)、留用土地规划(用地功能、开发强度、公共服务设施等)、总体控制要求及规划实施。土地整备规划的强制性内容主要包括:①留用土地、移交政府储备用地的规模及选址范围;②留用土地规划主导用地功能、总建筑规模以及配套设施的规模;③规划范围内需调整及优化的市、区级配套设施规划控制要求。

(2)土地整备规划的成果包括技术文件和管理文件。技术文件一般包括规划研究报告和技术图纸两部分,其中规划研究报告还应包括专项研究。管理文件则由文本和图则组成。

(3)土地整备规划的编制须由具备乙级及以上规划设计资质的规划编制机构或区属具有规划编制职能的事业单位承担。

(4)土地整备规划编制应达到法定图则的深度。

(5)土地整备规划编制过程中形成区域位置图、实施范围图、土地权属核查图、留用土地选址范围图及地块划分与指标控制图等图纸。

《市规划国土委关于规范土地整备规划审批有关事项的通知》(深规土〔2018〕805 号)第二条规定:土地整备规划的编制应符合土地利用总体规划、城市总体规划,遵循多方参与、协商谈判、面向实施的原则,并满足以下技术要求。

(1)规划研究范围原则上以规划道路、自然山体、河道等为边界,并综合考虑片区功能完整性、系统性和项目可实施性。

(2)留用土地的规划用途以生效规划的主导功能为依据,结合项目实施要求等因素确定。

(3)项目实施范围内生效规划确定的公共服务设施、城市基础设施、城市绿地等公共利益用地总量不得减少。

(4)规划编制应符合基本生态控制线、城市蓝线、城市橙线、城市黄线、城市紫线的相关管理要求。

2. 实施方案的性质

结合实施方案编制的主体、目的及内容来看,笔者认为,实施方案应属于法定行政主体编制用于指引政府相关部门开展具体某个利益统筹项目实施工作的内部性文件。也就是说,实施方案不存在因外化对公民、法人或其他组织权利义务产生实质性影响的问题,公民、法人或其他组织对该实施方案内容不服的,无权据此提起行政诉讼。

虽然《土地整备项目审批工作规程》及《市规划国土委关于规范土地整备土地信息核查及现状容积率核算工作的通知》(深规土〔2018〕859 号)均规定需要公告实施方案、公示及公告土地整备规划,但上述文件同时也明确实施方案公告内容包括项目名称、实施范围以及补偿总金额。实务操作中,也仅是公告实施方案主要内容,不会将实施方案全文公告。因此,只能说实施方案公告的内容具有对外效力,不能说实施方案本身具有对外效力。

3. 经批准的土地整备规划的效力

《深圳市城市规划条例》第八条第三款规定:"经市规划委员会授权,法定图则委员会可以行使法定图则审批权。"按照《市规划国土委关于规范土地整备规划审批有关事项的通知》(深规土〔2018〕805 号)及《市城市规划委员会关于市城市规划委员会法定图则委员会审议土地整备规划有关事项的通知》(深规委秘〔2018〕2号)的规定,图则委根据深圳市城市规划委员会的授权对土地整备规划进行审批。按照《深圳市土地整备规划编制技术指引(试行)》的规定,土地整备规划编制应达到法定图则的深度。经批准的土地整备规划作为规划管理的依据,公布后纳入城市规划"一张图"。土地整备规划审批的结果,实质上是对已生效法定图则的调整和修改,故经批准的土地整备规划具有与法定图则同等的效力。

(四)实施协议书

《深圳市土地整备利益统筹项目管理办法》(深规土规〔2018〕6 号)第十三条第一款规定:"依据经批准的实施方案和土地整备规划,区土地整备事务机构、街道办事处、规划国土主管部门派出机构与原农村集体经济组织继受单位签订利益统筹土地整备项目实施协议书,明确项目实施时序、土地整备资金、移交政府土地范围、留用土地安排方式和留用土地指标规模等相关内容。"

该实施协议书俗称"四方协议"。部分行政区就实施协议书制定了模板,主要内容包括项目范围、留用土地安排、指标规模、移交政府土地范围、土地整备资金、实施时序(签订项目补偿协议、土地清理及移交、留用土地批复、办理用地出让手续)、协议四方的职责。如果说实施方案属于行政主体编制用于指引政府相关部门开展具体某个利益统筹项目实施工作的内部性文件,那么实施协议书就属于相关利害关系主体签订的用于明确继受单位可得利益总账,以及各方在利益统筹项目中权利义务的外部性文件。实施协议书由于继受单位的加入而具有对外效力。

(五)补偿协议书

实施协议书签订后,由辖区街道办事处与继受单位依据实施方案及实施协议书、测绘、评估结果,分别就土地、地上建(构)筑物、青苗签订补偿协议书,明确补偿数额、支付期限。政府与继受单位据此厘清利益统筹项目"算大账"中土地整备资金(直接补偿费)经济利益关系。

四、利益统筹项目“算大账”的重要性

如前所述，可知利益统筹项目“算大账”作为以行政主体为主导的行政活动，对整个利益统筹项目实施具有奠基性的影响，主要体现在如下方面。

一是直接影响物业权益人核实工作。由于利益统筹项目搬迁人须厘清项目范围内所有土地、建（构）筑物、青苗等的经济利益关系，所以必须以利益统筹项目“算大账”阶段的测绘报告、评估报告为基础，完成所有土地、建（构）筑物、青苗等的权益人核实工作。另外，现行政策要求在实施方案报区政府审批前开展相关权益人核实工作。

二是直接影响后续利益统筹项目“算细账”阶段的搬迁补偿安置工作。后续利益统筹项目“算细账”阶段的搬迁补偿安置工作必须以利益统筹项目“算大账”阶段的测绘报告、评估报告为基础，确保利益统筹项目“算细账”的补偿标的能涵盖利益统筹项目“算大账”阶段测绘报告、评估报告所涉及的标的。

三是直接关系到继受单位可以获得的利益，包括土地整备资金（直接补偿费）及留用土地的价值，直接影响留用土地的选址、规划用途、开发强度等。这对继受单位、意向开发主体、被搬迁人未来可获得的利益影响甚大。

五、小结

利益统筹项目“算大账”是指政府在利益统筹项目列入年度土地整备计划后，按照规定程序，就继受单位后续负责补偿、安置相关权益人及清理、移交土地的行为，通过资金安排、留用土地（指标）的手段平衡政府与继受单位之间利益的行政活动。在该阶段涉及测绘报告、评估报告、实施方案及土地整备规划、实施协议书、补偿协议书等文件，其中测绘报告、评估报告、实施方案及土地整备规划尤为重要。利益统筹项目“算大账”对整个利益统筹项目实施具有奠基性的影响，因此各方主体都会并且都应该格外关注利益统筹项目“算大账”阶段的工作。

第二节　测绘与评估基础知识简述

测绘及评估是旧改项目中必不可少的技术性工作。作为旧改从业人员或被搬迁人，无论是为顺利实施旧改项目，还是为了保障自己的合法权益，我们都需要

对测绘与评估领域的知识有所了解。但是,非测绘或评估专业技术人员并不需要达到深入掌握测绘、评估技术规范的程度,只要能理解、区别测绘、评估技术规范的主要专业术语(概念),能看懂测绘报告、评估报告即可。因此,本节的意旨仅在于向读者简要介绍测绘、评估方面的基础知识。对于测绘、评估方面的专业问题,具体请咨询测绘、评估专业技术人员。

一、测绘基础知识

(一)测绘相关规范性文件

表 4-1 测绘相关规范性文件

序号	规范性文件	主要内容
1	《工程测量规范》(GB50026—2007)	工程测量规范
2	《城市测量规范》(CJJ/T 8—2011)	城市测量规范
3	《1:500、1:1000、1:2000 地形图图式》(GB/T20257.1—2017)	各类地形图图式
4	《房产测量规范》(GB/T 17986.1/2—2000)	房屋结构、用途等名词解释
5	《测绘成果质量检查与验收》(GB/T 24356—2009)	测绘成果质量检查与验收规定
6	《房屋建筑面积测绘技术规范》(SZJG 22—2015)	深圳市层级关于房屋建筑面积测绘各种术语解释、测绘技术规范的规定

(二)基本概念

1. 地上附着物、地上定着物、房屋、建筑物及构筑物

旧改项目(包括利益统筹项目)的测绘,均是对项目范围内现状土地、建筑物、构筑物和地面其他附着物的测绘。无论是在法律规范层面,还是在实务操作层面,地上附着物、地上定着物、房屋、建筑物及构筑物这四个概念时常被混淆使用。

首先是关于地上附着物与地上定着物的理解与区分。检索我国相关法律法规,并无地上附着物及地上定着物的明确定义,但这两个概念都被不同的法律法规使用过。

对于地上附着物,比如《民法典》第二百四十三条第二款规定:“征收集体所有的土地,应当依法及时足额支付土地补偿费、安置补助费以及农村村民住宅、其他地上附着物和青苗等的补偿费用……”《民法典》第三百九十五条规定:“债务人

或者第三人有权处分的下列财产可以抵押：（一）建筑物和其他土地附着物……”《测绘法》（2017 年修订）第二十二条第二款规定：“测量土地、建筑物、构筑物和地面其他附着物的权属界址线……”《城镇国有土地使用权出让和转让暂行条例》（2020 年修订）第七条第一款规定：“土地使用权出让、转让、出租、抵押、终止及有关的地上建筑物、其他附着物的登记，由政府土地管理部门、房产管理部门依照法律和国务院的有关规定办理。”《不动产登记暂行条例实施细则》（2019 年修正）第六十五条规定：“对下列财产进行抵押的，可以申请办理不动产抵押登记：（一）建设用地使用权；（二）建筑物和其他土地附着物……”

对于地上定着物，比如《民法典》第三百九十五条规定：“……下列财产可以抵押：（一）建筑物和其他土地附着物……”《不动产登记暂行条例》（2019 年修订）第二条第二款规定：“本条例所称不动产，是指土地、海域以及房屋、林木等定着物。”《不动产登记暂行条例实施细则》（2019 年修正）第二条第二款规定：“房屋等建筑物、构筑物和森林、林木等定着物应当与其所依附的土地、海域一并登记，保持权利主体一致。”

对比上述规定，可得出两个结论：第一，地上附着物及地上定着物均包括建筑物、构筑物；第二，地上附着物与地上青苗属于并列关系，但地上定着物与地上森林、林木属于包含关系。

从体系解释的角度，由此可推论，地上定着物的范畴要大于地上附着物，地上定着物与地上附着物属于包含关系。

其次是关于房屋与建筑物、构筑物之间的关系。《城市房地产管理法》（2019 年修正）第二条第二款规定：“本法所称房屋，是指土地上的房屋等建筑物及构筑物。”该法将建筑物、构筑物统一纳入房屋的范畴。但是，《不动产登记暂行条例实施细则》（2019 年修正）第五条第四款又明确规定：“前款所称房屋，包括独立成幢、权属界线封闭的空间，以及区分套、层、间等可以独立使用、权属界线封闭的空间。”按照《民用建筑涉及术语标准》（GB/T 50504—2009）的规定，建筑物是指“用建筑材料构筑的空间和实体，供人们居住和进行各种活动的场所”，构筑物是指“为某种使用目的而建造的、人们一般不直接在其内部进行生产和生活活动的工程实体或附属建筑设施”，比如围墙、水泥地、水池、化粪池等。从定义来看，房屋与建筑物两者相对应。《深圳市房屋征收与补偿实施办法（试行）》（2022 年修正）第二十四条第一款规定：“房屋征收可以采取货币补偿、产权调换以及货币补偿和产权调换相结合的补偿方式。除本办法及市政府另有规定外，征收非住宅房屋以及房屋以外的构筑物、其他附着物等实行货币补偿。”该办法也将房屋与构筑物并列看待。所以,房屋应与建筑物同义,与构筑物属于并列关系,建筑物与构筑物也当然属于并列关系。比如《城乡规划法》第四十条第一款规定:“在城市、镇规划区内进行建筑物、构筑物、道路、管线和其他工程建设的,建设单位或者个人应当向城市、县人民政府城乡规划主管部门或者省、自治区、直辖市人民政府确定的镇人民政府申请办理建设工程规划许可证。”该条就是将建筑物与构筑物并列看待。

最后是关于永久性建筑物与临时建筑的区分。现行法律法规对永久性建筑物与临时建筑并无明确定义。对该两者的区分,可以从两个层面理解。

从应然层面看,按照我国《土地管理法》和《城乡规划法》的规定,临时建筑的存在具有时效性,只能在批准的期限内存续(一般为两年),超出批准期限的临时建筑应依法拆除。

从实然层面看,永久性建筑物所使用的建筑材料、建筑结构耐久年限更长,临时建筑所使用的建筑材料、建筑结构(如铁皮房、砖墙铁皮房)耐久年限更短(一般少于5年)。

据此,有可能出现报批建设临时建筑,但最终使用耐久性更强的建筑材料、建筑结构建设成永久性建筑物。是否属于临时建筑,在测绘阶段关注的是建筑物的客观现状,而非建筑物批准的使用期限。建筑物是否超出批准的使用期限,只影响建筑物的合法性,无法影响建筑物本身的物理性质。(见表4-2)

表4-2 建筑物的不同结构

编号	名称	内　容
1	钢结构	承重的主要构件是钢材料建造的,包括悬索结构
2	钢、钢筋混凝土结构	承重的主要构件是钢、钢筋混凝土建造的
3	钢筋混凝土结构	承重的主要构件是钢筋混凝土建造的
4	混合结构	承重的主要构件是钢筋混凝土和砖木结构建造的,砖墙为承重墙
5	砖木结构	承重的主要构件是砖、木材建造的
6	其他结构	凡不属于上述结构的房屋都归此类,如竹结构

2. 房屋建筑面积测绘的类型

房屋建筑面积测绘的类型包括预售测绘、竣工测绘、现状测绘及变更测绘。现状测绘主要用于土地征收、城市更新、土地评估、补办用地手续或规划手续、办理房地产权登记等。

3. 房屋面积测绘

按照《房屋建筑面积测绘技术规范》(SZJG 22—2015)的规定,房屋面积测绘包括房屋建筑面积、房屋套内建筑面积、房屋使用面积、房屋共有建筑面积、房屋产权面积等的测量与计算。

(1)房屋建筑面积是指房屋外墙(柱)勒角以上隔层的外围水平投影面积之和,包括阳台、挑廊、地下室、室外楼梯等,且层高在2.2米以上(含2.2米),有上盖,结构牢固的永久性建筑。临时建筑不计算建筑面积,只计算水平投影面积。

(2)房屋套内建筑面积是指房屋套门范围内由单个产权人占有和使用的建筑面积,包括套内使用面积、套内墙体面积及套内阳台面积。

(3)套内使用面积是指房屋套内全部可供使用空间的面积,按房屋内墙面水平投影面积计算。

在旧改项目中对房屋面积的测绘,通常指的是房屋建筑面积。

4. 用地面积及基底面积测绘

按照《房屋建筑面积测绘技术规范》(SZJG 22—2015)的规定:(1)用地面积是指经市土地行政主管部门划定的用地范围内的土地面积。(2)建设用地面积是指经市土地行政主管部门划定的建设用地范围内的土地面积。(3)建筑基底面积是平地建筑基底面积为建筑物首层柱、围护结构等结构外围水平投影面积;坡地建筑基底面积为半地下室露出地面部分与建筑首层柱、围护结构等接触地面部分的结构外围水平投影面积叠加之和。

5. 其他常见概念

(1)建筑层数:层高在2.2米以上的楼板结构分层层数。

(2)层高:相邻楼层楼(地)板结构面之间的垂直距离。

(3)走廊(过道):建筑物内设置的水平交通空间。

(4)挑廊:挑出建筑物外墙的水平交通空间。

(5)檐廊:设置在建筑物挑檐下的水平交通空间。

(6)阳台:附设于建筑物外墙,周边没有栏杆或栏板的平台,是室内外的过渡空间,供使用者晾晒衣物、休息及其他室外活动之用。

(7)露台:建筑二层及以上利用下层屋顶,作为本层户外活动空间的无上盖室外平台。

（三）房屋建筑面积计算规则

1. 计算全部建筑面积的范围

（1）永久性结构的单层房屋，其层高在2.20米以上（含2.20米）时，按一层计算建筑面积。多层房屋按各层建筑面积的总和计算建筑面积。

（2）房屋自然层内设有局部楼层（如夹层、插层等），局部楼层及其楼（电）梯间的层高在2.20米以上（含2.20米）的部分均计算建筑面积。

（3）穿过房屋的通道，房屋内的门厅、大厅，均按一层计算建筑面积。门厅、大厅内的回廊部分，层高在2.20米以上（含2.20米）的，按其水平投影计算建筑面积。

（4）房屋内的楼梯间、电梯（观光梯）井、管道井、烟道、提物井、垃圾道等，均按房屋的自然层计算建筑面积。

（5）房屋天面上，属永久性建筑，层高在2.20米以上（含2.20米）的楼梯间、电梯机房、水箱间等，均按其外围水平投影计算建筑面积。

（6）挑楼、全封闭的阳台、房屋间封闭的架空通廊，均按其外围水平投影计算建筑面积。

（7）与房屋相连的有柱走廊，两房屋间有上盖和柱的走廊、连廊均按柱、围护结构或围护物外围水平投影计算建筑面积。

（8）属永久性建筑的有柱（非独立柱、单排柱）的车棚、货棚、加油站、收费站等，均按其柱的外围水平投影计算建筑面积。

（9）有柱或有围护结构的门廊、雨篷、门斗，按其柱或围护结构外围水平投影计算建筑面积。

（10）以幕墙作为房屋外墙的，按其外围水平投影计算建筑面积。

（11）地下室、半地下室及其相应出入口，层高在2.20米以上（含2.20米）的，按其外墙（不包括采光井、防潮层、保护墙）外围水平投影计算建筑面积。

（12）坡地建筑的吊脚架空层，设计利用且层高在2.20米以上（含2.20米）的部位，按柱或其围护结构的外围水平投影计算建筑面积。

（13）与室内任一边相通，具备房屋的一般条件，并能正常利用的变形缝，按外围水平投影计算建筑面积。

（14）坡屋顶房屋，其楼层净高在2.10米以上（含2.10米）的部分均计算建筑面积。

（15）立体书库、立体仓库、立体车库，无结构层的按一层计算建筑面积，有结构层的按其层高在2.20米以上（含2.20米）结构层建筑面积的总和计算建筑面积。

（16）有围护结构或围护物的舞台灯光控制室、舞台天桥，层高在2.20米以上（含2.20米）的按其围护结构或围护物外围水平投影面积计算建筑面积。

（17）附属在建筑外的落地橱窗，层高在2.20米以上（含2.20米）的，按其围护结构外围水平投影面积计算建筑面积。

2. 计算一半建筑面积的范围

（1）与房屋相连有上盖无柱不封闭的走廊、檐廊、挑廊，层高在2.20米以上（含2.20米）的，按其围护结构或围护物外围水平投影面积的一半计算建筑面积。

（2）属永久性建筑的独立柱、单排柱的门廊、雨篷、车棚、货棚、站台、加油站、收费站等，层高在2.20米以上（含2.20米）的，均按上盖水平投影面积的一半计算建筑面积。

（3）不封闭阳台，按其围护结构或围护物外围水平投影面积的一半计算建筑面积。

（4）有上盖无柱不封闭的永久性架空通廊，层高在2.20米以上（含2.20米）的，按其围护物外围水平投影面积的一半计算建筑面积。

（5）室外楼梯，按其水平投影面积的一半计算建筑面积。

3. 不计算建筑面积的范围

（1）层高小于2.20米的夹层、插层、技术层、地下室、半地下室。

（2）突出房屋墙面的构件、配件、装饰柱、装饰性幕墙、垛、勒脚、台阶、无柱雨篷等。

（3）房屋间无上盖的架空通廊。

（4）房屋的天面，天面上的露天花园、泳池。

（5）建筑物内的操作平台、上料平台及利用建筑物的空间安置箱、罐的平台。

（6）骑楼、过街楼的底层用作道路街巷通行的部分，临街楼房、挑廊下的底层用作公共道路街巷通行的部分，不计算建筑面积。

（7）利用引桥、高架路、高架桥、路面作为上盖建造的房屋。

（8）由高架桥、高架路、引桥、架空通廊等形成的下方室外空间。

（9）活动房屋、临时房屋、简易房屋。

（10）与室内不相通的房屋间变形缝。

(11)独立烟囱、亭、塔、罐、池、地下人防干、支线。

(12)楼梯已计算建筑面积的,其下方空间无论是否利用,均不计算建筑面积。

(13)用于检修、消防的室外钢梯或爬梯,不计算建筑面积。

关于阳台、露台、室内楼梯、室外楼梯、台阶、车道、楼、电梯前室、连廊、架空通廊、门廊、雨篷、屋面上的建筑空间面积的具体计算细则,可参见《房屋建筑面积测绘技术规范》(SZJG 22—2015)。

(四)房屋建筑面积测绘成果报告书

按照《房屋建筑面积测绘技术规范》(SZJG 22—2015)的要求,测绘报告以栋为单位独立成册,并在封面上加注所属的测绘类型,比如"施工图测算""预售测绘""竣工测绘""现状测绘"等。测绘报告应当编写测绘说明。测绘说明应包括以下主要内容:(1)项目建设时间及项目概况;(2)项目前(几)次房屋建筑面积测绘情况说明,本次测绘的目的、原因;(3)本次测绘的依据,如现场测绘时间(段)、相关行政主管部门的相关批文、测绘采用的图纸(图名、图号、出图日期、审图单位、审图时间、数量等),以及对项目的实地复核情况说明(与图纸不符之处,未建、加建及改建情况等);(4)特殊情况说明(分割测点说明、特殊情况处理等);(5)项目命名情况(曾用名、现用名、建筑物命名批复书);(6)本项目是否有核减面积情况。现状测绘还应出具测绘项目的房屋建筑面积分栋分类汇总表,将项目用地内全部建筑物的栋号、层次、基底面积、建筑面积指标分栋分类列出并汇总。

二、评估基础知识

(一)评估相关规范性文件

表4-3 评估相关规范性文件

序号	名称	主要内容
1	《房地产估价规范》(GB/T 50291—2015)	房地产估价原则、估价程序、估价方法、估价结果、估价报告、估价职业道德等
2	《城镇土地估价规程》(GB/T 18508—2014)	土地估价程序、土地估价方法
3	《房地产估价基本术语标准》(GB/T 50899—2013)	评估各种术语、名词解释
4	《房地产估价技术指引》(SZDB/Z 273—2017)	深圳市层级评估估价方法、各项参数

（二）知识要点

房地产估价机构接受他人委托，选派注册房地产估价师对房地产的价值或价格进行分析、测算和判断，并提供相关专业意见。

1. 估价目的

估价目的取决于估价委托人对估价的实际需要，即估价委托人将要拿未来完成的估价报告做什么。比如，在利益统筹项目中“算大账”的估价报告，是为土地整备部门与股份合作公司确定项目实施范围内未完善征（转）地补偿手续用地、建筑物、构筑物、其他附着物及青苗等的土地整备资金核算提供参考依据。

2. 估价对象

估价对象即被估价的房地产。

3. 估价原则

房地产估价应遵循如下原则：独立、客观、公正原则、合法原则、价值时点原则、替代原则、最高最佳使用原则及谨慎原则。以下特别说明替代原则、最高最佳使用原则及谨慎原则。

替代原则要求估价结果与估价对象的类似房地产的同等条件下价值或价格偏差在合理范围内。

最高最佳使用原则要求估价结果是在估价对象最高最佳利用状况下的价值或价格。必须同时满足四个条件：一是法律上允许；二是技术上可能；三是财务上可行；四是价值最大化。

谨慎原则要求在影响估价对象价值或价格的因素存在不确定性的情况下对其作出判断时，应充分考虑其导致估价对象价值或价格偏低的一面，慎重考虑其导致估价对象价值或价格偏高的一面。

4. 价值时点

价值时点，过去通常被称为估价时点，有时也被称为评估时点、评估基准日、评估期日等。价值时点可能是现在、过去或将来的某一特定时间，一般为某一特定日期，并采用公历年、月、日表示。在估价中，确定价值时点应在前，得出评估价值在后。在土地整备利益统筹项目中，主要有两个环节涉及评估：一是政府与股份合作公司“算大账”阶段，需要通过评估确定土地整备资金；二是股份合作公司通过公共资源交易平台引进留用土地（指标）合作方前，需要委托估价机构对自身拥有的集体资产（现状物业、留用土地价值）进行评估，并据此编制项目可行性研究分析报告。价值时点的确定直接关系到估价对象最终的评估价值,所以其异常重要。关于土地整备利益统筹项目中“算大账”阶段价值时点如何确定的问题,笔者将在后续章节分析。

5. 价值类型

估价项目中的价值类型根据估价目的而定。常见的价值类型有市场价值、投资价值、现状价值、抵押价值、快速变现价值等。比较常用的是市场价值和现状价值。市场价值是估价对象经适当营销后,由熟悉情况、谨慎行事且不受强迫的交易双方,以公平交易方式在价值时点自愿进行交易的金额。现状价值是估价对象在某一特定时间的实际状况下的价值。

6. 估价方法

估价方法是测算估价对象价值或价格所采用的方法,包括比较法、收益法、成本法、假设开发法等。以下对比梳理这 4 种常见估价方法的区别(如表 4 – 4 所示)。

表 4 – 4　常见估价方法

名称	定义	注意要点	常用情形
比较法	选取一定数量的可比实例,将它们与估价对象进行比较,根据其间的差异对可比实例成交价格进行处理后得到估价对象价值或价格的方法	本质是以房地产的市场价格为导向求得房地产的价值或价格。由于该方法是利用实际发生、经过市场“检验”的类似房地产的成交价格来求得估价对象的价值或价格,所以它是一种较直接、较直观且有说服力的估价方法,其测算结果易于被人们理解、认可或接受	估价对象的同类房地产有较多交易的,应选用比较法
收益法	预测估价对象的未来收益,利用报酬率或资本化率、收益乘数将未来收益转换为价值得到估价对象价值或价格的方法	本质是以房地产的预期收益为导向求得房地产的价值或价格。将未来收益转换为价值,类似于根据利息倒推出本金	估价对象或其同类房地产通常有租金等经济收入的,应选用收益法

续表

名称	定义	注意要点	常用情形
成本法	测算估价对象在价值时点的重置成本或重建成本和折旧，将重置成本或重建成本减去折旧得到估价对象价值或价格的方法	本质是以房地产的重新开发建设成本为导向求得房地产的价值或价格	估价对象可假定为独立的开发建设项目进行重新开发建设的，宜选用成本法；当估价对象的同类房地产没有交易或交易很少，且估价对象或其他同类房地产没有租金等经济收入时，应选用成本法。土地整备利益统筹项目“算大账”阶段评估建（构）筑物的重置价
假设开发法	求得估价对象后续开发的必要支出及折现率或后续开发的必要支出及应得利润和开发完成后的价值，将开发完成后的价值和后续开发的必要支出折现到价值时点后相减，或将开发完成后的价值减去后续开发的必要支出及应得利润得到估价对象价值或价格的方法	也称为剩余法，是评估房地产开发用地、在建工程等待开发房地产价值或价格的常用方法，其本质与收益法相同，是以房地产的预期收益（具体为开发完成后的价值减去后续开发的必要支出及应得利润后的余额）为导向求得房地产的价值或价格	估价对象具有开发或再开发潜力且开发完成后的价值可采用除成本法以外的方法测算的，应选用假设开发法。土地整备利益统筹项目留用土地价值评估，通常采用假设开发法
其他方法	基准地价修正法、路线价法、标准价调整法、多元回归分析法、修复成本法、损失资本化法、价差法		

在估价方法的选用上应特别注意：当估价对象仅适用一种估价方法进行估价时，可只选用一种估价方法进行估价。当估价对象适用两种或以上估价方法进行估价时，宜同时选用所有适用的估价方法进行估价，不得随意取舍；当必须取舍时，应在估价报告中说明并陈述理由。

7. 估价报告

叙述性估价报告依次应包括下列部分：封面致估价委托人函、目录估价师声明、估价假设与限制条件、估价结果报告、估价技术报告及附件。

估价结果报告是简要记载估价委托人、房地产估价机构、注册房地产估价师、估价目的、估价对象、价值时点、价值类型、估价原则、估价依据、估价方法、估价结果、实地查勘期、估价作业期等内容的估价报告。估价技术报告是详细记载估价对象描述与分析、市场背景描述与分析、估价方法适用性分析、估价测算过程、估价结果确定等内容的估价报告。

需要特别注意的是估价报告涉及的 4 个期限:估价报告使用期限、估价报告出具日期、实地查勘期及估价作业期。估价报告使用期限是自估价报告出具之日起计算,使用估价报告不得超过的时间。估价报告出具日期是致估价委托人函中的致函日期。实地查勘期是实地查勘的起止日期,自进入实地查勘现场之日起至完成实地查勘之日止。估价作业期是估价工作的起止日期,自向受理估价委托之日起至估价报告出具之日止。

三、小结

在旧改项目中,测绘确定项目现状实物的量(土地面积、建筑物数量及面积、构筑物数量、青苗、其他附着物等),而评估则确定相关实物的价值(建筑物、构筑物、其他附着物、青苗等的价值,留用土地价值)。该两者都直接影响相关权利主体对相关实物所享有的总价值。基本掌握测绘、评估基础知识,有利于相关权利主体保障自身权益,避免价值受损;有利于相关合作主体合理确定分配比例,避免利益使用;有利于从业人员准确把握问题要点,寻找问题解决的正确路径。

第三节　利益统筹项目“算大账”规则

利益统筹项目“算大账”规则,在《深圳市土地整备利益统筹项目管理办法》(深规土规〔2018〕6 号)中被称为“利益统筹规则”。两者在本书中同义。利益统筹项目“算大账”规则包含两大板块:土地整备资金安排与留用土地安排。

一、土地整备资金安排规则

土地整备资金不完全等于应支付继受单位的直接补偿费。直接补偿费属于土地整备资金的一部分。土地整备资金主要由直接补偿费、技术支持费、不可预见费及业务费四部分组成。

（一）直接补偿费

直接补偿费是依据辖区街道办事处与继受单位签订的补偿协议书，须支付给补偿对象的土地整备补偿费用。由建（构）筑物、附属物，青苗及未完善征（转）地补偿手续用地三部分的补偿费用组成。该三部分土地整备资金按照下列规则核算：一是项目范围内的建（构）筑物、附属物按照重置价核算，重置价由评估机构评估确定；二是青苗按照相关标准核算，此处的相关标准目前主要是依据《深圳市征用土地实施办法》（深圳市人民政府令第121号）评估确定；三是项目范围内的未完善征（转）地补偿手续用地按照所在区域工业基准地价的50%核算。

（二）技术支持费

技术支持费是依据相关政策，由第三方提供技术支持服务而产生的专业服务费用，包括勘探、测绘、评估、督导、复核、法律、审计、招标、规划设计、社会风险评估、拆除和清理清运服务等费用。

（三）不可预见费

不可预见费是指在项目实施过程中，因事实、技术等不可控因素导致无法在项目实施方案中预见，但在项目实施过程中确须支付的费用。该费用只可用于支付补偿利益相关方，按各区政府审核意见按时结算。在利益统筹项目中可在不超过项目直接补偿费20%的范围内预留不可预见费。实操中不可预见费一般都是作为奖励给予被补偿人。

（四）业务费

业务费包括开展土地整备工作所需支付的管理费用、用于土地整备工作的固定资产费用、人员经费、对工作单位和个人的奖励费用及其他与土地整备工作相关的费用性支出。利益统筹项目的业务费按照项目实际支付补偿对象费用的2%计提。

从上述内容，读者可以看出土地整备资金安排规则是从政府实施项目的角度设计的，如政府启动利益统筹项目实施工作，须支出哪些费用，承担什么成本。所以在政策层面，土地整备资金属于广义概念。实务中所说的土地整备资金通常仅指与继受单位利益密切相关的直接补偿费和不可预见费，属于狭义概念。下文所分析的规则背后的逻辑，主要也是直接补偿费背后的设计逻辑。

二、留用土地安排规则

根据《深圳市土地整备利益统筹项目管理办法》（深规土规〔2018〕6 号）的规定，留用土地是指按规定核算并确认给继受单位的用地。留用土地安排规则主要包括留用土地规模、留用土地选址、留用土地用途、留用土地规划容积及留用土地地价 5 个方面。

（一）留用土地规模

留用土地由三部分组成：项目范围内已批合法用地、项目范围外调入合法指标以及本项目核定利益共享用地。

1. 项目范围内已批合法用地

项目范围内已批合法用地按照等土地面积核算留用土地规模，也就是 1∶1 的比例核算。利益统筹项目语境下的已批合法用地是指继受单位及其成员已落地确权的合法用地，包括已取得房地产证、土地使用权出让合同、非农建设用地批复、征地返还用地批复、农村城市化历史遗留违法建筑处理证明书、旧屋村范围认定批复的用地等。

《市规划国土委关于规范土地整备土地信息核查及现状容积率核算工作的通知》（深规土〔2018〕859 号）进一步明确：

（1）“已取得农村城市化历史遗留违法建筑处理证明书用地”包括按照“两规”进行处理，并取得《处理历史遗留违法私房及生产经营性违法建筑决定书》的土地，按照“三规”取得《深圳市农村城市化历史遗留违法建筑处理证明书》或者《深圳市农村城市化历史遗留违法建筑简易处理通知书》的土地。

（2）旧屋村范围用地是符合《深圳市拆除重建类城市更新单元旧屋村范围认定办法》规定的原农村旧（祖）屋集中居住区域，并由辖区规划国土部门按规定程序公示、处理并核发土地整备旧屋村范围认定批复的土地。

2. 项目范围外调入合法指标

项目范围外调入合法指标按照各区用地指标管理的相关规定核准后，在项目范围内安排落实。该类合法指标包括非农建设用地指标、征地返还用地指标，以及其他土地整备项目留用土地指标，可以统称为集体用地指标。该类合法指标调入利益统筹项目，需受到辖区内集体用地管理规定的调整和约束，有可能需打折核准后才能落实。

3. 利益共享用地

利益共享用地，是指项目范围内已批合法用地以外的未完善征（转）地补偿手续规划建设用地，扣除调入的非农建设用地指标和征地返还用地指标后的剩余土地，按照表4－5规则核算的留用土地。

表4－5　核算规则

现状容积率	核算比例
0	≤20%
0＜现状容积率≤1.5	≤20%＋20%×现状容积率
现状容积率＞1.5	≤50%

假设某一利益统筹项目未完善征（转）地补偿手续规划建设用地面积为1万平方米，现状容积率为1，则利益共享用地规模＝1×（20%＋20%×1）＝0.4万平方米。

由此可见，利益共享用地主要受到未完善征（转）地补偿手续规划建设用地及现状容积率的影响。

第一，何为未完善征（转）地补偿手续规划建设用地？按照《市规划国土委关于规范土地整备土地信息核查及现状容积率核算工作的通知》（深规土〔2018〕859号）的规定，满足以下条件之一的土地，可认定为土地整备规划建设用地：（1）位于经批准的城市总体规划内，确定为居住用地（R）、商业服务业用地（C）、政府社团用地（GIC）、工业用地（M）、物流仓储用地（W）、对外交通用地（T）、道路广场用地（S）、市政公用设施用地（U）、绿地（G）及特殊用地（D）的土地；（2）位于土地利用总体规划确定的允许建设区或有条件建设区范围内的土地；（3）位于生效法定图则范围内，确定为居住用地（R）、商业服务业用地（C）、政府社团用地（GIC）、工业用地（M）、物流仓储用地（W）、交通设施用地（S）、公用设施用地（U）、绿地（G）及发展备用地（E9）的土地；（4）位于上述用地之外，作为市级以上政府社团用地（GIC）、交通设施用地（S）、公用设施用地（U）选址的土地，具体范围以规划选址意见书为准；（5）位于违法建筑空间管控专项行动图斑内的土地。

第二，现状容积率如何确定？根据《深圳市土地整备利益统筹项目管理办法》（深规土规〔2018〕6号）的规定，现状容积率为项目实施范围内现状建筑面积与规划建设用地面积的比值。

对于现状建筑面积,《市规划国土委关于规范土地整备土地信息核查及现状容积率核算工作的通知》(深规土〔2018〕859 号)从正反两面对其进行了明确:

(1)正面角度。利益统筹项目中扣除合法用地后的未完善征(转)地补偿手续用地范围内的建筑物,其根据深圳市房屋建筑面积测绘技术相关规范计算的建筑面积计入现状建筑面积,具体数值应以测绘查丈报告为准。已纳入土地整备计划的利益统筹项目,因政府工程项目建设需要将范围内现状建筑物先行拆除移交政府的,经区政府同意后依据拆除前的相关测绘数据确认现状建筑面积。

(2)反面角度。项目实施范围内已作出行政处罚决定但尚未执行的建筑,其建筑面积不作为现状建筑面积计算。按《深圳市临时用地和临时建筑管理规定》批准的建筑面积不作为现状建筑面积计算。构筑物不计算现状建筑面积。

应予以特别提醒的是,此处现状建筑面积的认定只是解决利益共享用地核算的问题,与地上建筑物土地整备资金的核算并无关系。利益统筹项目中扣除合法用地后的未完善征(转)地补偿手续用地范围内的建筑物纳入现状建筑面积核算范围,不代表只有合法用地以外的未完善征(转)地补偿手续用地范围内的建筑物才可以获得土地整备资金。两者互不相关,按照各自的规则处理。

对于规划建设用地面积,《市规划国土委关于规范土地整备土地信息核查及现状容积率核算工作的通知》(深规土〔2018〕859 号)规定,利益统筹项目中扣除合法用地后的规划建设用地的土地面积作为计算现状容积率的规划建设用地面积。

(二)留用土地选址

按照留用土地核算规则核算得出的,仅是留用土地规模(指标),最终落实后的留用土地具体多大,受到留用土地选址位置及选址位置的规划情况影响。以是否在利益统筹项目范围内安排为区别点,可以将留用土地选址区分为在利益统筹项目范围内安排与在项目范围外安排。

1. 在利益统筹项目范围内安排留用土地

政策鼓励留用土地应优先在利益统筹项目范围内安排,并且鼓励发展产业,留用土地位于利益统筹项目范围内工业区块线且规划为工业用地的,利益共享用地部分可上浮 50%,但留用土地规模整体存在上限,不得超过项目规划建设用地面积的 55%,注意此处不是不得超过项目实施范围用地面积的 55%。

因规划统筹需要,利益统筹项目周边国有未出让的边角地、夹心地和插花地可纳入留用土地选址范围，但纳入选址范围的国有未出让土地面积不超过3000平方米，或不超过项目范围内规划建设用地面积的10%。这种情形实质上就是留用土地占用国有储备土地。

2. 在利益统筹项目范围外安排留用土地

在利益统筹项目范围外安排留用土地，包含两种情形：

一种是与本街道城市更新项目统筹处理或直接落在本街道经济关系未理顺的已建成区并由继受单位拆除重建。与城市更新项目统筹处理的，属于用地指标调入城市更新项目；落在经济关系未理顺的已建成区并由继受单位拆除重建的，属于集体用地原地开发。对于上述方式安排的留用土地指标，其合法用地部分按照等土地面积核算，利益共享用地部分上浮50%。

另外一种是与本街道其他利益统筹项目统筹处理，相当于将留用土地指标调入其他利益统筹项目。该情形下，调入的合法用地部分和利益共享用地部分都可按照等土地面积核算。

与以往的非农建设用地指标、征地返还用地指标不同，留用土地指标还可跨街道安排，但留用土地指标应按照两地现行工业用地基准地价的比值折算，且不得大于在原街道内核算的留用土地指标。

（三）留用土地用途

留用土地用途按照经批准的法定规划（含土地整备规划）确定。

（四）留用土地规划建筑面积

留用土地规划建筑面积由基础建筑面积、配套建筑面积和共享建筑面积三部分构成。

1. 基础建筑面积

基础建筑面积归属于继受单位，用于社区发展和搬迁安置。

留用土地在项目范围内安排的，按照以下公式计算基础建筑面积：基础建筑面积 = 项目内留用土地面积 × 地块容积率（按照《深圳市城市规划标准与准则》相关规定取值、计算）。

留用土地落在项目范围外经济关系未理顺的已建成区域并由继受单位拆除重建的，按照以下公式计算基础建筑面积：基础建筑面积 = 拆除重建土地面积 × 地块容积率（按照《深圳市城市规划标准与准则》相关规定取值、计算）+ 利益统筹项目中现状建筑面积×1.5。

2. 配套建筑面积

配套建筑面积为留用土地中依据《深圳市城市规划标准与准则》、法定图则及相关规划要求配建的社区级公共设施。配建的社区级公共设施建成后无偿移交政府,产权归政府所有。

3. 共享建筑面积

共享建筑面积是指在规划允许条件下,可在基础建筑面积的基础上增加的建筑面积。共享建筑面积原则上不超过基础建筑面积的30%。

共享建筑面积的60%用于人才住房、公共租赁住房或创新型产业用房,由政府或政府指定机构回购,其余40%的建筑面积通过利益共享归属于继受单位。

(五)留用土地地价

留用土地根据是否可进入市场流转,可分为非市场商品性质用地与市场商品性质用地。前者免交地价,由继受单位自用;后者需按规定缴交地价。

三、利益统筹项目"算大账"规则背后的逻辑

按照《深圳市土地整备利益统筹项目管理办法》(深规土规〔2018〕6号)的规定,在利益统筹项目中,建(构)筑物、土地及青苗土地整备资金的核算规则都是明确的,并无争议。但如果对比常规土地整备项目的补偿标准来看,就会有以下疑问:为什么常规土地整备项目的建(构)筑物原则上都是房地一体评估,在利益统筹项目里却都是按照重置价核算?为什么在利益统筹项目中只有未完善征(转)地补偿手续土地可以获得货币补偿,而合法用地却无法获得货币补偿?为什么利益统筹项目未完善征(转)地补偿手续土地只能按照所在区域工业基准地价的50%核算土地整备资金?

这些都与利益统筹项目"算大账"规则背后的两个逻辑有关:逻辑一是利益统筹项目"算大账"旨在平衡政府与继受单位之间利益,其本质是政府对继受单位负责利益统筹项目"算细账"等工作的利益补偿。逻辑二是按照房地分离的方式核算继受单位应获得的补偿利益。

按照第一个逻辑,在相关主体(政府、继受单位及相关权益人)的利益关系架构中,既然继受单位代政府解决了厘清经济利益关系、清理、移交土地的问题,为政府创造了价值,那么政府必须设法给予继受单位公平合理的回报,达到政府与

继受单位双方利益相对平衡的状态。因此，利益统筹项目“算大账”阶段政府给予继受单位的直接补偿费和留用土地（指标），实质上只是政府平衡、统筹利益的手段，与常规土地整备、房屋征收中政府就被整备、征收标的物所给予的补偿存在性质上的区别。

从获得补偿的权利基础即可明显看出两者的实质区别：（1）在常规土地整备、房屋征收中，被补偿人获得补偿的权利基础是物权，该补偿是基于被补偿人为被整备、征收标的物的权利人；（2）在利益统筹项目中，继受单位获得补偿实质上是基于继受单位代政府解决了厘清经济利益关系、清理、移交土地的问题，权利基础更类似于债权，而不是物权。

如果不作上述理解，就很难解释为何利益统筹项目中的物业权益人是其他第三方，在利益统筹项目“算大账”阶段政府却能在未经物业权益人同意的情况下，将建（构）筑物、青苗、土地等产生的补偿利益（包括资金和留用土地）全部给予继受单位。

既然按照逻辑一，利益统筹项目“算大账”旨在平衡政府与继受单位之间利益，那在确定土地整备资金、留用土地规模时，遵循公平、合理、可行的原则即可，无须直接套用常规土地整备、房屋征收的标准。如果套用常规土地整备、房屋征收的标准，补偿标准过低且无留用土地，缺乏公平性和合理性，难以调动继受单位承担厘清经济利益关系、清理、移交土地责任的积极性。如果按照房地一体的逻辑核算留用土地，技术上十分烦琐。从公平、合理、可行的原则出发，就确定了逻辑二，按照房地分离核算继受单位可获得的补偿利益。

在土地层面，将项目实施范围内的土地分为合法用地和未完善征（转）地补偿手续用地。合法用地等面积留用。由于合法用地已经等面积完全留用，故不宜再就合法用地给予货币补偿。未完善征（转）地补偿手续用地中的规划建设用地由于其手续不完善，故不宜等面积留用，具体留用土地规模的核算根据现状容积率而定。但为了平衡继受单位的利益，就未完善征（转）地补偿手续用地除给予一定的留用土地外，另外按照土地所在区域工业基准地价的50%核算直接补偿费。总体而言，合法用地的价值对换结果是等面积留用；未完善征（转）地补偿手续用地的价值对换结果是一定比例的留用土地和一定折扣后的货币补偿。

在地上建（构）筑物、附着物、青苗层面，由于土地已经通过留用土地和货币补偿的方式对换价值，故针对地上建（构）筑物、附着物、青苗，仅需核算其本身的价值（不含土地）即可。就地上建（构）筑物、附着物而言，重置价是其本身价值的体现。

第四节　利益统筹项目“算大账”相关行为的法律性质及可诉性研究

笔者在“深圳土地整备利益统筹概念之辨析”一节中分析认为，利益统筹项目并非纯粹的行政活动或市场活动，而是由一系列行政行为、民事行为组成的国有土地一级开发活动。具体到利益统筹项目“算大账”阶段，该阶段由政府主导，以行政行为为主。笔者在本节主要研究分析利益统筹项目“算大账”阶段相关行为的法律性质及相关主体之间的法律关系。

一、物业权益人核实确认阶段

（一）物业权益人核实确认规定简述

以往利益统筹项目在搬迁补偿安置协议备案前完成物业权益人核实确认工作即可。《深圳市住房和建设局、深圳市规划和自然资源局关于加强对住宅类历史遗留违法建筑交易查处的通知》（深建字〔2021〕137号）第四条规定：“土地整备项目在区政府审批实施方案前应开展住宅类历史遗留违法建筑物业权利人核实工作；对已完成实施方案审批的土地整备项目，由各区政府在本通知发布之日起6个月内组织补充开展物业权利人核实，防范土地整备过程中安置房炒作。除本通知发布前已公示的补偿安置协议外，与未经核实确认的物业权利人签订的补偿安置协议不予备案。”

因此，利益统筹项目的物业权益人核实确认工作已经提前到实施方案审批前。龙华区、宝安区出台的利益统筹项目搬迁补偿安置协议备案及项目监管的规范性文件也规定在项目实施方案报区政府审批前开展物业权利人核实工作。

根据龙华区、宝安区关于利益统筹项目搬迁补偿安置协议备案及项目监管的规定，以及以往实务操作经验，利益统筹项目物业权益人核实程序与城市更新项目相同：（1）有权属证书或者生效司法文书载明权利人的，以权属证书或生效司法文书确认物业权益人；（2）无权属证书或者生效司法文书载明权利人的，则由搬迁人开展物业权益人核实工作，经物业权益人在物业权益核实证明书上签章，以及继受单位、社区工作站及辖区街道办事处三级核实盖章确认后，由辖区街道办事处公示核实结果并处理公示异议，异议成立则更正核实结果，无异议或异议不成立则将物业权益人核实结果报区土地整备部门备案，并由区土地整备部门公告核实结果。

（二）物业权益人核实确认相关行为的法律性质及可诉性

首先，辖区街道办在物业权益人核实过程中做出的上述行为均属于行政行为。行政行为是指行政主体基于行政职权，为实现国家行政管理目标而作出的，以作为或者不作为形式表现，能直接或间接引起法律效果并受行政法规制的法律行为。辖区街道办、区土地整备部门在物业权益人核实过程中作出的上述行为，是该两个行政主体基于行政职权，为实施利益统筹项目而以作为方式作出的，产生相应法律效果的法律行为。

其次，在物业权益人核实确认过程中，可将涉及的行政行为分为内部行政行为和外部行政行为。辖区街道办将物业权益人核实结果报区土地整备部门备案，属于内部行政行为。辖区街道办与区土地整备部门之间存在内部行政法律关系。内部行政行为因未外化，不产生对外法律效力，不属于行政诉讼的受案范围。辖区街道办在物业权益核实证明书上盖章、公示核实结果、处理公示异议，以及区土地整备部门公告物业权益人核实结果，均属于外部行政行为，因外化而产生对外法律效力。辖区街道办与物业权益人、异议主体、利害关系人之间存在外部行政法律关系。但存在行政法律关系，不代表物业权益人、异议主体、利害关系人就一定可以提起行政诉讼。是否可提起行政诉讼，还需审查辖区街道办、区土地整备部门作出的行政行为是否属于行政诉讼的受案范围。

最后，从行政行为所处的环节及对法律效果的影响来看，行政行为可以分为过程性行政行为与终局性行政行为。过程性行政行为处于某一行政活动的中间环节，对该行政活动的法律效果无终局性影响。终局性行政行为处于某一行政活动的最后环节，对该行政活动的法律效果有终局性影响。在我国的法律框架下，通常而言，过程性行政行为不属于行政复议、行政诉讼的受案范围，除非法律、法规另有规定。但是，应特别注意的是，过程性行政行为与终局性行政行为两者具有相对性。某一行政活动的过程性行政行为可能是上一阶段行政活动的终局性行政行为，某一行政活动的终局性行政行为，可能是整个行政活动的过程性行政行为。故过程性行政行为与终局性行政行为是否可诉，必须结合两个标准来判断：一是是否对公民、法人或其他组织的权利义务产生实质性影响；二是如果只允许终局性行政行为可诉，是否能实现公民、法人或其他组织权利救济的目的。

具体到物业权益人核实确认活动来看，辖区街道办在物业权益核实证明书上盖章、公示核实结果、处理公示异议，均属于过程性行政行为，不具有可诉性；区土地整备部门公告物业权益人核实结果，属于物业权益人核实确认活动中的终局性行政行为，但同时也属于整个利益统筹项目实施过程中的过程性行政行为，该行为是否可诉呢？需结合前文所说的两个标准进一步探讨。

第一，按照利益统筹政策的规定，只有经过核实确认的物业权益人才有权与搬迁人签订搬迁补偿安置协议，只有与经核实确认的物业权益人签订的搬迁补偿安置协议才能报区土地整备部门备案。从物业权益人核实的影响来看，该行为直接影响物业权益人是否有权签订搬迁补偿安置协议，是否有权获得补偿。由此可见，区土地整备部门公告物业权益人核实结果的行为对物业权益人权利义务有直接、实质性的影响。

第二，如果不认可区土地整备部门公告核实结果行为具有可诉性，则相关权益人难以实现权利救济的目的。按照利益统筹项目实施流程，物业权益人经核实确认并经区土地整备部门公告后，由搬迁人（继受单位或继受单位及其合作开发主体）与经公告确认的物业权益人签订搬迁补偿安置协议。该签约行为属于民事行为，所签订的补偿安置协议属于民事合同。如果第三方以物业权益人核实结果错误为由起诉搬迁人与经公告确认的物业权益人，只能提起民事诉讼，无权通过行政诉讼救济权利。但是，无论是从合同纠纷的角度起诉，还是从侵权纠纷的角度起诉，均涉及审查区土地整备部门公告物业权益人核实结果这一事实。

按照行政行为一经生效即具有拘束力、确定力和执行力的原理，如果区土地整备部门公告物业权益人核实结果的行为未被认定无效或者撤销，即均有拘束力、确定力和执行力。即使原告提供了充分证据证明公告核实结果错误，但是在民事案件中确认区土地整备部门公告结果错误，实质上是对行政行为合法性进行了审查，已经超出了民事案件的审理范围。但是如果不允许对区土地整备部门公告行为进行合法性审查，实际权益人又无法实现权利救济的目的。因此，应承认区土地整备部门公告物业权益人核实结果行为的可诉性，认为该行政行为属于行政诉讼的受案范围，这样可切实实现实际权益人救济权利的目的。

（三）利益统筹中的物业权益人核实确认行为与城市更新、房屋征收中物业权利人核实确认行为之对比分析

值得对比分析的是，利益统筹项目与城市更新项目、房屋征收项目中的物业

权利人核实确认行为。

1. 城市更新项目中的物业权利人核实确认行为

城市更新项目与利益统筹项目在物业权利人核实确认及签约上存在相同之处,即都是由政府部门公告核实结果,最终由市场主体与公告的物业权利人签订补偿协议。因此,针对物业权利人核实确认阶段的行政行为是否可诉的问题,可参照利益统筹项目的分析。

2. 房屋征收项目中的物业权利人核实确认行为

房屋征收项目与利益统筹项目在物业权利人核实确认方面不同。在房屋征收项目中,物业权利人经核实确认公告后,与房屋征收部门或者委托实施单位签订征收补偿安置协议。该协议属于行政行为。若实际权利人认为前期物业权利人核实结果错误,完全可以通过提起行政诉讼请求撤销行政补偿协议或确认征收补偿协议无效的方式,实现权利救济。因此,在房屋征收项目中,物业权利人核实确认公告行为属于整个征收补偿活动中的过程性行政行为,不属于行政诉讼的受案范围。物业权利人核实确认公告行为在利益统筹项目和房屋征收项目中,之所以作区别处理,源头上是因为利益统筹和房屋征收属于性质不同的活动。

二、实施方案编制、审批及公示阶段

街道办事处编制实施方案,报区土地整备部门审查,报区政府审议审批,报市规划国土部门审议审批,各方在该活动中所形成的关系属于内部行政法律关系,相关部门作出的报审报批行为及审议审批行为属于内部行政行为,也属于过程性行政行为。

但是,应予以注意的是,区土地整备部门作出的实施方案公告行为,区土地整备部门作出的土地整备规划公示行为,市土地整备部门、区政府作出的土地整备规划公告行为,属于外部行政行为。是否属于行政诉讼的受案范围,需进一步分析。

区土地整备部门作出的土地整备规划公示行为,明显属于过程性行政行为,当然不可诉。

区土地整备部门作出的实施方案公告行为,就实施方案制定活动来说,该行为属于终局性行政行为。但相对于利益统筹项目整个"算大账"阶段来说,该行为属于过程性行政行为。后续辖区街道办、区土地整备部门、区规划国土部门还需要依据实施方案与继受单位签订实施协议书,辖区街道办与继受单位签订补偿协议书。该两份协议书均属于行政协议(见下文分析)。因此,如继受单位认为实施方案的合法性存在问题,可以通过就实施协议书、补偿协议书提起行政诉讼,在该行政案件中一般审查协议书所依据的实施方案等文件的合法性,也就是说,后续作为相对人的继受单位仍存在权利救济途径。从节省司法资源的角度,应将区土地整备部门公告实施方案的行为认定为过程性行政行为,该行为不可诉。

市土地整备部门、区政府作出的土地整备规划公告行为,就土地整备规划研究活动而言,该行为属于终局性行政行为。相对于利益统筹项目整个活动来说,该行为属于过程性行政行为。后续区规划国土部门需根据土地整备规划审批结果编制供地方案,市政府需根据土地整备规划审批结果审查供地方案,向规划国土部门作出留用土地批复,最终由规划国土部门根据用地批复与继受单位签订土地使用权出让合同,依申请出具建设用地规划、建设工程规划等许可文件。从这个角度来看,似乎也应当认为市土地整备部门、区政府作出的土地整备规划公告行为不可诉。但是,如果到了后续签订土地使用权出让合同及作出建设用地规划、建设工程规划许可环节,再就出让合同、规划许可行为提起行政诉讼,司法实务中一般不会再审查出让合同、规划许可行为所依据的上层次规划文件的合法性。如此一来,相对人救济权利的路径被堵死,似乎又应认定市土地整备部门、区政府作出的土地整备规划公告行为可诉。

因此,从过程性行政行为与终局性行政行为的角度,并不能解决市土地整备部门、区政府作出的土地整备规划公告行为是否可诉的问题。我们可以从土地整备规划的性质层面分析。

首先,《深圳市城市规划条例》第八条第三款规定:“经市规划委员会授权,法定图则委员会可以行使法定图则审批权。”按照《市规划国土委关于规范土地整备规划审批有关事项的通知》(深规土〔2018〕805 号)及《市城市规划委员会关于市城市规划委员会法定图则委员会审议土地整备规划有关事项的通知》(深规委秘〔2018〕2 号)的规定,图则委根据深圳市城市规划委员会的授权对土地整备规划进行审批。按照《深圳市土地整备规划编制技术指引(试行)》的规定,土地整备规划编制应达到法定图则的深度。经批准的土地整备规划是作为规划管理的依据,公布后纳入城市规划“一张图”。土地整备规划审批的结果,实质上是属于对已生效法定图则的调整和修改。故经批准的土地整备规划具有与法定图则同等的效力。因此性质上,土地整备规划相当于法定图则修改后的成果。根据《深圳市城市规划条例》第十一条的规定,城市规划编制分为全市总体规划、次区域规划、分区规划、法定图则、详细蓝图5个阶段。由此可见，法定图则属于城市规划的一部分。因此，土地整备规划也属于城市规划的一部分。

其次，司法实践观点认为，城市规划编制、审批、修改行为属于抽象行政行为，不可诉。土地整备规划编制作为城市规划修改行为，应同样不可诉。(2017)最高法行申1313号行政裁定书及(2019)最高法行申10407号行政裁定书中的裁判观点及说理非常值得参考。

行政规划，是指行政主体为实现特定的行政目标而对未来一定时期内拟采取的方法、步骤和措施依法作出的具有约束力的设计与规划。行政规划种类繁多，效力各有不同。某一规划和规划行为是否可诉或可复议，依赖于该规划和规划行为是否针对特定人，并对该特定人的权利义务直接产生影响。以城乡规划为例，根据《城乡规划法》的规定，城乡规划包括编制、审批、实施、修改等不同环节，依据《城乡规划法》作出的行政处罚、行政许可等具体实施行为，属于可诉或可复议的具体行政行为；给当事人造成损失的，应当依法给予补偿或者赔偿。城乡规划的修改行为，如果给被许可人或者利害关系人合法权益造成损失，亦可请求补偿。但就规划的编制、审批以及修改而言，因其属于针对不特定对象作出的面向未来的一般性调整，因此具有抽象行政行为的特征，不能直接对其提起诉讼或申请复议。

——(2017)最高法行申1313号行政裁定书

《城乡规划法》第二条、第五条规定，城市规划、镇规划分为总体规划和详细规划。详细规划分为控制性详细规划和修建性详细规划。其中，城市总体规划是依据城市社会经济发展的战略对一定时期的城市性质、发展规模、土地利用、空间布局以及各项城市基础设施所做的综合部署和空间安排，是城市建设和发展的总体部署和总纲，具有综合性、战略性、政策性、长期性和指导性。城市总体规划编制主要考虑当地的社会经济发展情况、自然条件、资源条件、历史背景、现状特点，统筹兼顾、综合协调，属于公共政策和规范制定范畴，具有抽象性和实施中的不确定性，其法律意义在于对下一层次的规划权力进行限制，而不是对具体的建设项目进行直接约束。总体规划的内容，需要通过控制性详细规划和修建性详细规划来加以落实和具体化，并通过对建设项目颁发“一书两证”(建设项目选址意见书、建设用地规划许可证和建设工程规划许可证)等行政许可决定才能得以具体化。而控制性详细规划即为城市总体规划在城市局部地区的解释与深化，确定局部地区建设用地中可开发地块的土地使用性质、开发强度等控制指标以及道路和市政规划控制要求的空间安排，是城市总体规划与土地开发的桥梁，是行政权对建设项目管理的直接依据。修建性详细规划则是依据控制性详细规划确定的指标，对将要进行建设的地区，编制的具体的、操作性的规划，作为各项建筑和工程设施设计和施工的依据，更是颁发"一书两证"和规划管理的依据。因此，就总体规划可诉性而言，总体规划内容实施尚有不确定性，且需借助详细规划尤其是修建性详细规划才能实施，更需要通过"一书两证"才能得以具体化。当事人认为总体规划内容侵犯其合法权益的，应当通过对实施总体规划的详细规划尤其是修建性详细规划的异议程序以及对颁发或不颁发"一书两证"行政行为的司法审查程序寻求救济。对总体规划的监督既可以通过《城乡规划法》第十六条等规定的民主审议程序进行，也可以通过专业判断和公众参与等程序进行，但不宜通过司法审查程序监督。

编制和修改详细规划，的确可能影响土地权利人对土地的开发和利用，甚至是减损权利人已经依法取得的土地利用权和开发权。尤其是控制性详细规划一经批准，就形成约束力，是规划管理的最直接依据，是国有土地使用权出让、开发和建设管理的法定前置条件，城乡规划部门必须严格按规划实施管理，建设单位必须严格按规划实施建设，各相关利益群体必须服从规划管理。因此，对地方政府编制和修改详细规划行为亦有司法救济的必要。但与仅设定特定行政管理相对人权利义务的传统行政行为不同，详细规划涉及局部地区建设用地中可大批量开发地块总体空间安排且具有高度政策性和公众参与性，司法机关对详细规划行为受理和合法性审查应当审慎。特定地块权利人一般并不宜对详细规划的整体内容提起诉讼。权利人对与其土地利用权有直接利害关系的内容提起诉讼的，人民法院仍应结合详细规划实施情况、权利人或者利益相对方申请许可情况以及是否已经依据详细规划取得"一书两证"情况等综合判定被诉行政行为、起诉时机以及具体的审查内容和审查标准。只有在详细规划已经直接限制当事人权利且无须通过"一书两证"行为即能得出明确限制结论的情况下，才宜考虑承认修建性详细规划中有关特定地块规划限制内容的可诉性；相对人还应明确具体的诉讼请求。对详细规划内容的合法性审查，应尊重总体规划控制和专业判断，尊重行政机关的政策调整，并考虑详细规划的稳定性；合法性审查更多体现在程序合法性审查。规划行政主管部门已经依据详细规划作出"一书两证"行为的，当事人应直接对颁发“一书两证”行为申请行政复议或提起行政诉讼，或者对规划行政主管部门不依法履行颁发“一书两证”行政许可职责的行为申请行政复议或提起行政诉讼，而不宜再对详细规划的内容申请复议和诉讼。当事人认为，详细规划侵犯其土地利用权的，可以根据《中华人民共和国行政复议法》第七条、《中华人民共和国行政诉讼法》第五十三条等规定在对“一书两证”行为引发的复议和诉讼案件中，一并请求对详细规划进行审查，以维护合法权益。详细规划的编制和修改给权利人已经取得的权利造成损失的，权利人还可依据《城乡规划法》第五十条规定精神，直接诉请相关主体依法补偿损失。

——(2019)最高法行申10407号行政裁定书

三、实施协议书、补偿协议书签订阶段

区土地整备部门、国土部门及辖区街道办与继受单位依据经批准的实施方案和土地整备规划签订利益统筹土地整备项目实施协议书，明确项目实施时序、土地整备资金、移交政府土地范围、留用土地安排方式和留用土地指标规模等相关内容；街道办事处与继受单位根据实施方案及实施协议书签订补偿协议书，明确继受单位可以获得土地整备资金；国土部门与继受单位签订土地使用权出让合同或国土部门与继受单位及引进的开发主体签订土地使用权出让补充协议，明确留用土地使用权出让及变更受让主体事宜。

《最高人民法院关于审理行政协议案件若干问题的规定》第一条规定：“行政机关为了实现行政管理或者公共服务目标，与公民、法人或者其他组织协商订立的具有行政法上权利义务内容的协议，属于行政诉讼法第十二条第一款第十一项规定的行政协议。”实施协议书、补偿协议书均是行政机关为了实现行政管理或者公共服务目标，与继受单位或开发主体协商订立的具有行政法上权利义务内容的协议，属于行政协议。因此，继受单位根据上述协议与相关行政机关之间成立行政法律关系。因实施协议书、补偿协议书或土地使用权出让合同及补充协议的订立、履行、变更、终止等发生纠纷，继受单位可作为原告提起行政诉讼。

第五节　利益统筹项目“算大账”规则中的争议性疑难问题研究

一、利益统筹项目“算大账”评估时点如何确定

对于补偿而言，评估时点尤为重要。因为评估时点可以直接影响被补偿标的物的价值。比如同是在深圳的房屋，以2009年1月1日为评估时点，和以2019年1月1日为评估时点，两者的评估价值天差地别。

在房屋征收中，《国有土地上房屋征补条例》《国有土地上房屋征收补偿评估办法》《深圳市房屋征收与补偿实施办法（试行）》均对评估时点有明确的规定：被征收房屋价值评估时点为房屋征收决定公告之日。最高人民法院通过司法裁判就确定评估时点的法理进一步解释，认为“对上述法律规定中有关‘被征收房屋价值评估时点为房屋征收决定公告之日’的规定，就应当结合《征补条例》有关‘公平补偿’条款，作统一的法律解释，而不能静止、孤立、机械地强调不论征收项目大小、征收项目实施日期，以及是否存在市、县级人民政府及其职能部门的单方责任，也不考虑实际协议签订日或者补偿决定作出日甚至实际货币补偿款支付到位日的区别，均以征收决定公告之日作为评估时点”。因此，在房屋征收项目中，评估机构确定价值评估时点，除了需考虑成文法的规定外，还需考虑评估时点的公平性及合理性。

在利益统筹政策中，并无关于利益统筹项目“算大账”评估时点确定的规定。实务中，对利益统筹项目“算大账”评估时点的确定五花八门。利益统筹项目所列入的土地整备计划印发之日，测绘、评估机构进场测绘、清点之日，发布土地整备利益统筹项目实施通告之日以及实施方案印发之日均曾被作为利益统筹项目“算大账”评估时点。

笔者认为，利益统筹项目“算大账”评估时点直接影响辖区街道办事处给予继受单位的补偿，属于辖区街道办事处行政补偿活动的一部分，应符合行政合法性和行政合理性原则。现行利益统筹政策暂无“算大账”评估时点的规定，利益统筹项目也无房屋征收项目中的房屋征收决定行为。因此，利益统筹项目“算大账”评估时点的确定更多是从行政合理性原则考虑。行政合理性原则由三项下位原则

所组成:比例原则、正当原则及平等原则。①

具体而言:第一,比例原则中最主要的内容是最小损害原则,即行政主体作出行政行为有多种决定可以选择时,应当选择牺牲行政相对人利益最小而最接近实施行政法目的的行为。具体到利益统筹项目“算大账”评估时点的确定来看,对被补偿人继受单位损害最小的评估时点,应是能让评估的价值与补偿实际兑现时的价值尽可能接近,甚至相一致的时点。

按照利益统筹项目实施流程,利益统筹项目“算大账”阶段对继受单位直接补偿费的兑现是在辖区街道办事处与继受单位签订补偿协议书之后。因此,应尽可能地选择接近补偿协议书签订的时点作为评估时点。从程序来看,补偿协议书签订前,需按照程序完成如下工作:市规划国土部门公告利益统筹项目所列入的年度土地整备计划——辖区街道办事处组织测绘、评估机构进场测绘、清点(个别政府主导的利益统筹项目可能会在进场前发布项目实施通告)——辖区街道办事处编制实施方案——区政府审批实施方案——区土地整备部门、区规划国土部门、辖区街道办与继受单位签订实施协议书。依该程序来看,以四方实施协议书签订时为价值评估时点,最能让评估的价值与补偿实际兑现时的价值尽可能接近,对被补偿人继受单位损害最小。

但是,以此为价值评估时点不具有可操作性,无法实现利益统筹项目“算大账”的目的。因为按照利益统筹项目惯常的操作及程序,一般在实施方案编制前就已经完成测绘、评估工作。在征收补偿、整备补偿中,评估机构只能以评估工作开展时或之前的时点作为评估时点,不能以未来的时点作为评估时点评估被补偿标的的价值。因此,按照比例原则的要求,笔者认为,实施方案编制前已经完成测绘、评估工作的,应当以测绘、评估机构进场时作为评估时点;实施方案编制前未完成测绘、评估工作的,应当以实施方案审批通过之日作为评估时点。

第二,正当原则,是指行政主体在作出行政行为时,应当符合人们公认的“情理”标准。按照前述针对比例原则的分析,实施方案编制前已经完成测绘、评估工作的,应当以测绘、评估机构进场时作为评估时点。但是,该种情形下存在一个问题,测绘、评估机构进场时间如何确定? 测绘、评估机构进场时点因未公开而欠缺公信力。从实操的角度来看,笔者建议辖区街道办事处在启动利益统筹项目工作时,应在项目现场、辖区街道办事处政府网站发布项目实施公告,留存相关证据,

① 参见胡建淼:《行政法学》(第4版),法律出版社2015年版,第54-55页。

以此作为价值评估时点。如此确定评估时点既符合比例原则,也因公开公信而具有正当性。

第三,平等原则,是指在利益统筹项目价值评估时点的确认上要符合以下两个要求:一是原则上同一项目的标的物评估应适用同一评估时点;二是原则上不同的利益统筹项目,如果情形相类,则应按照同样的标准确定评估时点。

综合上述分析,笔者建议辖区街道办事处在启动利益统筹项目工作时,应在项目现场、辖区街道办事处政府网站发布项目实施公告,留存相关证据,以此作为价值评估时点。如未发布实施公告的项目,则建议考虑以测绘、评估机构进场时或实施方案审批时作为评估时点,如果土地整备计划印发时间与测绘、评估机构进场时间相差不远(如都在同一年),也可考虑以土地整备计划印发时间作为评估时点。应予以再次提醒的是,利益统筹项目"算大账"价值评估时点的确定,没有明确的规定,更多还是需要从从业者的角度考虑公不公平、合不合理。

二、在利益统筹项目"算大账"阶段,已批合法用地上建(构)筑物能否予以补偿

(一)继受单位及其成员实际掌控的已批合法用地上的建(构)筑物能否予以补偿

《深圳市土地整备利益统筹项目管理办法》(深规土规〔2018〕6号)第五条规定:项目范围内的建(构)筑物按照重置价核算。从字面意义理解,只要是位于项目范围内的建(构)筑物均可按照重置价核算土地整备资金。但是,在实务中,不乏观点认为只有未完善征(转)地补偿手续用地上的建(构)筑物才可按照重置价核算土地整备资金,继受单位及其成员实际掌控的已批合法用地上的建(构)筑物不符合核算土地整备资金条件。笔者认为,该观点理解有误。

第一,从文义解释的角度,《深圳市土地整备利益统筹项目管理办法》(深规土规〔2018〕6号)并未对可按照重置价核算土地整备资金的建(构)筑物有所限制,无论建(构)筑物是位于未完善征(转)地补偿手续用地,还是位于继受单位及其成员实际掌控的已批合法用地,均可核算土地整备资金。

第二,从利益统筹项目"算大账"规则的背后逻辑来看,利益统筹项目"算大账"规则采取房地分离的思路核算应给予继受单位的土地整备资金和留用土地指标。无论建(构)筑物是位于未完善征(转)地补偿手续用地,还是位于继受单位及其成员实际掌控的已批合法用地,均应按照同样的逻辑处理。继受单位就项目

范围内的未完善征(转)地补偿手续用地可获得交换对价(“利益共享用地+土地整备资金”)的同时,就该地上建(构)筑物也可获得交换对价。同样,继受单位就其及其成员实际掌控的已批合法用地可获得交换对价(等面积留用土地)的同时,就该地上建(构)筑物也理应获得交换对价。

(二)非继受单位及其成员实际掌控的已批合法用地上的建(构)筑物能否予以补偿

随着利益统筹项目实施对象的扩大,更值得进一步探讨的是,位于项目范围内非继受单位及其成员实际掌控的已批合法用地,能否按照重置价核算土地整备资金?

在现行的利益统筹政策下,笔者认为利益统筹项目“算大账”中的土地整备资金(直接补偿费)和留用土地,仅是政府平衡相关主体(政府、继受单位、相关权益人)利益的手段。既然是平衡利益的手段,就应着眼于能否实现平衡利益的目的,而不应以建(构)筑物的权属性质或所占土地的权属性质区分是否予以继受单位补偿。

在现行的利益统筹政策下,即使将非继受单位及其成员实际掌控的已批合法用地纳入利益统筹项目实施范围,这些土地及地上建(构)筑物的权利人在利益统筹项目中,仍属于相关权益人的身份,可通过利益统筹项目“算细账”阶段的搬迁补偿安置获得相应的利益,而利益统筹项目“算细账”阶段的搬迁补偿安置工作由继受单位负责,所以从平衡利益的角度,对非继受单位及其成员实际掌控的已批合法用地地上建(构)筑物,应该按照重置价核算土地整备资金,并将此给予继受单位。

(三)国有未出让土地上的建(构)筑物能否予以补偿

实务中,为实现规划统筹,有可能会将较小面积的国有未出让土地纳入利益统筹项目实施范围。国有未出让土地上的建(构)筑物能否参与土地整备资金核算呢?

一般的做法是不将该类用地上的建(构)筑物纳入土地整备资金核算范围。主要理由是,按照我国土地管理方面法律法规的规定,未经批准在国有未出让土地上建设建(构)筑物,属于非法占用国有储备土地的行为,本应依法清理并交还土地,故地上建(构)筑物不能再参与土地整备资金核算。

笔者认为上述理由具有一定的合理性。但是,未完善征(转)地补偿手续用地上未办理合法报建手续的建(构)筑物,依法属于违法建筑,也本应拆除或没收,何以可参与土地整备资金核算呢?在该问题上,行政机关似乎针对相类似的情形适用了不同的标准,正当性不足。尤其是继受单位后续很可能还应通过搬迁补偿安置的方式解决该类土地上建(构)筑物的搬迁、拆除问题,如果不将该类土地上的建(构)筑物纳入土地整备资金核算范围,就难以达到平衡相关主体利益的效果与目的。

因此,笔者建议,对利益统筹项目范围内国有未出让土地上建设建(构)筑物是否纳入土地整备资金核算范围,应区分情形处理。如果该类用地上建(构)筑物由行政主管部门依法拆除、清理,则无须纳入土地整备资金核算范围;如果该类用地上建(构)筑物并未由行政主管部门依法拆除、清理,则应纳入土地整备资金核算范围。

三、在利益统筹项目"算大账"阶段,违法建筑能否予以补偿

虽然《深圳市土地整备利益统筹项目管理办法》(深规土规〔2018〕6 号)未对可核算资金的建(构)筑物的合法性质作出要求与限制,但是从禁止违法建筑的政策导向,以及维护行政行为的严肃性、权威性的角度考虑,如果某建筑物已被行政主管部门依法认定为违法建筑,笔者认为不宜将该建筑物纳入按照重置价核算资金的建(构)筑物范围。

此处涉及"违法建筑"的认定问题。按照正常人的观念,未办理合法报建手续或者未取得合法产权证书的建筑物属于违法建筑。但是在法律上,只有具备相应违建认定、处理职权的行政主管部门才有权对建筑物的合法性进行认定,只有经过行政主管部门作出违法建筑认定或处理的建筑物才属于法律意义上的违法建筑。换言之,在行政主管部门依法作出认定之前,推定建筑物为合法建筑。

因此,笔者认为,如果行政执法部门就项目范围内的建筑物作出行政处罚决定,则该类建筑物不宜纳入按照重置价核算土地整备资金的建(构)筑物范围。如果未有行政执法部门就建筑物作出行政处罚决定,则应对建筑物按照重置价核算土地整备资金。据笔者所了解,光明区和龙华区的利益统筹项目针对已作行政处罚的建筑物,也是按照上述思路处理。

市规划国土委出台的《关于规范土地整备土地信息核查及现状容积率核算工作的通知》(深规土〔2018〕859 号)所规定的"项目实施范围内已做出行政处罚决定但尚未执行的建筑,其建筑面积不作为现状建筑面积计算",也体现了禁止违

建、维护行政行为的严肃性及公信力的精神。不过，虽然土地整备资金核算和现状建筑面积认定对违法建筑的处理精神相一致，但两者属于两个相互独立、互不相干的事项。土地整备资金核算是为了确定应给予继受单位的直接补偿费；现状建筑面积的认定是为了核算应给予继受单位的利益共享用地面积。在核定现状建筑面积与核算土地整备资金时，对建筑物的处理不完全一样。

纳入土地整备资金核算的建筑物是项目范围内的建筑物，而计入现状建筑面积的建筑物是项目中扣除合法用地后的未完善征（转）地补偿手续用地范围内的建筑物，即不包括合法用地上的建筑物。

四、“三方征地”能否参与土地整备资金及留用土地核算，如何核算

“三方征地”纳入利益统筹项目实施范围，已经是利益统筹项目实务中不可回避的事实。现在更重要的问题是，“三方征地”纳入利益统筹项目实施范围后，能否参与土地整备资金及留用土地的核算？

这个问题在政策中无明确规定。笔者简要介绍下实务中的做法：首先，“三方征地”能否参与土地整备资金核算，实务中存在两种做法。一是不允许参与土地整备资金核算，也就是说不就此给予继受单位直接补偿费。光明区采取该种做法。二是参照未完善征（转）地补偿手续用地按照公告工业基准地价的50%核算，但需要提供“三方征地”及未支付征地款的相关证明材料。龙华区采取该种做法。其次，“三方征地”能否参与留用土地核算，如何核算。实务中一般允许“三方征地”参与留用土地核算。但是，有些参照未完善征（转）地补偿手续用地核算利益共享用地的规则进行核算，有些直接按照公告工业基准地价的20%核算留用土地。

笔者认为，“三方征地”能否参与土地整备资金及留用土地核算，以及如何核算，本质上是个算经济账的问题。未来在完善政策时，需要考虑的更多还是利益平衡的问题。但是，有一点应予以注意，“三方征地”体现的仅是征地形式，而非土地状态及土地权属性质。如果最终认定“三方征地”属于未完善征（转）地补偿手续用地，则应按照未完善征（转）地补偿手续用地核算利益共享用地的规则处理；如果最终认定“三方征地”属于已征未完善出让手续用地，则可按照其他规则处理。

五、非继受单位及其成员掌控的已批合法用地能否参与土地整备资金及留用土地核算，如何核算

非继受单位及其成员掌控的已批合法用地纳入利益统筹项目实施范围后，能

否参与土地整备资金及留用土地核算,如何核算,也是实务中的争议性问题。

首先,对于非继受单位及其成员掌控的已批合法用地能否参与土地整备资金核算这一问题,实务中一般均不允许参与土地整备资金核算。但是,允许该地上建(构)筑物参与土地整备资金核算。

其次,对于非继受单位及其成员掌控的已批合法用地能否参与留用土地核算,实务中存在两种做法:一种做法是参照继受单位及其成员掌控的已批合法用地核算规则处理,即1:1等面积核算留用土地。光明区针对非继受单位及其成员掌控的“两规”“三规”处理用地采取该种做法,针对非继受单位及其成员掌控的国有已出让用地则不核算留用土地,直接根据地上现状建筑面积1:1核算累加到未来的规划建筑面积。另一种做法是直接按照非继受单位及其成员掌控的已批合法用地的20%核算留用土地。龙华区采取该种做法。

笔者认为,非继受单位及其成员掌控的已批合法用地能否参与土地整备资金及留用土地核算,以及如何核算,本质上是个算经济账的问题。无论是目前的利益统筹项目,还是未来完善利益统筹政策,需要考虑更多的还是能否实现利益平衡。

六、提前移交土地及地上建(构)筑物能否参与土地整备资金及留用土地核算,如何核算

根据提前移交的时间节点不同,可以分为在利益统筹项目申报立项前提前移交土地及地上建(构)筑物,以及在利益统筹项目“算细账”前提前移交土地及地上建(构)筑物。

对于在利益统筹项目申报立项前提前移交的土地及地上建(构)筑物,其能否参与土地整备资金及留用土地核算,政策并无规定。从理论上来说,此时意向利益统筹项目并未列入土地整备计划,不存在参与土地整备资金及留用土地核算的问题。但是,实操中,为了调动继受单位配合解决政府投资建设项目的用地紧急问题的积极性,一般会由辖区街道办、继受单位及物业权益人(如有)签订补偿协议书,约定继受单位及物业权益人配合提前拆除建筑物、移交土地,辖区街道办支持继受单位将土地纳入利益统筹项目申报立项,如果未来顺利列入土地整备计划,则允许提前拆除的建筑物、移交的土地参与土地整备资金及留用土地核算,提前移交的土地视为提前贡献用地。因此,在利益统筹项目申报立项前提前移交土地及地上建(构)筑物,能否参与土地整备资金及留用土地核算,关键在于能否得到政府的认可,并提前做好证据保存工作。

对于在列入土地整备计划后、利益统筹项目“算细账”前提前移交的土地及地上建(构)筑物,《市规划国土委关于规范土地整备土地信息核查及现状容积率核算工作的通知》(深规土〔2018〕859 号)规定:已纳入土地整备计划的利益统筹项目,因政府工程项目建设需要将范围内现状建筑物先行拆除移交政府的,经区政府同意后依据拆除前的相关测绘数据确认现状建筑面积。因此,因政府工程项目建设需要提前拆除的建筑物,经区政府同意后,可以作为利益共享用地核算的基数。按此精神理解,因政府工程项目建设需要提前拆除的建筑物也应能参与土地整备资金核算。

七、土地整备资金(直接补偿费)的性质及用途

土地整备资金(在本部分特指按规定支付给继受单位的直接补偿费及不可预见费,不包括技术支持费、业务费等,以下不再赘述)的性质及用途问题,在实务中争议性非常大。争议性一方面源于不同部门、不同行业领域认识的差异性;另一方面源于部分政府主导的利益统筹项目实践经验引发的理解偏差。

根据笔者所接触的情况,不同部门、不同行业领域认识的差异性体现在:(1)土地整备部门一般倾向认为土地整备资金是利益统筹手段之一,按规定支付给继受单位后,由继受单位自行使用;(2)集体资产管理部门倾向认为土地整备资金属于政府拨付的专项资金,只能用于同一利益统筹项目的搬迁补偿安置或者由继受单位保留在集体账户上,不允许用于其他用途,包括缴交地价、分配股民或用于其他投资;(3)开发主体及部分财税方面的专业人士也认为土地整备资金属于政府拨付的专项财政补贴,必须也只能专款专用于同一利益统筹项目的搬迁补偿安置,继受单位不得保留使用。

部分政府主导的利益统筹项目实践经验引发的理解偏差体现在以下几点:很多政府主导的重大产业片区利益统筹项目,根据土地整备资金核算的标的物权属不同,将土地整备资金分为集体物业土地整备资金与非集体物业土地整备资金。在项目实施过程中,经政府、继受单位及意向开发主体(通常为国企)三方会议协商,将集体物业土地整备资金分配给继受单位,非集体物业土地整备资金交由意向开发主体用于项目搬迁补偿安置工作。该种模式逐渐得到许多民营房企的仿效、借鉴,被推广到自己实施的利益统筹项目。

笔者认为,上述观点中有些观点值得商榷研讨。在现行利益统筹政策无明确规定的情况下,对土地整备资金性质和用途的探究,可从正反两面展开。

从正面,可结合土地整备资金的目的展开分析。笔者认为土地整备资金是利益统筹项目“算大账”的方式之一,在性质上,土地整备资金与留用土地完全相同,均属于平衡政府、继受单位及相关权益人之间利益的手段。既然继受单位获得的留用土地毫无争议地被认为属于继受单位的集体资产,那么继受单位获得的土地整备资金,也应毫无争议地被认为属于继受单位的集体资产。退一步简单地说,如果不是因为政府同意提供土地整备资金和留用土地给继受单位,继受单位何以会愿意代政府解决利益统筹项目范围内所有建(构)筑物的搬迁补偿安置及拆除问题,并承担直接的诉讼风险?如果要求继受单位负责解决所有建(构)筑物搬迁补偿安置及拆除问题的同时,还要继受单位将其获得的土地整备资金必须用于项目搬迁补偿安置工作,对继受单位来说,是十分不公平的。

从反面,可结合利益统筹项目“算细账”阶段的搬迁补偿安置行为性质展开分析。利益统筹项目“算细账”阶段的搬迁补偿安置行为在性质上属于民事主体间的民事行为,遵循民法上的自由原则。是否补偿,按照何种标准补偿,完全由搬迁人(继受单位或继受单位及其合作开发主体)与被搬迁人双方自由协商。如果搬迁人拆迁能力强,不排除可能以极低的补偿对价解决搬迁补偿安置问题,搬迁人可能无须使用土地整备资金或使用小部分的土地整备资金即可解决搬迁补偿安置问题,若继受单位引入合作开发主体负责搬迁补偿安置工作,继受单位较为强势,合作开发主体资金较为雄厚,经双方协商后,同意由合作开发主体负责单方出资解决搬迁补偿安置问题,这种情况也可能无须动用任何土地整备资金。在上述情形下,政府是否无须按政策支付土地整备资金或者说可以追回已支付给继受单位的土地整备资金?这个问题如果做肯定回答,不仅有违基本的法理,而且也无操作之可能。

综上分析,笔者认为,继受单位获得的土地整备资金,与其获得的留用土地一样属于继受单位的集体资产。土地整备资金是从政府实施土地整备项目的角度所描述的概念,继受单位收到土地整备资金后,该笔资金就转变为了集体资产。好比房屋征收补偿款是从政府实施房屋征收项目的角度所描述的概念,被征收人收到房屋征收补偿款后,该款项就转变为了被征收人的私有财产。

既然土地整备资金属于继受单位的集体资产,继受单位就有权自行决定该资金的使用,其有权投入用于利益统筹项目的搬迁补偿安置,也可用于其他投资活动,还可保留自用,甚至可以作为股东分红处理。当然,继受单位使用土地整备资金必须符合集体资产管理规定的要求,履行集体决策程序。如果继受单位投入用于利益统筹项目,无论是用于解决搬迁补偿安置问题,还是用于缴交地价或其他用途,应当与留用土地一样,共同计入继受单位的投入成本。

八、合法用地指标提供方在利益统筹项目中的身份性质

按照《深圳市土地整备利益统筹项目管理办法》(深规土规〔2018〕6 号)的规定,可将利益统筹项目范围外的合法用地指标调入项目范围内,共同构成项目留用土地指标的组成部分。然后根据项目范围内的规划情况,确定最终留用土地选址范围及面积。那合法用地指标提供方在该利益统筹项目可基于何种身份享有何种权益?对此实务中存在两种观点及做法。

第一种是认为合法用地指标提供方所提供的用地指标构成利益统筹项目留用土地指标的一部分。留用土地是留用土地指标落实后的体现,因此合法用地指标提供方属于留用土地的土地使用权人之一,与利益统筹项目原涉及的继受单位共同享有土地使用权。如果该观点成立,则合法用地指标提供方与指标接收方(项目原涉及的继受单位)需共同作为用地单位申请办理用地出让手续,签订土地使用权出让合同,并且作为开发主体分配建成物业,而非获得回迁安置物业。指标提供方与指标接收方关系如图 4-2 所示。

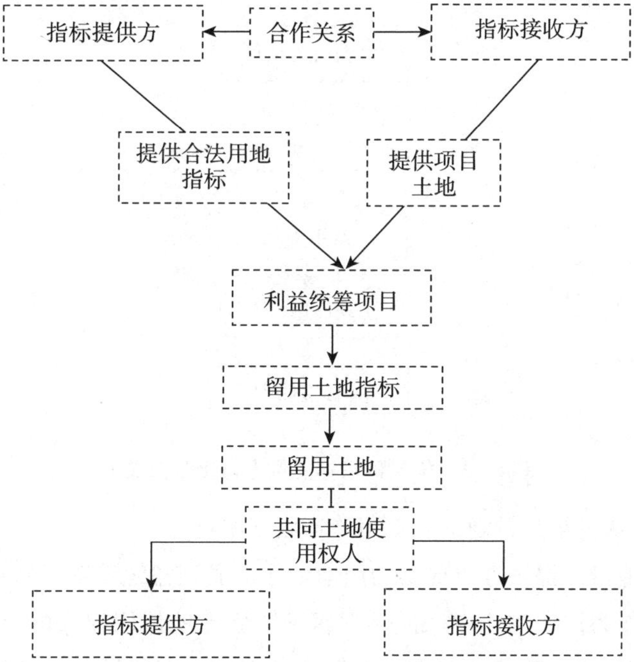

图 4-2 第一种指标提供方与接收方关系

第二种是认为合法用地指标提供方仅属于指标权益人，与利益统筹项目范围内被搬迁物业权益人身份性质类似。只不过被搬迁物业权益人所拥有的是有体物，指标权益人所拥有的是属于无体物的财产性利益。指标权益人同意提供用地指标调入利益统筹项目，接受用地指标的继受单位对指标权益人予以补偿，相当于一次性买断指标权益人所拥有的指标权益，该用地指标即构成该项目留用土地指标一部分，与原指标权益人再无关系。指标提供方与指标接收方关系如图 4－3 所示。

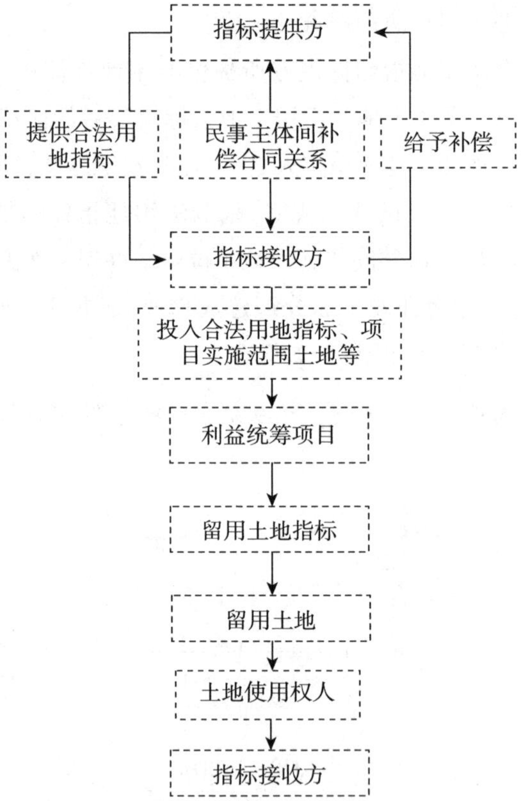

图 4－3　第二种指标提供方与接收方关系

笔者倾向认可第二种观点。理由包括以下四点。

第一，用地指标提供方所提供的用地指标构成利益统筹项目留用土地指标的一部分，无法作为认定用地指标提供方属于留用土地使用权人的充分理由，因为对留用土地指标的核算规模有贡献不等于可直接享有留用土地指标权益或成为留用土地使用权人。正因如此，继受单位成员所享有的合法土地也会构成留用土地指标的一部分，在项目实施对象扩大到“三方征地”或非继受单位及其成员实际掌控的合法用地的情况下，即使“三方征地”或非继受单位及其成员实际掌控的合法用地也会构成留用土地指标的一部分，我们毫无争议地认为继受单位成员、“三方征地”实施主体、非继受单位及其成员实际掌控的合法用地权利人不能共同作为留用土地使用权人。同样，虽然用地指标提供方所提供的用地指标构成利益统筹项目留用土地指标的一部分，但不等于其可直接享有留用土地指标权益或成为留用土地使用权人。

第二，用地指标提供方所提供的用地指标与接受用地指标的利益统筹项目最终核算出来的留用土地指标，两者应属于两个相互独立的标的物，已经不具有同一性。

第三，参照城市更新项目的做法，用地指标提供方将用地指标调入城市更新项目，只可从项目意向实施主体获得补偿，而无法主张作为未来拟出让土地的土地使用权人。

第四，从简化关系和操作的角度来看，将用地指标提供方认定为指标权益人，由用地指标接收方（继受单位或继受单位指定的合作开发主体）按照用地指标价值一次性买断，予以补偿，后续由接受用地指标的继受单位作为留用土地使用权人，可简化指标提供方与指标接收方之间的法律关系及利益统筹项目的后续操作手续。

第五章

利益统筹项目留用土地开发

“既不是常规的国有建设用地开发，又不是以往的非农建设用地、征地返还用地开发，更不是城市更新项目集体物业拆迁改造。”这是目前利益统筹项目留用土地开发（尤其是合作开发）实务中最容易产生困惑的问题。要理解目前利益统筹项目留用土地开发（尤其是合作开发），必须准确定性各方之间的法律关系。如需定性各方之间的法律关系，则必须回到各方之间交易对价关系的实质。

第一节　利益统筹项目留用土地开发概述

本节作为留用土地开发板块的第一节，旨在向读者简要分析利益统筹项目留用土地开发的概念，梳理利益统筹项目留用土地开发的主要路径，归纳、对比几类开发模式的相同点与不同点，介绍在实务中各种模式的采取情况，以帮助读者在宏观层面建立起关于留用土地开发的认识体系。

一、留用土地开发概念

利益统筹项目留用土地开发，从狭义层面来看，是指继受单位自行或与其他开发主体合作对继受单位已取得建设用地使用权的留用土地进行开发建设的活动；从广义层面来看，是指继受单位自行或与其他开发主体合作通过厘清利益统筹项目实施范围内所有经济利益关系、清理并向政府移交土地，获取留用土地，并对该留用土地进行开发建设的活动。前者聚焦于“土地开发建设”阶段，与传统的、常规的房地产开发性质一致;后者涵盖“拿地”及“土地开发建设”两个阶段,与传统的、常规的房地产开发有所不同。

实务中,对于留用土地开发,通常使用的是广义概念,主要是为了与传统房地产开发相区别。不过,为了准确把握留用土地开发相关政策的要求,有必要从广义与狭义两个层面对留用土地开发加以理解。

二、留用土地开发流程

按照广义的理解,理论上留用土地开发包括如下流程(如图5－1所示)。

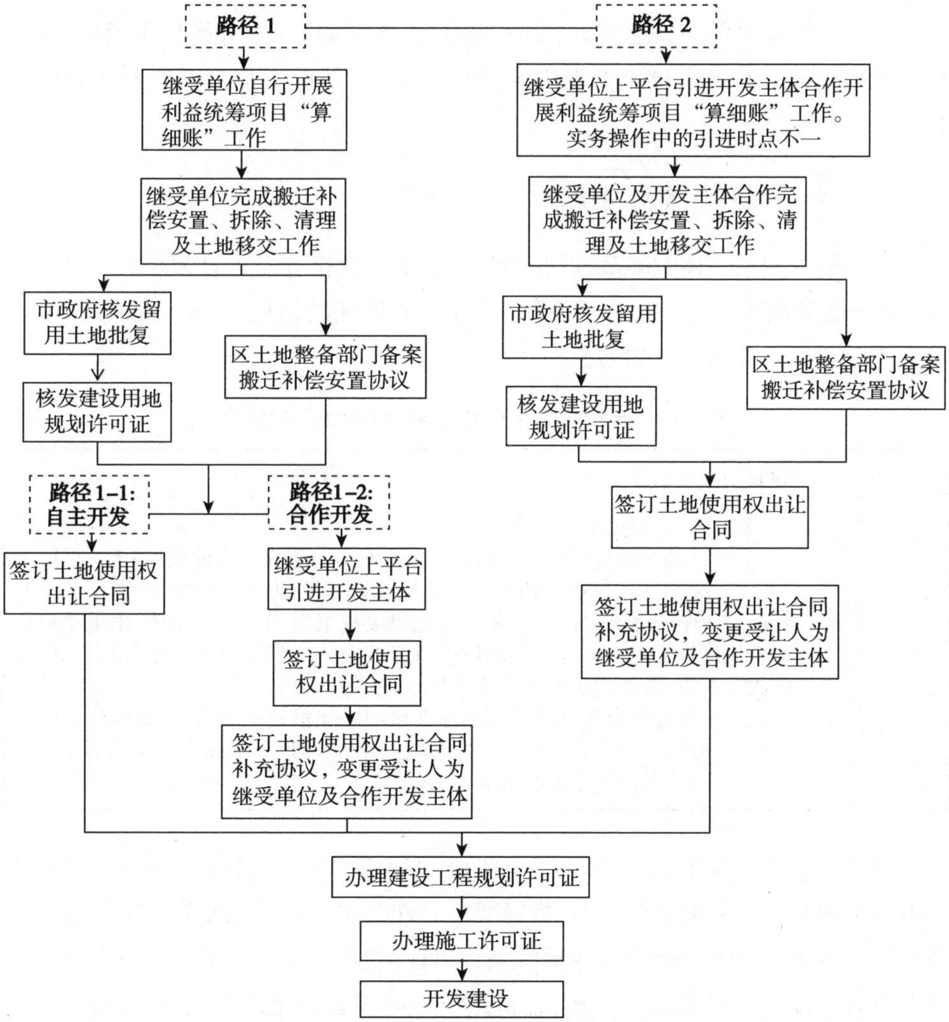

图5－1　广义留用土地开发流程

三、留用土地开发模式对比

（一）自主开发与合作开发

根据是否引进开发主体，留用土地开发可分为自主开发（前文梳理的路径1－1）与合作开发（前文梳理的路径1－2及路径2）两种模式。自主开发模式与合作开发模式的区别在于，前者中的留用土地开发全过程（从前期“拿地”到后期开发建设）相关工作均由继受单位自行完成，后者中的留用土地开发全过程或后期开发建设相关工作由继受单位及其引进的开发主体合作完成。

受限于继受单位的资金实力、专业能力、人才资源，在实务操作中，利益统筹项目留用土地开发采取自主开发模式的少之又少，基本上都是采取合作开发模式。

（二）全过程合作开发与阶段性合作开发

根据引进开发主体时间节点的不同，留用土地合作开发可分为全过程合作开发（前文梳理的路径2）与阶段性合作开发（前文梳理的路径1－2）两种模式。两种模式的相同点及不同点如表5－1所示。

表5－1　全过程合作开发与阶段性合作开发对比

<table>
<tr><th>模式</th><th>相同点</th><th>不同点</th></tr>
<tr><td>留用土地全过程合作开发</td><td rowspan="2">均属于合作开发模式</td><td rowspan="2">1. 法律关系不完全相同。
2. 阶段性合作开发模式是由继受单位自行完成前期“拿地”阶段相关工作（包括委托前期服务机构代为完成前期工作，权利及义务归属于继受单位），在留用土地批复核发后引进开发主体，由继受单位与开发主体合作完成后期对留用土地的开发建设工作，相当于传统的、常规的房地产合作开发。
全过程合作开发模式则是在留用土地批复核发前（具体时间各区操作不一）引进开发主体，由继受单位与开发主体合作完成前期“拿地”及后期的开发建设工作</td></tr>
<tr><td>留用土地阶段性合作开发</td></tr>
</table>

阶段性合作开发模式以2022年4月15日以前的龙岗区利益统筹项目留用土地开发为典型。按照旧的《龙岗区社区股份合作公司集体用地开发和交易监管实施细则》，在留用土地办理建设用地规划许可证前，继受单位仅可引进意向合作方代为处理前期“拿地”阶段的工作；在留用土地办理建设用地规划许可证后，继受单位方可引进留用土地正式合作方。

全过程合作开发模式则以龙华区利益统筹项目留用土地开发为典型。另外，新的《龙岗区社区股份合作公司集体用地开发和交易监管实施细则》于2022年4月15日实施后，龙岗区利益统筹项目留用土地开发也由阶段性合作开发模式转为全过程合作开发模式，即允许继受单位在留用土地批复核发前就引进开发主体，由继受单位与开发主体合作完成前期“拿地”及后期的开发建设工作。

（三）契约型合作开发与项目公司型合作开发

根据合作方式的不同，留用土地合作开发可以分为契约型合作开发与项目公司型合作开发两种模式。对于自主开发、全过程合作开发与阶段性合作开发的相同点及不同点，前文已作出阐述。本部分简要梳理契约型合作开发与项目公司型合作开发两种模式的相同点及不同点（如表5－2所示）。

表5－2　契约型合作开发与项目公司型合作开发对比

<table>
<tr><th>模式</th><th>相同点</th><th>不同点</th></tr>
<tr><td>留用土地契约型合作开发</td><td rowspan="2">1. 均属于合作开发模式。
2. 无论是全过程合作开发还是阶段性合作开发，契约型合作开发与项目公司型合作开发均具有政策可行性</td><td rowspan="2">1. 法律关系不同。
2. 搬迁补偿安置协议签订主体及要求不同，“双抬头模式”与“单抬头模式”的区别。
3. 报批报建主体及要求不同，“双抬头模式”与“单抬头模式”的区别。
4. 税负核算规则不同，“双抬头模式”与“单抬头模式”的区别</td></tr>
<tr><td>留用土地项目公司型合作开发</td></tr>
</table>

虽然在契约型合作开发模式下，有赖于继受单位配合的场合非常多，尤其是在报批报建阶段。但是，考虑两种模式下税负核算规则的区别，契约型合作开发模式下的税负成本相对更低。从降低成本的角度来看，目前实务操作中，大部分利益统筹项目均倾向采取留用土地契约型合作开发模式（“双抬头模式”）。

第二节　利益统筹项目留用土地合作开发模式研究

利益统筹项目留用土地合作开发，在实务中经常会被看作房地产合作开发，或者类比为非农建设用地或征地返还用地原地合作开发，因为在某种程度上，这三种合作开发模式外观上均包含一方出地、一方出资，各方共同投资、共享利润、共担风险的内容。但是，在处理法律关系认定、税负核算等具体事务时，又会发现留用土地合作开发存在与传统房地产合作开发、非农建设用地或征地返还用地原地合作开发不同之处。

笔者拟对土地整备利益统筹政策的意旨进行探讨，对留用土地合作开发的实质利益关系进行分析，以确定各种留用土地合作开发模式的法律性质，为涉及留用土地合作开发的具体事务处理提供分析的基础，以及探寻具体路径的起点。

一、留用土地自主开发

如果继受单位无权自主开发留用土地，就不可能有权引进开发主体合作开发留用土地。留用土地合作开发模式系由留用土地自主开发模式演化而来，以留用土地自主开发模式为起点。因此，研究留用土地合作开发模式，须先研究留用土地自主开发模式。

按照笔者在上一节中梳理的留用土地自主开发流程，继受单位须先完成搬迁补偿安置、拆除、清理及土地移交工作，方可通过协议出让方式取得留用土地的建设用地使用权，进而开展留用土地开发建设工作。

从取得留用土地建设用地使用权前、后两阶段的活动内容来看，前阶段系将“生地”变成“熟地”、将“毛地”变成“净地”的过程，实质上属于土地一级开发活动。该阶段主要与政府产生关系。

后阶段系将“净地”开发建设新房地产的过程，实质上属于土地二级开发活动，也属于我国《城市房地产管理法》第三章所称的“房地产开发”活动，即在取得土地使用权后，土地使用权人（建设单位）按照规划许可要求，委托有资质的单位设计、施工建设房地产，经竣工验收后交付使用。该阶段主要与市场主体产生关系。

二、留用土地合作开发

（一）制度设计初衷

按照《深圳市土地整备利益统筹项目管理办法》（深规土规〔2018〕6 号）第十三条第二款的规定：“留用土地审批主体审批并核发留用土地批复后，原农村集体经济组织继受单位可以依据留用土地批复，按照集体资产处置相关规定，通过合作开发或作价入股等方式引入留用土地的开发主体。”继受单位在留用土地批复核发后,方可引入留用土地的开发主体。

按照利益统筹项目的实施流程,留用土地批复核发前,一般应完成搬迁补偿、建筑物拆除、土地清理和移交入库工作,至少应完成经济利益关系厘清工作。换言之,继受单位在自行完成土地一级开发("拿地")工作后,方可引入开发主体合作开发留用土地。《深圳市土地整备利益统筹项目管理办法》(深规土规〔2018〕6号)第十四条第三款规定"按照法定程序选择确定的留用土地开发主体可以参与房屋拆除和土地清理工作",并未包含房屋补偿工作。这意味着留用土地合作开发制度的设计初衷,并未将引入开发主体作为搬迁人负责搬迁补偿安置工作考虑在内。据此,留用土地合作开发模式如图5-2所示。

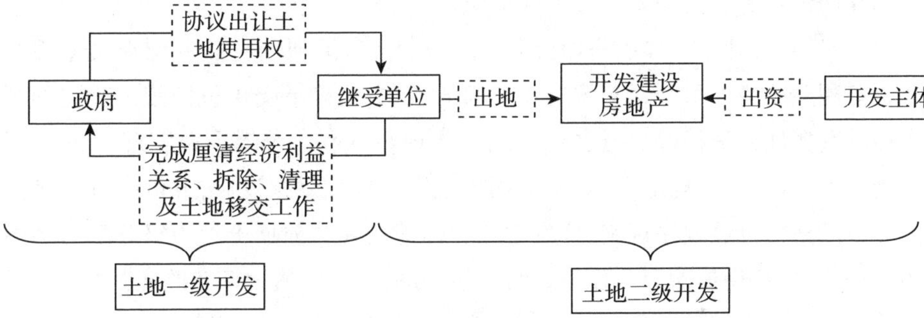

图5-2　留用土地合作开发模式

(二)制度实施困境及完善

制度设计初衷是简洁清晰的,但是受限于继受单位的资金实力、专业能力、人才资源,在实务操作中,继受单位不可能自行完成利益统筹项目中的搬迁补偿、建筑物拆除、土地清理及移交工作(前期"拿地"工作)。所以,必须寻找路径破此难题。

第一步,明确被引进的开发主体的搬迁人资格。2019年市规划和自然资源局印发的《市规划和自然资源局关于规范土地整备利益统筹项目补偿安置有关事项的通知》第一条特别就搬迁人的范围予以明确:"利益统筹项目的搬迁人为原农村集体经济组织继受单位,或原农村集体经济组织继受单位及按照相关规定确定的开发主体。"继受单位确定的开发主体据此可作为利益统筹项目的搬迁人负责搬迁补偿安置工作。

但是,应特别注意的是,该通知只是明确了继受单位确定的开发主体有权成为搬迁人,并不要求开发主体必须作为搬迁人。开发主体是否需作为搬迁人负责搬迁补偿安置工作,在具体的利益统筹项目中仍取决于继受单位与开发主体之间的约定。按照《深圳市土地整备利益统筹项目管理办法》(深规土规〔2018〕6 号)的规定,继受单位负有厘清经济利益关系的法定义务,并以此作为获取留用土地的对价之一。按照合同自由原则,继受单位与开发主体双方可自由约定搬迁补偿安置工作的责任主体。这两个结论互不冲突,因为前者属于对政府的外部责任承担,后者属于两个民事主体之间内部的责任划分。即使继受单位与开发主体之间的合作协议约定开发主体负责搬迁补偿安置工作,该内部的合同义务也是源于继受单位自身对外的法定义务。无论继受单位与开发主体之间如何约定,继受单位对外均在厘清经济利益关系后方可获取留用土地。

第二步,解决开发主体引进时点问题。虽然《市规划和自然资源局关于规范土地整备利益统筹项目补偿安置有关事项的通知》明确继受单位按规定确定的开发主体具有搬迁人资格,但是按照《深圳市土地整备利益统筹项目管理办法》(深规土规〔2018〕6 号)的规定,继受单位须待留用土地批复核发后,方可引进开发主体。如果严格执行该程序规定,开发主体实际无法参与前期土地一级开发活动中的搬迁补偿、建筑物拆除等工作。为解决该问题,实务探索出两条路径。

路径一是允许继受单位在留用土地批复核发前,通过公共资源交易平台选定意向合作方,协助继受单位开展利益统筹项目前期"拿地"工作,包括项目可研、立项申报、实施协议书签订、确权、搬迁补偿安置协议签订、房屋拆除、土地清理、移交并办理用地出让手续等。待留用土地批复核发后,继受单位通过公共资源交易平台选定留用土地的正式合作方,双方签订留用土地合作协议。

前一阶段的意向合作方相当于前期服务机构,继受单位与意向合作方之间属于服务合同关系,而非房地产合作开发关系。后一阶段的正式合作方则属于留用土地合作开发主体,继受单位与正式合作方之间属于合作开发房地产合同关系。在前后两阶段的衔接上,由于意向合作方并非留用土地合作开发主体,仅具有服务资格,无获取分成的权利,意向合作方与继受单位签订意向合作协议时,一般都会约定前期费用的核算要求,并约定继受单位制定的招商方案须明确:如果意向合作方后续通过平台交易成为正式合作方,则前期费用作为其项目成本,由其自行承担;如果意向合作方未能成为正式合作方,则前期费用由正式合作方承担并支付。该路径的交易架构如图 5 - 3 所示。

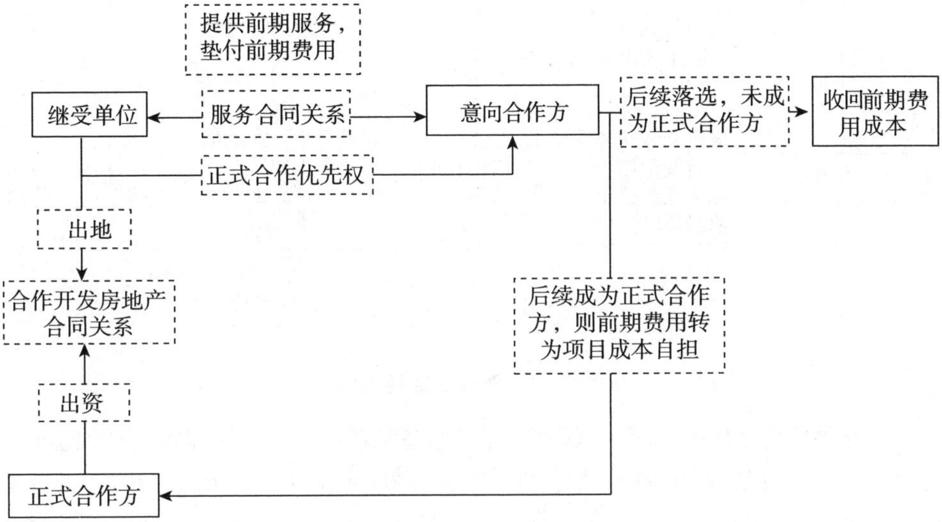

图 5－3　路径一交易架构

该路径是在遵循《深圳市土地整备利益统筹项目管理办法》（深规土规〔2018〕6 号）规定的情况下作出的变通，即在引进正式合作方之前，引进前期服务机构，建立服务合同关系，由意向合作方以继受单位的名义开展前期服务工作。意向单位在前期服务过程中，在服务合同（一般名为《意向合作协议书》）约定范围内所实施的行为产生的法律效果归属于继受单位。2022 年 4 月 15 日以前龙岗区实施的《龙岗区社区股份合作公司集体用地开发和交易监管实施细则》即采取该路径。不过龙岗区要求在留用土地取得建设用地规划许可证后，继受单位方可选定正式合作方，该时点比留用土地批复核发的时点稍晚。

路径二是允许继受单位在留用土地批复核发前，直接通过公共资源交易平台选定正式合作方，签订正式的留用土地合作协议。合作协议内容通常包括正式合作方负责协助继受单位推动实施方案审批、留用土地规划报审报批、实施协议书及补偿协议书签订、留用土地批复核发、土地使用权出让合同签订等工作，负责完成确权、签约、搬迁、拆除、清理等前期工作，以及后续开发建设工作。该路径的交易架构如图 5－4 所示。

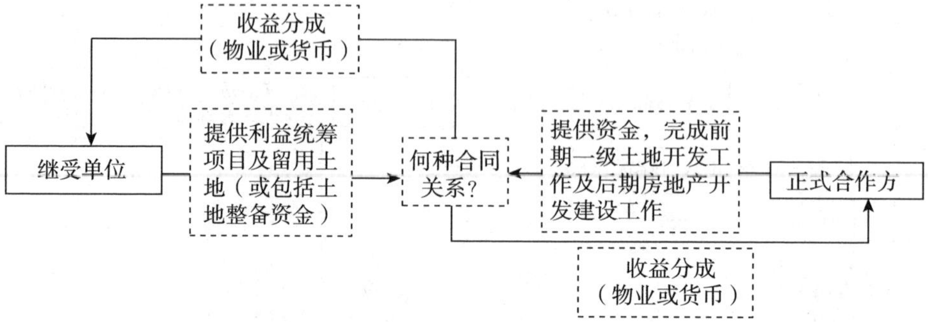

图5-4 路径二交易架构

该路径实质上已经突破了《深圳市土地整备利益统筹项目管理办法》（深规土规〔2018〕6号）关于在留用土地批复核发后引进开发主体的规定。但是，迫于解决实际问题的需要，目前大部分的利益统筹项目都按照该路径引进留用土地合作开发主体。在引进的具体时点方面，实施方案编制前有之，实施方案编制后审批前有之，实施方案审批后亦有之。总体而言，以实施方案编制后审批前居多，因为该时点下的留用土地指标规模及位置已初步确定，具备评估及开展可行性研究工作的条件。

为了弥补该路径政策依据上的不足，部分行政区通过制定规范性文件，放宽继受单位引进开发主体的时间条件。比如，2021年深圳交易集团有限公司龙华分公司出台的《龙华区股份合作公司集体用地土地使用权合作开发交易操作规程（试行）》（深交易龙华〔2021〕1号）第十二条规定："股份合作公司集体用地合作开发项目必须符合城市规划并满足下列条件，方可进入公共资源交易平台进行交易：土地整备利益统筹项目留用地（含指标）进场交易的，须已取得留用土地批复。尚未取得留用土地批复，但实施方案已经区政府审批通过、留用土地或指标已安排落实并经街道办、区集资部门审查同意的，可进入平台交易。"2022年龙岗区人民政府出台的《龙岗区社区股份合作公司集体用地开发和交易监管实施细则》（深龙府办规〔2022〕2号）规定，集体用地以合作开发方式进入市场交易的，集体用地符合下列条件之一时，社区股份合作公司应当通过交易机构公开交易方式选定合作方：土地整备利益统筹项目，由社区股份合作公司向区土地整备主管部门提出申请，区土地整备主管部门认可其利益统筹可行性及必要性后，并且删除了新项目选定意向合作方的规定。不过，上述文件由于制定主体、效力层级等方面的原因，在与市职能部门规范性文件冲突的情况下，仍无法彻底解决路径二欠缺政策支撑的问题。因此，该路径仍有待于效力层级更高的政策进一步完善。

（三）各模式下的法律关系性质分析

按照笔者在上节文章中的梳理，根据引进开发主体时点的不同，留用土地合作开发可分为阶段性合作开发和全过程合作开发。阶段性合作开发实质上就是前文梳理的利益统筹制度设计初衷下的合作开发模式及路径一。全过程合作开发实质上就前文梳理的路径二。笔者下文将逐一分析这两种模式下的法律关系性质。

1. 阶段性合作开发模式

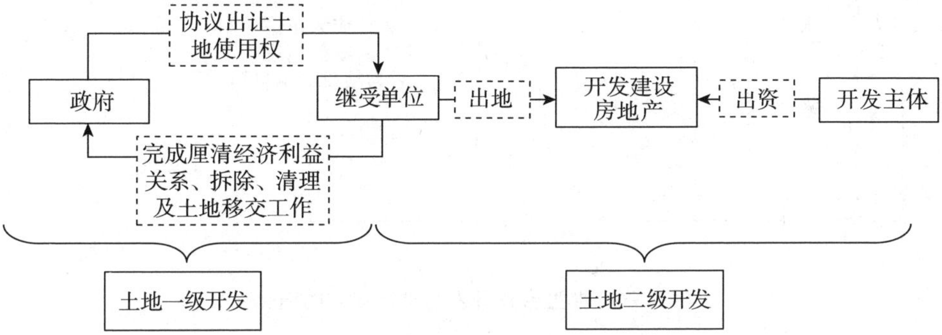

图 5－5　阶段性合作开发模式

利益统筹制度设计初衷下的合作开发模式下，继受单位提供土地使用权，开发主体提供资金，双方合作开发建设房地产，按照约定比例分配收益，符合《最高人民法院关于审理涉及国有土地使用权合同纠纷案件适用法律问题的解释》第十二条所规定“以提供出让土地使用权、资金等作为共同投资，共享利润、共担风险合作开发房地产”的特征，双方据此签订的留用土地合作协议属于合作开发房地产合同，双方成立合作开发房地产合同关系，该模式属于基础的、典型的合作开发房地产模式，应无疑问。

值得分析的是路径一（如图 5－6 所示）。路径一属于典型合作开发房地产模式的演化，但仍在该模式的逻辑框架之内。继受单位引进意向合作方负责前期服务工作，从双方的合同权利义务内容来看，双方仅成立服务合同关系，意向合作方仍需以继受单位名义开展服务工作，法律效果仍归属于继受单位。继受单位完成前期工作后，提供土地使用权，开发主体提供资金，双方合作开发建设房地产，按照约定比例分配收益，仍属于《最高人民法院关于审理涉及国有土地使用权合同纠纷案件适用法律问题的解释》第十二条所规定的合作开发房地产。简言之，在路径一中，仅是多了一层继受单位与意向合作方之间的服务合同关系，继受单位与正式合作方之间的合作开发房地产合同关系并未改变。

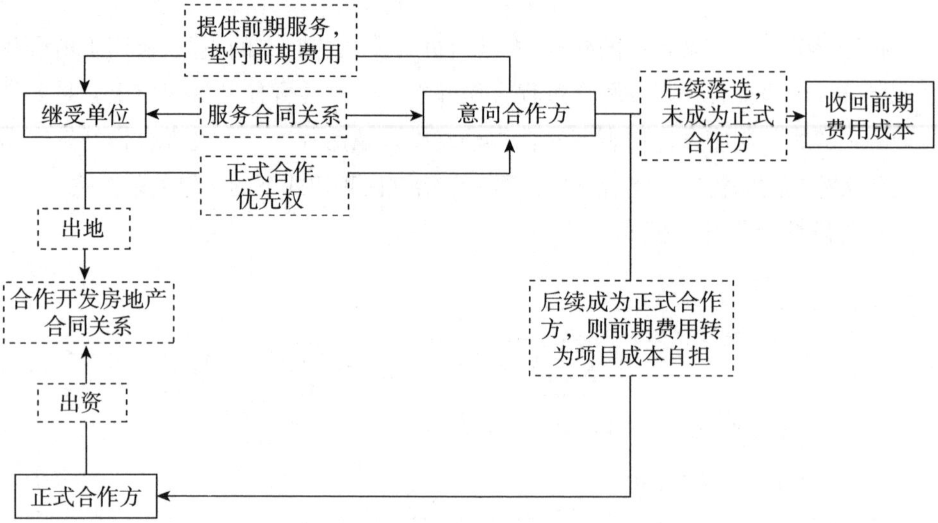

图 5－6　典型合作开发房地产模式的演化

2. 全过程合作开发模式

目前,实务争议最多的是留用土地全过程中合作开发模式下的法律关系如何认定。该法律关系的定性既涉及法律适用及法律效果问题,也可能会影响税务方面的处理。

如果单纯从合作双方的主要权利义务内容外观来看,可以分为两个层面:一是继受单位提供利益统筹项目,开发主体负责出资完成前期一级土地开发工作;二是继受单提供留用土地(或包括土地整备资金),开发主体负责出资完成后期房地产开发建设工作,双方按约定比例分成留用土地合作开发收益(如图 5－7 所示)。

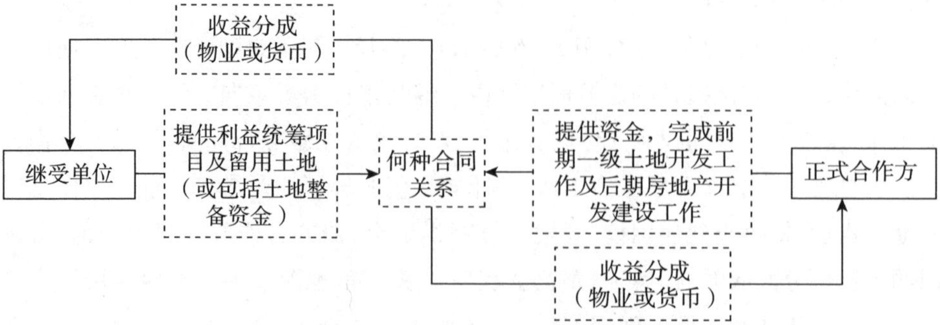

图 5－7　留用土地全过程中合作开发模式下的法律关系

结合这两个层面，貌似可以将全过程合作开发模式看作前文路径一的前后两个阶段的合二为一，可视为同时存在两个合同关系：服务合同关系和合作开发房地产合同关系，只不过记载在一个合同文本。法理上将该种数个合同互相结合的情形称为“合同联立”。①

但是，上述关于全过程合作开发模式的理解存在表面化、机械化的问题，忽略了该模式下合作双方交易对价与服务合同下双方交易对价的实质区别。

从服务者的角度来看，服务合同以获取服务报酬为目的，只要服务者依约提供服务，即有权利获得相应报酬。即使服务合同终止，服务者仍有权要求服务接受者就已经提供的服务支付报酬，除非服务者违约或服务合同有特别约定。合作合同是合作各方为共同之目的，协力合作，共享成果，共担风险，强调的是风险共存。如果合作关系终止，各方均自担损失，无其他合作方兜底承担责任。

结合路径一中继受单位与意向合作方的合同关系来看，意向合作方在前期服务过程中所支出的前期服务费用，最终由继受单位承担，并且通常会增加适当利润作为报酬。虽然继受单位会在选定正式合作方时将该前期费用与适当利润的成本转嫁给正式合作方承担，但这属于继受单位与正式合作方之间的权利义务关系，根据合同相对性原则，不影响继受单位与意向合作方之间的权利义务关系。因此，路径一中继受单位与意向合作方之间显然属于服务合同关系。

逐项梳理全过程合作开发模式下继受单位与正式合作方之间的主要权利义务（如图 5 – 8 所示），由此可见双方之间的主要权利义务一一对应，双方义务之履行，是为了实现共同之目的（先是“拿地”，后是分成收益），通过双方协力合作，共同享受合作之成果，如果合作目的因客观原因无法实现，双方共同承担风险，自担损失，无法向对方求偿。

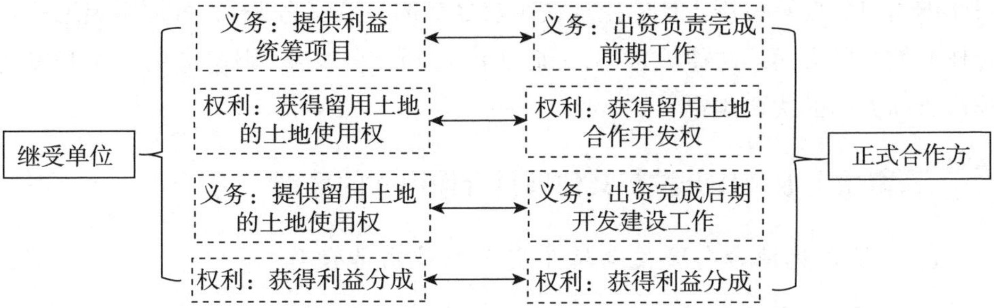

图 5 – 8　全过程合作开发模式下继受单位与正式合作方之间主要权利义务

① 参见韩世远：《合同法总论》（第 3 版），法律出版社 2011 年版，第 50 页。

举例对比来看，如果在前期工作中因政府出台规范性文件导致某利益统筹项目被调出土地整备计划，则意向合作方仍可依据意向合作协议书（服务合同）向继受单位主张支付前期费用及适当利润，但在全过程合作开发模式下，正式合作方则应自担损失，无权向继受单位求偿。

综上，可明确认定，在全过程合作开发模式下，继受单位与正式合作方之间的合同关系并非服务合同关系和合作开发房地产合同关系的机械结合，继受单位与正式合作方之间不存在服务合同关系。但是，继受单位与正式合作方之间的主要权利义务内容，又并非合作开发房地产合同关系所能涵盖。

在继受单位的同意下，正式合作方负责完成利益统筹项目前期"拿地"工作，帮助继受单位获得留用土地的土地使用权，据此换取继受单位让渡的留用土地合作开发权。正式合作方依据该合作开发权，可要求继受单位提供留用土地的土地使用权以合作开发。继受单位提供留用土地的土地使用权与正式合作方合作开发，有权据此要求获得利益分成。正式合作方提供资金完成后期开发建设工作，同样有权据此获得利益分成。

由此可见，留用土地合作协议既有土地一级合作开发合同的内容，也有合作开发房地产合同的内容。但是上述合同权利义务内容难以机械分割，共同构成合作合同的整体。因此，笔者认为留用土地合作协议属于非典型合同中的混合合同。所谓混合合同，是指由数个典型（或非典型）合同的部分构成，实质上仍属于一个合同。①

混合合同与合同联立不同。合同联立情况下，联立的各个合同可以相互分开，各自适用不同的法律规定。混合合同是否各自适用不同的法律，取决于合同混合的情况。留用土地合作协议属于土地一级合作开发合同与合作开发房地产合同的部分混合，并且前后界限相对明确。因此，笔者认为可分别适用不同法律。对于继受单位取得留用土地的土地使用权之前的权利义务关系，可适用土地一级合作开发合同方面的法律规定；对于此后的权利义务关系，则可适用合作开发房地产合同方面的法律规定。

三、留用土地合作开发与其他项目合作模式的区别

（一）留用土地合作开发与城市更新集体用地合作

在城市更新项目中，许多继受单位集体用地通过公共资源交易平台选定正式

① 参见韩世远：《合同法总论》（第3版），法律出版社2011年版，第50－51页。

合作方后，签订的协议名称一般也为合作协议。但是，在城市更新项目中，项目意向实施主体是通过对项目拆除范围内所有权利主体进行搬迁补偿、物业收购等方式形成单一主体，由意向实施主体申请通过协议出让方式取得建设用地使用权。因此，城市更新项目中继受单位仅作为被搬迁物业权利人与意向实施主体签订协议，该协议性质上仍然属于民事主体间的拆迁补偿安置协议，而非合作开发协议。

（二）留用土地合作开发与非农建设用地或征地返还用地合作开发

非农建设用地或征地返还用地合作开发也分为两种情形：一种是对作为空地的非农建设用地或征地返还用地进行合作开发；另一种是对作为建成区的非农建设用地或征地返还用地进行合作开发。对作为建成区的非农建设用地或征地返还用地，原则上要通过城市更新、土地整备方式进行拆除重建，只有例外的情形才允许进行原地开发。

对作为空地的非农建设用地或征地返还用地进行合作开发，实质上是继受单位一方提供土地使用权、合作方提供资金合作开发房地产，双方共同承担风险、共同享受收益，双方属于传统的合作开发房地产合同关系。该情形与留用土地阶段性合作开发一致。

对作为建成区的非农建设用地或征地返还用地进行合作开发，可能与留用土地合作开发一样，面临搬迁补偿安置、拆除房屋、清理土地的工作。但是，前者不存在移交土地给政府后重新获得土地使用权的问题，而是在继受单位原本就享有土地使用权的土地上拆除旧建筑物，按照规定程序建设新建筑物，与以获得土地使用权（“拿地”）的土地一级开发活动不同。因此，笔者认为，对作为建成区的非农建设用地或征地返还用地进行合作开发，仍属于传统的合作开发房地产模式，与留用土地全过程合作开发模式不同。

第三节　深圳市各区集体用地开发和交易流程

土地整备利益统筹留用土地开发和交易属于集体用地开发和交易中的一种。为方便读者整体熟悉集体用地开发和交易规则，笔者对深圳市各区集体用地开发和交易政策及流程（以 2022 年 11 月 30 日为截止时间）进行对比梳理，供读者参考。

一、集体用地开发和交易政策

深圳集体用地开发和交易主要涉及如下政策(如表5-3所示)。

表5-3 深圳集体用地开发和交易政策

层级	名称
经济特区条例	《深圳经济特区股份合作公司条例》(2019年修正)
市政府规范性文件	《深圳市原农村集体经济组织非农建设用地和征地返还用地土地使用权交易若干规定》(深府〔2011〕198号)
宝安区	《宝安区股份合作公司集体用地土地使用权交易管理办法》
光明区	《光明区社区集体经济资金资产资源交易管理办法(征求意见稿)》、《光明区社区股份合作公司集体用地交易实施细则(征求意见稿)》
龙华区	《龙华区股份合作公司集体用地土地使用权交易管理办法》
龙岗区	《龙岗区社区股份合作公司集体用地开发和交易监管实施细则》
坪山区	《坪山区股份合作公司土地开发和交易监管实施细则(征求意见稿)》
大鹏新区	《深圳市大鹏新区股份合作公司集体建设用地开发和交易监管实施细则》
罗湖区	《罗湖区股份合作公司集体用地土地使用权交易监督管理实施细则》
南山区	《南山区股份合作公司集体用地开发和交易操作指引(试行)》
盐田区	《盐田区股份合作公司集体用地开发和交易管理指引》
福田区	《福田区股份合作公司非农建设用地和征地返还地等集体用地开发和交易指引》

二、集体用地开发和交易

(一)集体用地的概念

何谓集体用地?深圳市级政策文件未见有明确规定。2011年深圳市人民政府颁布的《深圳市原农村集体经济组织非农建设用地和征地返还用地土地使用权交易若干规定》(深府〔2011〕198号),只适用于根据市政府1993年发布的《深圳市宝安、龙岗区规划、国土管理暂行办法》、2004年发布的《深圳市宝安龙岗两区城市化土地管理办法》划定的非农建设用地,以及政府征收原农村集体所有的土地后,返还给原农村集体经济组织的建设用地。上述文件的适用范围较窄。2016年8月31日之后,深圳市各区纷纷就集体用地开发和交易出台规范性文件。各区集体用地开发和交易管理方面的规范性文件对集体用地的概念予以明确规定。笔者摘录宝安区、龙华区、光明区、龙岗区、坪山区、罗湖区六区的规定，以做对比、归纳（如表5-4所示）。

表5-4　六区集体用地定义对比

各区	集体用地的定义
宝安区	集体用地是指股份合作公司依法享有土地使用权的非农建设用地，征地返还用地，土地整备利益统筹留用土地，国有已出让用地，符合《深圳经济特区处理历史遗留违法私房若干规定》《深圳经济特区处理历史遗留生产经营性违法建筑若干规定》《深圳市人民政府关于农村城市化历史遗留产业类和公共配套类违法建筑的处理办法》等文件规定的处置用地，以及未完善征（转）地手续但集体享有权益的土地
龙华区	集体用地是指股份合作公司（含所属分公司、控股子公司）拥有的非农建设用地（含指标）、征地返还用地（含指标）、拆迁安置用地（含指标）、土地整备利益统筹留用土地（含指标）、国有已出让用地，以及未完善征（转）地手续但集体享有权益的土地
光明区	集体用地包括经市、区批准给予社区股份公司的非农建设用地、征地返还用地、利益统筹项目留用土地、其他享有合法权益的用地及相关用地指标
龙岗区	集体用地是指社区股份合作公司所属的原农村集体经济组织非农建设用地、征地返还用地、拆迁安置返还用地和土地整备利益统筹留用土地等集体享有权益的土地
坪山区	集体用地是指股份合作公司所属的原农村集体经济组织非农建设用地、征地返还用地、土地整备利益统筹留用土地、国有已出让用地、其他未完善征转地手续但集体享有权益等可进行建设开发的土地
罗湖区	集体用地是指股份合作公司及其所属的原农村集体经济组织依法享有的非农建设用地、征地返还用地、土地整备利益统筹留用土地、国有已出让（划拨）用地以及根据有关法律法规和政策规定的原农村集体经济组织或继受单位享有权益且符合交易条件的土地

由上可见，各区对集体用地概念的定义，有共同之处，也有不同点。

共同点包括：（1）采取“列举+概括”的方式规定集体用地的范围，既包括常见的非农建设用地、征地返还用地、拆迁安置用地、利益统筹项目留用土地、其他国有已出让土地等办理了合法用地手续的土地，也包括股份合作公司享有权益的其他土地，比如未完善征（转）地手续的土地。（2）强调股份合作公司对土地享有的使用权益，与集体所有土地的概念相区分。因为深圳在完成“城市化”以后，法律上全部土地已转为国有，已经没有集体所有土地。集体经济组织继受单位要么基于合法用地手续取得对土地的建设用地使用权，要么基于政府未完善征（转）地补偿手续的事实对土地仍享有权益。

不同点则在于：有些区明确集体用地的范围包括未落地的用地指标（如龙华区及光明区），有些区对此未作明确规定，但是，不能据此直接认为其他区的集体用地开发和交易范围不包括未落地的用地指标，因为从解释论的角度来看，如果对各区集体用地开发和交易管理规定中集体用地的概念作扩大解释，则该概念包含未落地的用地指标，因为未落地的用地指标在“集体用地”语义的射程之内。

所以，整体而言，集体用地应指属于国家所有但继受单位享有合法土地使用权或享有权益的土地，包括非农建设用地、征地返还用地、拆迁安置用地、利益统筹项目留用土地及其他未完善征转地手续但集体享有权益的土地。

（二）股份合作公司的范围

表5－5　六区股份合作公司范围对比

各区	股份合作公司的范围
宝安区	宝安区股份合作公司集体用地自主开发、合作开发和土地使用权转让等处置行为，适用《宝安区股份合作公司集体用地土地使用权交易管理办法》
龙华区	集体用地是指股份合作公司（含所属分公司、控股子公司）拥有的非农建设用地（含指标）、征地返还用地（含指标）、拆迁安置用地（含指标）、土地整备利益统筹留用土地（含指标）、国有已出让用地，以及未完善征（转）地手续但集体享有权益的土地
光明区	社区股份公司是指依法设立的，注册资本由社区集体所有财产折成等额股份并可募集部分股份构成的，股东按照章程规定享受权利和承担义务，公司以其全部资产对公司债务承担责任的企业法人，主要包括股份合作公司，股份有限公司，有限责任公司。 社区股份公司的分公司、全资及控股子公司、2家及以上社区股份公司联合设立的企业的“三资”交易活动适用《光明区社区集体经济资金资产资源交易管理办法（征求意见稿）》
龙岗区	《龙岗区社区股份合作公司集体用地开发和交易监管实施细则》适用于龙岗区城市化进程中由原行政村、自然村两级集体经济组织改制组建的股份合作公司及其下属分公司、子公司、控股子公司以及其他尚未改制的原农村集体经济组织。《龙岗区社区股份合作公司集体用地开发和交易监管实施细则》所称社区股份合作公司（或公司）均包含上述单位

续表

各区	股份合作公司的范围
坪山区	《坪山区股份合作公司土地开发和交易监管实施细则(征求意见稿)》适用于城市化进程中由原行政村、自然村两级集体经济组织改制组建的股份合作公司及其下属分公司、子公司、控股子公司。《坪山区股份合作公司土地开发和交易监管实施细则(征求意见稿)》所称股份合作公司均包含上述单位。 股份合作公司的项目公司、控股公司在进行土地开发和交易项目决策时,除经该项目公司、控股公司董事会、股东会表决外,还应提交其所属的股份合作公司股东(代表)大会表决,股东(代表)大会表决程序和要求依照《坪山区股份合作公司土地开发和交易监管实施细则(征求意见稿)》相关规定办理
罗湖区	罗湖区范围内的股份合作公司,具体包括: 1. 依据《深圳经济特区股份合作公司条例》设立的股份合作公司及其下属全资或控股子公司; 2. 由多个股份合作公司共同出资设立的企业,或股份合作公司与其他主体共同出资设立的控股企业

由此可见,深圳市大部分行政区对集体用地开发和交易政策的适用主体——股份合作公司,基本上所采用的都是最广义的概念,既包括依据《深圳经济特区股份合作公司条例》设立的股份合作公司,也包括其子公司、分公司、与其他股份合作公司共同投资设立的企业,以及与其他主体共同出资设立的控股企业。适用主体的广泛性,意味着股份合作公司以出资入股的方式进行留用土地合作开发,后面项目公司在留用土地开发建设过程中涉及重大决策的,须严格按照集体资产管理政策履行相关程序。因此,从项目实施和工作效率的角度来看,“单抬头模式”的法人型合作开发模式缺少优势。

(三)集体用地开发和交易类型

按照深圳市各区集体用地开发和交易管理政策的规定,集体用地开发和交易类型主要有三种:自主开发、合作开发(含城市更新)和集体用地土地使用权及项目公司股权转让。

宝安区、龙岗区、坪山区等区又将合作开发(含城市更新)区分为股份合作公司具有重大影响权的合作开发项目和股份合作公司不具有重大影响权的合作开发项目。何谓股份合作公司具有重大影响权?以宝安区、龙岗区、坪山区三区的规定为例(如表5-6所示)。

表 5－6 三区股份合作公司重大影响权认定标准对比

各区	股份合作公司具有重大影响权的认定标准
宝安区	集体用地面积占城市更新项目总用地面积比例超过 20% 的城市更新项目
龙岗区	集体用地面积占城市更新项目拆除范围内总用地面积超过 20% 或改造前城市更新项目中集体物业建筑面积占城市更新项目物业总建筑面积超过 25% 的城市更新项目
坪山区	集体用地土地面积占城市更新单元总用地面积比例 20% 以上或集体物业建筑面积占项目拟拆除重建总建筑面积 1/3 以上的城市更新项目

由此可见，有些区仅以集体用地面积作为衡量股份合作公司是否对合作开发项目具有重大影响权的指标，有些区以集体用地面积或集体物业建筑面积作为衡量指标。

自主开发、合作开发、股份合作公司不具有重大影响权的合作开发、集体用地土地使用权及项目公司股权转让的流程存在区别。考虑到本节的研究范围，本节仅对集体用地自主开发、合作开发及股份合作公司不具有重大影响权的合作开发的流程及要求进行分析梳理，不涉及集体用地土地使用权及项目公司股权转让的内容。

（四）集体用地开发和交易方式

集体用地开发和交易方式包括公开招标、竞争性谈判、单一来源谈判、协议交易等 4 种方式。公开招标、竞争性谈判和单一来源谈判都属于通过交易平台公开交易的方式，协议交易则属于无须通过交易平台，由股份合作公司与合作方在履行评估、可行性研究、民主决策等程序的情况下，协商交易的方式。上述 4 种交易方式在各区适用的条件存在细微的区别，笔者梳理如表 5－7 所示。

表 5－7 4 种交易方式在各区适用条件

各区	公开招标	竞争性谈判	单一来源谈判	协议交易
宝安区	1. 集体用地面积占城市更新项目总用地面积比例超过 20% 的城市更新项目必须公开招标。 2. 集体用地合作开发项目可在公开招标和竞争性谈判两者中选择	1. 集体用地合作开发项目可在公开招标和竞争性谈判两者中选择。 2. 集体用地面积未达到规定比例的城市更新项目	集体用地面积未达到规定比例的城市更新项目	集体用地面积未达到规定比例的城市更新项目

续表

各区	公开招标	竞争性谈判	单一来源谈判	协议交易
龙华区	集体土地使用权进入公共资源交易平台选取合作方交易的，除符合竞争性谈判交易方式或单一来源交易方式条件外，均应当选用公开招标的方式选择合作方	需经街道办及区集体资产管理部门审查同意，并分类满足以下条件： 1. 经公开招标后符合条件投标方只有两家的； 2. 出于政府产业发展或公共项目用地需要，或不宜采用招拍挂、公开招标方式进行交易，并经区扶持股份合作公司发展工作领导小组审议同意的	需经街道办及区集体资产管理部门审查同意，并分类满足以下条件： 1. 经公开招标后符合条件投标方只有一家的，或集体用地面积不具备单独申报城市更新项目等条件、且周边仅有一个土地开发项目列入计划的，或集体用地土地使用权交易范围已经特定市场主体与区委（区政府）签订战略合作协议的； 2. 出于政府产业发展或公共项目用地需要，或不宜采用招拍挂、公开招标方式进行交易，并经区扶持股份合作公司发展工作领导小组审议同意的	—
光明区	1. 社区股份公司集体用地合作开发应采用公开招标或竞争性谈判等方式选择合作方。 2. 城市更新项目拆除用地范围内集体用地占比≥20%的，须通过交易平台采用公开招标的方式择优选择合作方	社区股份公司集体用地合作开发应采用公开招标或竞争性谈判等方式选择合作方	1. 城市更新项目拆除用地范围内集体用地占比<20%。 2. 因重大民生工程、重大基础设施、重大产业等项目实施需要，城市更新项目拆除用地范围内集体用地占比≥20%的，须经区集体资产管理局批准	1. 社区股份公司之间的集体用地合作开发。 2. 社区股份公司与区属国有企业之间的集体用地合作开发。 3. 城市更新项目拆除用地范围内集体用地占比<20%。 4. 因重大民生工程、重大基础设施、重大产业等项目实施需要，城市更新项目拆除用地范围内集体用地占比≥20%的，须经区集体资产管理局批准
龙岗区	集体用地合作开发	—	1. 不具有重大影响权的城市更新项目。 2. 龙岗区内社区股份合作公司之间、公司与分公司或子公司之间的，以及为落实区委区政府产业布局、打造产业空间、社区股份合作公司与龙岗区属国企之间的集体用地合作开发项目，可在履行完公司内部	—

续表

各区	公开招标	竞争性谈判	单一来源谈判	协议交易
			决策程序和《龙岗区社区股份合作公司集体用地开发和交易监管实施细则》有关民主决策规定后直接签订合作协议或委托协议	
坪山区	1. 对于以集体资产为主的城市更新项目，股份合作公司具有重大影响权的，应采用公开招标方式选择合作方。 2. 对于非农建设用地、征地返还用地及土地整备利益统筹项目，股份合作公司应采用公开招标、竞争性谈判方式选定合作方	对于非农建设用地、征地返还用地及土地整备利益统筹项目，股份合作公司应采用公开招标、竞争性谈判方式选定合作方	—	对于不具有重大影响权的城市更新项目，股份合作公司可采用协议交易方式选定合作方，或者作为被搬迁人与开发单位协商签订拆迁补偿协议
罗湖区	1. 涉及以集体资产为主的城市更新项目，应当采用公开招标方式选择合作方。 2. 集体用地以合作开发方式进入市场交易的，应当通过公共资源交易平台采用公开招标或竞争性谈判等方式进行	集体用地以合作开发方式进入市场交易的，应当通过公共资源交易平台采用公开招标或竞争性谈判等方式进行	因重大民生工程、重大基础设施、重大产业等项目实施需要和为落实上层次规划要求，完善城市功能结构，优先落实城市基础设施和公共服务设施，涉及以集体资产为主的拆除重建类城市更新、利益统筹项目等的，经区政府批准，股份合作公司可以通过公共资源交易平台采用单一来源谈判方式选择合作方	1. 罗湖区内两个以上股份合作公司之间合作开发的项目； 2. 为落实区委区政府产业布局、打造产业空间，经区政府批准，股份合作公司与罗湖区属全资国企合作的项目； 3. 因城市规划统筹需要，集体用地面积占拆除重建类城市更新单元拆除范围内总用地面积不超过 20% 的，或股份合作公司享有的集体物业建筑面积占拆除重建类城市更新单元拆除范围内总建筑面积不超过 1/4 的项目

（五）集体用地上平台公开交易的条件

满足何种条件，集体用地才可以通过公共资源交易平台选定合作方，一直都是集体用地开发和交易的重点问题，尤其对于涉及利益统筹项目留用土地的房地产开发项目。

笔者在上一节“利益统筹项目留用土地合作开发模式研究”中，深入分析了目前关于留用土地上平台交易的规定所存在的不足，以及实务操作中的变通。如何设计集体用地上平台公开交易的条件，受到集体用地公开交易制度本身目的的影响，有其内在逻辑的要求。笔者先简要梳理深圳市大部分行政区关于集体用地上平台公开交易条件的规定，再折回探讨条件的设计问题。（如表5－8所示）

表5－8 六区集体用地上平台公开交易条件

各区	集体用地上平台公开交易条件
宝安区	1. 非农建设用地采取原地开发的，已取得非农建设用地方案图，且拟开发方向与生效法定图则确定的功能基本一致； 2. 征地返还用地已取得用地批复或签订补偿协议书； 3. 土地整备利益统筹留用地已取得市、区政府按程序审定后核发的留用土地批复文件
龙华区	股份合作公司集体用地合作开发项目必须符合城市规划并满足下列条件，方可进入公共资源交易平台进行交易： 1. 集体用地合作开发项目，符合龙华区相关政策并经街道办、区集资部门审查同意的，可进入平台交易。 2. 非农建设用地（含指标）、征地返还用地（含指标）、拆迁安置用地（含指标）进场交易的，需提供相关用地批复、土地使用权合同等资料；用地尚未落实的，应提供非农建设用地台账、相关会议纪要等权属证明。 3. 利益统筹项目留用地（含指标）进场交易的，须已取得留用土地批复。尚未取得留用土地批复，但实施方案已经区政府审批通过，留用土地或指标已安排落实并经街道办、区集资部门审查同意的，可进入平台交易。 4. 城市更新外部移交公共设施用地进场交易的，拟交易地块需已纳入外部移交用地项目库，或者政府相关会议纪要已明确拟交易地块属于外部移交用地。 集体用地合作开发项目具体规划指标尚未最终确定，经相关部门审查同意进场交易的，不宜采取固定价格竞标，可要求对利益分配起始价进行竞标，并在项目方案和项目合同中约定后期调整、退出机制
光明区	1. 集体用地合作开发涉及城市更新的，有关用地合作开发交易程序应在取得城市更新单元规划批复后启动，前期研究立项工作可在规划审批前启动。 2. 利益统筹项目留用土地合作开发交易程序应在取得留用土地批复后启动；对确有必要须提前引入合作开发主体的，经区土地整备工作领导小组审议同意后，社区股份公司可依据已签订的项目实施协议书开展集体资产评估，引入合作开发主体

续表

各区	集体用地上平台公开交易条件
龙岗区	1. 城市更新项目，由社区股份合作公司向区城市更新主管部门提出申请，区城市更新主管部门认可其城市更新可行性后； 2. 非农建设用地、征地返还用地开发项目，已取得建设用地规划许可证后； 3. 利益统筹项目由社区股份合作公司向区土地整备主管部门提出申请，区土地整备主管部门认可其利益统筹可行性及必要性后
坪山区	1. 城市更新项目，原则上已取得更新单元规划批复文件。 2. 非农建设用地、征地返还用地开发项目，原则上已签订土地使用权出让合同。 3. 利益统筹项目原则上已审批通过实施方案及土地整备单元规划。 未达到上述交易条件但已纳入计划的城市更新或利益统筹项目，因重大项目实施需要或区城市更新和土地整备领导小组审议认为有必要的，城市更新项目规划方案经区城市更新和土地整备业务会审议通过后，利益统筹项目在项目土地整备单元规划经区城市更新和土地整备业务会审议通过后
罗湖区	1. 属于非农建设用地、征地返还用地开发项目的，原则上已取得用地批复或签订土地使用权出让合同； 2. 属于利益统筹项目的，原则上利益统筹项目实施方案及土地整备单元规划已审批通过； 3. 属于拆除重建类城市更新项目的，原则上已取得城市更新单元规划批准文件。 未达到前款第二条和第三条交易条件但因重大民生工程、重大基础设施、重大产业等项目实施或城市规划统筹需要的，经区政府批准，股份合作公司可以通过公共资源交易平台选择合作方

对于集体用地上平台交易的条件，根据用地产生的原因及背景不同，大致可以分为三种类型：非农建设用地、征地返还用地开发项目、利益统筹项目留用土地开发项目及集体用地参与城市更新项目。各区对上述三种类型集体用地上平台交易条件的要求不是完全统一的，甚至差异性比较大。以非农建设用地、征地返还用地开发项目为例，有的要求取得非农建设用地方案图或用地批复，有的要求提供相关用地批复、土地使用权合同等资料，还有的要求取得建设用地规划许可证。对于利益统筹项目留用土地开发项目，有的严格执行市里的规定要求取得留用土地批复文件，有的要求项目实施方案及土地整备单元规划经审批通过，甚至还有的区土地整备主管部门认可利益统筹具有可行性及必要性就可以上平台公开交易。

在各区关于集体用地上平台交易条件的设计不一，与市级政策文件要求也存在冲突的情况下，我们需要追问，设计集体用地上平台交易条件的目的何在？需要考量哪些因素？

集体用地之所以要上平台公开交易，是因为集体资产利益的公共性，集体用地并非私人财产。依靠自然人管理、处置具有公共性质的集体资产，人的私利性与财产的公共性相互矛盾，容易产生腐败。为了规范集体用地开发和交易行为，加强廉政风险防控，避免集体资产利益受损，实现集体资产保值增值，需要通过公开来加强对集体用地交易行为的监督，通过程序设计来降低腐败行为发生的概率。从实现集体资产保值增值的目的出发，集体用地上平台公开交易前，需要委托有资质的第三方单位对集体用地合作开发是否具有经济可行性进行研究，对集体用地的价值进行评估。集体用地合作开发后的收益分成，直接受到可行性分析报告及评估报告的科学性和准确度的影响。可行性分析报告及评估报告的科学性和准确度，又直接受到可行性分析及评估所依据的基础数据准确性的影响。对于集体用地而言，要准确评估、分析集体用地的价值及开发建设后的收益，至少需要确定用地的位置、面积、规划用途、规划指标等。对于用地指标，至少需要确定用地指标的规模、用途。如果用地的位置、面积、规划用途、规划指标等信息无法确定，可行性分析和评估结果的科学性和准确度就会大打折扣。所以，集体用地必须要具备一定条件，才能启动上平台公开交易程序。

目前，各区对不同类型集体用地上平台交易条件的不同设置，无非对集体用地价值评估、集体用地开发经济可行性分析条件的不同要求，体现出各区对集体用地价值评估和经济可行性分析结果的科学性和准确度的要求程度不同。以利益统筹项目留用土地为例，利益统筹项目留用土地产生的过程如图 5－9 所示。

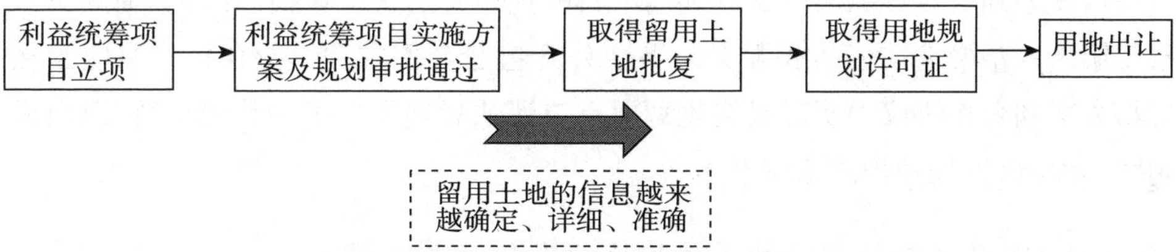

图 5－9　利益统筹项目留用土地产生流程

如果仅考虑留用土地信息是否确定、详细、准确，那么肯定是等到留用土地签订土地使用权出让合同后再上平台公开交易，更符合目的，更能提高价值评估及经济可行性分析结果的科学性和准确度。但是，从实务操作来看，在土地使用权出让合同签订前，有大量的报批报审、疑难问题处理工作需要合作方介入处理。所以，只能在价值评估及经济可行性分析结果的科学性、准确度与项目实施效率两者之间择一平衡点。例如,《龙岗区社区股份合作公司集体用地开发和交易监管实施细则》将留用土地上平台公开交易节点提前到了利益统筹项目申请阶段,无法保证价值评估及经济可行性分析结果的科学性和准确度,所以该细则也不得不规定要求合作开发方案应包含"规划指标调整分配原则"。再如,《深圳市土地整备利益统筹项目管理办法》规定取得留用土地批复后,留用土地才可上平台公开交易,这忽略了项目实施的效率及效果。

从实践经验来看,以"利益统筹项目实施方案及留用土地规划研究审批通过"作为留用土地上平台公开交易的条件,比较能实现两者的平衡。一是因为该节点前仍处于利益统筹项目"算大账"阶段,由政府主导工作,该节点后即将进入利益统筹项目"算细账"阶段,需由股份合作公司主导推进工作;二是该节点后,留用土地的位置、规模及规划指标基本确定,后续调整的可能性及调整幅度较小,一定程度确保了价值评估及经济可行性分析结果的科学性和准确度。所以,笔者较为支持以"利益统筹项目实施方案及留用土地规划研究审批通过"为留用土地上平台公开交易的条件。《坪山区股份合作公司土地开发和交易监管实施细则(征求意见稿)》第七条即选择采用该条件。而且,坪山区该征求意见稿在处理因重大项目实施需要或特殊情况需要提前开展集体用地上平台公开交易工作时,也特别明确要求"城市更新项目规划方案经区城市更新和土地整备业务会审议通过后,股份合作公司可根据区城市更新和土地整备部门出具的项目规划要点进行评估,利益统筹项目在项目土地整备单元规划经区城市更新和土地整备业务会审议通过后,股份合作公司可根据区城市更新和土地整备部门出具的项目初步留用地规划指标或市规划和自然资源局坪山管理局出具的规划要点进行评估,并按本细则第八条及第十八条要求在公共资源交易平台公开选定合作方。股份合作公司应当在交易方案和合作协议中明确最终规划要点与评估规划要点不一致的调整、退出机制"。坪山区的处理模式值得参考。

(六)深圳主要行政区的集体用地开发和交易流程

1. 宝安区集体用地开发和交易流程

(1)宝安区集体用地自主开发流程(如图5-10所示)。

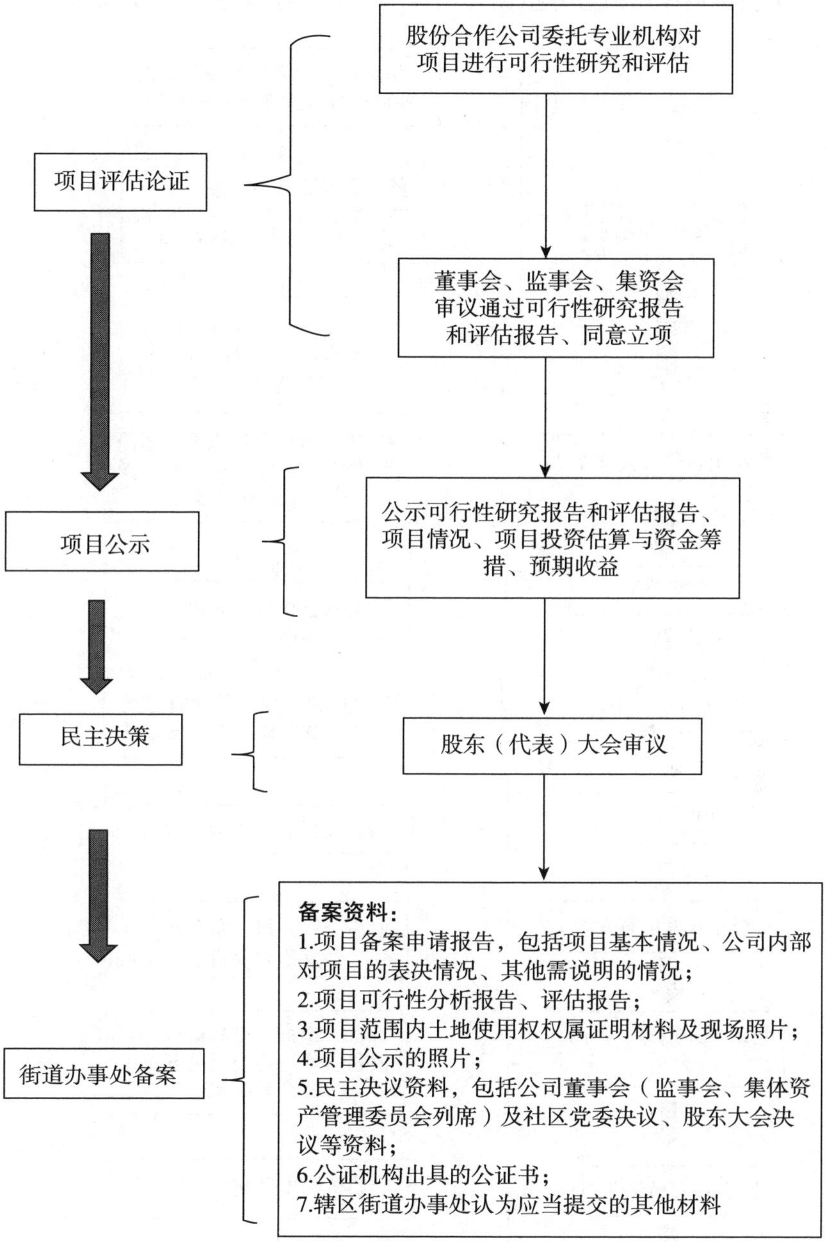

图5－10　宝安区集体用地自主开发流程

(2)宝安区集体用地公开招标方式合作开发流程(如图5－11所示)。

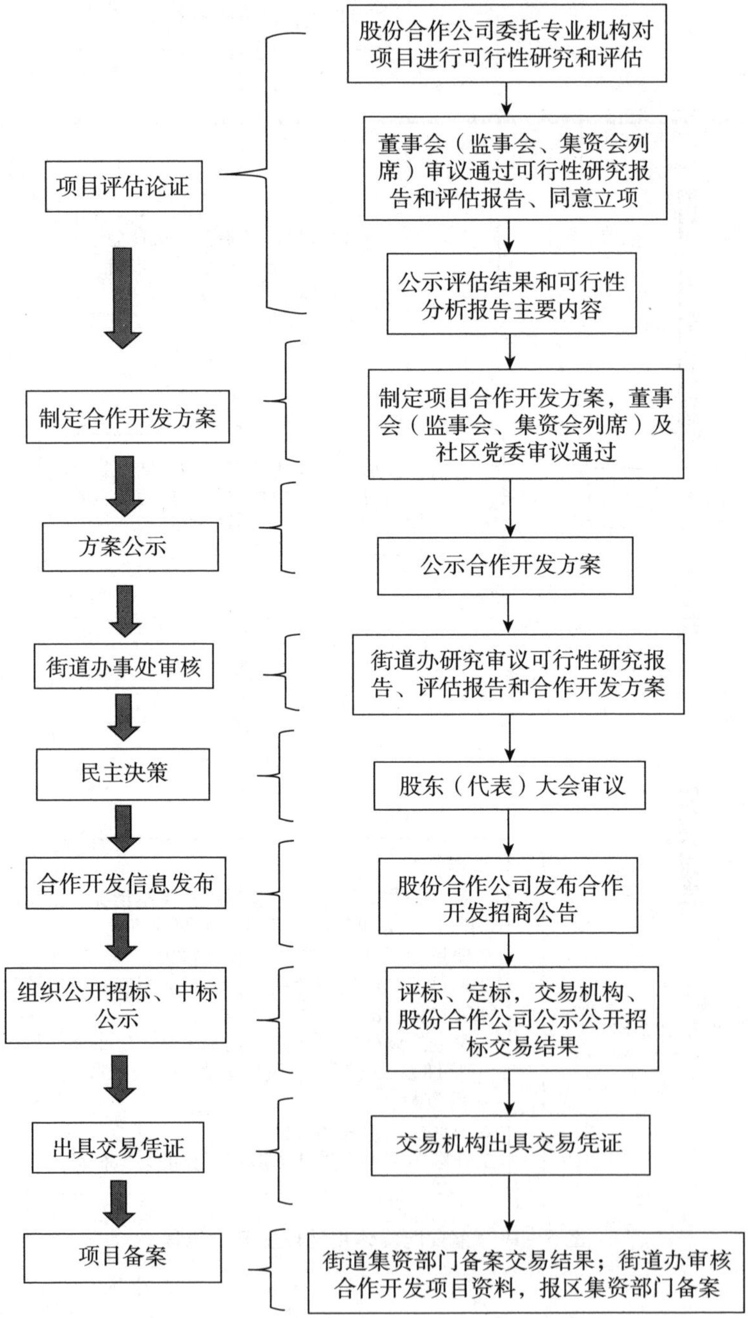

图5－11　宝安区集体用地公开招标方式合作开发流程

(3)宝安区集体用地竞争性谈判方式合作开发流程(如图 5－12 所示)。

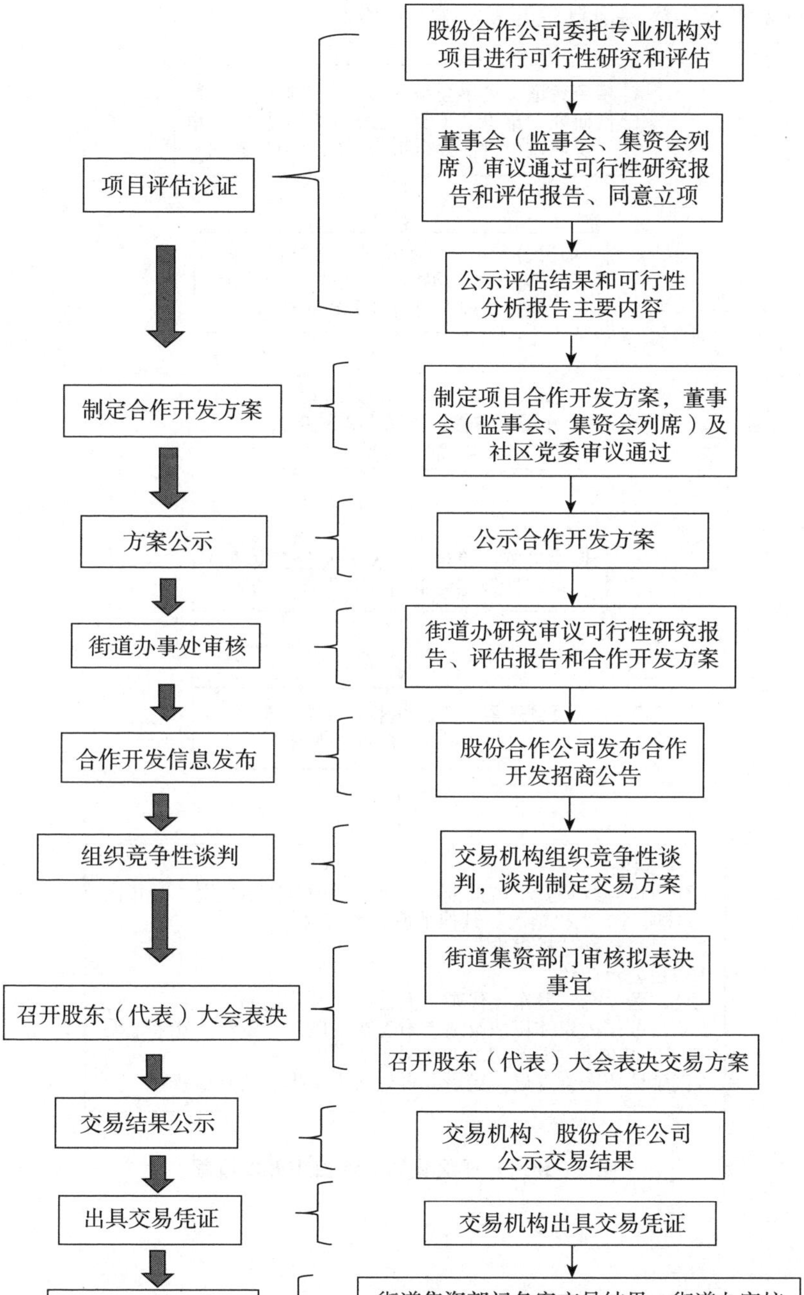

图 5－12　宝安区集体用地竞争性谈判方式合作开发流程

2. 光明区集体用地开发和交易流程

(1)光明区集体用地自主开发流程(如图5－13所示)。

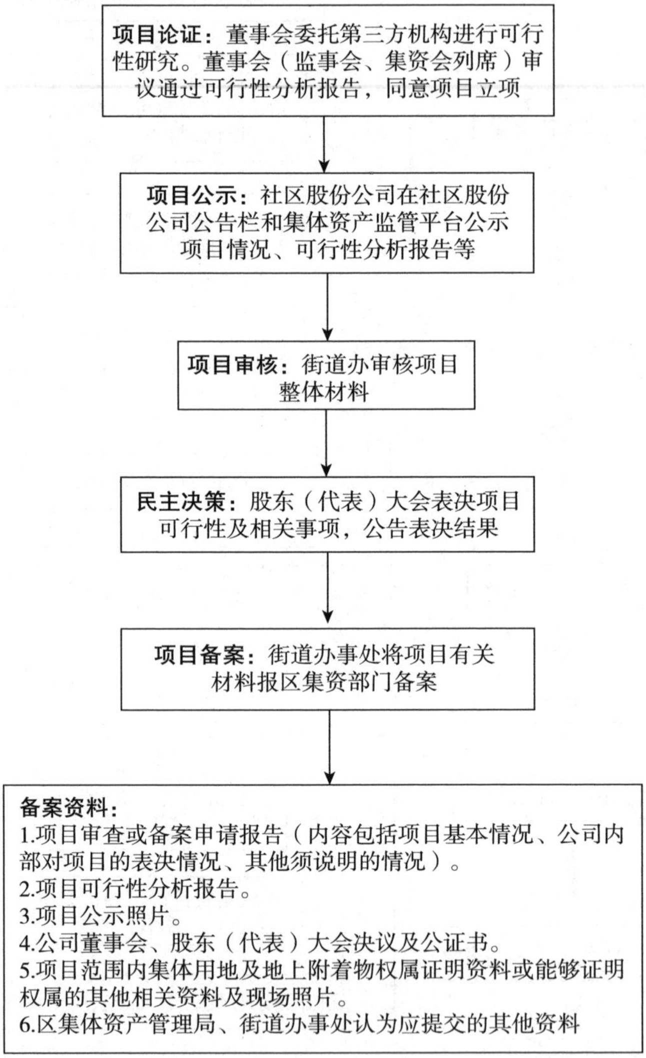

图5－13 光明区集体用地自主开发流程

（2）光明区集体用地公开招标方式合作开发流程（如图5－14所示）。

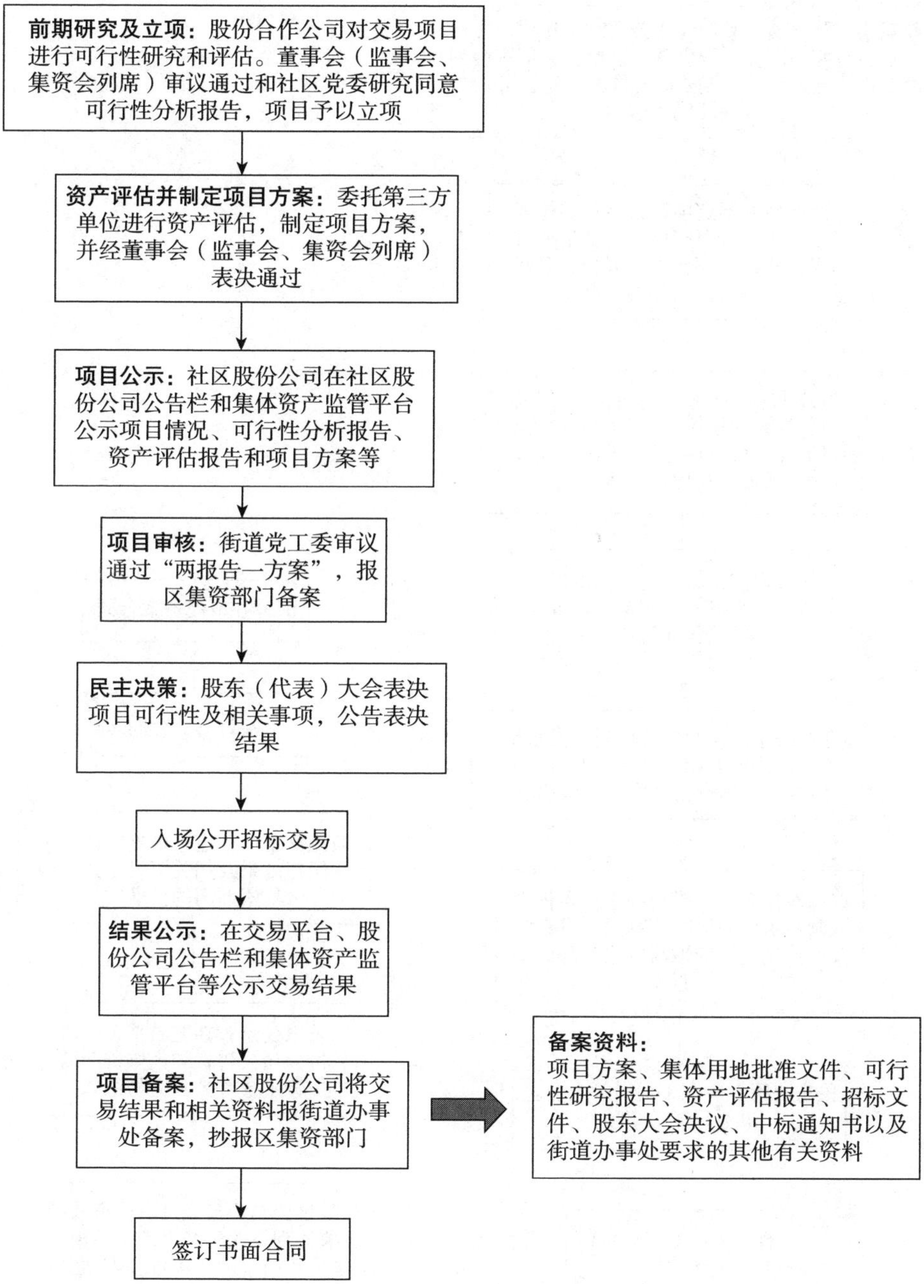

图5－14　光明区集体用地公开招标方式合作开发流程

(3)光明区集体用地竞争性谈判方式合作开发流程(如图5-15所示)。

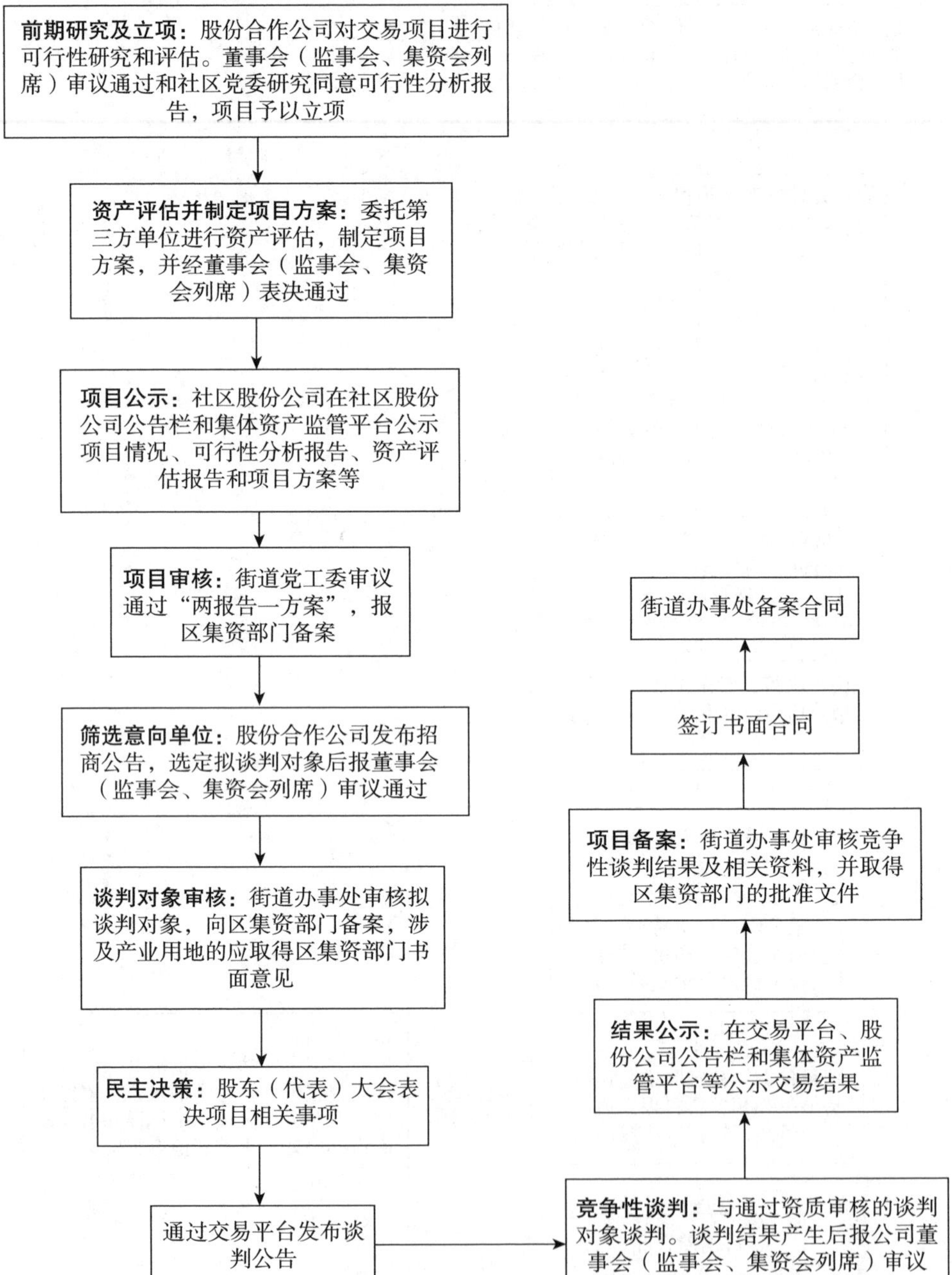

图5-15　光明区集体用地竞争性谈判方式合作开发流程

3. 龙华区集体用地开发和交易流程

龙华区集体用地合作开发流程(如图 5－16 所示)。

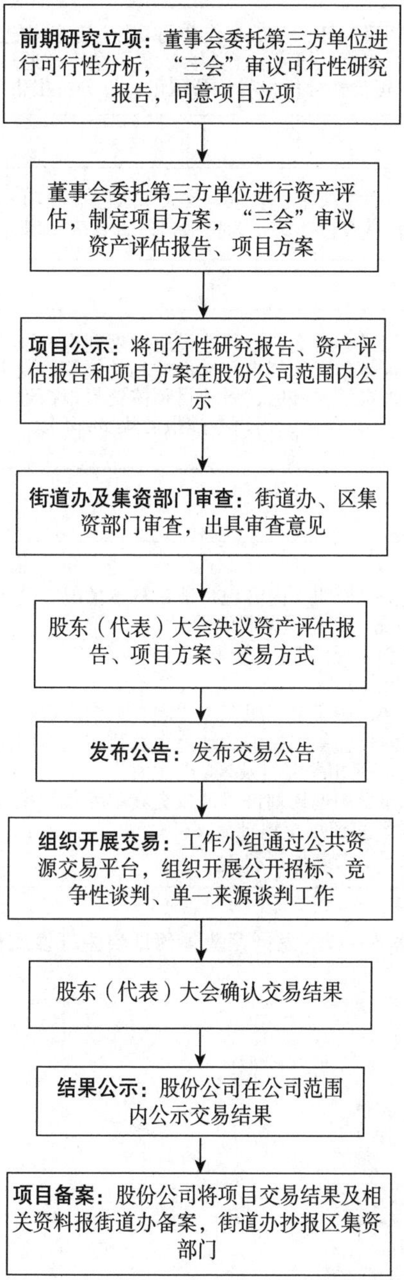

图 5－16　龙华区集体用地合作开发流程

4. 龙岗区集体用地开发和交易流程

(1)龙岗区集体用地自主开发流程(如图5－17所示)。

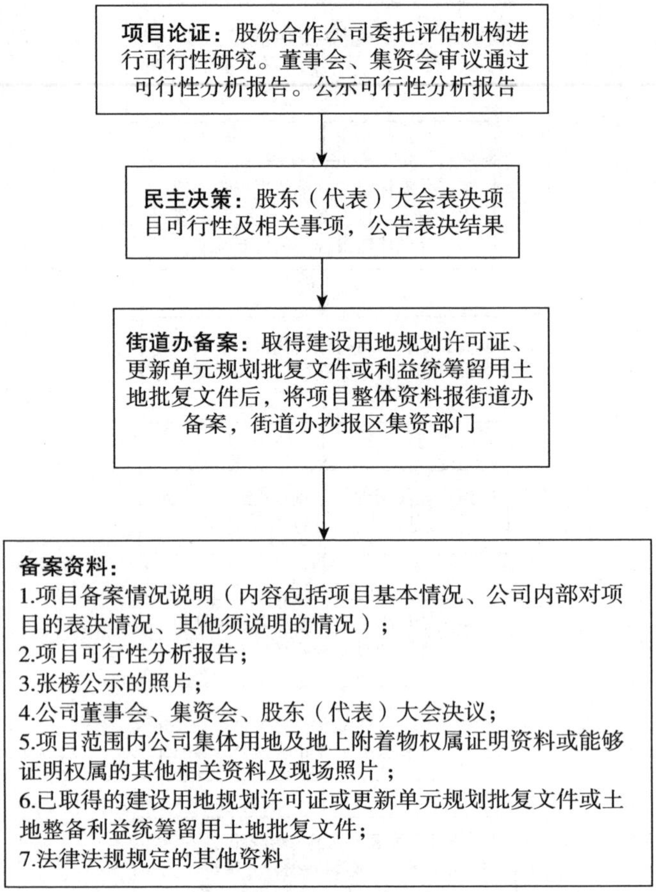

图5－17　龙岗区集体用地自主开发流程

（2）龙岗区集体用地合作开发流程（如图 5 – 18 所示）。

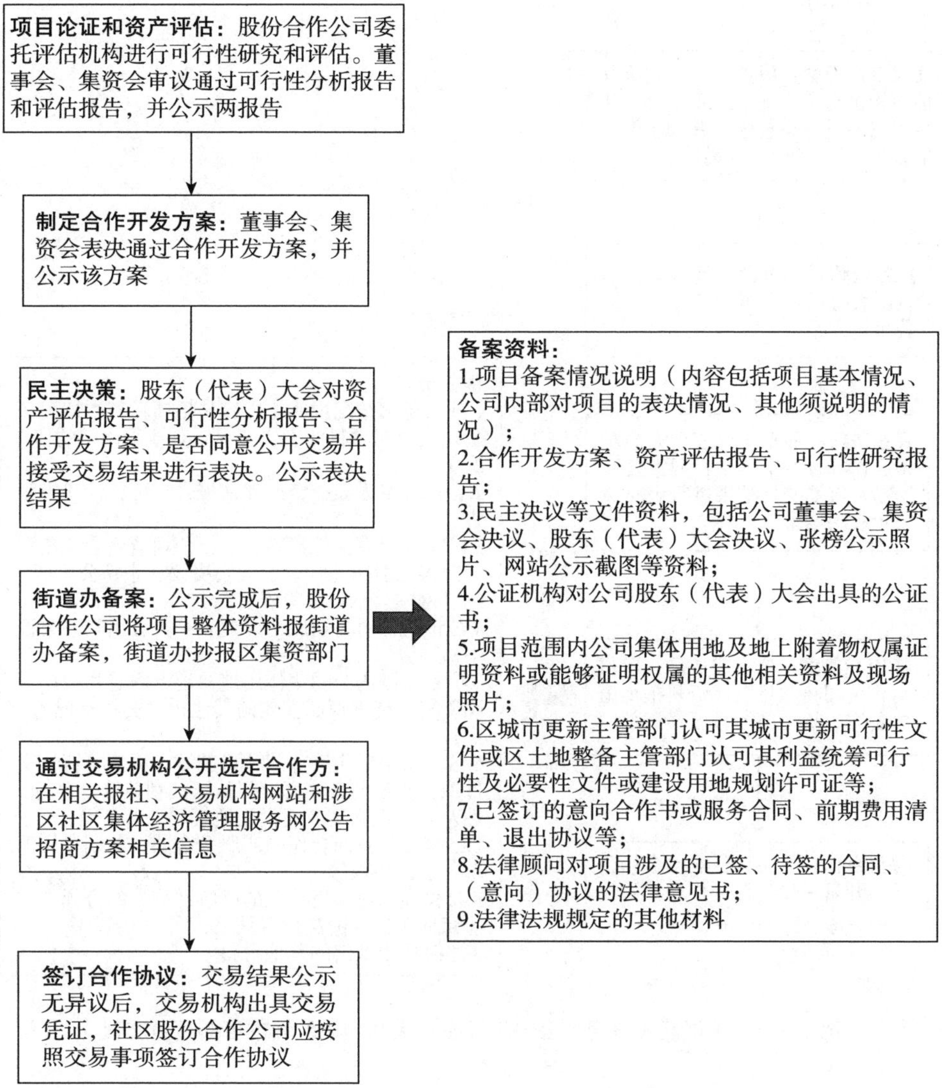

图 5 – 18　龙岗区集体用地合作开发流程

(3)龙岗区股份合作公司不具有重大影响权的城市更新项目流程(如图5－19所示)。

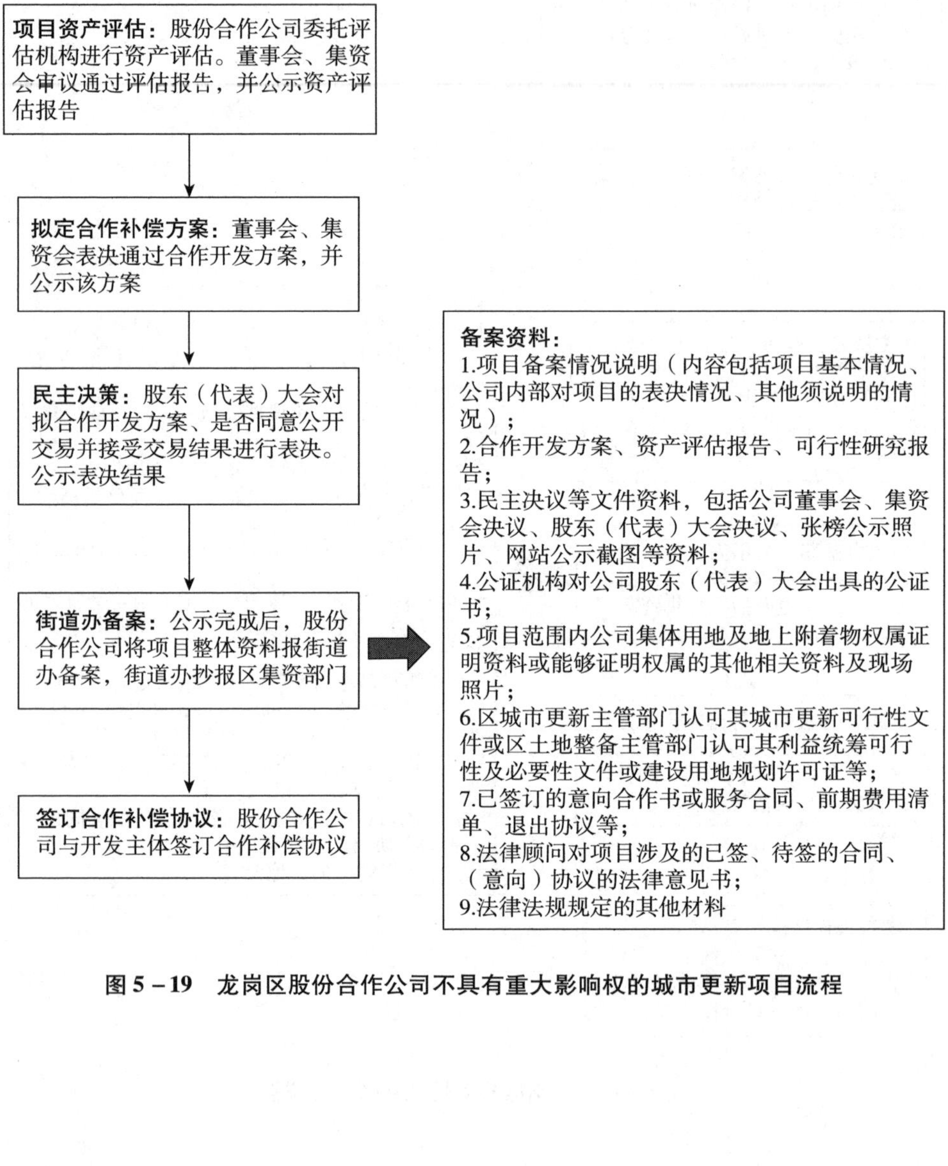

图5－19 龙岗区股份合作公司不具有重大影响权的城市更新项目流程

5. 坪山区集体用地开发和交易流程

(1)坪山区集体用地自主开发流程(如图 5－20 所示)。

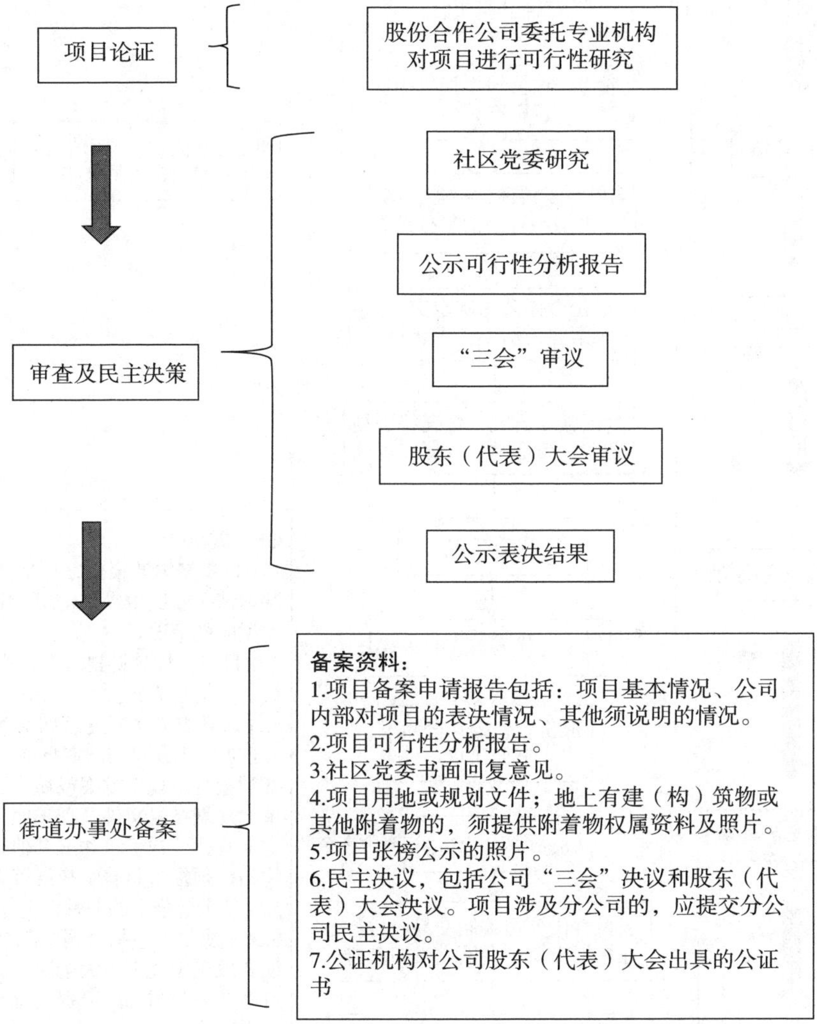

图 5－20　坪山区集体用地自主开发流程

(2)坪山区集体用地合作开发流程(如图5－21所示)。

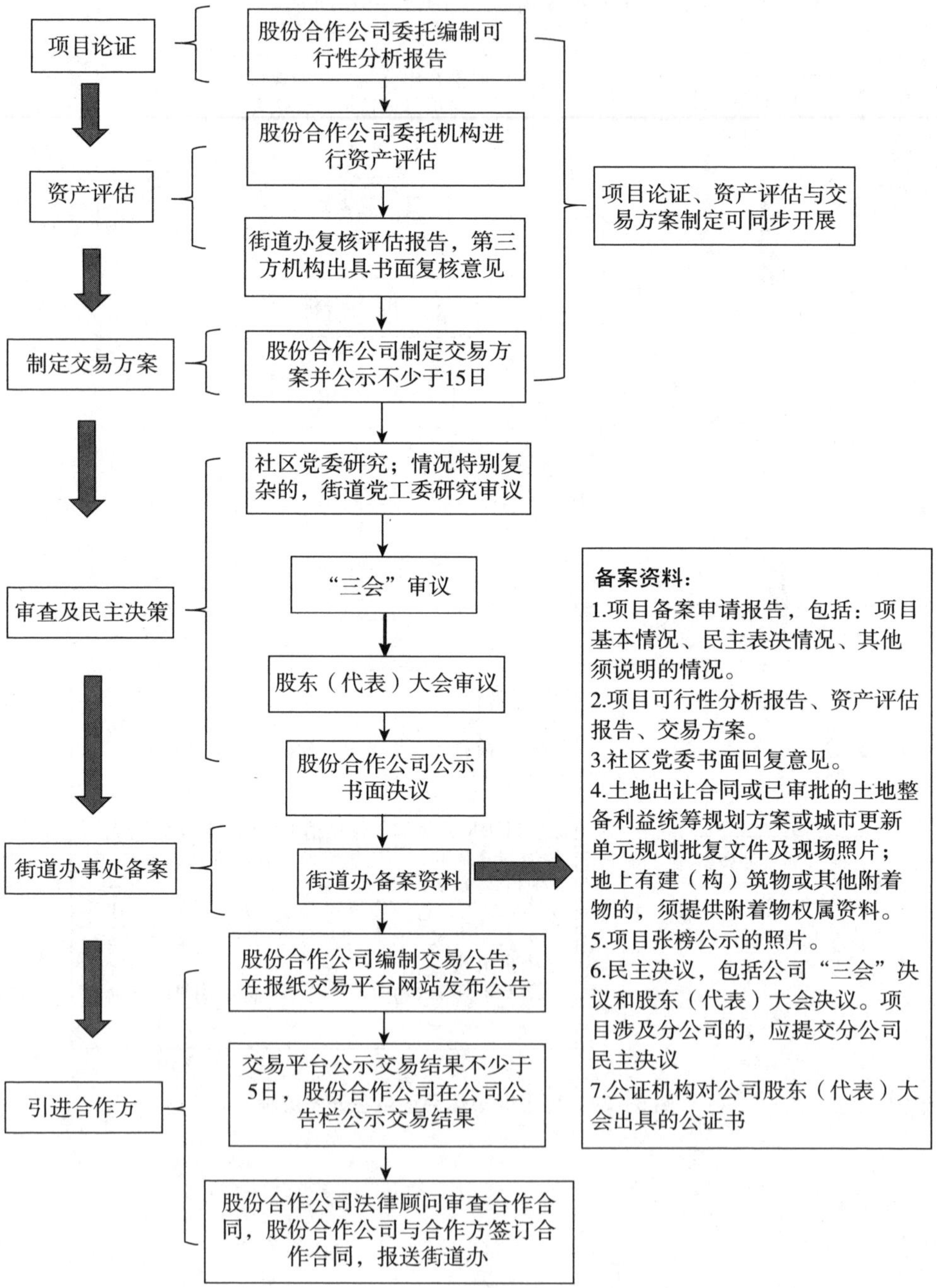

图5－21 坪山区集体用地合作开发流程

(3)坪山区股份合作公司不具有重大影响权的集体用地合作开发项目流程(如图5－22所示)。

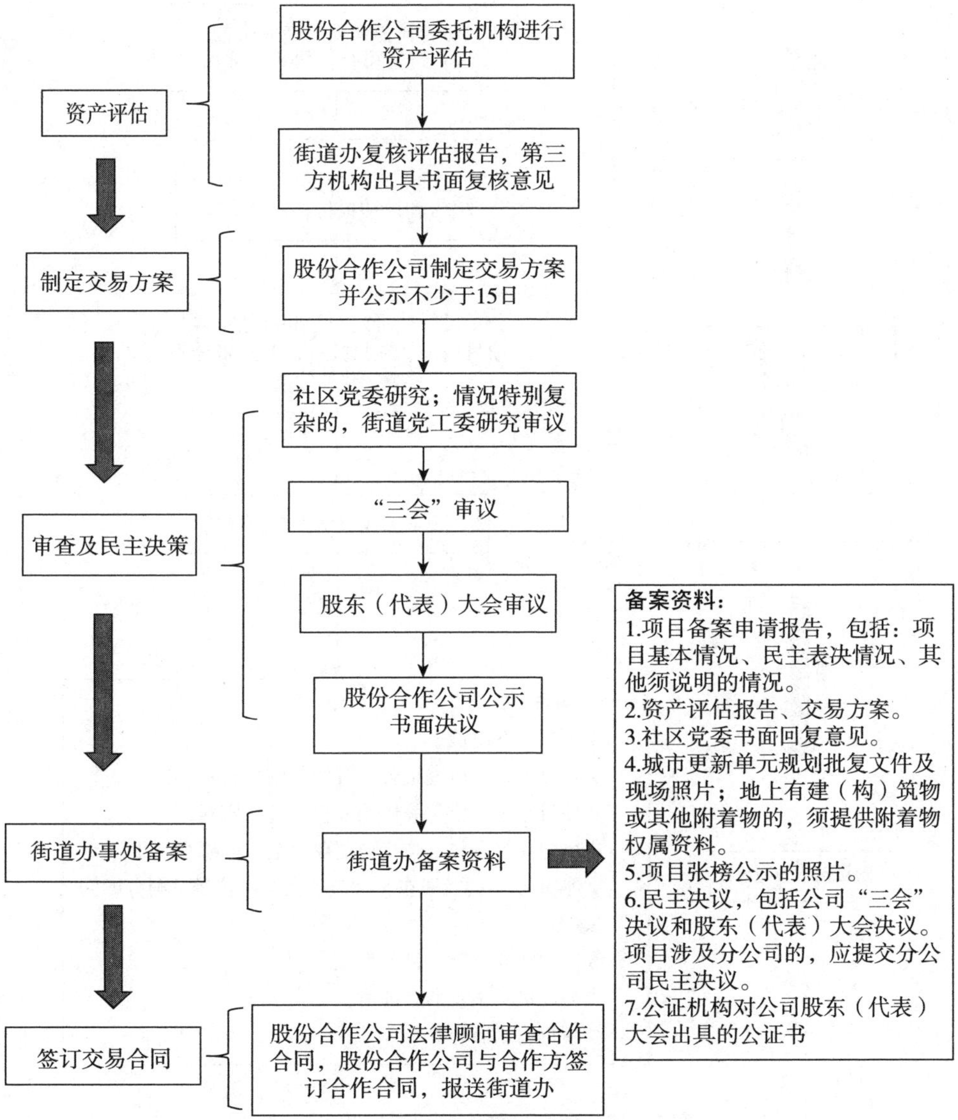

图5－22 坪山区股份合作公司不具有重大影响权的集体用地合作开发项目流程

6. 罗湖区集体用地开发和交易流程

(1)罗湖区集体用地自主开发流程(如图 5－23 所示)。

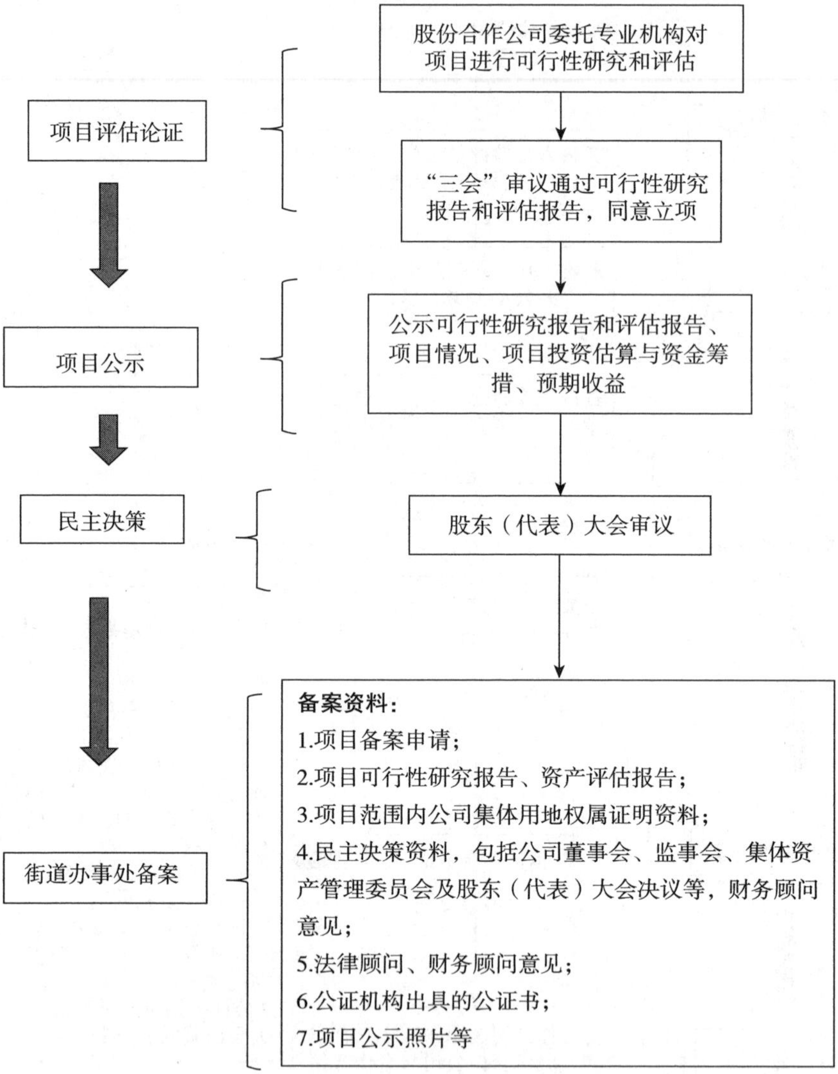

图 5－23　罗湖区集体用地自主开发流程

（2）罗湖区集体用地合作开发流程（如图 5－24 所示）。

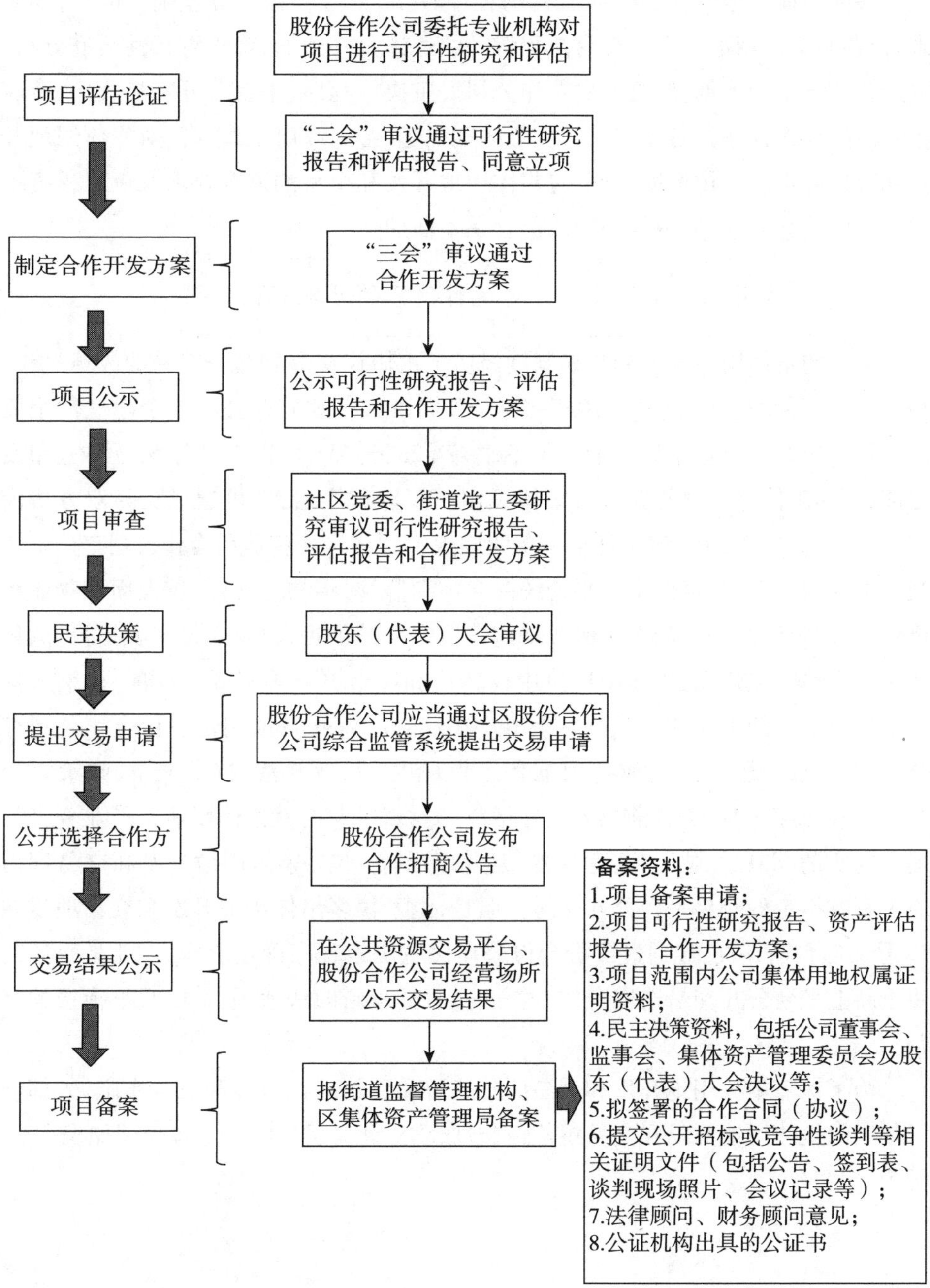

图 5－24　罗湖区集体用地合作开发流程

7. 集体用地开发和交易流程的总结

各区集体用地开发和交易流程的程序较多,并且存在部分差别。但是,抽象来看,各区集体用地开发和交易流程背后的逻辑是一致的,都以可行性研究分析、资产评估结果为依据,履行股份合作公司民主决策程序、平台公开交易程序、政府主管部门审查程序及备案程序。主要区别在于,各区政府主管部门对集体用地开发和交易流程的干预程度不同,对集体用地开发和交易的审查要求及审查程度不一。总体趋势上,政府主管部门的监管在不断加强。

(七)集体用地开发和交易历史遗留项目的处理规则

深圳的集体用地开发和交易制度经历了由协议交易到公开交易的改革过程。2016 年 6 月 4 日《中共深圳市委办公厅 深圳市人民政府办公厅关于建立健全股份合作公司综合监管系统的通知》(深办字〔2016〕55 号,以下简称 55 号文)印发之前,深圳集体资产交易在履行集体民主决策等程序后,即可通过交易双方协商完成。55 号文印发后,该文件第一条明确规定:“各区要将股份合作公司集体资产交易纳入市、区公共资源交易平台统一实施和监管,将物业转让、较大面积物业租赁、大宗固定资产采购和大宗服务采购等资产交易项目,以及建设工程招投标、集体用地合作开发建设、集体用地使用权转让和城市更新等资源交易项目,纳入集中交易范围。”第七条规定:“各区要在 2016 年 6 月 30 日前制定股份合作公司综合监管系统建设方案,完成各项准备工作(包括制度规范、技术准备、政策宣传等),并在今年 8 月 31 日前投入实际运行。”这就是业内就集体用地交易业务经常提到的所谓“831 大限”。这意味着,自此以后,原则上集体用地开发和交易都需通过官方指定的交易平台公开交易。但是,由于很多集体用地开发和交易项目在 55 号文出台前,就已经通过股份合作公司民主决策程序确定合作方,那是否还需要重新上平台公开交易选定合作方?这就面临着新旧法适用、新旧政策衔接的问题。

为了保障集体用地开发和交易历史遗留项目的平稳过渡和正常实施,大部分行政区的集体用地开发和交易规范性文件,均对此有所规定。笔者梳理如表 5-9 所示。

表 5－9　集体用地开发和交易历史遗留项目的处理规则

各区	处理规则
宝安区	在《深圳市宝安区人民政府办公室印发〈关于加快宝安区社区集体经济综合监管服务平台建设推动股份合作公司规范管理的意见〉的通知》(深宝府办〔2016〕29号)颁发实施前,股份合作公司按照市、区有关规定通过竞争性谈判等方式并提交股东(代表)大会表决确定合作方的集体用地合作开发项目,可不再通过集体资产交易平台重新选择合作方,但须参照《宝安区股份合作公司集体用地土地使用权交易管理办法》的有关规定,报辖区街道办出具审核意见后报区集体资产管理部门备案
龙华区	对于 2016 年 8 月 29 日龙华区股份公司综合监管系统平台正式上线前,交易事项已由股东大会或股东代表大会表决通过的,原则上承认其有效,可按原有程序执行。对于 2016 年 8 月 29 日(含)至 2020 年 9 月 1 日前,交易方式已由股东大会或股东代表大会表决通过的,原则上承认其有效,可按原约定的交易方式进行交易
龙岗区	《龙岗区社区股份合作公司集体用地开发和交易监管实施细则》实施后,对于《龙岗区社区股份合作公司集体用地开发和交易监管实施细则》实施前社区股份合作公司已签订意向合作书的项目(意向合作书仍在有效期内)按下列规定处理: 1. 已签订意向合作书的项目(意向合作书仍在有效期内),双方可在意向合作书到期前协商提前启动公开交易方式选定合作方。意向合作方参与公开选择合作方时的优先权按《龙岗区社区股份合作公司集体用地开发和交易监管实施细则》第九条规定执行。 2. 已签订的意向合作书到期后,原则上意向合作书不再延期,但意向合作书到期后公司董事会认为需要延期的,需经公司股东(代表)大会按章程规定的特别决议程序表决通过,原则上意向合作书总期限不超过 8 年。 3. 已签订的意向合作书未明确合作期限的,双方应协商签订补充协议明确合作期限或终止意向合作书;签订补充协议的,原则上意向合作书及补充协议总期限不超过 8 年
	《龙岗区社区股份合作公司集体用地开发和交易监管实施细则》实施后,对于符合以下两种情形,且不违反土地及城市更新相关法律、政策规定且能够保障社区集体利益的,可以不重新选定合作方: 1.《关于印发龙岗区进一步加强股份合作公司重大事项监管暂行办法的通知》(深龙府办〔2011〕21 号)出台前(2011 年 4 月 12 日前)已签订合作协议并经过公司股东(代表)大会审议的集体用地合作开发项目,或者已签订合作协议并经过公司决策机构(董事会、经营班子会)议定通过但未经过当时公司股东(代表)大会审议,现经公司董事会、集资会、股东(代表)大会以章程规定的特别决议程序(其他法律法规对通过率有规定的,从其规定)通过后,属于历史遗留问题合作开发项目。 2. 由所在街道办(含原镇政府)、居委会(含原村委会)签订合作协议的,现经公司董事会、集资会、股东(代表)大会以章程规定的特别决议程序(其他法律法规对通过率有规定的,从其规定)通过后,属于历史遗留问题的集体用地合作开发项目

续表

各区	处理规则
	2011 年 4 月 12 日后至《龙岗区社区股份合作公司集体用地开发和交易监管实施细则》实施前,已签订集体用地合作开发协议但未完成集体资产备案的,按下列规定处理: 1. 协议签订前已按照当时的规定履行公开招投标、综合评审、竞争性谈判等程序确定合作方的,可不通过交易机构选择合作开发实施主体。但因法定或约定事由导致合作开发协议自动终止或合作双方自愿终止的除外。 2. 协议签订前未按照当时的规定履行公开招投标、综合评审、竞争性谈判等程序确定合作方的,应按《龙岗区社区股份合作公司集体用地开发和交易监管实施细则》规定履行公开选择合作方程序
坪山区	股份合作公司土地合作开发项目,不违反土地及城市更新相关法律法规、政策规定并能够保障股份合作公司集体利益的,符合下列条件之一时,可不重新选择合作方: 1. 2015 年 1 月 1 日前,股份合作公司已经签订合作协议并经股东(代表)大会表决通过的。 2. 2015 年 1 月 1 日前,股份合作公司经当时公司决策机构(董事会、经营班子)审议通过签订合作协议,但未经股东(代表)大会(或子公司、分公司股东会议)表决的,现经股份合作公司董事会、集体资产管理委员会、监事会审议通过,并由股东(代表)大会以章程规定的特别决议程序通过项目属合作开发历史遗留问题的。 符合前两点情形且合作协议尚在有效期,股份合作公司选择继续与原合作对象合作开发的,应参照《坪山区股份合作公司土地开发和交易监管实施细则(征求意见稿)》第七条及第十八条的规定履行资产评估、复核、项目公示及街道办事处备案等程序
罗湖区	集体用地合作开发项目不违反土地及城市更新相关法律、政策规定且能够保障集体利益,同时符合下列情形的,可以不重新选择合作方: 1. 在 55 号文发布之前(2016 年 8 月 31 日前),已按照股份合作公司章程履行民主决策程序并经股东(代表)大会审议通过; 2. 2016 年 8 月 31 日前已签订集体用地合作协议且该协议仍在有效期内。 符合前两条规定情形,股份合作公司不重新选择合作方的,应当参照《罗湖区股份合作公司集体用地土地使用权交易监督管理实施细则》有关规定履行资产评估、民主决策等程序,报街道监督管理机构、区集体资产管理局备案

上述关于集体用地开发和交易历史遗留项目处理规则的设计,主要综合遵循“从旧兼从轻”“实体从旧、程序从新”等原则。

第四节　利益统筹项目留用土地开发和交易实务疑难问题

留用土地开发和交易是利益统筹项目实施过程中极为重要的环节,起到承上启下的作用,直接影响继受单位集体资产利益的实现,以及后续利益统筹项目“算细账”工作的开展。但是,由于留用土地合作开发行为性质的复杂性、综合性,相较于集体用地参与城市更新、非农建设用地(征地返还用地)合作开发等活动而言,留用土地合作开发和交易在实务中面临的疑难问题更多,争议更大。

笔者试图对实务中常见的疑难问题进行梳理、分析,介绍实务中的做法,并提出己见供读者参考。需要特别说明的是,由于实务中存在的争议,笔者的观点不一定能在具体项目操作中得到支持,不过仍希望能在争议观点中为从业人员处理具体项目的具体问题时提供解决的方向及沟通解释的路径。

一、项目可行性研究分析及资产评估的对象

按照笔者在“深圳市各区集体用地开发和交易流程”一节中梳理了各区集体用地开发和交易流程,其中对集体用地合作开发项目进行可行性研究分析(为方便表述,本节有时称为可研分析),以及对集体资产进行评估,属于必经环节。留用土地合作开发项目作为集体用地合作开发项目中的一种,必须履行这两个程序。

集体资产评估与可研分析目的不同,但具有一定的关联性。集体资产评估目的在于通过有资质的第三方机构确定集体资产的市场价值,避免集体资产价值被低估。项目可研分析目的在于通过有资质、专业的第三方机构研判项目是否具有可行性(包括政策上及经济上等),为继受单位引进合作开发主体的决策提供参考依据。集体资产评估价值通常作为第三方机构对项目进行经济可行性研究分析的重要依据。集体资产评估价值与可研分析两者共同作为保障集体资产利益保值增值的重要手段。

利益统筹项目留用土地合作开发项目中的集体资产评估对象和范围如何确定？实务中存在两种做法:一种是仅就留用土地(指标)的价值进行评估;另一种是既对留用土地(指标)的价值进行评估,又对利益统筹项目范围内非农建设用

地、征地返还用地、集体被搬迁物业(包括建筑物、构筑物、附着物等)进行评估。评估结果作为分析股份合作公司应获得多少分成物业的重要依据。

另外,利益统筹项目留用土地合作开发项目中的可研分析,究竟是针对什么的可行性进行研究分析?实务中存在三种做法:第一种是对利益统筹项目本身的实施是否具有可行性进行研究分析;第二种则仅对留用土地合作开发是否具有可行性进行研究分析;第三种是同时对利益统筹项目本身的实施及留用土地合作开发是否具有可行性进行研究分析。

笔者认为,上述实务做法中的混乱,源于对留用土地合作开发本身的理解偏差,混淆了城市更新项目与利益统筹项目的区别,直接将集体用地参与城市更新项目的评估和可研分析思路套用到利益统筹项目留用土地合作开发项目上。

首先,留用土地合作开发项目是关于利益统筹项目留用土地的合作开发项目。当然,留用土地合作开发项目相较于单纯的净地合作开发而言,具有其特殊性——需要合作方承担一级土地清理工作,但是不影响留用土地合作开发项目模式本身的基本特征——一方提供土地、一方提供资金合作开发土地。因此,在留用土地合作开发项目中,可研分析针对的应该是关于留用土地合作开发的可行性,而非利益统筹项目本身实施的可行性。集体资产评估则应该是关于留用土地价值的评估,而不能将利益统筹项目中的非农建设用地、征地返还用地、被搬迁物业一并纳入留用土地合作开发项目的集体资产评估范围。当然,在对留用土地合作开发进行可研分析的过程中,并不排斥对利益统筹项目实施可行性的分析,因为留用土地合作开发本来就是利益统筹项目实施的一部分。但是,可研分析和集体资产评估的对象及范围必须搞清楚,不然就容易跑偏。

其次,在留用土地合作开发项目中将非农建设用地、征地返还用地、被搬迁物业一并纳入集体资产评估范围,与土地整备利益统筹制度本身不符。

第一,在利益统筹项目"算大账"过程中,政府已经根据项目实施范围内的土地权属、征转等情况,将项目实施范围内的土地经核算转化为留用土地指标给继受单位,并根据项目实施范围内的建筑物、构筑物及附着物测绘、评估情况,将项目实施范围内的建(构)筑物等核算土地整备资金给继受单位。换言之,继受单位已经就项目实施范围内原来的土地及建筑物获得补偿,若在留用土地合作开发项目中再对此进行评估并作为经济可行性研究分析的基础数据,相当于继受单位重复获得补偿,这并不合理。举例而言,在利益统筹项目中,非农建设用地作为合法用地是等面积核算留用土地指标的。如果在留用土地合作开发过程中,将非农建设用地纳入集体资产评估范围,则相当于将非农建设用地和依据该非农建设用地等面积核算的留用土地指标都进行了集体资产评估,这显然不合理。

第二,在留用土地合作开发项目中,对内(继受单位与合作方之间)而言,合作方的搬迁补偿安置责任源于继受单位,通过继受单位与合作方之间的合作协议转由合作方全部或者部分承担;对外(政府及相关权益人)而言,继受单位与合作方均属于开发主体,均属于搬迁人,均负有对利益统筹项目范围内相关权益人进行搬迁补偿安置的义务。因此,就利益统筹项目实施范围内继受单位所拥有的建(构)筑物而言,继受单位既是搬迁人,又是被搬迁人。从合同法债权债务终止的角度来看,继受单位既是债务人,同时又是债权人,债权债务同归于一人,发生混同,导致搬迁补偿安置的债权债务终止。简单来说,继受单位不可能需要就自己的被搬迁物业对自己进行补偿。既然如此,承接继受单位搬迁补偿安置责任的合作方也同样无须再就集体被搬迁物业对继受单位进行补偿。换言之,在留用土地合作开发项目中,无须将集体被搬迁物业纳入集体资产评估范围内。

二、继受单位在留用土地合作开发项目中的身份性质

上文其实已经对继受单位在留用土地合作开发项目中的身份性质作了简要分析。但是,考虑继受单位身份性质直接影响到权利义务的安排与认定,特再次明确。

首先,继受单位与合作方双方属于一方出地、一方出资的合作开发房地产关系。对外而言,继受单位与合作方双方均属于留用土地的开发主体,属于利益统筹项目的搬迁人。其次,继受单位同时为利益统筹项目范围内被搬迁物业相关权益人,在利益统筹项目中属于被搬迁人。继受单位在利益统筹项目既属于搬迁人,又属于被搬迁人,导致债权债务发生混同。

三、涉及多个继受单位的留用土地合作开发项目

涉及多个继受单位的留用土地合作开发项目,总的来说可以分为三种情形,笔者逐一介绍。

(一)情形一

将多个继受单位的集体用地纳入同一个利益统筹项目范围内,多个继受单位共同申报利益统筹项目,各继受单位均享有一定比例的留用土地指标,各继受单

位就各自拥有的留用土地指标引进合作开发主体。具体关系可见图 5 – 25。

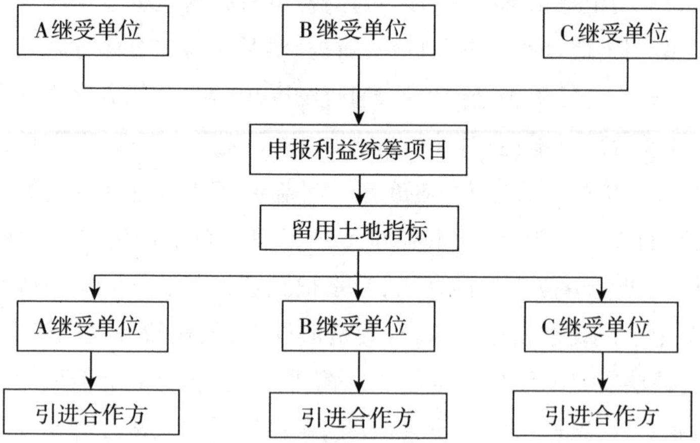

图 5 – 25　情形一具体关系

该情形下，A、B、C 各继受单位均是作为留用土地（指标）权利人提供留用土地（指标）与合作方合作开发。各继受单位的身份性质与只有一个继受单位提供留用土地（指标）与合作方合作开发的情形是完全一样的，各继受单位均是开发主体，均是搬迁人。在该情形下，应予以注意的是，为实现留用土地合作开发项目的顺利实施，应考虑如何确保各继受单位引进的合作方为同一家开发商。如果引进的合作方不一，不仅面临着非常复杂的合作开发关系，而且各方利益不一，不利于项目高效实施。通常情况下，这样涉及多家继受单位的留用土地合作开发项目一般会采取单一来源谈判的方式确定合作方。

（二）情形二

其他继受单位将其他利益统筹项目的留用土地指标引进合作方合作调入另一个继受单位的利益统筹项目，共同形成该利益统筹项目的留用土地（指标），由另一个继受单位引进合作方合作开发留用土地。具体关系图可见图 5 – 26。

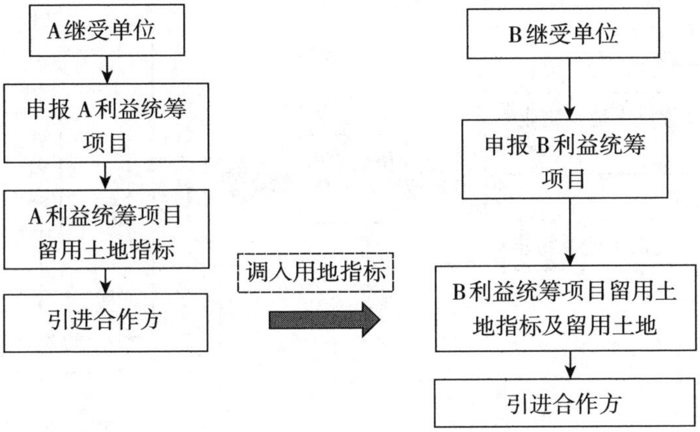

图5－26 情形二具体关系

该情形下的难点在于提供留用土地（指标）的A继受单位身份性质如何认定？B继受单位作为B利益统筹项目留用土地指标的提供方及相应留用土地权利人，提供留用土地（指标）与合作方合作开发，属于开发主体、搬迁人，应无疑义。A继受单位作为留用土地指标的提供方，属于A利益统筹项目留用土地指标权利人，并无疑义。关键在于在B利益统筹项目中，A继受单位应当充当什么角色，享有什么权利，承担什么责任？实务中存在两种观点及做法，笔者在“利益统筹项目‘算大账’规则中的争议性疑难问题研究”一节最后一部分曾对此进行过详细分析。笔者倾向认为A继受单位在B利益统筹项目中仅具有相关权利人的身份，其可作为被补偿人从B继受单位及合作方获得补偿，但无法作为留用土地使用权人参与合作开发收益分成。

该情形下还有一个重点问题，就是需要尽可能确保A利益统筹项目留用土地指标的合作方与B利益统筹项目留用土地指标及留用土地的合作方为同一主体，否则将面临需要理顺较为复杂的经济利益关系的问题。

（三）情形三

多个继受单位的集体用地纳入同一个利益统筹项目范围内，但只以一个继受单位名义申报利益统筹项目，并以申报项目的继受单位名义获得留用土地指标，其他继受单位仅是作为相关权益人获得补偿。具体关系图可见图5－27。

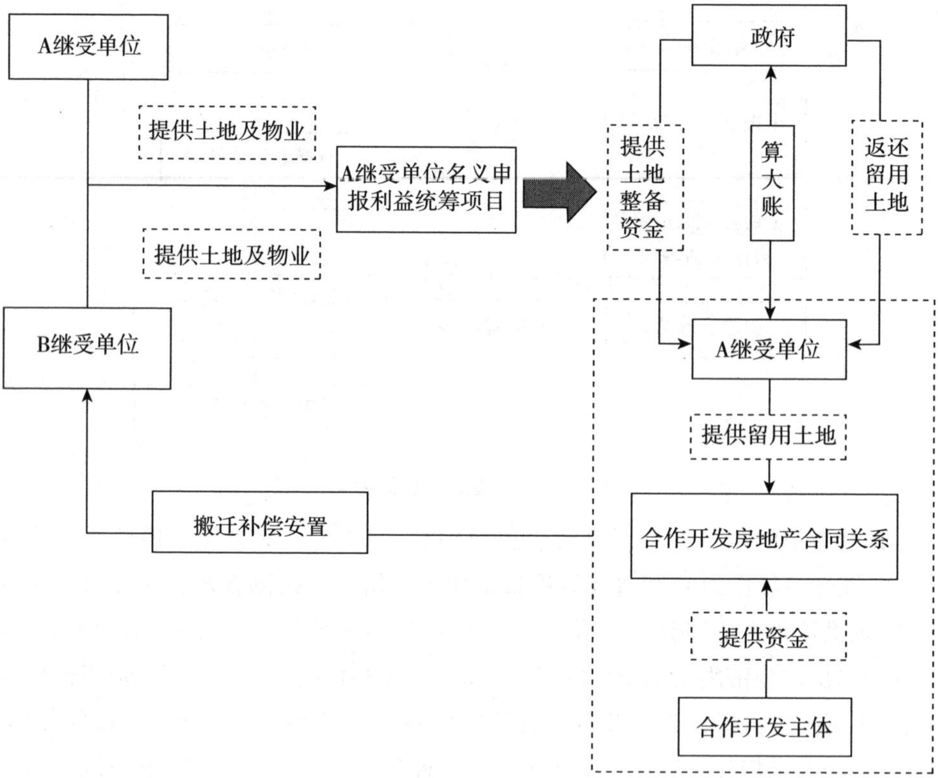

图 5－27　情形三具体关系

在该情形下，从法律关系来看，A 继受单位、合作方及 B 继受单位的法律关系简单明了。只有 A 继受单位作为留用土地使用权人提供留用土地与合作方合作开发，B 继受单位只是作为土地及物业相关权益人从 A 继受单位与合作方处获得搬迁安置补偿。B 继受单位在该情形下，更接近于提供集体用地参与城市更新项目的继受单位。

对于 B 继受单位可获得搬迁安置补偿利益如何确定，有两种测算模式。第一种是“拆迁户测算模式”，即直接按照市场标准对 B 继受单位所拥有的土地、被搬迁物业进行搬迁安置补偿。第二种是“合作方测算模式”，即考虑 B 继受单位所提供的集体土地及物业在整个利益统筹项目中的占比，对利益统筹项目最终留用土地、土地整备金核算结果所作出的贡献，确定 B 继受单位与 A 继受单位之间的收益分成比例（具体可见图 5－28）。但是，无论是“拆迁户测算模式”，还是“合作方测算模式”，都仅是 B 继受单位的补偿利益计算方式而已，并不改变 B 继受单位被搬迁人的身份。

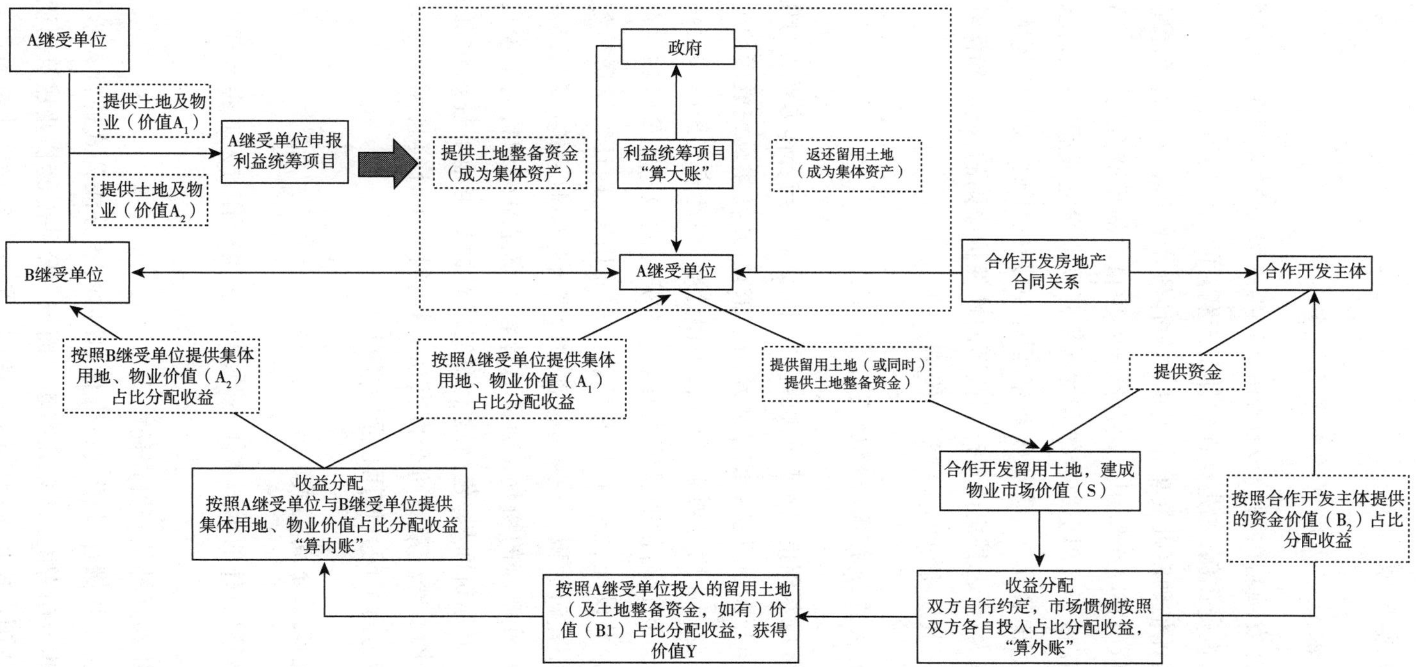

注：1. A继受单位与B继受单位合计可获得的收益价值$Y=S\times\frac{B_1}{B_1+B_2}$，根据A继受单位与B继受单位合计可获得的收益价值，结合各类型物业价值测算A继受单位与B继受单位合计可获得各类型物业面积。

2. B继受单位可获得的收益价值$=Y\times\frac{A_2}{A_1+A_2}$，根据B继受单位合计可获得的收益价值，结合各类型物业价值测算B继受单位可获得的各类型物业面积。

图5–28　情形三收益分成

四、合作开发收益分成

（一）合作开发收益分成比例的参考因素

留用土地合作开发项目收益分成比例的确定，一般需要考虑两个方面的因素：一是合作双方的投资比例；二是确保集体资产利益的保值增值。

具体来说，就是评估确定继受单位提供的集体资产价值，一方面考虑继受单位提供的集体资产价值在整个留用土地合作开发项目中的投资占比，另一方面考虑该集体资产价值在整个留用土地合作开发项目开发建设完成后在可分配、可售物业中的价值占比。前者是"风险与收益相匹配"原则的体现，投资比例越大，风险越大，则收益应越大；后者是集体资产利益倾向性保护原则的体现，确保继受单位的收益价值不低于其所提供的集体资产价值。

（二）合作开发收益分成基础的确定

合作开发收益分成基础指的是哪些收益可供继受单位与合作方双方分配。

从留用土地合作开发建成物业的性质及用途来看，开发建设完成后的公共设施、公共住房和创新型产业用房须移交政府，不得分配；回迁安置房屋须交付给被搬迁人，也不得分配。因此可供继受单位与合作方分配的收益主要是项目总计容积率建筑面积扣减公共设施、公共住房和创新型产业用房、回迁安置房屋建筑面积后的剩余计容积率建筑面积——通常被称为计容可售物业建筑面积，以及其他不算容积率且无需移交政府的物业。项目总计容积率建筑面积指的是项目地块容积，即地块内的规定建筑面积，包括地上规定建筑面积与地下规定建筑面积。对于计容可售物业建筑，合作双方可分配其所有权；对于不计容且无须移交政府的物业部分，合作双方可分配其使用权及收益权。

（三）合作开发收益分成模式

根据搬迁补偿安置责任的承担主体不同，留用土地合作开发收益分成可以分为三种模式。

1. 继受单位承担搬迁补偿安置责任模式

由继受单位单独承担搬迁补偿安置责任，具体收益分成公式通常表示为：继受单位分成物业面积 =（留用土地总计容建筑面积 - 公共配套物业建筑面积 - 公共住房和创新型产业用房建筑面积）× 分成比例 - 回迁安置房屋建筑面积 - 被搬迁人货币补偿折算物业建筑面积，剩余则全部为合作方分成物业面积。

2. 合作方承担搬迁补偿安置责任模式

由合作方单独承担搬迁补偿安置责任，具体收益分成公式通常表示为：继受单位分成物业面积 =（留用土地总计容建筑面积 - 公共配套物业建筑面积 - 公共住房和创新型产业用房建筑面积）× 分成比例，剩余则全部为合作方分成物业面积及回迁安置房屋建筑面积。

3. 继受单位与合作方按比例承担搬迁补偿安置责任模式

由继受单位与合作方按比例承担搬迁补偿安置责任，具体收益分成公式通常表示为：继受单位分成物业面积 =（留用土地总计容建筑面积 - 公共配套物业建筑面积 - 公共住房和创新型产业用房建筑面积 - 回迁安置房屋建筑面积 - 被搬迁人货币补偿折算物业建筑面积）× 分成比例，剩余则全部为合作方分成物业面积。

读者可仔细揣摩上述三种模式下收益分成的区别。第一种模式显然对继受单位不公平，最终可能导致继受单位分得的利益很少；第二种模式对合作方不公平，合作方的盈利点降低；第三种模式合作双方按比例承担拆赔成本，相对公平合理。随着利益统筹项目实操经验的丰富，除非通过货币形式一次性完成利益分配，否则大部分项目都采取第三种模式分配收益。

（四）合作开发收益分成形式

合作开发收益分成包括三种形式：一是货币分成；二是物业分成；三是“货币 + 物业”分成。如果仅有少量的留用土地指标，继受单位一般选择货币分成，一次性完成利益分配。如果有大量的留用土地（指标），大部分继受单位选择“货币 + 物业”分成。

五、合作开发收益分成监管要求

处理过集体用地合作开发项目的同行应该都清楚深圳市大部分行政区对集体用地合作开发收益分成有一条不成文的“35/65”规则，即股份合作公司收益分成不得低于 35%。如果低于 35%，则无法通过集体资产监管部门的审查备案。该规则直接影响留用土地合作开发项目能否继续往前推进。

（一）35% 收益分成的具体含义

股份合作公司 35% 收益分成的具体含义指的是什么？在有些行政区，其指的是股份合作公司的收益分成物业面积占比不得低于项目计容可售物业面积的35%;在有些行政区,其指的是股份合作公司收益价值占比不得低于项目可售物业价值的35%。

两者的区别在于,前者全部换算成物业面积,以物业面积作为等价物进行计算,后者全部换算成货币,以货币作为等价物进行计算。但是,不同用途的物业价值不同。如果全部换算成物业面积进行比例计算,有可能会忽略物业用途对物业价值的影响。因此,笔者认为,如果要进行收益分成比例的测算,全部换算成货币,以货币作为等价物进行计算较为合理。

(二)35%收益分成的范围

无论是换算成物业面积,还是换算成货币,均须考虑哪些利益可以算进股份合作公司35%的收益分成中。从实务要求来看,能否算进股份合作公司35%的收益分成中,主要取决于该利益是否属于股份合作公司的收益。目前,实务中倾向于认为给予股份合作公司的过渡期租金、装饰装修补偿等,属于对股份合作公司损失的填平,并非收益。分配物业、货币补偿等则纯属股份合作公司的收益。

值得重点说明的是对相关权益人的补偿安置及土地整备资金能否算进股份合作公司的收益。

首先,对相关权益人的补偿安置责任原由继受单位承担,但继受单位可通过合作协议的约定将该责任转移给合作方。如果合作方依约定承担了补偿安置责任,则相当于替继受单位减免了拆迁补偿成本。反过来看,该减免的拆迁补偿成本应当属于继受单位的收益。

其次,土地整备资金能否算进股份合作公司的收益,取决于对土地整备资金用途的理解。如果认为土地整备资金专用于利益统筹项目拆迁补偿工作,但因合作方依约承担了全部拆赔成本,土地整备资金保留由继受单位使用,则该土地整备资金实质上转为了继受单位的收益。但是,如果认为土地整备资金并非专用于利益统筹项目拆迁补偿工作,而是本属于继受单位的补偿,则该土地整备资金不能计入继受单位的收益。

(三)35%收益分成监管的意义

提出与落实35%收益分成监管这一不成文规则的原本目的在于通过加强对集体用地合作分成结果的监管,避免可研分析与资产评估被人为操控后,导致集体资产的流失与集体资产利益的减损，该规则背后所体现的是“家长制”的管理逻辑，充满了对现有可研分析、资产评估机制的不信任。该规则的初衷是好的，但是，“一刀切”的做法与许多项目实际情况不相符，导致很多项目为了符合35%收益分成要求而硬做到35%的收益分成，这与市场机制相扭曲。

笔者认为，与其继续保留35%收益分成监管规则，不如完善可研分析、资产评估机制，加强对可研分析、资产评估机构的监管，保证可研分析报告、资产评估报告的质量。如果股份合作公司进行民主决策所依据的可研分析报告、资产评估报告合法、科学，那么资产利益受损的风险必将大大降低。

六、留用土地合作开发涉税问题

在留用土地合作开发项目中，涉及的财税问题主要是成本扣除、税金承担问题。由于“双抬头”模式在深圳地区范围内具有一定的税收政策优势，目前留用土地合作开发项目大部分都采取“双抬头”模式。所谓的“双抬头”模式，是指继受单位出地、合作方出资合作开发留用土地。合作方、继受单位与国土部门签订土地使用权出让合同补充协议，将留用土地使用权变更登记到双方名下，以合作方、继受单位双方的名义共同开发建设留用土地。物业建成后，继受单位与合作方直接通过合作分成方式取得物业。笔者结合“双抬头”模式的特征，简要梳理分析该模式下涉及的成本扣除及税金承担问题。

（一）继受单位分成物业能否计入项目成本

从继受单位与合作方的法律关系来看，继受单位作为开发主体获得分成物业，而非作为被搬迁人获得回迁安置物业。因此，从性质上来说，继受单位所获得的分成物业，无法纳入项目的“土地成本”或“拆迁安置补偿成本”，在项目清算时进行抵扣。这与集体用地与参与城市更新项目完全不同。继受单位提供集体用地参与城市更新项目，是作为被拆迁人获得回迁安置补偿，故所获得的货币补偿及回迁物业能够纳入开发成本进行抵扣。

（二）项目建安成本可纳入哪方成本

对于项目建安成本，实务操作中，税务部门一般遵循“谁投入谁扣除”的原则。因此，如果合作方与继受单位的合作协议明确约定项目全部成本费用由合作方承担，并且项目的建安成本等费用实际上也是由合作方投入，则建安成本等费用可全额纳入合作方的成本进行涉税抵扣。

(三)搬迁安置补偿能否作为合作方拆迁补偿支出

对于对相关权益人(被搬迁人)的搬迁安置补偿,按照利益统筹项目政策的规定,继受单位需要在取得留用土地批复后才能引进合作方。但为了实际解决拆迁补偿、清拆等问题,很多项目的继受单位往往在留用土地批复前就引进合作方或者前期服务商,由引进的合作方以合作方及继受单位的名义开展补偿协议签订及补偿工作,或者由前期服务商先以继受单位名义开展补偿协议签订及补偿工作,待继受单位取得留用土地批复后,再引进正式合作方,将搬迁补偿安置义务转移给正式合作方。所以,可以区分两种情形讨论:第一,提前引进的正式合作方所承担的回迁物业及货币补偿能否作为合作方的拆迁补偿支出并实现税前扣除?第二,用地批复后引进的正式合作方从继受单位或者前期服务商整体承接的补偿成本能否作为合作方的拆迁补偿支出并实现税前扣除?据笔者了解,目前上述两种情形的拆迁补偿支出问题在税务实务中存在很大的争议。如果要解决该争议,建议通过土地整备利益统筹新政策调整引进正式合作方的时点,使合作方能够提前介入利益统筹项目,名正言顺地开展搬迁补偿安置工作。

(四)"双抬头"模式涉税处理问题

在"双抬头"模式下,继受单位与合作方通过合作分成方式分得物业,由于在物业分配过程中未发生产权转移,继受单位与合作方均无须缴纳增值税、土地增值税、企业所得税、契税等。

如果留用土地合作开发没有采取"双抬头"模式,而是采取了继受单位以留用土地使用权投资入股项目公司,继受单位、项目公司与国土部门签订土地使用权出让合同补充协议,将留用土地使用权全部变更到项目公司名下,以项目公司名义开发建设留用土地,物业建成后,再分房过户登记给继受单位这一"单抬头"模式。由于该"单抬头"模式下的土地使用权更名与物业分配均发生了产权转移,继受单位与合作方都将面临较重的税负问题。

"双抬头"模式相关计税相关依据如下。

1. 增值税

按照《国家税务总局关于印发〈营业税问题解答(之一)〉的通知》(国税函发〔1995〕156号)第十七条的规定,合作建房分房自用时出地方以部分土地使用权换取部分房屋所有权，出资方以部分房屋所有权换取部分土地使用权，双方均需缴纳增值税（营改增前为缴纳营业税）。但是，深圳地区存在特殊规定。《深圳市地方税务局关于合作开发房地产征收营业税问题的批复》（深地税发〔2005〕183号）明确："对拥有土地使用权的一方，为实现合作开发而引进其他合作方，经国土管理部门批准由各方共同开发房地产项目的营业税征税问题，经研究，现明确如下：合作建房过程中是否发生国家税务总局《关于印发〈营业税问题解答（之一）的通知〉》（国税函发〔1995〕156号）第十七条所指的'一方以部分土地使用权为代价换取部分房屋所有权，另一方以部分房屋所有权为代价换取部分土地使用权'的应税行为，是依据土地使用权或房屋所有权是否发生转移来确定的，当土地使用权或房屋所有权发生转移时，应征收相应的营业税，否则不予征税。2004年7月31日，深圳市国土资源和房产管理局《关于合作建房涉及的两个问题的复函》（深国房函〔2004〕94号）对我局提出的合作建房过程中土地使用权归属问题作了明确，即合作建房过程中，先取得土地使用权的一方，连同其他合作方共同与国土部门签订的土地使用权出让合同书补充协议与原合同享有同等的法律效力，受让各方在签订合同及其补充协议并付清土地使用权出让金和土地开发与市政配套设施金后，即共同拥有土地使用权。不存在一合作方向另一合作方转移土地使用权的行为。因此，凡在2004年7月31日以后采用这种方式合作建房的，不征收'以地换房'、'以房换地'环节的营业税，2004年7月31日之前（含31日）已发生的同类合作建房行为，未征税的不再补征，已征的营业税不再退还。"

实务中认为留用土地"双抬头"模式下的物业分配实质上属于继受单位与合作方在共同拥有土地使用权的土地上合作建房行为，不存在产权转移问题，所以在税收征管中不作为销售处理。因此，不管是对于继受单位还是合作方，在办理产权初始登记环节均不涉及税收的问题。只有在各自对外销售分成物业的环节，才会对应涉及增值税及附加税、土地增值税、企业所得税、印花税和买方契税等税收征纳问题。

2. 土地增值税

《财政部、国家税务总局关于土地增值税一些具体问题规定通知》（财税字〔1995〕48号）第二条规定："对于一方出地，一方出资金，双方合作建房，建成后按比例分房自用的，暂免征收土地增值税；建成后转让的，应征收土地增值税。"

3. 企业所得税

继受单位与合作方各自计算收入与成本，分别单独计征企业所得税。

4. 契税

《契税法》第一条规定:"在中华人民共和国境内转移土地、房屋权属,承受的单位和个人为契税的纳税人,应当依照本法规定缴纳契税。"继受单位与合作方通过签订土地使用权出让合同补充协议的方式,将留用土地使用权变更登记到双方名下,继受单位并未发生土地权属转移,无须缴纳契税;合作方属于土地权属转移的承受单位,应缴纳契税。留用土地合作开发建设完成后分配物业办理房屋产权初始登记时,不存在房屋权属转移,继受单位与合作方均无须缴纳契税。

第六章

利益统筹项目“算细账”阶段

如以留用土地使用权出让合同签订作为利益统筹项目这一国有土地一级开发活动的完成节点，则“算细账”是利益统筹项目的“最后一公里”，而且是关乎项目成败的“一公里”。

第一节　利益统筹项目“算细账”概述

本节从利益统筹项目“算细账”的相关政策依据、概念、目的与意义、起止范围及主要操作环节等4个方面对利益统筹项目“算细账”进行简要介绍。

一、利益统筹项目“算细账”的相关政策依据

表6－1　利益统筹项目“算细账”相关政策依据

政策名称	备注
《深圳市土地整备利益统筹项目管理办法》(深规土规〔2018〕6号)	综合性规定
《市规划和自然资源局关于规范土地整备利益统筹项目补偿安置有关事项的通知》(深规划资源〔2019〕255号)	补偿安置及协议备案要求
《深圳市住房和建设局深圳市规划和自然资源局关于加强对住宅类历史遗留违法建筑交易查处的通知》(深建字〔2021〕137号)	物业权利人核实
《龙岗区土地整备利益统筹项目搬迁补偿安置协议备案工作指引》(深龙更新整备〔2021〕167号)	物业权益人核实及协议备案

续表

政策名称	备注
《宝安区土地整备利益统筹项目补偿安置协议备案及项目监管工作指引(试行)》(深宝更新整备函〔2022〕46 号)	物业权益人核实及协议备案
《深圳市龙华区土地整备利益统筹项目补偿安置协议备案及项目监管操作规程》(深龙华更新整备〔2022〕175 号)	物业权益人核实及协议备案

二、利益统筹项目“算细账”的概念

何为利益统筹项目“算细账”?

《深圳市土地整备利益统筹项目管理办法》(深规土规〔2018〕6 号)第四条第二款规定:“原农村集体经济组织继受单位与相关权益人‘算细账’,通过货币、股权和实物安置等手段,确保权益人相关权益,实现整备范围内全面征转清拆。”第十四条规定:“原农村集体经济组织继受单位应当按照土地整备项目实施协议书的相关要求理顺利益统筹项目范围内的经济利益关系,并具体负责建(构)筑物及青苗、附着物的补偿、拆除、清理和移交工作……搬迁补偿安置协议应报区政府相关职能部门备案……”《市规划和自然资源局关于规范土地整备利益统筹项目补偿安置有关事项的通知》(深规划资源〔2019〕255 号)第一条规定:“利益统筹项目的搬迁人为原农村集体经济组织继受单位,或原农村集体经济组织继受单位及按照相关规定确定的开发主体。”

根据上述规定,结合整个利益统筹制度的安排与设计,利益统筹项目“算细账”是指由具备资格的搬迁人与利益统筹项目范围内的全部权益人通过搬迁补偿安置的方式厘清经济利益关系,并完成地上建(构)筑物、附着物等拆除清理工作的民事活动。

由此可见,利益统筹项目“算细账”的主体为具备资格的搬迁人与项目范围内的全部权益人。利益统筹项目“算细账”的主要内容是由搬迁人与权益人通过搬迁补偿安置的方式厘清经济利益关系,由搬迁人负责完成地上建(构)筑物、附着物等拆除清理工作。无论是从主体还是内容来看,利益统筹项目“算细账”本身主要是一种民事活动,涉及搬迁人与权益人之间的关系,应适用民事法律规定。

三、利益统筹项目“算细账”的目的与意义

利益统筹项目“算细账”旨在厘清利益统筹项目范围内全部权益人的经济利

益关系，顺利拆除地上附着物、清理土地，使毛地转为净地，使之具备移交入库及出让的前提条件。

在常规的土地整备基础上，加入利益统筹项目“算细账”环节，有两大好处：一是调整转变原来的拆迁补偿关系，由原来的行政主体与被拆迁人之间的拆迁补偿关系，转变为民事主体之间的拆迁补偿关系。法律关系性质的改变降低了作为行政主体的街道办及土地整备部门的涉诉风险。二是允许引进市场主体作为搬迁人负责对相关权益人的拆迁补偿安置工作，借助市场力量，按照市场逻辑确定补偿标准，基本能满足被拆迁人的补偿诉求，有利于拆迁补偿工作的推进。

四、利益统筹项目“算细账”的起止范围及主要操作环节

为了确保利益统筹项目“算细账”目的的实现，一般认为利益统筹项目“算细账”阶段的工作包括如下环节：现状测绘、权益人核实、制定补偿方案、谈判签约、拆除清理、协议备案及项目监管。从广义来看，利益统筹项目“算细账”阶段应从现状测绘开始，至完成协议备案及监管协议签订工作之日止。

从利益统筹项目“算细账”工作的起止范围及内容来看，利益统筹项目“算细账”实质上就是我们通常理解的拆赔工作。众所周知，拆赔工作中的“确权难”“签约难”“备案难”问题经常成为拖垮项目的难题。这些问题的产生，既有物业权益情况复杂、权益人诉求高等客观原因，又有现场人员片面追求签约率、回避甚至故意隐瞒问题等主观原因。要解决这些难题，或者说降低这些难题带来的风险，需要理解透彻利益统筹项目“算细账”工作的目的及意义，熟悉利益统筹项目“算细账”工作的操作要求，否则利益统筹项目后期将会深受其扰。

笔者在前面已经简要说明利益统筹项目“算细账”的最终目的及主要意义，笔者在此再分项说明利益统筹项目“算细账”阶段每个环节工作的目的及意义，至于各环节的具体操作要求及注意事项，将在后续章节介绍。

1. 现状测绘

现状测绘的目的在于确定现状被拆迁物业体量，为后续确权、拆迁成本测算、制定补偿方案、签约提供基础数据。在现状测绘工作中，应特别注意的是必须确保数据的一致性，包括利益统筹项目“算大账”与利益统筹项目“算细账”前后阶段测绘数据的一致性（如存在红线内外的情况，需区分说明），确权、签约及协议备案所使用的测绘数据的一致性。

2. 权益人核实

权益人核实(俗称为确权)的目的在于确定签约补偿对象,为确定补偿结果、签约提供基础信息,降低签约及拆除阶段的法律风险。

3. 制定补偿方案

制定补偿方案的目的在于确定补偿标准,为后续拆迁成本测算、谈判签约提供依据。一方面对搬迁人内部而言,可以有预期、有计划地控制拆赔成本;另一方面对搬迁人外部而言,拆迁补偿不患寡而患不均,可以通过提供统一、公开的补偿标准降低被拆迁人不合理的补偿预期,推进拆迁谈判及签约工作。

4. 谈判签约

谈判签约的目的在于固定经济利益关系厘清的证据,为后续证明经济利益关系的厘清、谈判条件的兑现提供依据。

5. 拆除清理

拆除清理的目的在于使项目实施范围内的土地达到移交入库的现状验收条件,完成土地移交入库的任务。一方面,政府可获得其需要的公共用地;另一方面,政府可以将符合条件的留用土地使用权出让给继受单位及其引进的开发主体。

6. 协议备案

搬迁补偿安置协议备案的目的在于审查搬迁人是否已完成经济利益关系的厘清工作,以及所完成的经济利益关系厘清工作是否合法合规,并且为后续的项目监管工作提供基础信息。

7. 项目监管

项目监管的目的在于通过监管协议、监管资金、保函等监管机制,监督搬迁人依约履行安置补偿义务、依规完成配建义务,防范出现搬迁人拒绝履行、履行不能的风险。

第二节　利益统筹项目“算细账”中的测绘与确权实务

如笔者在“利益统筹项目‘算细账’概述”一节中所述,测绘与确权分别解决利益统筹项目“算细账”中“定量”与“定补偿对象”的问题,属于利益统筹项目“算细账”活动中的基础性工作。如果测绘与确权的结果合法、准确,则项目后续风险小;如果测绘与确权的结果违法、错误,则项目后续搁置风险大。笔者结合实务经验,分享介绍利益统筹项目“算细账”测绘与确权工作的要点,并对实务中相关的疑难问题展开研究分析。

一、利益统筹项目“算细账”测绘实务

(一)测绘机构委托主体

利益统筹项目中的“算大账”及“算细账”环节均需以项目实施范围内的土地面积及建筑体量为基础数据进行核算,但利益统筹项目“算大账”与利益统筹项目“算细账”的责任主体不同,前者为政府(具体实施主体为辖区街道办),后者为搬迁人(继受单位或继受单位及其引进的开发主体)。因此,在利益统筹项目实操中便存在一个问题:辖区街道办与搬迁人是否需要/可以各自委托测绘机构对项目实施范围内的土地、建(构)筑物进行测绘?

从理论层面来看,即使辖区街道办与搬迁人各自委托不同的测绘机构,由于测绘机构均适用同一测绘规范,不同测绘机构的测绘结果应当一致。但是,从技术操作层面来看,即使适用同一测绘规范,由于技术误差的客观存在,不排除会出现不同测绘机构提供的测绘结果不一致的情况。对于同一个项目,如果存在两个不同的测绘数据,显然是不合理的。

因此,为了保证前后数据的一致性,在一个项目中最好由同一个主体委托测绘机构(当然可以根据项目实施范围的大小,委托多家测绘机构分别负责不同区域的测绘工作)。结合利益统筹项目实施流程,政府“算大账”在前,搬迁人“算细账”在后,因此应由政府(辖区街道办)作为委托主体委托测绘机构开展项目实施范围内的测绘工作,并且以该测绘机构出具的测绘报告作为利益统筹项目“算细账”的基础数据。在目前的利益统筹项目实务操作中,也是以辖区街道办委托的测绘机构出具的测绘报告为准,以此作为利益统筹项目“算大账”及利益统筹项目“算细账”的基础。

(二)测绘范围

从测绘的对象及区域来看,测绘范围为利益统筹项目实施范围内的土地、建筑物、构筑物及其他地上附着物(不含青苗)。

就测绘范围而言,有两个问题值得关注。

一是压项目实施范围红线的建(构)筑物测绘要求。所谓的压项目实施范围红线的建(构)筑物是指建(构)筑物部分位于项目实施范围内、部分位于项目实施范围外。实务操作中,一般都会在测绘报告里注明位于项目红线范围内的建筑体量及项目红线范围外的建筑物体量。

二是空地测绘问题。因为测绘报告一般都是由辖区街道办委托的测绘机构出具,首先用于实施方案的利益统筹项目“算大账”工作,所以对项目范围内的土地(包括空地)都是进行整体测绘,核算总量。但是,在后续权益人核实及搬迁补偿安置工作中,有可能需要对因历史原因形成经济利益关系的空地权益人进行核实确认。如果需对空地权益人进行核实确认,就必须对空地进行分割、放点、测量。因此,在开展前期测绘工作时,股份合作公司及前期服务商、意向合作方需对项目范围内的历史用地情况、权益情况进行调查核实,提前筹划准备。如有需要,应及时与辖区街道办及测绘机构就空地测绘工作进行沟通。

(三)测绘的作用及意义

第一,测绘的作用仅在于定量,为利益统筹项目“算大账”核算现状容积率、土地整备资金、留用土地指标等,为利益统筹项目“算细账”核算拆迁补偿量提供基础数据,但不具有确定土地、建(构)筑物权属的效力及作用。因此,经权益人签字确认的测绘报告不能作为证明物业权属的证据,仅能证明权益人对测绘报告的内容知悉并无异议。

第二,测绘结果为后续土地整备部门对搬迁补偿安置协议备案审查提供依据。搬迁人必须对项目范围内每一平方米的土地、建筑物,每一处的构筑物、苗木等,都厘清经济利益关系,不能有任何遗漏,否则项目的搬迁补偿安置协议将因未厘清经济利益关系无法通过备案审查。

(四)测绘技术规范

测绘主要依据《工程测量规范》(GB 50026—2007)、《城市测量规范》(CJJ/T 8—2011)、《房产测量规范》(GB/T 17986.1/2—2000)及《房屋建筑面积测绘技术规范》(SZJG 22—2015)等测绘技术规范。关于测绘所涉及的基础知识,笔者在“测绘与评估基础知识简述”一节中已经作了较为系统的介绍,此处不再赘述。

二、权益人核实实务

权益人核实属于利益统筹项目“算细账”阶段的重大、疑难、复杂工作。“重大”体现在权益人核实结果直接决定了补偿对象，影响补偿路径。如果权益人核实结果错误，不仅会额外增加搬迁人成本，而且会直接妨碍项目的推进，甚至拖垮项目。“疑难、复杂”体现在深圳的物业权益情况万千，掺杂诸多历史遗留问题，仅凭常规的法律知识及法律观念，无法提供合理妥当的解决路径。要寻找权益人核实的合理路径，转变处理观念，需深入理解利益统筹项目中的权益人核实制度。

（一）权益人核实的相关概念

首先，从旧改项目涉及的物业产生、权属等情况来看，利益统筹政策中所使用的“权益人”概念比城市更新政策中所使用的“权利人”或“权利主体”概念更严谨、更规范。因为“权利”指向的是合法权利，比如物权、债权、股权、知识产权等，而“权益”有两个含义：广义上是指“权利与利益”，狭义上则指虽未能称为“合法权利”，但法律法规上予以保护的“利益”。

众所周知，由于深圳广泛存在的房地产登记历史遗留问题、历史违建问题，项目范围内的土地、物业大多数都没完善征（转）、供应、报建、登记等手续，在法律上难以承认实际掌控人对这些土地、物业享有合法权利。但是，大部分实际掌控人基于特殊的历史背景、由于特殊的历史因素与这些土地、物业产生经济利益关系，并且这些历史因素难以一一区分。所以，综合考虑特殊的历史背景，从法理层面可以承认实际掌控人对存在经济利益关系的土地、物业享有法律法规应予以保护的“利益”。因此，将利益统筹项目中与土地、物业存在经济利益关系的实际掌控人称为“权益人”，无论是从广义的层面，还是从狭义的层面，均符合法理上对“权益”概念的理解。

其次，“权益人核实”是指对就土地、物业享有权益的主体进行核实确认，而非法律意义上的确权。法律意义上的确权有行政确权与司法确权。

行政确权是指行政机关依法认定房地产及自然资源所有权或使用权权属和效力的法律行为。具有法定职权的行政机关才有权认定自然资源的权属。就行政确权作出规定的法律法规，包括像《土地管理法》关于农民集体所有的土地所有权、建设用地使用权、国有土地使用权确认的规定，《确定土地所有权和使用权的若干规定》第二条关于“土地所有权和使用权由县级以上人民政府确定，土地管理部门具体承办”的规定。

司法确权是指司法机关根据事实、依据法律对不动产物权归属、内容进行确认的裁判行为。相关依据可见我国《民法典》第二百三十四条“因物权的归属、内容发生争议的，利害关系人可以请求确认权利”的规定以及《最高人民法院关于适用〈中华人民共和国民法典〉物权编的解释（一）》第二条“当事人有证据证明不动产登记簿的记载与真实权利状态不符、其为该不动产物权的真实权利人，请求确认其享有物权的，应予支持”的规定。

利益统筹政策中所规定的负责权益人核实工作的辖区街道办及区土地整备部门，均非具有行政确权法定职权的部门，更非有权作出司法确权裁判的司法机关。从利益统筹政策关于权益人核实的规定来看，权益人核实的目的并非在于解决不动产权属争议而终局性地确定不动产物权归属，而在于通过核实清楚权益人来确定补偿对象。按照这个理解，如果利害关系人认为权益人核实结果错误、侵犯自身权益，有权向核实单位提出异议或者通过诉讼途径维护权益。

（二）权益人核实政策依据

目前，深圳个别行政区就利益统筹项目相关权益人核实出台了相关规定（如表6－2所示），基本上都是在搬迁补偿安置协议备案规范性文件中一并予以明确。未就此出台规定的行政区，则参照城市更新项目历史违建物业权利人核实的规定处理。

表6－2 深圳个别行政区就利益统筹项目相关权益人的相关规定

政策名称	层级
《深圳市住房和建设局、深圳市规划和自然资源局关于加强对住宅类历史遗留违法建筑交易查处的通知》（深建字〔2021〕137号）	市级
《龙岗区土地整备利益统筹项目搬迁补偿安置协议备案工作指引》（深龙更新整备〔2021〕167号）	龙岗区
《宝安区土地整备利益统筹项目补偿安置协议备案及项目监管工作指引（试行）》（深宝更新整备函〔2022〕46号）	宝安区
《深圳市龙华区土地整备利益统筹项目补偿安置协议备案及项目监管操作规程》（深龙华更新整备〔2022〕175号）	龙华区

（三）权益人核实规则

无论是权益人核实规则已经成文化的行政区，还是未成文化的行政区，基于城市更新项目权利人核实工作经验的积累，深圳各区对利益统筹项目权益人核实规则的要求其实基本相同，即区分已取得合法权属证明、未取得合法权属证明两类处理。

已取得合法权属证明的不动产是指已取得不动产登记机构核发的不动产权证书或者法院、仲裁机构已作出确认不动产所有权的生效法律文书的不动产。未取得核发权属证明的不动产则是指其他未取得上述不动产权证书或生效法律文书的不动产。

1. 已取得合法权属证明的不动产

对于已取得合法权属证明的不动产，只能以不动产权证明上载明的权利人为利益统筹项目范围的权益人、被搬迁人及补偿对象。因为不动产权证书实质上是行政确权结果的体现，确认不动产所有权的生效法律文书则是司法确权结果的体现。从证据证明力的角度来看，相较于其他产权证明材料而言，不动产权证书和生效法律文书的证明力更强。如果存在多个不动产权证明，比如既取得了不动产权证书，又存在确认不动产所有权的生效法律文书，则看不动产权证书与生效法律文书出具的先后，通常以后者载明的权属情况为准。

2. 未办理合法权属证明的不动产

对于未办理合法权属证明的不动产，一般由不动产所在土地的权利人（通常为股份合作公司）、社区工作站、辖区街道办三级核实并在权益人核实表上盖章确认，然后由辖区街道办公示权益人核实结果。公示无异议或异议不成立，则由辖区街道办报区土地整备部门对权益人核实结果进行备案及公告。最终以权益人核实公告结果确定权益人、被搬迁人及补偿对象。由未办理合法权属证明的不动产权益人核实规则可看出，利益统筹政策是通过程序上的合理性及正当性来弥补该类不动产权手续的不完善，尽可能保证核实结果的准确性。

不过，未办理合法权属证明的不动产权益人核实仍存在实体上必须解决的问题，即股份合作公司、社区工作站及辖区街道办如何核实、核实标准是什么、对什么资料核实。

首先，就核实标准而言，结合笔者的实务经验来看，由于未办理合法权属证明的不动产手续不完善，甚至不合法，因此形成的许多资料，包括小产权房买卖合同、赠与协议、合作建房协议等，在法律上是无效的。如果对未办理合法权属证明的不动产权益人核实采取严格的合法性审查标准，将永远无法解决权益人核实问题。从权益人核实的目的来看，权益人核实是核实确认清楚补偿对象、保证补偿对象的准确性，而非像法院、仲裁机构那样解决权属争议。因此，要确立未办理合法权属证明的不动产权益人核实标准，即重证据、重事实。只要权益申报人提供的证据能够形成较为完整的证据链，证明在权益申报时不动产已经流转给该申报人，则可认定该申报人为不动产权益人。

其次，就核实资料而言，实务操作中存在两种做法：第一种是不审查任何资料，直接配合开发主体在权益人核实表上盖章；第二种是对权益证明资料进行全面且完备的实质性审查，未审查通过的，不在权益人核实表上盖章。第一种做法使权益人核实规则形同虚设，目的落空，无论是对行政机关来说，还是对搬迁人而言，都存在很大的风险。第二种做法谨慎、妥当且有利于降低后续风险，目前逐渐受到重视。

结合笔者的实务经验来看，对未办理合法权属证明的不动产权益人核实，通常需要审查以下两类资料。

（1）权益人身份证明材料。该类材料包括身份证明文件（如自然人的身份证、企业法人的营业执照、法定代表人证明书、法定代表人身份证复印件）、未成年人监护人的身份证明文件及监护关系证明文件（出生证、户口本或其他有权机关出具的证明）、授权委托材料及受托人身份证明文件（经律师见证或公证处公证，若无律师见证或公证处公证，至少提供授权委托书签署照片；若委托人为中国香港、澳门特别行政区、台湾地区居民或外国公民，必须提供加盖转递章的律师见证证明文件或相关使领馆认证的证明文件）。

（2）权益证明材料。该类材料包括地皮单、土地买卖合同或以租代买合同、合作建房协议、房屋买卖合同、赠与协议、遗嘱、遗产分割协议、建设用地规划许可证、建设工程规划许可证、居民（私人）兴建住宅用地批准通知书、“两规”或“三规”处理申报回执、房屋所有权证、土地或房屋流转支付凭证、租赁合同、水电费用缴纳单据等。

对于上述两类材料，权益人身份证明材料必须严格按照法律规定进行合法性审查，必须符合法律要求；至于权益证明材料，因为这些未办理合法权属证明的不动产，本身手续就不完善，甚至不合法，所以主要看不动产的来源、流转过程是否清晰、明确，是否存在一房多卖等容易产生争议的情况。如果流转过程清晰，不存在容易产生争议的情况，则可以核实认定权益人；如果来源、流转材料不是十分齐全，流转过程中不是十分清晰，则需考虑可通过何种方式完善材料。具体采取何种方式，无法一概而论，需要根据实际情况而定。但有一个明确的方向及原则：尽可能降低后续产生争议的风险，达到即使后续有第三方就核实结果提出异议，审查单位也能合理说明自身已经履行审慎审查义务的程度。

综上所述，实务操作中对权益人核实工作的规则可归纳为：有证认证，无证认事实。

（四）权益人核实流程

1. 权益人核实时间

以往利益统筹政策对权益人核实时间并无要求，大部分项目都是在待拆迁补偿工作拟启动时，开展权益人核实工作。但是，根据《深圳市住房和建设局 深圳市规划和自然资源局关于加强对住宅类历史遗留违法建筑交易查处的通知》（深建字〔2021〕137 号）的规定，土地整备项目在区政府审批实施方案前应开展住宅类历史遗留违法建筑物业权利人核实工作。《宝安区土地整备利益统筹项目补偿安置协议备案及项目监管工作指引（试行）》（深宝更新整备函〔2022〕46 号）及《深圳市龙华区土地整备利益统筹项目补偿安置协议备案及项目监管操作规程》（深龙华更新整备〔2022〕175 号）规定，搬迁人应在利益统筹项目实施方案报区政府审批前，对未取得合法权属证明的不动产权益人进行核实后，再报辖区街道办核实。因此，按照现行政策的要求，权益人核实工作已经提前到利益统筹项目实施方案报区政府审批前。

2. 权益人核实流程

如前所述，目前各区权益人核实基本都是股份合作公司、社区工作站及辖区街道办三级核实确认并在权益人核实表上加盖公章，辖区街道办公示并处理公示异议，公示完毕后将核实结果报区土地整备部门备案并由区土地整备部门公告核实结果。笔者对宝安、龙华两区的权益人核实具体流程梳理如下，供读者参考（如图 6－1、图 6－2 所示）。

(1) 宝安区物业权益人核实流程

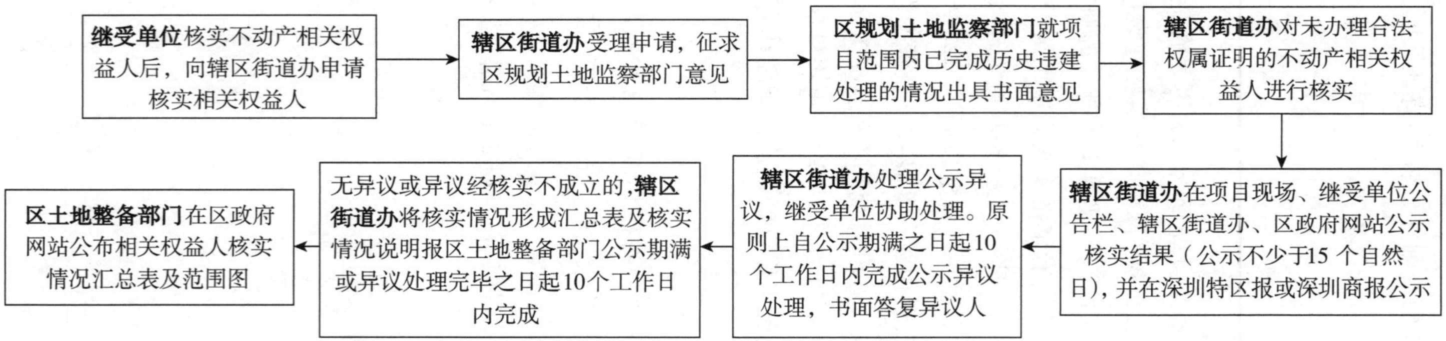

图 6－1　宝安区物业权益人核实流程

(2) 龙华区物业权益人核实流程

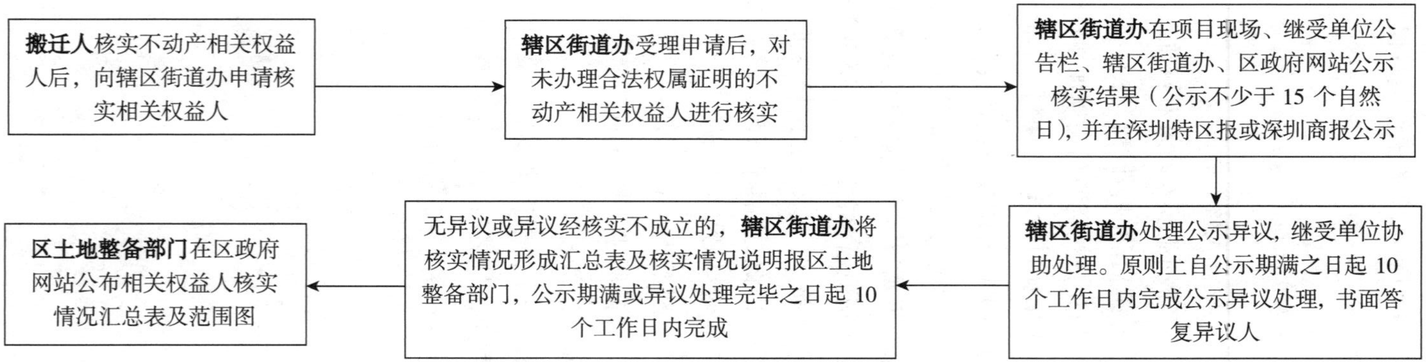

图 6－2　龙华区物业权益人核实流程

权益人核实公示过程涉及对公示异议处理的问题。首先，异议人就公示结果提出异议，必须提供相关证明材料，包括身份证明材料及权益证明资料。若无相关证明材料或材料不充分，则会被认定为异议不成立。其次，辖区街道办在处理公示异议时，应当按照权益人核实审查的标准，对异议人提供的证明材料进行审查。若审查后认为异议人提交的材料相较原公示的权益人证据更充分、证明力更强，则认定异议成立，并且答复异议人，告知原公示的权益人，重新公示；若审查后认为异议人提交的材料与原公示的权益人证明材料相当，权益争议性及认定的风险大，一般会组织异议人与原公示的权益人协商解决，并就协商结果形成书面文件材料，再重新公示。

3. 权益人核实的法律效果

首先，经核实、公示、公告程序确认的权益人，属于政府主管部门认定的补偿对象、被搬迁人，有权与利益统筹项目搬迁人签订搬迁补偿安置协议。搬迁人也只能与核实确认的权益人签订搬迁补偿安置协议，否则对于所签订的补偿协议土地整备部门将不予备案。

其次，从规范层面来看，宝安区、龙华区搬迁补偿安置协议备案相关政策明确规定，经核实的相关权益人原则上不得变更，但因继承、受遗赠、人民法院或仲裁委员会生效司法确权文书、人民政府生效的决定以及法律法规规定其他情形等因素导致的除外。从法理上来看，因为物业权益人核实工作本身是通过程序上的合理性、正当性来弥补不动产权益手续的不完善、不规范，所以如果搬迁人、辖区街道办及区土地整备部门均严格按照规定履行权益人核实程序，即使后续有其他第三方提交新的证据材料证明权益人核实结果有误，也应本着尊重程序的原则，认定相关部门的物业权益人核实行为合法。除非异议人能够通过诉讼或仲裁途径取得人民法院或仲裁委员会作出的生效司法确权文书，否则异议人关于权益更正的异议不应得到支持。但是，从实操层面来看，情况并非如纸面上的逻辑那么简单。大部分的情况是即使搬迁人、辖区街道办及区土地整备部门严格按照规定履行权益人核实程序，但只要异议人提供较为充分的材料就权益人核实结果提出了异议，基于避免影响项目推进的考虑，搬迁人一般都会想方法解决权益人的诉求，有可能通过其他途径满足权益人的补偿诉求，也有可能重新更新权益人核实结果。所以从这个法律效果来看，权益人核实也存在“重实体、轻程序”的偏向。

(五)权益人核实常见疑难问题

1. 权益人核实相关行为的法律性质及可诉性问题

关于权益人核实相关行为的法律性质及可诉性问题,笔者在“利益统筹项目‘算大账’相关行为的法律性质及可诉性研究”一节中已进行过详细的分析,此处不再复述。

2. 空地能否认定权益人

(1)空地权益人认定规则

空地能否认定权益人,一直以来都是城市更新、土地整备等旧改项目中极具争议性的疑难问题。无论是从法律规定,还是从实务操作中,都不能一概而论,需要区分情形分析。

第一,从法律规定来看,无论是宅基地使用权、农村土地承包经营权,还是国有建设用地使用权,都是我国法律规范承认并依法保护的不动产物权。因此,对于已经办理合法权属证明的空地,比如宅基地、国有建设用地,应依法认定土地权益人,并对土地权益人予以补偿。就土地而言,所谓合法权属证明包括合法的宅基地使用权证、土地使用权证、法院或仲裁机构出具的生效确权法律文书。

第二,对于未办理合法权属证明的空地,实务操作中,深圳大部分行政区均不认可对其认定权益人。但是,也有个别行政区认可空地可以认定权益人,比如龙岗区。龙岗区 2013 年出台的《关于开展城市更新拆除范围内无产权登记记录的土地房屋权利人认定核查工作的通知》(深龙城更函〔2013〕157 号),明确规定权利人核查的对象为城市更新项目拆除范围内无产权登记记录的土地、房屋。龙华区曾经的《深圳市龙华区土地整备利益统筹项目搬迁补偿安置协议备案与项目监管工作指引》(征求公众意见稿)也曾规定“未取得权属证书的土地、建(构)筑物及青苗、附着物的相关权益人由原农村集体经济组织继受单位会同社区工作站、辖区街道办事处遵循实事求是的原则,核查历史形成的经济关系,明确项目范围内土地、建(构)筑物及青苗、附着物的相关权益人”。但是,最终出台的《深圳市龙华区土地整备利益统筹项目补偿安置协议备案及项目监管操作规程》(深龙华更新整备〔2022〕175 号)删除了上述表述,并采取了更为笼统的“房地产”概念。

因此,从实务操作来看,除非项目所在辖区就空地权益人核实有明确规定,否则搬迁人拟通过空地权益人核实解决空地实际占有人的补偿诉求问题或者进行税筹,将面临无法落地实施的风险。如果确实存在空地实际占有人的补偿诉求需要解决,实操一般是借助项目实施范围内其他未办理合法权属证明的建筑物(搬迁人自己或者其他第三人掌控的建筑物),将空地实际占有人确认为该建筑物权益人,进而通过搬迁补偿安置协议满足其补偿诉求。该操作方式既可解决空地实际占有人的诉求,避免影响项目进度,又可使拆赔算入成本。但是,能如此操作的前提是搬迁人本身就在项目范围内实际掌控了部分无产权物业,或者实际掌控无产权物业的其他第三人愿意配合。

(2)空地权益人认定规则设定的背景及合理性研判

要想解决项目范围内的一些特殊的空地“确权”问题,甚至探索未来权益人核实制度的优化改革方向,我们需要进一步追问研究:为什么深圳大部分行政区不认可未办理合法权属证明的空地可“确权”? 这种不认可的做法是否合理?

①空地权益人认定规则设定的背景

空地权益人认定规则设定有其特殊的历史背景。无论是城市更新项目,还是利益统筹项目,项目范围内未办理合法权属证明的空地,一般属于以下三类情形:第一类是房前屋后、院落或者厂区范围内的空地;第二类是少量的国有储备土地;第三类是继受单位分给其成员(村民)的宅基地或继受单位及其成员(村民)外卖给其他第三方的土地。

第一类房前屋后、院落或者厂区范围内的空地,并非独立占地的空地。基于房地一体的原则,该类空地与建筑物的权益人通常一致。因此,不具有对该类空地单独确权的必要性。如果为了就该类空地获得补偿,可以通过将该部分空地的补偿核算累加到建筑物补偿总额的方式解决权益人补偿诉求的问题。

第二类国有储备土地如果由第三方占用,则属于非法占用国有储备土地的违法行为,依法应予以清退处理,无“确权”获得补偿的理由。

第三类继受单位分给其成员(村民)的宅基地或继受单位及其成员(村民)外卖给其他第三方的土地,最为常见,也最为复杂。

过往历史上有很多村民在分配获得宅基地,甚至办理了相关用地许可、建设许可手续的情况下,因资金不足、规划调整等原因,未能建成房屋,形成现今的“原村民未建宅基地”。这是全国各地每个村都可能会出现的普遍现象。

由于20世纪80年代改革开放后,深圳涌进了大量我国香港、澳门特别行政区、台湾地区“三来一补”的企业及大量的人口,自20世纪80年代起,原村集体经济组织和村民将村集体土地、自有宅基地转让、以租代卖给企业、非村民建厂房、建住宅的行为盛行。有些企业、个人因为资金不足、政府执法等客观原因或个人主观原因,未在受让的土地上建起房屋,遂形成了项目范围内大面积、大范围的空地。这类土地统称为“外卖地”。

无论是原村民未建宅基地,还是外卖地,因未完善征(转)手续,法律上仍应认定为属于国有的集体用地,继受单位本身就是土地权益人。若再认定其他买受人为土地权益人,将会使权益关系异常复杂。另外,外卖地流转行为本身违法。不过,未办理合法权属证明的建筑物流转行为大部分也是违法的,政策和实务却允许对建筑物权益人进行核实确认。权益关系虽然复杂,从实操层面来看,也仍是可以厘清的。所以,权益关系复杂及外卖地行为的违法性,还不足以完全作为不允许确认原村民未建宅基地及外卖地相关权益人的理由。

不允许确认原村民未建宅基地及外卖地相关权益人,最主要的原因在于防止回迁房屋指标买卖活动的泛滥,影响房地产市场的健康发展。绝大部分的利益统筹项目实施范围内空地规模非常大,一旦允许对空地相关权益人进行核实确认并予以回迁安置补偿,在搬迁人或土地原权益人有意将空地(包括非独立占地的空地、原村民未建宅基地、外卖地)进行分割转让,进而达到对外买卖回迁房屋指标的情况下,可能会引起超大规模的回迁房屋指标买卖活动(城市更新项目对未建设用地有限制,情况相对好些)。虽然未办理合法权属证明的建筑物本身也具有买卖回迁房屋指标的空间,但考虑到拆迁补偿标准的合理性问题,即使通过该类建筑物去买卖回迁房屋指标,也不会像允许空地确权那样造成非常严重的倒卖回迁房屋指标的局面。

②空地权益人认定规则的合理性研判

结合前述分析,从空地的类型及不允许空地权益人核实确认的目的来看,对于房前屋后、院落或者厂区范围内的空地、国有储备土地等,不允许对相关权益人核实确认,具有一定的合理性。但是,对于原村民未建宅基地及外卖地,有些土地占有人确实是因客观的历史原因取得土地,与土地存在经济利益关系。尤其是原村民从村集体分配获得未建宅基地,本身就是法律为了保障村民居住权益而赋予村民的权利。如果为了打击回迁房屋指标买卖行为而一律禁止对空地权益人进行核实确认,是否过于“一刀切”,是否存在因噎废食的问题?

笔者认为,对于原村民未建宅基地,如果权益申报人确实为原村民,并且能提供当年作为村民分配取得宅基地的证明文件,比如“两证一书”,则可允许核实确认该原村民为未建宅基地权益人,并且有权获得回迁安置或货币补偿。在房屋征收项目中,《深圳市人民政府关于进一步完善房屋征收补偿机制的若干意见》(深府函〔2016〕306号）第三条就是关于对原村民未开发建设宅基地补偿的规定。

对于外卖地，考虑到外卖地流转行为的违法性，司法实践中一般认定流转合同无效。按照民法上关于合同无效法律效果的规定，买卖双方应返还原物；无法返还原物的，折价补偿；因合同无效造成损失的，由双方按照过错大小分担。为了合法合理厘清土地经济利益关系，同时避免造成回迁房屋指标大规模买卖的不良局面，笔者建议允许在资料齐全的情况下，对外卖地权益人进行核实确认，但是对外卖地权益人只能给予货币补偿，货币补偿标准由搬迁人与被搬迁人参照合同无效后款项退还及损失分担的核算规定协商确定。

3. 已取得房屋所有权证的权益人如何认定

按照“有证认证，无证认事实”的规则，已取得房屋所有权证的权益人应毫无疑问地以证载权利人为准。但是，深圳范围内的房屋所有权证属于特殊情况。

深圳的房屋所有权证（俗称为褐本证，因封皮颜色朱红，也俗称为“猪肝证”），在1994年深圳市规划与国土资源局发布《深圳市规划与国土资源局关于颁发新〈房地产证〉的通知》（深规土〔1994〕576号）之前，属于房地分别登记年代的产物。在原特区外，房屋所有权证由当时的宝安县人民政府颁发，证载内容均为手写。

取得该类房屋所有权证的房屋可能存在两个方面的特殊问题。

第一，无法在不动产登记系统上查询到房屋所有权证登记记录，且房屋所有权证关于房屋的位置记载不明确。由于不动产登记制度改革过程中，深圳有些行政区未将房屋所有权证信息录入新的不动产登记信息系统，导致在不动产登记系统上无法查询到房屋所有权证相应的登记信息（但有些能在市档案馆查到），同时房屋所有权证载明的房屋位置通常都比较粗略（一般载明在某某村），无法与被拆迁房屋相对应。从证据的角度来看，该类房屋所有权证系由政府颁发，合法有效，但是无法证明与被拆迁房屋相对应，就与证明对象的关系而言，不具有关联性，无法作为被拆迁房屋的产权证明。因此，该种情形下，被拆迁房屋通常会被作为未办理合法权属证明的房屋处理。

第二，虽然能在不动产登记系统上查询到房屋所有权证，但房屋所有权证颁发在前，房屋建成在后。换言之，就是房屋都还没建好，登记部门就已经核发房屋所有权证了。实务中有大量取得房屋所有权证的房屋存在这种情况。这种情况之所以产生，是因为当年房地产登记管理不规范、不严格，房屋所有权证的内容又是手写的，很容易出现违规办证、虚假登记的情况。现在遇到这种房屋所有权证，该如何认定房屋权益人？

根据法理，不动产登记属于行政确认行为，是对登记时房屋产权情况的确认。按照法律规定，不动产权证书属于不动产的权属证明材料。所以，从不动产权登记行为的性质，以及不动产权证书的作用来看，房屋所有权证书只能形成于房屋建成之后，否则存在与房屋实际权利状态（包括物理状态）不一致的问题。根据物权法原理及我国《民法典》《最高人民法院关于适用〈中华人民共和国民法典〉物权编的解释（一）》的规定，不动产权证书与不动产登记簿记载内容不一致，以不动产登记簿记载的内容为准；当事人有证据证明不动产登记簿的记载与真实权利状态不符、其为该不动产物权的真实权利人的，有权请求法院确认其享有物权。换言之，若经核实房屋建成时间在后，而房屋所有权证颁发在前，则该房屋所有权证本身已经丧失作为合法权属证明的资格。相关房屋应当作为未办理合法权属证明的房屋认定权益人。

4. 已取得“两规”“三规”处理决定的历史遗留违法建筑权益人如何认定

相较于仅取得申报回执的历史违建，已取得“两规”“三规”处理决定的历史违建更进一步。实务操作中，深圳大部分区都是要求已取得“两规”“三规”处理决定的历史违建只能认定“两规”“三规”处理决定的相对人为历史违建权益人。在开展权益人核实工作过程中，深圳大部分行政区也会要求辖区街道办去函规划土地监察部门核查历史违建处理情况。实务中的这种做法，实质上是将已取得“两规”“三规”处理决定的历史违建视同已取得绿本房地产证的房屋。

只是这种做法在法律上是否能站得住脚呢？仍有待商榷。

首先，“两规”“三规”处理决定作为历史违建处理办公室就历史违建处理作出的行政行为，属于行政决定。该决定仅能证明相关历史违建符合处理条件，仅能对相对人产生可以按照决定要求缴纳罚款及地价，完善手续的法律效力，不能产生设立物权的法律效力。其次，已取得“两规”“三规”处理决定的历史违建如何认定权益人，应区分处理决定的相对人是否已经按照决定要求缴纳地价和罚款进行处理。

第一，如果处理决定的相对人未按照决定要求缴纳地价和罚款，则该历史违建的违法性问题仍未得到解决，该建筑性质上仍属于违法建筑。因此，该情形下的历史违建仍应作为未取得合法权属证明的不动产处理认定相关权益人。

第二，如果处理决定的相对人已经按照决定要求缴纳了地价和罚款，则该历史违建的合法性已经得到补正，转为合法房屋，已经属于合法建造的房屋。根据

《民法典》第二百三十一条的规定，因合法建造、拆除房屋等事实行为设立或者消灭物权的，自事实行为成就时发生效力。因此，虽然该历史违建未办理不动产登记手续，但是从证据的角度来看，相对人有充分的证据证明其为历史违建实际的合法权利人。但是，根据《民法典》第二百零九条的规定，物权变动、转让，经依法登记，发生效力，未经登记，不发生效力。因此，历史违建的处理决定相对人将该房屋转让给其他人，但未办理初始登记及过户登记的，买受人并未取得该房屋所有权，仍应认定处理决定的相对人为历史违建权益人。

5. 已取得合法权属证明的房屋拆除重建后的权益人如何认定

根据《民法典》第二百三十一条的规定，因合法建造、拆除房屋等事实行为设立或者消灭物权的，自事实行为成就时发生效力。因此，已取得合法权属证明的房屋拆除后，原物权就已经消灭。重建的房屋属于新的物。如果重建房屋后重新办理了不动产权登记，则属于已办理合法权属证明的房屋，按照“有证认证”的规则认定权益人；如果重建的房屋未办理合法报建手续，则属于未办理合法权属证明的房屋，按照“无证认事实”的规则认定权益人。不过，无论是哪种情形，原来房屋的权属证明都不能再作为重建后房屋的权属证明资料。

6. 超出合法权属证明载明面积部分的权益人如何认定

超出合法权属证明载明面积部分的权益人如何认定，一直以来也是个争议性比较大的疑难问题。各区做法不完全一样。比如，龙岗区的《龙岗区土地整备利益统筹项目搬迁补偿安置协议备案工作指引》（深龙更新整备〔2021〕167 号）明确规定房屋测绘面积超过不动产权利证书记载面积，超出部分的被搬迁人与产权证记载的产权人不一致的，搬迁补偿安置协议不予备案，这意味着龙岗区要求超出合法权属证明载明面积部分的权益人必须与合法权属证明记载的权利人一致。其他区对该方面的要求则较为宽松，将超出部分作为未取得合法权属证明的不动产处理，允许与合法权属证明记载的权利人不一致。

笔者认为应区分不同情形处理：

（1）房屋测绘面积小于证载面积的，以证载权利人为房屋权益人。

（2）房屋测绘面积大于证载面积，但属于技术误差范围内的，以证载权利人为房屋权益人，超出部分的权益人与证载权利人必须一致；房屋测绘面积大于证载面积，且不属于技术误差范围内的，超出部分作为未取得合法权属证明的不动产处理，按照“无证认事实”的规则认定该部分权益人。

7. 土地使用权证证载权利人与房屋所有权证证载权利人不一致如何认定

土地使用权证与房屋所有权证的证载权利人不一致是不动产统一登记改革前房地分别登记制度的历史遗留问题。按照现在的不动产统一登记要求,不可能会出现土地使用权证与房屋所有权证的证载权利人不一致的情况。但是,因为城市更新或利益统筹项目涉及的老旧房屋非常多,很有可能遇到这种房地证载权利人不一致的问题。

按照深圳市中级人民法院在(2018)粤03民终16143号民事判决书中的裁判观点:"土地使用证确认的是土地用益物权的归属,房产所有权证才是确认房产权利人的凭证……涉案《集体土地建设用地使用证》颁发时间虽然在后,但结合《广东省土地证书颁发办法》关于应于1992年底前申领或换领土地证书的规定,可以认定该土地使用证为后补或换领的证书,据此并不能否定前述《广东省房产所有权证》的效力,原审混淆土地使用证和房产所有权证的性质,以土地使用证颁发在后为由否定房产所有权证的效力,显然不当。"

深圳市中级人民法院的判决是否合法合理,涉及对我国"房地一体""房随地走""地随房走"的理解问题。

首先,从物理层面上来看,房地一体,无法分离,一旦分离房屋便丧失了其使用价值和经济价值。但是,在物权制度设计上,我国基于保障土地所有权二元制度的稳定,以及实现物尽其用目的的考虑,通过用益物权的设定将土地使用权让渡给民事主体,导致在法律层面上,房屋和土地成为独立的特定物,并存在各自独立的物权。在不同的民事主体各自就土地及地上房屋分别办理了不动产权登记的情况下,各自分别就两个独立的物依法享有独立的物权,不违反"一物一权"的原则,即使登记有先后,也不会产生后登记的物权消灭前登记物权的效力。

其次,虽然《民法典》第三百五十六条及第三百五十七条确立了"房随地走""地随房走"的原则,但从文义解释来看,上述规定应理解为在房屋所有权人与土地使用权人一致的情况下,"房随地走""地随房走",并非要求房屋所有权人与土地使用权人必须一致。

最后,虽然在房屋与土地各自为独立物的前提下,房屋所有权与土地使用权各自独立存在,逻辑上不存在冲突,但是在实际操作中,房屋所有权的行使需在物理上以占用他人土地为前提,而若要行使土地使用权,务必要先排除他人房屋所有权,可见在这种情况下,房屋所有权与土地使用权必然存在冲突。

因此,深圳中级人民法院将房屋与土地产权证的效力分别看待,并且以房屋产权证作为认定房屋所有权人的依据，是符合法律及法理的。但是，因受原告诉讼请求的约束，该判决未就土地产权证证载权利人的权利如何保障的问题作出裁判。

在城市更新或土地整备利益统筹等旧改活动中，如果发现存在土地使用权证与房屋所有权证证载权利人不一致的情况，因两个证载权利人分别对土地、房屋享有权利，从理论上来说，需要搬迁人一次性厘清土地、房屋的经济利益关系。笔者建议搬迁人：

（1）与辖区街道办及区城市更新和土地整备部门沟通是否需就土地权利人进行核实确认并厘清经济利益关系；

（2）若政府主管部门认为需要就土地权利人进行核实确认并厘清经济利益关系，则按照常规的权益人核实及搬迁补偿安置要求完成签约工作；

（3）若政府主管部门就此不作要求，则协调土地使用权人与房屋所有权人协商解决争议，通过补偿的方式厘清所有经济利益关系，并让土地使用权人出具相关放弃权益声明，最终与房屋所有权人签订补偿协议。

8. 房改房权益人如何认定

要研究房改房权益人如何认定的问题，首先得了解房改房制度的产生及变革。房改房属于深圳住房制度改革的产物。

1988 年，为了解决当时大量来深建设职工的住房问题，深圳出台《深圳经济特区住房制度改革方案》及九项配套细则。该改革方案提出，改革后实行两条轨道的住房供求模式：一条是政府投资建房，出售给党政机关事业单位职工和部分企业职工；另一条是房地产公司投资建房，通过市场租售。1989 年 6 月，深圳市政府颁发《深圳经济特区居屋发展纲要》，提出在深圳特区建立“双规三类住房”供应模式。三类住房包括成本价安居房、微利价安居房和市场商品房。成本价安居房和微利价安居房由政府建设，前者提供给党政机关事业单位职工，后者提供给企业缺房职工。所以，实务中见到的房改房或未完成房改手续的职工住房，都是由职工与单位或当时的住宅局签订住宅购买合同或租赁合同，按照规定的成本价或微利价、准成本租金标准向单位或住宅局支付购房款或资金，但房屋产权登记单位名下，这种房屋在当时也被称为“公房”。1999 年，为深化住房制度改革，加快住房社会化和商品化进程，解除安居房产权约束，深圳市人民政府发布了《深圳市国家机关事业单位住房制度改革若干规定》，对原来的国家机关事业单位住房制度进行改革，设立深圳市人民政府住房制度改革办公室，由其负责全市房改的日常工作。职工按准成本房价或全成本房价购房并没有考虑面积差价系数及考虑面积差价系数没有增加房价的，只能取得住房的占有权和使用权，办理准成本房或全成本房房地产证，即非商品性质房地产证，俗称“绿本”；按规定进行补差并付清房款的，则取得住房的全部产权，办理商品性质的红本房地产证。按照房改规定完善补交差价、税费等手续并办理了房地产证的房屋被称为房改房。当然，从更广义的角度来看，房改房也包括完善房改手续之前的公房。

在房改房的产生及改革过程中，由于各种原因，房屋占有人取得房屋的某些环节手续不完善，形成历史遗留问题。常见的问题包括房屋占有人无法提供住房的购房合同等证明资料；住房申请人签订购房合同后未付清购房款且房屋仍登记在单位名下；住房申请人签订购房合同付清购房款但未完善房改手续，导致房屋仍登记在单位名下；住房申请人取得住房后将房屋转让给其他第三人；原产权单位已经吊销、注销、撤销等。上述诸多问题中，最大的难题在于：房屋产权登记权利人（单位）与实际权利人（职工）不一致。

按照“有证认证，无证认事实”的原则，直接认定单位为房屋所有权人即可。但是，这种简单粗暴的做法存在两个问题：一是忽略了房改房本身的特殊性——福利性。房改房本身是为了特殊职工的居住权益。如果职工已经签订合同并付清购房款，只是因当时的住房制度导致未能办理产权登记，现今否认他们对房屋享有的权利，有违公正与诚信。二是未满足房屋实际占有人的确权及补偿诉求，房屋实际占有人拒绝配合签约交房，不仅影响项目推进，还可能会引发群体性事件，造成社会的不稳定。

为了能妥善解决房改房的确权及补偿问题，实务中一直在探索可行的处理路径，具体来说，要区分情况进行处理（如图 6 - 3 所示）。

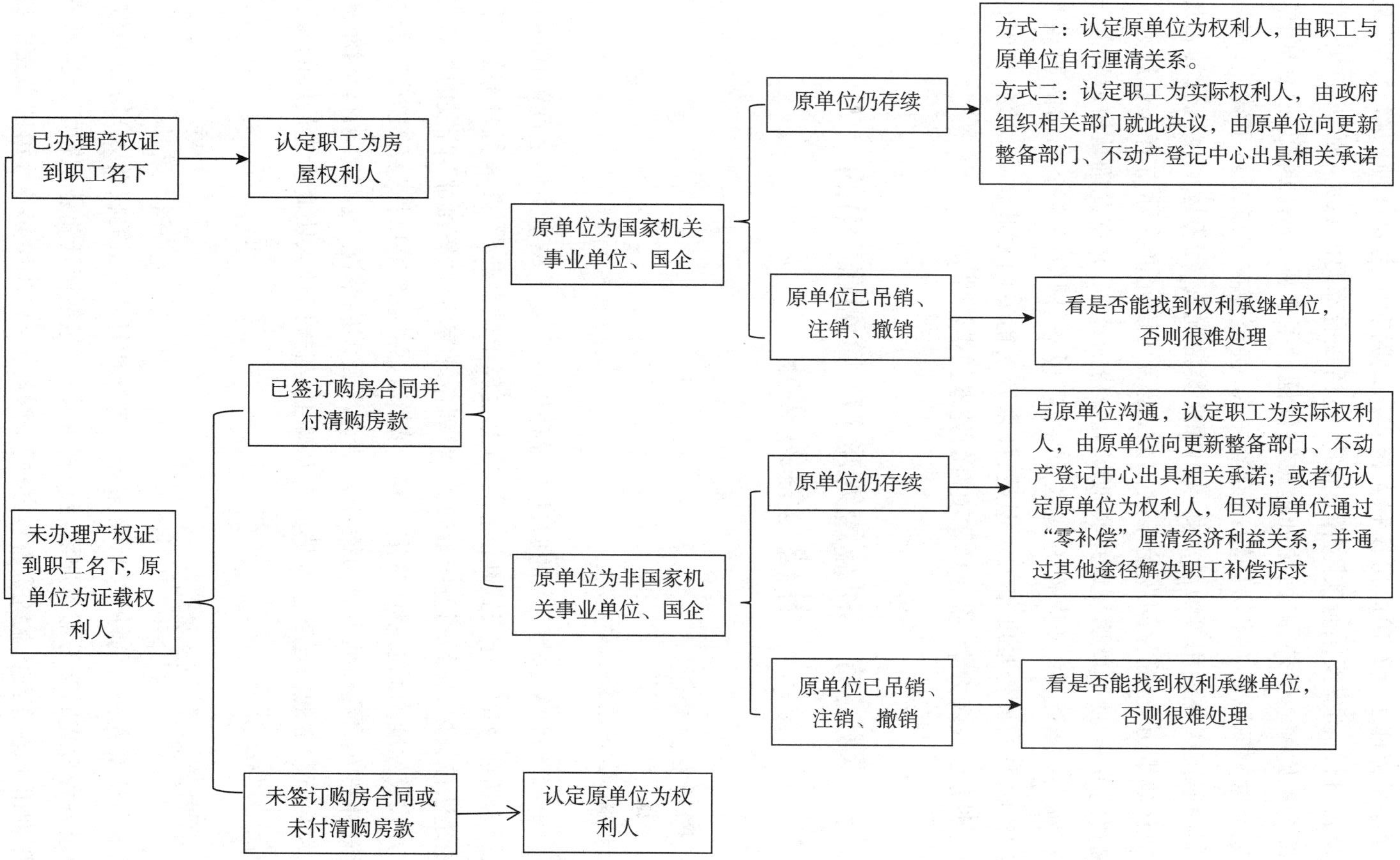

图6–3　房改房问题处理路径

上面仅是梳理了针对房改房权利人核实认定问题的主要处理思路。这些处理思路是否可行,还需要结合实际情况而定,包括政府部门的意见、原单位的配合意愿及配合程度等。另外,上面的处理思路仅假设了房屋仍由原职工占有居住。现实中还经常出现原职工将房屋转让给第三人,甚至存在房屋经多手转让,房屋已经由非原职工居住使用等情况。如果出现这类情况,还需考虑房屋流转的合规性问题。从尊重历史、简化问题的角度出发,是否可以允许实际占有人通过补交房价、税费的方式,使其就房屋取得类似职工身份的地位,并据此确认房屋实际占有人为权利人。当然,这种操作方式涉及住建、税务、国资等多个部门的职权职责,在具体项目中,操作难度很大。但是,如果政府能专门就此调查研究,并出台专门的处理办法或者方案,将为具体项目的处理提供依据。

第三节　利益统筹项目“算细账”中的补偿与签约实务

一、搬迁安置补偿

(一)搬迁安置补偿性质

利益统筹项目“算细账”中的搬迁安置补偿行为属于民事主体之间的民事行为。该行为所涉及的搬迁安置补偿在性质上也属于民事补偿,并非行政补偿。因此,无论是法律法规,还是利益统筹政策,对利益统筹项目“算细账”阶段的搬迁安置补偿方式及标准均无强制性规定。实务操作上,利益统筹项目“算细账”阶段的搬迁安置补偿方式及标准主要由搬迁人结合项目实际情况,参照市场行情确定。搬迁人在自行制定的搬迁安置补偿方案基础上,与被搬迁人协商确定最终的搬迁安置补偿结果。

(二)搬迁安置补偿方式

基于搬迁安置补偿的性质,只要搬迁人与被搬迁人(相关权益人)协商一致,即可通过各种形式的交易对价厘清经济利益关系,包括回迁物业、货币补偿、股权等。《深圳市土地整备利益统筹管理办法》(深规土规〔2018〕6号)第四条第二款也规定:“原农村集体经济组织继受单位与相关权益人‘算细账’,通过货币、股权和实物安置等手段，确保权益人相关权益，实现整备范围内全面征转清拆。”在实务中，一般通过回迁物业与货币补偿两种方式厘清相关权益人的经济利益关系。

（三）搬迁安置补偿内容

搬迁安置补偿内容一般也称为搬迁安置补偿项目，常见的补偿项目包括：土地、建筑物、构筑物、青苗及其他附着物等主体补偿、搬迁费，装饰装修补偿，停产停业损失补偿，过渡期安置费，擅自改为经营性用途适当补偿，签约奖励，交房奖励及其他补偿项目。同样基于搬迁安置补偿的性质，并非每个利益统筹项目都会包含上述全部补偿安置补偿内容。具体就哪些搬迁安置补偿内容进行补偿，主要由搬迁人结合利益统筹项目实际情况通过搬迁安置补偿方案确定，并据此与被搬迁人协商谈判。

（四）搬迁安置补偿标准

基于利益统筹项目“算细账”阶段搬迁安置补偿的性质，无论是回迁物业还是货币补偿，无论是建筑物主体补偿还是搬迁费、装饰装修补偿、停产停业损失补偿、过渡期安置费等其他补偿内容，均无“法定标准”一说。但是，这不意味着被搬迁人可漫天要价。

被搬迁人的补偿结果主要受到三个方面的限制性影响：一是旧改拆赔市场行情（“无形的手”）；二是搬迁人的博弈实力（搬迁人是国企、集体企业还是私企，财力、人力、社会关系如何等）；三是利益统筹项目本身的情况（是否有政府介入主导实施、项目缓急快慢、项目可产生的利益大小等）。站在搬迁人的角度，在项目具有经济可行性的情况下，确定的补偿标准尽可能符合市场行情，有利于拆迁谈判工作；站在被搬迁人的角度，其应审时度势，见好就收，留有底线，切勿贪得无厌。

（五）搬迁补偿安置方案

搬迁补偿安置方案通常由利益统筹项目搬迁人结合项目测绘、确权、规划指标等情况制定，主要明确项目的搬迁安置补偿方式、内容及标准。根据利益统筹项目合作开发主体的不同，可以区分为国企实施的搬迁安置补偿方案与民企实施的搬迁安置补偿方案。未来的利益统筹新政出台后，可能还会有政府实施的搬迁安置补偿方案。

1. 国企实施的搬迁安置补偿方案

基于国企性质的特殊性,国企实施的搬迁安置补偿方案有两个特点:一是主要参照房屋征收法律法规关于征收安置补偿的规定制定补偿方案;二是一旦经表决审批通过,出于对审计风险的考虑,为确保补偿标准的统一性,调整补偿方案的可能性很低。

目前可见的国企实施的搬迁安置补偿方案,比如梅观创新产业走廊利益统筹项目、福城南产业片区利益统筹项目、观湖北产业片区利益统筹项目的搬迁安置补偿方案。

2. 民企实施的搬迁安置补偿方案

民企实施的搬迁安置补偿方案主要是参照周边市场行情确定,并且灵活性、操作性较强。在保证项目收益的情况下,为了推进项目拆赔工作,开发主体可就补偿方案作适当的调整。

(六)搬迁安置补偿方案的制定及表决程序

搬迁安置补偿方案由搬迁人制定。按照利益统筹政策,利益统筹项目的搬迁人为继受单位或继受单位及其引进的开发主体。这意味着继受单位必然属于一方搬迁人。以继受单位及其引进的开发主体的名义所制定的搬迁安置补偿方案,作为未来签约补偿的依据,直接涉及留用土地合作开发利益的处置。按照集体资产监管的要求,搬迁安置补偿方案理应通过继受单位集体民主决策。虽然目前暂无明文规定应由继受单位"三会"(董事会、监事会、集体资产管理委员会)还是须经股东(代表)大会表决通过搬迁安置补偿方案,但考虑到搬迁安置补偿方案所涉利益重大,笔者建议搬迁安置补偿方案须经继受单位股东(代表)大会表决通过。据笔者了解,目前许多利益统筹项目的搬迁安置补偿方案也是如此操作的。

二、搬迁安置补偿协议签订

(一)搬迁安置补偿协议签订主体

《市规划和自然资源局关于规范土地整备利益统筹项目补偿安置有关事项的通知》第一条规定:"利益统筹项目的搬迁人为原农村集体经济组织继受单位,或原农村集体经济组织继受单位及按照相关规定确定的开发主体。搬迁人负责与相关权益人签订补偿安置协议。"可知,利益统筹项目"算细账"阶段的搬迁补偿安置协议由作为搬迁人的继受单位或继受单位及其确定的开发主体与作为被搬迁人的相关权益人签订，即继受单位必须作为搬迁补偿安置协议的一方主体。

此处有两个问题：

第一，政府部门或者其他未经继受单位按规定程序确定的开发主体，是否可以与相关权益人签订补偿安置协议？在现行的利益统筹政策下，除了继受单位及其按规定确定的开发主体外，其他主体均无与相关权益人签订补偿安置协议的资格。需要予以说明的是，不具有利益统筹政策规定的签约资格，只会导致所签订的补偿安置协议无法通过土地整备部门的备案，相关权益人的补偿利益（包括货币补偿和回迁物业）很可能会落空，但不会导致该补偿安置协议无效。从法律层面来看，签约主体不具有搬迁人资格仅会影响搬迁补偿安置协议的履行，不会影响搬迁补偿安置协议的效力。

第二，若继受单位通过作价入股的方式与其确定的开发主体成立项目公司，由项目公司负责拆迁补偿、开发建设等工作，是否仍需要继受单位作为搬迁安置补偿协议的其中一方？除了契约型合作开发模式外，继受单位与其确定的开发主体也可以通过成立项目公司的方式合作开发留用土地。笔者认为，该模式下项目公司是由继受单位及开发主体共同投资设立用于开发留用土地的单一主体，可由其作为搬迁人与相关权益人签订搬迁安置补偿协议，继受单位无须再作为协议的其中一方。

（二）搬迁安置补偿协议性质及纠纷处理

利益统筹项目“算细账”阶段的搬迁安置补偿协议属于民事主体间就物业拆迁补偿事宜协商签订的协议，性质上应属于民事合同。搬迁人与被搬迁人因搬迁安置补偿协议履行、解除、终止所产生的纠纷属于民事纠纷，如起诉，应通过民事诉讼解决。

广东省高级人民法院发布的《关于明确“三旧”改造房屋拆迁补偿有关纠纷受理问题的通知》（粤高法〔2021〕126 号）第二条规定，因村集体经济组织或其他市场改造主体与房屋权利人签订的房屋拆迁补偿协议所引发的纠纷，属于《最高人民法院关于修改〈民事案件案由规定〉的决定的通知》（法〔2020〕347 号）中规定的“民事主体间房屋拆迁补偿合同纠纷”，作为民事案件受理。

上述通知同时规定：村集体经济组织或者其他市场改造主体与被拆迁房屋权利人因未达成拆迁补偿协议所引发的补偿安置争议，应由批准改造或有批准权的行政机关先行解决，法院不予受理。未达成安置补偿协议的，被拆迁人被强制拆除或采取其他手段毁损房屋所引发的纠纷，则作为行政案件处理。受案法院可列对改造主体推进改造项目负有指导、监管职责的行政职能部门为被告，不能确定相应部门的，以作出批准确定改造主体的行政机关为被告。

（三）搬迁安置补偿协议签订节点

无搬迁人资格的主体签订搬迁安置补偿协议不会影响协议效力，但会影响协议的履行。继受单位本身具有补偿协议签订资格，市场主体在被继受单位按规定程序选定为合作开发主体后方具有补偿协议签订资格。那么，意向合作开发主体是否必须等到成为正式合作开发主体后，才能签订补偿协议呢？或者说必须等到成为正式合作开发主体后所签订的补偿协议才符合备案要求呢？笔者认为不然。

首先，意向合作开发主体与相关权益人协商签订的补偿协议合法有效。其次，若未来意向合作开发主体被继受单位按规定程序选定为正式合作开发主体，其主体资格已经得到补正，故主体资格问题不应该再影响其协议备案。如果未来意向合作开发主体未能被继受单位按规定程序选定为正式合作开发主体，其提前与相关权益人签订的补偿协议无法通过土地整备部门备案，解约及违约责任风险由该意向合作开发主体自行承担，对后续土地整备部门对符合条件的补偿协议的备案审查工作不存在实质性影响。

不过，意向合作开发主体需要结合项目实际情况以及自身目的，再行决定是否提前签订搬迁补偿协议，否则将面临违约风险。实务中，如果不是特别急迫的利益统筹项目，市场主体一般都等到成为正式合作开发主体后才启动补偿协议签订工作。

（四）搬迁安置补偿协议主要内容

目前深圳市各区暂未就利益统筹项目制定搬迁安置补偿协议示范文本。不过，由于城市更新项目的拆赔工作与利益统筹项目“算细账”工作有共通之处，市规划和自然资源局就城市更新项目制定的搬迁安置补偿协议示范文本也可作为参考。搬迁安置补偿协议主要包括如下内容。

1. 被搬迁物业基本情况。被搬迁物业基本情况包括位置、测绘编号、永久建筑、临时性建筑物、产权登记、测绘建筑面积、测绘水平投影面积、证载建筑面积、构筑物数量及被搬迁物业权属情况（单独所有、按份共有、共同共有等），有无抵押、查封及其他权利负担，有无出租等。

2. 补偿方案。补偿方案包括补偿方式、补偿内容、回迁物业建筑面积、回迁物业用途、货币补偿金额及支付方式、支付期限、过渡安置费及支付、停产停业损失及支付、装饰装修补偿及支付、签约奖励及支付、交房奖励及支付。

3. 被搬迁物业及相关资料的移交：移交方式、移交时间、移交确认书的签署。

4. 回迁物业。回迁物业包括所在地块、规划设计、交付标准、交付时间、回迁面积差异处理、选房条款、回迁物业产权登记、税费承担、物业管理等。

5. 违约责任条款及保密条款。

6. 其他条款。

7. 附件。协议附件一般包括项目范围图、被搬迁物业测绘报告、被搬迁人身份证明材料、物业权益人核实证明书或合法权属证书、物业移交确认书、办理被搬迁物业产权注销登记及回迁房屋产权登记的授权委托书、房地产权益放弃声明书及其他土地整备部门备案所需材料。

（五）搬迁安置补偿协议注意事项

1. 特殊的权益人签约

特殊类型的权益人，比如未成年人、我国香港、澳门特别行政区、台湾地区居民或外国人授权委托其他主体签约。未成年人作为被搬迁人的，需要由其合法的监护人代为签订补偿协议，并提供监护证明材料。我国香港、澳门特别行政区、台湾地区居民或外国人授权委托其他主体签订补偿协议的，须提供委托人与受托人的身份证明材料，以及符合我国法律规定的律师见证、使领馆认证、公证处公证的授权委托书。

2. 被搬迁物业的说明

土地整备部门对搬迁安置补偿协议进行备案审查，主要是为了核实搬迁人是否与项目范围内所有被搬迁物业的权益人厘清经济利益关系。搬迁补偿安置协议作为厘清被搬迁物业经济利益关系的重要依据，如果该协议对被搬迁物业的描述不清晰、有争议或有遗漏，将面临无法通过土地整备部门备案审查的重大风险。因此，搬迁安置补偿协议关于被搬迁物业的描述应尽可能清晰明了，并且必须与物业权益人核实表、权属证明材料及测绘报告的信息一一对应，不允许有所遗漏。

3. 通知条款

通知条款作为搬迁安置补偿协议中的常规条款，受到的关注比较少。实际上，由于利益统筹、城市更新类的旧改项目周期非常长，不排除会出现一些突发情况(如需要转让项目),有时无法联系被搬迁人或者客观上无法逐一联系被搬迁人。因此,除了常规的邮寄送达外,可考虑设置公告送达条款,为后续工作提供便利。

三、特殊权益人补偿诉求解决问题

(一)证载权利人与实际权益人不一致时,如何解决签约补偿问题

证载权利人与实际权益人不一致,更多发生在"绿本房"上。"绿本房"作为非市场商品性质房屋,上市交易受到限制。因此,"绿本房"买卖协议签订及交付房屋后,一般都没有办理过户登记手续,由此产生证载权利人与实际权益人不一致的情况。

该种情况下,如何解决签约补偿?按照目前实务上的做法,需结合实际情况,区分情形处理。

1. 若证载权利人与实际权益人就搬迁补偿利益处理达成一致(无论是全部给到实际权益人还是双方按比例分配),则先由证载权利人与实际权益人双方就协商结果私下签订协议予以明确,并且由证载权利人向搬迁人出具承诺书,承诺配合签订用于备案的搬迁安置补偿协议。然后,按照"有证认证"的原则,搬迁人只能就被搬迁物业与证载权利人签订补偿协议,通过该协议厘清经济利益关系。对实际权益人的补偿诉求,若其要求补偿货币,则可在证载权利人与搬迁人签订的补偿协议中约定由实际权益人收款,或由证载权利人收款后支付给实际权益人;若其要求回迁物业,则需将实际权益人确认为其他无产权登记的物业(搬迁人实际掌控或其他权益人实际掌控的无产权登记物业)的权益人,通过其他无产权登记的物业对该实际权益人提供回迁物业补偿。

2. 若载权利人与实际权益人无法就搬迁补偿利益处理达成一致,则从搬迁安置补偿协议备案的角度,只有与证载权利人签订的补偿协议才符合备案要求,但是从腾房及拆除的角度,如果不满足实际权益人的诉求,将难以解决腾房及房屋拆除的问题。如何破此僵局?

从搬迁人的角度来看,如果该种争议情况不多,在具有经济可行性的情况下,为了节省时间成本、推进项目,搬迁人可考虑通过双重补偿,解决证载权利人与实际权益人的补偿诉求;如果项目范围内存在大量这种情况,拆迁成本过大,则可通过寻找第三方(如村集体、村民、政府)协调证载权利人与实际权益人两者之间的关系,或者通过民事诉讼解决双方的争议,并根据法院裁判结果签订搬迁补偿协

议、清退房屋占用人。

因“绿本房”买卖所产生的合同纠纷及物权纠纷情况多样，司法实践中争议较多，笔者在此按下不表，后续将专门分析。不过，值得提醒的是，一旦进入诉讼，程序较长对项目的推进必然会产生不利影响。因此，从搬迁人的角度，最好能尽早调查摸清项目范围内的“绿本房”买卖及权属争议情况，提前准备。

（二）无法联系权益人时，如何解决签约补偿问题

无法联系权益人，是指已经核实物业权益人（有证物业查到产权证及不动产权登记记录，无证物业已经核实清楚房屋建设及流转情况），但无法取得与权益人的联系，导致无法开展协商谈判及签约工作。通常而言，未经权益人同意，其他主体不得擅自搬迁、拆除房屋，否则将构成侵权。但是，如果因为个别权益人无法联系，导致整个项目的工作停滞不前，不仅会对搬迁人造成损失，而且对社会整体效益，尤其是片区发展，也会造成巨大的负面影响。目前暂无政策明确规定对此种情况如何处理。我们可先看一下房屋征收项目中类似情形的做法。

在房屋征收项目中，如果无法联系被征收人或被征收人拒绝签约，按照《深圳市房屋征收与补偿实施办法（试行）》及《提存公证规则》的规定，在政府作出征收决定及补偿决定后，房屋征收部门可申请将房屋征收补偿款进行公证提存，未来再由提存机关将补偿款支付给被征收人。

利益统筹项目、城市更新项目能否参照适用房屋征收项目的上述做法，取决于三种类型项目在性质上的异同。房屋征收项目具有三个特性：一是目的具有公益性；二是行为具有强制性；三是征收补偿标准具有法定性。基于上述三个特性，在被征收人无法联系或拒绝签约时，房屋征收部门可在政府作出征收决定及补偿决定后，直接申请对补偿款公证提存，解决补偿问题。利益统筹项目、城市更新项目不具有房屋征收项目的三个特性，反而相反：一是目的具有私益性（至少包含私益，不全是公共利益）；二是行为具有自由性；三是补偿标准具有市场性。所以，利益统筹项目、城市更新项目无法直接参照适用房屋征收项目的做法，需要探索其他路径解决无法联系权益人签约的问题。

从降低纠纷风险的角度来看，搬迁人可先公示通知未联系上的权益人主动联系搬迁人协商签约。公示期满，仍无法取得与权益人的联系，则由搬迁人向街道办、土地整备部门出具承诺函承诺：如果未来联系上权益人或权益人主动主张补偿权益，将会与权益人完善经济利益关系厘清手续，签订补偿协议，对权益人予以

补偿;同意按照同一项目补偿标准将权益人可获得的补偿利益纳入项目资金监管范围,并按照项目补偿标准保留回迁物业,不纳入销售范围;如果监管资金及保留的回迁物业不足以解决权益人的补偿问题,由搬迁人负责承担全部的补偿费用。

上述处理方式从法律上来说,虽然存在瑕疵(未经权益人同意即擅自处分权益人的财产),但是从解决问题的角度来看,即使未来权益人主张补偿权益,也有权利主张对象。政府部门一方面可督促搬迁人尽快解决补偿问题,另一方面可利用监管资金及监管的回迁物业解决权益人基本的补偿权益,这在一定程度上可降低纠纷风险。

但是,从负责协议备案的行政机关的角度来看,上述处理方式无明确依据,所以仍然存在备案审查行为合法性被质疑的风险。因此,上述处理方式是否可行,取决于政府部门的态度与意见。政府部门的态度与意见很大程度又取决于政府部门对某个利益统筹项目、城市更新项目缓急快慢的要求。

(三)对于无主的被搬迁物业,如何解决签约补偿问题

无主的被搬迁物业与无法联系权益人的被搬迁物业有所不同。无主的被搬迁物业是指根本就无法核实确定被搬迁物业的权利人是谁,比如有产权证的被搬迁物业,证载权利人去世,但无法查明是否有继承人或继承人是谁;无产权证的被搬迁物业一直无人占有,无法查明权利人是谁。对于无主的被搬迁物业,有两种处理方式。

一是与无法联系权益人的被搬迁物业同样处理,即假定被搬迁物业必然存在权益人,通过前述的"公示通知 + 书面承诺"的方式解决签约问题。但是,该种处理方式对无主物业来说存在一个问题,即如果一直没有权益人出现的话,监管部门就需要一直锁定监管资金及回迁物业,这很可能产生新的历史问题。

二是按照我国《民事诉讼法》关于无主财产认定的规定,向财产所在地基层人民法院申请无主财产认定,人民法院受理申请后,经审查核实,应当发出财产认领公告。公告满一年无人认领的,判决认定财产无主,收归国家或者集体所有。

但是,如果房屋属于未办理合法报建手续的违法建筑,法院很可能会以需要由行政机关对该建筑物先行依法处理为由,认为不符合无主财产认定条件,驳回申请。不过,对于无法核查清楚权利人的无产权登记的被搬迁物业,在实务中并非一定要通过上述两种方式解决,搬迁人亦可与村集体或者其他主体协商沟通,确定权益人认定处理方案。

第四节　利益统筹项目搬迁补偿安置协议备案及项目监管实务

搬迁补偿安置协议备案及项目监管相当于土地整备利益统筹这一旧改活动的“最后一公里”。完成协议备案及项目监管，则可办理留用土地使用权出让手续，进入传统房地产开发建设阶段。本节主要围绕这“最后一公里”的工作展开。

一、搬迁补偿安置协议备案依据

《深圳市土地整备利益统筹管理办法》（深规土规〔2018〕6 号）第十四条第二款第二句规定：“搬迁补偿安置协议应报区政府相关职能部门备案。”搬迁补偿安置协议报区政府哪个职能部门备案、按照什么程序备案、备案要求如何、对项目哪些内容进行监管及如何监管？在《深圳市土地整备利益统筹管理办法》（深规土规〔2018〕6 号）施行期间，市规划和自然资源局及深圳部分区土地整备部门出台了相应规定。（见表 6－3）

表 6－3　搬迁补偿安置协议备案依据

政策名称	制定部门
《市规划和自然资源局关于规范土地整备利益统筹项目补偿安置有关事项的通知》（深规划资源〔2019〕255 号）	深圳市规划和自然资源局
《龙岗区土地整备利益统筹项目搬迁补偿安置协议备案工作指引》（深龙更新整备〔2021〕167 号）	龙岗区城市更新和土地整备局
《宝安区土地整备利益统筹项目补偿安置协议备案及项目监管工作指引（试行）》（深宝更新整备函〔2022〕46 号）	宝安区城市更新和土地整备局
《深圳市龙华区土地整备利益统筹项目补偿安置协议备案及项目监管操作规程》（深龙华更新整备〔2022〕175 号）	龙华区城市更新和土地整备局

二、搬迁补偿安置协议备案目的

为何要建立搬迁补偿安置协议备案机制？对该问题的认识，有利于我们提高对协议签订相关工作（包括测绘、确权、签约等）的重视程度，进而规范协议签订相关工作。协议备案机制的目的由近及远可以分为两层：一是核实搬迁人是否与项目范围内全部的土地、建(构)筑物、青苗等权益人厘清经济利益关系；二是确定搬迁人的补偿内容，锁定后续项目实施监管范围。

实务中有一种误解，即认为利益统筹项目中的搬迁补偿安置协议备案工作是为了形成单一主体，实现被搬迁物业的权利归一。该观点实际上将利益统筹的协议备案工作与城市更新的实施主体确认工作相混淆。

城市更新的补偿协议虽然具有厘清经济利益关系的效果，但作为形成单一主体的一种方式，其目的在于形成单一主体，实现被搬迁物业的权利归一，搬迁人据此获得成为该项目实施主体的资格，将被搬迁物业拆除、土地清理并移交政府，继而有权签订建设用地使用权出让合同。城市更新项目中协议签订后的实施主体确认，包含了备案协议及确认实施主体两个事项。

利益统筹的补偿协议目的仅在于厘清经济利益关系，不在于形成单一主体，更不在于据此赋予搬迁人成为该项目实施主体的资格，继而赋予搬迁人签订留用土地使用权出让合同的权利。因为在利益统筹项目中，搬迁人(或者说实施主体)、留用土地使用权受让人自始至终都是明确的，即为继受单位。继受单位无须通过签订补偿协议成为利益统筹项目的实施主体或留用土地使用权受让人。其他市场主体之所以能成为搬迁人、留用土地使用权受让人一方，不是因为其与相关权益人签订的补偿协议，而是因为继受单位(村股份合作公司)通过合作协议所赋予的权利。利益统筹项目中的留用土地使用权出让合同之所以要设置在搬迁补偿协议备案后签订，并非因为协议备案后才能确定留用土地使用权受让人，而是因为需要在出让合同中明确项目回迁规模等监管内容，而回迁规模等监管内容只有在协议备案完成后才能确定。因此，利益统筹项目的补偿协议并非为了形成单一主体，补偿协议备案也不具有确认实施主体的法律效果。

但是，应特别注意的是，虽然在现行利益统筹政策下，搬迁补偿安置协议签订与单一主体形成无关，但是按照利益统筹新政的征求意见稿，未来利益统筹项目的留用土地使用权受让人并非必定是继受单位及其他不动产权益人，而是负责签订补偿协议的搬迁人。因此，未来利益统筹项目搬迁补偿安置协议签订即以形成单一主体、实现权利归一为目的，并且搬迁人须经政府主管部门确认为实施主体后方可受让留用土地使用权。

三、搬迁补偿安置协议备案性质

从行政法角度来看，搬迁补偿安置协议备案属于行政行为，但属于何种性质的行政行为,有待讨论。实务中,有观点认为协议备案属于行政确认,也有观点认为属于行政许可。

笔者认为,按照《行政许可法》的规定,行政许可是指行政机关根据公民、法人或者其他组织的申请,经依法审查,准予其从事特定活动的行为。行政许可具有处分权利、创设权利的功能。至于行政确认,我国现行法律法规暂无关于此的明确规定。理论上,行政确认是行政主体对既存的法律事实和法律关系进行审查、认定并宣示其法律效力的行政行为。从协议备案的目的及效果来看,协议备案的目的在于核实搬迁人是否与项目范围内全部的土地、建(构)筑物、青苗等权益人厘清经济利益关系,为后续项目监管确定监管内容。政策明确规定利益统筹项目的搬迁人及留用土地使用权受让人为继受单位。因此,政府部门对搬迁补偿安置协议备案的行为,并未对相对人赋予或创设权利,故不属于行政许可。协议备案行为主要是对搬迁人与被搬迁人签订补偿协议这一既存的法律事实和法律关系进行审查、认定,并宣示该事实及法律关系的存在与效力。因此,搬迁补偿安置协议备案行为应属于行政确认行为。

既然搬迁补偿安置协议备案属于行政确认行为,按照我国《行政诉讼法》及相关司法解释的规定,如果相对人或者利害关系人认为备案行为损害了其合法权益,其有权就该行为提起行政诉讼。

四、搬迁补偿安置协议备案主体

《深圳市土地整备利益统筹管理办法》(深规土规〔2018〕6 号)第十四条第二款第二句规定:“搬迁补偿安置协议应报区政府相关职能部门备案。”《市规划和自然资源局关于规范土地整备利益统筹项目补偿安置有关事项的通知》(深规划资源〔2019〕255 号)第二条进一步明确:搬迁人应将补偿安置协议报送辖区土地整备机构备案。因此,搬迁补偿安置协议的备案主体为辖区土地整备机构。

五、搬迁补偿安置协议备案流程

各区的搬迁补偿安置协议备案的流程基本相同,包括搬迁人申请、辖区街道办事处初审、区土地整备部门审查后出具备案意见等流程。笔者简要梳理宝安区、龙岗区及龙华区三区的搬迁补偿安置协议备案流程如图 6－4、图 6－5、图 6－6 所示。

1. 宝安区利益统筹项目搬迁补偿安置协议备案流程

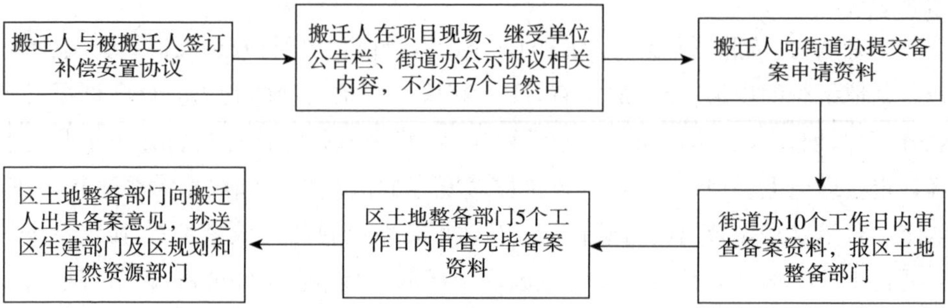

图 6－4　宝安区利益统筹项目搬迁补偿安置协议备案流程

2. 龙岗区利益统筹项目搬迁补偿安置协议备案流程

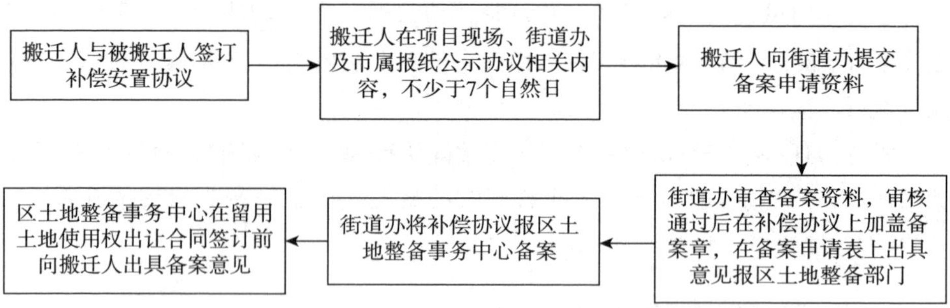

图 6－5　龙岗区利益统筹项目搬迁补偿安置协议备案流程

3. 龙华区利益统筹项目搬迁补偿安置协议备案流程

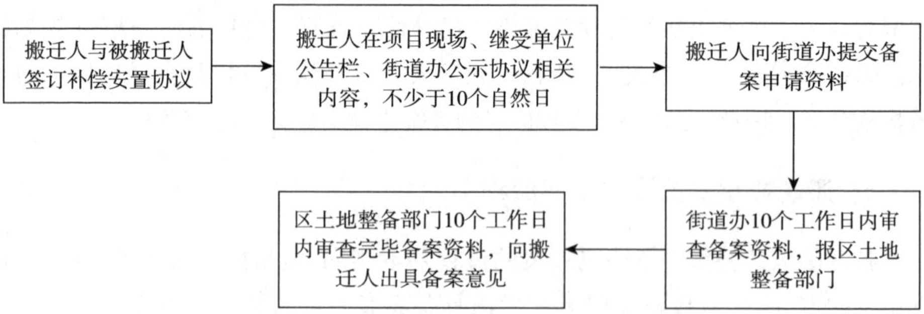

图 6－6　龙华区利益统筹项目搬迁补偿安置协议备案流程

六、搬迁补偿安置协议备案要求

（一）备案时间

按照《市规划和自然资源局关于规范土地整备利益统筹项目补偿安置有关事项的通知》（深规划资源〔2019〕255号）的规定，补偿安置房屋规模等相关内容应纳入土地使用权出让合同。只有在搬迁补偿安置协议备案完成后，才能最终确定补偿安置房屋规模等相关内容。因此，应在留用土地使用权出让合同签订前完成搬迁补偿安置协议备案工作。实务中一般都要求村股份合作公司签订留用土地使用权出让合同前就得完成协议备案工作，不允许将协议备案完成时间推迟到留用土地使用权出让合同补充协议签订前。

《龙岗区土地整备利益统筹项目搬迁补偿安置协议备案工作指引》（深龙更新整备〔2021〕167号）则更加具体地将协议备案完成时间限制在取得利益统筹项目留用土地批复或区政府会议纪要同意相应留用土地后，至留用土地使用权出让合同签订前。

（二）备案条件

符合何种条件才可以申请搬迁补偿安置协议备案呢？按照《深圳市龙华区土地整备利益统筹项目补偿安置协议备案及项目监管操作规程》的要求，申请协议备案须具备如下条件：（1）相关权益人核实结果已公布。（2）补偿安置协议相应内容公示期满无异议或异议已处理完毕。（3）搬迁人已与利益统筹项目范围内所有相关权益人签订补偿安置协议；利益统筹项目分期实施的，搬迁人已与分期实施范围内所有相关权益人签订补偿安置协议。

按照龙岗区的规定，还需要取得利益统筹项目留用土地批复或同意相应留用土地的区政府会议纪要。

结合搬迁补偿安置协议备案的目的及程序来看，一般需要具备如下条件才可以申请协议备案：（1）相关权益人已经核实清楚并且核实结果已公布；（2）项目实施方案、留用土地规划审批、实施协议书及补偿协议书签订等“算大账”工作已完成；（3）搬迁人已与项目范围内所有相关权益人签订补偿安置协议，并且协议相关内容公示期满无异议或异议已处理完毕；（4）政府已核发留用土地批复；（5）涉及国有资产、集体资产处置的，已经取得相关主管部门的处置审批意见或备案意见。

除了上述正面条件外，宝安区、龙岗区、龙华区还明确了不予协议备案的具体情形(如表6－4所示)。

表6－4 宝安区、龙华区、龙岗区不予协议备案情形

地区	宝安区	龙华区	龙岗区
不予备案情形	被搬迁不动产已办理产权登记的,被搬迁人与不动产权证书记载的权利人不一致	被搬迁人与经核实的相关权益人不一致	被搬迁房地产有产权登记的,被搬迁人与产权证记载的产权人不一致
	被搬迁不动产未办理产权登记的,被搬迁人与经权属核查的权利人不一致	被搬迁房地产面积与经核实的房地产面积不一致	被搬迁房地产未经产权登记但已经权属核查的,被搬迁人与经权属核查的权利人不一致
	搬迁补偿安置协议中安置房屋用途(居住、商业、办公、工业等)、安置房屋类型(市场商品房或非市场商品房)等与利益统筹实施方案不一致的	安置房屋的用途及性质与经批准的留用土地整备规划不符	房屋测绘面积超过不动产权利证书记载面积,超出部分的被搬迁人与产权证记载的产权人不一致
	其他违反法律法规规章及规范性文件的情形	其他违反法律法规规章及规范性文件的情形	搬迁补偿安置协议约定将未分户登记在被搬迁人名下的安置房屋转移给第三人的(法律规定的可转移情形除外)
	—	—	搬迁补偿安置协议配套证明文件[如建(构)筑物测绘报告、房地产权属证明文件、权属核查公示文件、被搬迁人身份证明等]不齐全
	—	—	搬迁补偿安置协议被搬迁房地产建筑面积与测绘报告或证载建筑面积不对应
	—	—	其他违反法律法规规章及规范性文件的情形

由上述关于搬迁补偿安置协议备案条件的要求可知,想要顺利完成搬迁补偿安置协议备案,必须确保签订协议的被搬迁人与被搬迁物业权益人(有证认证、无证认物业权益人核实结果)一致,协议约定的被搬迁物业与被搬迁物业证载面积、测绘面积一致,回迁物业用途与留用土地规划用途一致,回迁物业登记权利人与被搬迁物业权益人一致。

（三）备案资料

实务操作中各区关于搬迁补偿安置协议备案资料的要求其实大同小异，笔者仍以宝安区、龙华区、龙岗区为例（如表6－5所示）。具体要求按照各区土地整备部门要求执行。

表6－5 宝安区、龙华区、龙岗区搬迁补偿安置协议备案资料要求

地区	宝安区	龙华区	龙岗区
备案材料	备案申请表	申请表	备案申请表
	申请人身份证明文件（营业执照、法定代表人证明书、授权委托书、受托人身份证）	申请人身份证明材料（营业执照、法定代表人证明书、授权委托书、受托人身份证）	申请人身份证明文件（营业执照、法定代表人证明书、授权委托书、法定代表人及受托人身份证）
	项目范围权属示意图（包括测绘编号、建筑边线、整备范围线、开发建设用地范围线、公共配套设施范围线等）	项目范围图（应包括如下内容：项目实施范围线、留用土地范围线、房地产测绘编号、房地产边线）	搬迁补偿安置协议、补充协议及附件
	测绘查丈报告	相关权益人权属证书	被搬迁房地产权属证明文件
	补偿安置协议及补充协议［包括：搬迁人、被搬迁人、被搬迁不动产情况、补偿方式、补偿金额和支付期限、补偿内容、面积、安置房屋用途、安置房屋类型（市场商品房或非市场商品房）等］	不动产登记查询单	权属核查公示文件（无房地产权利证书或者其他合法房地产凭证的）
	相关权益人证明文件（不动产权证书、生效司法确权文书等合法不动产权礼品证、相关权益人核实汇总表）	留用土地合作开发的相关决议文件及合作协议	项目权属分布图（标注权利人及土地、房屋位置）
	相关权益人核实公示表及相关公示照片	房地产测绘结果及权益人核实情况汇总表	备案协议摘要汇总表（申请人填写）
	相关权益人核实情况汇总表及核实情况说明补偿安置协议相应内容公示表及相关公示照片	所有权益人的补偿安置协议及付款凭证	搬迁补偿安置协议公示照片、报纸
	其他需要提交的文件，比如街道办审查意见	补偿安置协议相应内容公示表	需要提交的其他资料

续表

地区	宝安区	龙华区	龙岗区
备案材料	—	涉及区属国有资产的，区国有资产监管部门出具的国有资产处置情况意见	—
	—	涉及集体资产的，辖区街道办事处集体资产管理部门出具的集体资产处置情况意见	—
	—	涉及政府物业的，区有关主管部门出具的政府物业处置情况意见	—

七、项目监管

（一）项目监管目的

利益统筹项目具有周期长、风险大、资金需求大、利益群体广泛等特点，一旦项目搁置或烂尾，不仅会对开发主体造成损失，还会导致城市基础设施、公共服务设施及广大被搬迁人的补偿利益无法得到落实，造成严重的负面影响。为保证利益统筹项目正常、顺利实施，保护相关权益人合法权益，需要充分发挥政府的监管作用，对利益统筹项目的实施进行监管。

（二）项目监管依据

《市规划和自然资源局关于规范土地整备利益统筹项目补偿安置有关事项的通知》（深规划资源〔2019〕255 号）第三条规定："完成补偿安置协议备案后，由辖区土地整备机构组织搬迁人签订项目实施监管协议。项目实施监管协议应包括补偿安置责任主体、项目资金监管要求等内容。"宝安及龙华两区将项目监管与协议备案放在一起作了规定。龙岗区城市更新和土地整备局于 2023 年 2 月出台《深圳市龙岗区土地整备利益统筹项目实施监管办法（试行）》，就利益统筹项目实施监管作出较为全面、详细的规定。

（三）项目监管内容

按照利益统筹项目监管的目的，监管内容一般包括：向政府移交土地等履行义务情况，按照搬迁补偿协议履行货币补偿、提供回迁房和过渡安置等义务情况，回迁房的建设与交付，公共设施、公共住房或创新型产业用房等的建设与交付。

（四）项目监管方式

传统的项目监管方式包括资金监管与部门联合监管。

资金监管要求搬迁人就其所需履行的搬迁补偿安置义务、需向政府移交的物业建设及移交义务，向监管部门提供相应的现金或无条件见索即付的保函作为资金保证。出于风险防范考虑，现在大部分的监管部门只认可银行金融机构或政府控股的金融机构出具的无条件见索即付的保函。

部门联合监管是指监管部门联合其他政府职能部门在其职能范围内配合监管工作，比如要求国土部门将补偿安置房屋规模等相关内容纳入土地使用权出让合同，要求各区房地产管理部门在办理利益统筹项目商品房预售时，需根据土地使用权出让合同和辖区土地整备机构书面意见办理预售审批。补偿安置协议确定的安置房，不得纳入商品房预售方案。

《深圳市龙岗区土地整备利益统筹项目实施监管办法（试行）》在传统的资金监管基础上，规定建立健全巡查机制，要求街道办采取现场巡查或书面函询等方式，对利益统筹项目推进情况进行监督检查。这种监管方式可被称为检查监管。

为明确项目实施监管内容、监管要求，搬迁人需与监管部门签订项目实施监管协议。因为《市规划和自然资源局关于规范土地整备利益统筹项目补偿安置有关事项的通知》（深规划资源〔2019〕255 号）只是规定“由辖区土地整备机构组织搬迁人签订项目实施监管协议”，所以由哪个政府部门作为监管部门，各区要求不一。宝安与龙华两区由区土地整备部门作为监管部门与搬迁人、金融机构共同签订项目实施监管协议。

但是，龙岗区是由辖区街道办作为利益统筹项目监管单位，并且要求辖区街道办事处参与利益统筹项目实施监管协议的签订，与搬迁人签订资金监管协议。项目实施监管协议主要内容通常包括：（1）安置责任主体；（2）应移交的公共设施、公共住房或创新型产业用房的义务；（3）应履行的货币补偿款、应提供的安置房屋；（4）项目实施进度安排及完成时限；（5）项目实施监管资金及监管措施。

（五）项目监管资金类型及核算

按照核算对象的不同，监管资金可以分为回迁房屋建设监管资金、未支付的货币补偿款监管资金及移交政府物业建设监管资金三类。

回迁房屋建设监管资金及移交政府物业建设监管资金一般按照相应的建筑面积乘以单位面积建安成本的公式计算确定。按照宝安区及龙华区政策的规定,"单位面积建安成本"固定为3500元/平方米。龙岗区规定单位面积建安成本由街道办参照测算时最近公告的工程造价指数等造价信息确定。

未支付的货币补偿款监管资金则按照完成搬迁补偿安置协议备案工作之日协议约定应支付但未支付的货币补偿款具体数额确定。此处比较复杂的是过渡费监管资金的确定。一般情况下,过渡费的计算及支付期限是从被搬迁物业交付之日至回迁物业交付之日。过渡期的不确定性意味着过渡费的不确定性及支付的动态性。基于这两个特性,对于过渡费,以往实务中有两种处理方式:一是不对过渡费进行资金监管;二是仅对备案申请之日前应付未付的过渡费进行资金监管。不过龙岗区最新出台的《深圳市龙岗区土地整备利益统筹项目实施监管办法(试行)》,针对过渡费规模的不确定性及支付的动态设计了相应的监管机制:第一,要求过渡费监管资金按已备案搬迁补偿协议所有回迁安置物业权利人的1年约定临时安置补助费计算确定,计算方法为:过渡费监管资金=已备案搬迁补偿协议约定的每月临时安置补助费之和×12。第二,在签订实施监管协议之日起10个工作日内完成过渡费监管资金的首次核算,以后每季度为一个核算周期,在核算完成后10个工作日内完成相应监管。

由于前期监管资金规模大,给开发主体造成了较大的资金压力。在金融市场环境好的时候,房企还能承担。一旦金融市场环境不好,资金链问题很可能会直接压垮房企。为了缓解市场主体的资金压力,营造良好的营商环境,深圳部分区允许在搬迁人与被搬迁人约定货币补偿款、安置房屋不纳入监管资金的情况下,搬迁人无须就该部分内容提供监管资金或保函。但是,从被搬迁人的角度来看,被搬迁人同意货币补偿款、安置房屋不纳入监管资金的可能性非常低。《深圳市龙岗区土地整备利益统筹项目实施监管办法(试行)》除了允许搬迁人在被搬迁人同意的情况下申请免交货币补偿、回迁房屋监管资金外,还允许在每个核算周期内,搬迁人补足当期应入账回迁房建设监管资金后,可凭施工合同和合同履行凭证(含工程形象进度)等使用资金专项用于支付回迁房建设工程款,但使用额度不得超出回迁房建设监管资金的入账金额;搬迁人补足当期应入账过渡费监管资金后,可使用资金专项用于支付回迁安置物业权利人的过渡费,但使用额度不得超出过渡费监管资金的入账金额。

（六）项目监管法律效果

利益统筹项目监管的法律效果主要体现在被监管对象（搬迁人）未按照监管协议约定履行监管义务情况下的法律责任，或者说监管部门所拥有的权利。监管部门与搬迁人、金融机构签订的项目实施监管协议一般都会明确约定，搬迁人未按照协议约定支付补偿款的，监管部门有权直接使用监管资金作为补偿款支付给被搬迁人；搬迁人未按照协议约定及规划要求建设、交付回迁安置物业、公共设施等需移交政府的物业的，监管部门有权另行选定施工单位负责代为建设回迁安置物业、公共设施等需移交政府的物业，并从监管资金账户直接划扣所需资金或要求担保机构在收到兑付履约保函通知后，不争辩、不挑剔、不可撤销地向监管部门或监管部门指定的第三方支付款项。

附　录

深度解读《深圳市土地整备利益统筹办法（征求意见稿）》

2022年3月30日，深圳市规划和自然资源局发布《深圳市规划和自然资源局关于公开征求〈深圳市土地整备利益统筹办法〉（征求意见稿）意见的通告》。笔者结合个人多年来对土地整备利益统筹的研究及实务经验，就《深圳市土地整备利益统筹办法（征求意见稿）》相关内容作一解读，并将本人关于《深圳市土地整备利益统筹办法（征求意见稿）》不足之处的思考分享给大家。

一、制度关系架构之转变

对于《深圳市土地整备利益统筹办法（征求意见稿）》所设计的土地整备利益统筹制度，其实可从宏观、中观、微观三个层次来研究和理解。

宏观上，《深圳市土地整备利益统筹办法（征求意见稿）》与《深圳市土地整备利益统筹项目管理办法》（深规土规〔2018〕6号）保持一致，仍然是通过土地整备的方式，统筹规划、土地、资金安排及项目实施，实现多方利益共享。

但通过什么样的架构设计来达到合理、高效“分蛋糕”的效果？这是中观层面的问题。

在中观层面上，笔者认为主要是制度关系结构的问题。众所周知，《深圳市土地整备利益统筹项目管理办法》将以往土地整备活动中政府单方补偿权利人的一个过程，调整为“算大账”和“算细账”两个阶段，将“政府—权利人”的单一法律关系，设计成“政府—继受单位”“继受单位—开发主体”“搬迁人（继受单位/开发主体）—相关权益人”等多层法律关系，如附图1所示。换言之，就是以继受单位作为桥梁，甚至说杠杆，实现多方利益均衡、共赢。

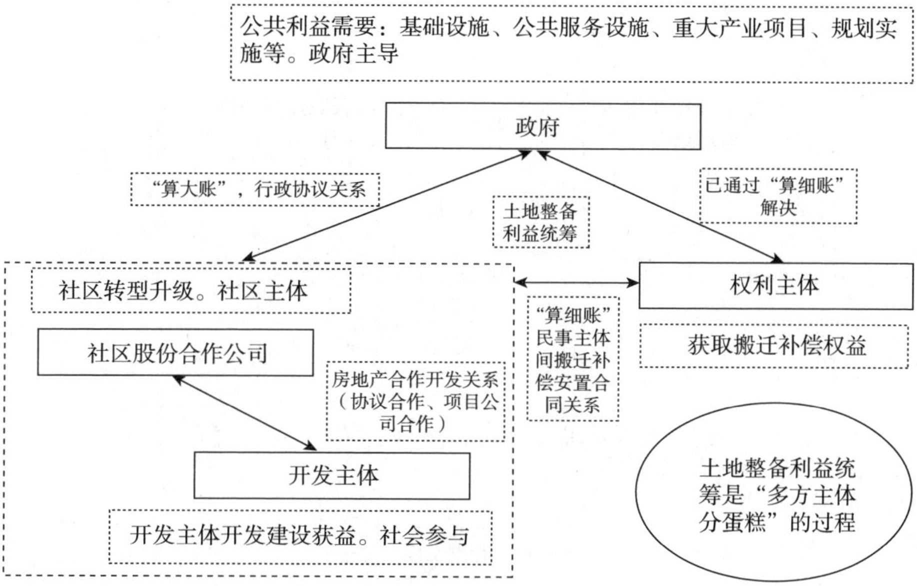

附图1　制度关系结构

但是,现在《深圳市土地整备利益统筹办法(征求意见稿)》在中观层面的关系架构已经发生根本性的转变。不能再单纯套用以往"算大账""算细账"的逻辑来理解《深圳市土地整备利益统筹办法(征求意见稿)》中的土地整备利益统筹。《深圳市土地整备利益统筹办法(征求意见稿)》也没有了"算大账""算细账"的提法。《深圳市土地整备利益统筹办法(征求意见稿)》现在的关系架构是什么样呢?《深圳市土地整备利益统筹办法(征求意见稿)》并没有很清晰地规定该内容。结合第三条"利益统筹项目坚持以权益为核心,按照规划统筹、公益优先、利益共享、公平公正的原则,核算各类存量低效用地应补偿的权益容积,实现政府、不动产权益人、市场主体等多方共赢,推动各类存量低效用地盘活和集中连片土地整备"以及第三章"项目管理"的规定来看,笔者认为土地整备利益统筹的关系架构可能有以下几种情形(如附图2所示)。

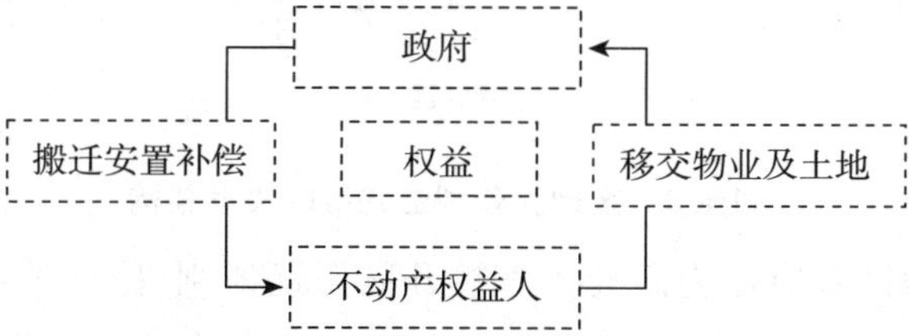

情形一

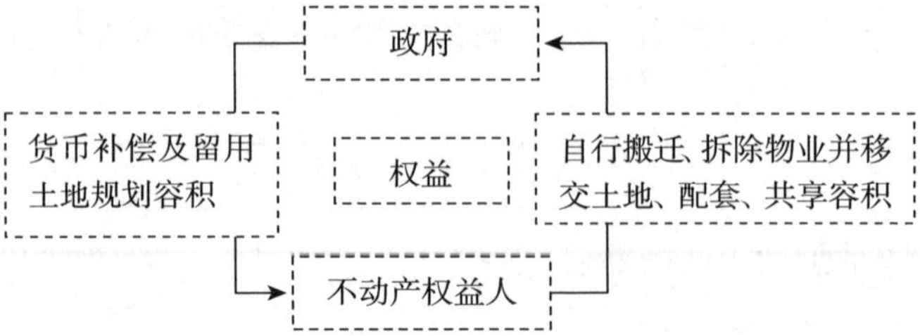

情形二

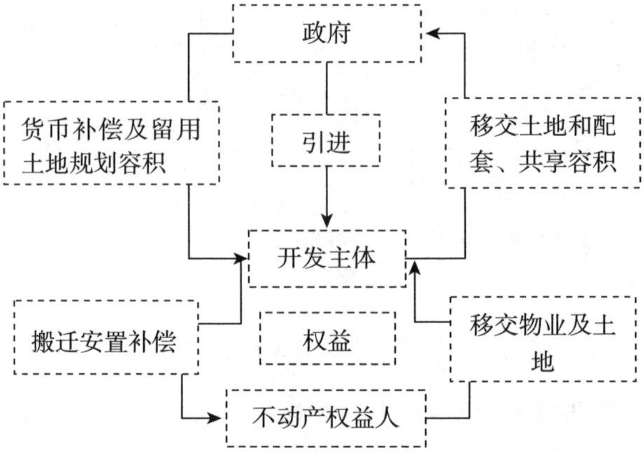

情形三

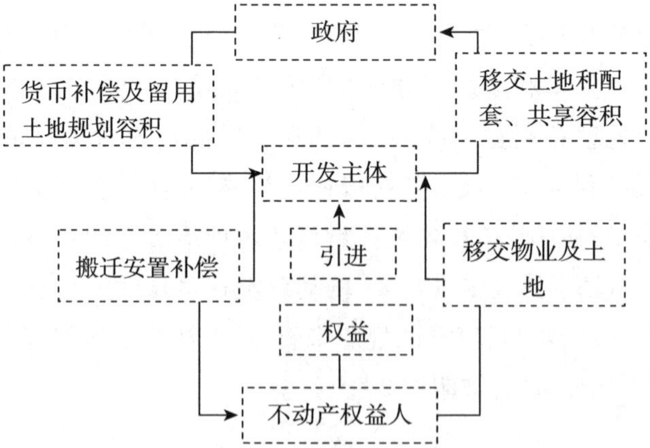

情形四

附图2 土地整备利益统筹的关系架构

情形一是由区政府作为搬迁人直接开展搬迁谈判、搬迁补偿协议签订等工作,类似常规情形下的土地整备活动,未来可能更多适用于为了公共利益需要而启动的利益统筹项目。情形二是由不动产权益人自行实施搬迁,未来可能更多适用于涉及不动产权益人单一或数量较少的利益统筹项目。情形三是由区政府引进的市场主体作为搬迁人开展搬迁谈判、搬迁补偿协议签订等工作,未来可能更多适用于为保障重大产业落地引进国企主导实施的利益统筹项目。情形四是由不动产权益人引进的市场主体作为搬迁人开展搬迁谈判、搬迁补偿协议签订等工作,该种情形近似于现行的"算大账""算细账"模式下的土地整备利益统筹。

由上述四种情形可以看出未来的土地整备利益统筹形式更多样、更灵活,可以结合项目的实际情况,以及政府、不动产权益人及市场主体的需求,选择不同情形的土地整备利益统筹,以真正兼顾公共利益、搬迁人利益及市场利益。

《深圳市土地整备利益统筹办法(征求意见稿)》在微观层面的规定,下文将对要点进行解读。

二、制定目的之调整

相对于《深圳市土地整备利益统筹项目管理办法》而言,《深圳市土地整备利益统筹办法(征求意见稿)》在制定目的上作出了重大调整,具体如附表1所示。

附表1 制定目的调整

条文	《深圳市土地整备利益统筹项目管理办法》	《深圳市土地整备利益统筹办法(征求意见稿)》
第一条	为加快推进土地整备工作,保障城市基础设施、公共服务设施和重大产业项目土地供应,加强规划实施,推动土地集约节约利用,促进城市发展和社区转型,根据相关法律法规和我市土地整备相关规定,结合实际,制定本办法	为落实《深圳建设中国特色社会主义先行示范区综合改革试点实施方案(2020—2025年)》,加快构建城市空间统筹利用新模式,推进存量低效用地盘活及国土空间提质增效,保障重大产业、城市基础设施和公共服务设施等项目实施,加大居住用地供应,推进城市可持续发展,结合实践情况,制定本办法
第三条	利益统筹项目按照政府主导、社区主体、社会参与的原则,综合考虑项目范围内未完善征(转)地补偿手续用地和原农村集体经济组织继受单位合法用地,通过规划、土地、资金、产权等统筹手段,完成整备范围内土地确权,"一揽子"解决历史遗留问题,实现政府、原农村集体经济组织继受单位及相关权益人多方共赢,促进社区转型发展	利益统筹项目坚持以权益为核心,按照规划统筹、公益优先、利益共享、公平公正的原则,核算各类存量低效用地应补偿的权益容积,实现政府、不动产权益人、市场主体等多方共赢,推动各类存量低效用地盘活和集中连片土地整备

从法理学的角度来看，目的解释作为法律解释方法的兜底方法，一般在通过其他法律解释方法（文义解释、体系解释、历史解释、比较解释等）都无法就法律（广义上的法律）条文得出合乎正义的理解时，需要通过制定目的、立法意旨进行探究，以求得出符合条文本意的结论。所以，对政策文件目的的理解非常重要。

《深圳市土地整备利益统筹项目管理办法》强调要"一揽子"解决历史遗留问题，实现、政府、继受单位及相关权益人多方共赢，促进社区转型发展。所以在《深圳市土地整备利益统筹项目管理办法》实施的时代，历史遗留问题的解决及社区集体利益是项目立项、实施的重要考量因素。但是，《深圳市土地整备利益统筹办法（征求意见稿）》虽然仍然会考虑上述因素，但是已经有所弱化，着重强调推进存量低效用地盘活和国土空间提质增效，构建城市空间统筹利用新模式，加大居住用地供应，同时保持《深圳市土地整备利益统筹项目管理办法》对保障重大产业、城市基础设施和公共服务设施等项目实施的重视。在利益主体层面，该征求意见稿将继受单位统一纳入不动产权益人的范畴。

三、实施对象的扩大

附表 2　两文件实施对象

条文	《深圳市土地整备利益统筹项目管理办法》	《深圳市土地整备利益统筹办法（征求意见稿）》
第二条	本办法适用于以原农村集体经济组织继受单位及其成员实际掌控用地为主要实施对象的土地整备利益统筹项目（以下简称利益统筹项目）。利益统筹项目以街道为界限（大鹏新区以新区为界限），项目范围内至少有一块3000平方米以上集中成片的未完善征（转）地补偿手续规划建设用地。利益统筹项目应纳入全市土地整备年度计划的利益统筹项目目录，并报市政府批准。 纳入违法建筑空间管控专项行动的未完善征（转）地手续未建设空地通过土地整备实施的，可按照本办法执行	本办法适用于以未完善征（转）地补偿手续用地、已征未完善出让手续用地、国有已出让用地等存量低效用地为主要实施对象的土地整备利益统筹（以下简称利益统筹）项目。 其中，国有已出让用地已出让年限原则上不得少于15年，位于市级以上重大项目范围内、市土地整备专项规划确定的产业空间整备区、综合功能整备区的除外。 利益统筹项目应纳入全市土地整备年度计划，相关项目应有计划、有步骤分批、稳妥有序推进

受《深圳市土地整备利益统筹项目管理办法》制定目的的影响，《深圳市土地整备利益统筹项目管理办法》第二条规定利益统筹项目以继受单位及其成员实际掌控用地为主要实施对象。上述规定中"主要实施对象"的表述不明确，导致实务

中对于“三方征地”、非继受单位及其成员掌控的国有已出让用地能否纳入利益统筹项目产生了极大的争议。一般的利益统筹项目不敢轻易放开,导致出现“开天窗”的现象,在通过利益统筹项目解决历史遗留问题的过程中,产生新的历史遗留问题。据2018年市规划和自然资源局摸底统计,全市范围内“三方征地”面积约42.76平方千米,其中:已建设用地28.6平方千米,占66.9%,空地14.16平方千米,占33.1%。可见,“三方征地”是深圳存量土地开发利用中不可回避的问题。2020年,市规划和自然资源局曾组织起草《深圳市已征未完善出让手续用地处置办法》(征求意见稿),但最终未出台。随着城市更新项目的推进实施越来越难,越来越多的非继受单位或其成员掌控的国有已出让土地权利人希望通过利益统筹项目实现利益升值。近几年为落实重大产业而由政府主导、国企实施的连片利益统筹项目,开始将国有已出让土地纳入项目范围内一并实施,探索了国有已出让土地进行利益统筹的路径。在上述背景下,《深圳市土地整备利益统筹办法(征求意见稿)》将未完善征(转)地补偿手续用地、已征未完善出让手续用地、国有已出让用地等存量低效用地均纳入了利益统筹项目实施对象的范围。

但是应予以注意的是,从文义解释的角度来讲,并不是说只有未完善征(转)地补偿手续用地、已征未完善出让手续用地、国有已出让用地才能纳入利益统筹项目范围。上述规定只是列举了几种常见的存量低效用地。即使不是上述三类用地,只要是存量低效用地,均可纳入利益统筹项目范围。

尤其值得重点关注的是,“未完善征(转)地补偿手续用地”与“已征未完善出让手续用地”两个概念的区别。“未完善征(转)地补偿手续用地”是在城市更新、土地整备政策文件中最为常见的概念。但是,对于“已征未完善出让手续用地”,至今仍无生效的政策文件明确提到并作出明确定义。只有在此前深圳市人民政府修订的《关于征(转)地安置补偿和土地置换若干规定(征求意见稿)》及《深圳市已征未完善出让手续用地处置办法(征求意见稿)》有所规定。正因为没有生效政策文件对此作出规定,实务中政府相关主管部门(如土地整备部门、国土部门)往往不愿承认该概念,而将此类土地划进未完善征(转)地补偿手续用地的范畴,或者划进国有已出让土地的范围,有些部门甚至直接回避该问题。实际上,“未完善征(转)地补偿手续用地”与“已征未完善出让手续用地”两个概念是存在性质上的区别的。笔者在“深圳土地历史遗留问题”一节中也专门就此作过分析。两者属于深圳市土地在城市化征(转)过程中的两种状态,前者是未与继受单位完善征(转)补偿手续的状态,后者是在“三方征地”过程中,用地单位已代国土部门与继受单位完善征(转)补偿手续,但未完善出让手续的状态。

《深圳市土地整备利益统筹办法(征求意见稿)》第二十六条规定,已征未完善出让手续用地是指本市行政区域内在 2007 年 6 月 30 日前已签订征地补偿协议、且未完善土地使用权出让或划拨手续的土地,具体包含以下几类:

(1)由土地主管部门、继受单位和征地补偿实施方三方签订征地补偿协议,且由征地补偿实施方实施补偿的土地;

(2)由土地主管部门与继受单位签订征地补偿协议,且征地补偿协议或市、区政府相关文件明确规定由征地补偿实施方实施补偿的土地;

(3)其他经市、区政府认定,由征地补偿实施方实施补偿的已征未完善出让手续用地。

四、职责分工方面

附表 3　职责分工

职责机构	职责	备注
区土地整备机构	负责组织编制利益统筹项目实施方案和土地整备单元规划,组织实施土地整备工作	项目前段工作
市规划和自然资源部门派出机构	负责办理留用土地用地出让及规划报建等相关手续	项目后段工作

五、利益统筹规则

1.《深圳市土地整备利益统筹项目管理办法》所规定的利益统筹规则(见附图 3)。

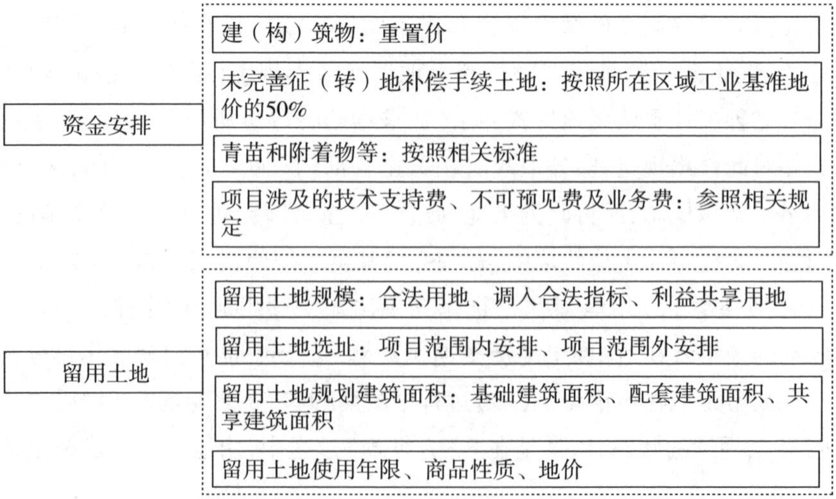

- 留用土地规模
  - 合法用地：原农村集体经济组织继受单位及其成员已落地确权的合法用地（包括已取得房地产证、土地使用权出让合同、非农建设用地批复、农村城市化历史遗留违法建筑处理证明书、旧屋村范围认定批复的用地等）。按照等土地面积核算留用土地规模
  - 项目范围外调入合法指标：非农建设用地指标、征地返还用地指标，以及其他土地整备项目留用土地指标。此类用地指标按照相关规定核准后，可在项目范围内安排落实
  - 利益共享用地：项目内上述第一项用地范围外的未完善征（转）地补偿手续规划建设用地，扣除上述第二项中非农建设用地指标和征地返还用地指标后的剩余土地，结合现状容积率按照规定公式核算的留用土地规模
- 留用土地规模
  - 项目范围内：留用土地位于利益统筹项目范围内工业区块线且规划为工业用地的，利益共享用地部分可上浮50%
  - 项目范围内：在项目范围内安排的留用土地规模原则上不得超过项目规划建设用地面积的55%
  - 项目范围外：利益统筹用地部分和合法用地部分可与本街道城市更新项目统筹处理，或直接落在本街道经济关系未理顺的已建成区并由继受单位拆除重建，其合法用地部分按照等土地面积核算，利益共享用地部分上浮50%
  - 项目范围外：留用地指标与本街道其他利益统筹项目统筹处理，其合法用地部分和利益共享用地部分按照等土地面积核算
  - 项目范围外：留用土地指标参照上述两款落实且跨街道安排的，留用土地指标应按照两地现行工业用地基准地价的比值折算，且不得大于在原街道内核算的留用土地指标
- 留用土地规划建筑面积
  - 基础建筑面积：（1）项目内安排：S项目内留用土地面积×地块容积率。（2）落在项目外经济关系未理顺的已建成区并由继受单位拆除重建：S拆除重建土地面积×地块容积率+利益统筹项目中现状建筑面积×1.5。
权属归于继受单位，用于社区发展和搬迁安置
  - 配套建筑面积：按照《深圳标准》、法定图则及相关专项规划的要求配建社区级公共设施。
无偿移交政府，产权归政府所有
  - 共享建筑面积：指在规划允许条件下，可在基础建筑面积的基础上增加的建筑面积。共享建筑面积原则上不超过基础建筑面积的30%。
60%用于建设人才住房、公共租赁住房或创新性产业用房，由政府或政府指定机构回购，40%归属于继受单位

附图3　《深圳市土地整备利益统筹项目管理办法》利益统筹规则

2.《深圳市土地整备利益统筹办法(征求意见稿)》所规定的利益统筹规则(见附图4)。

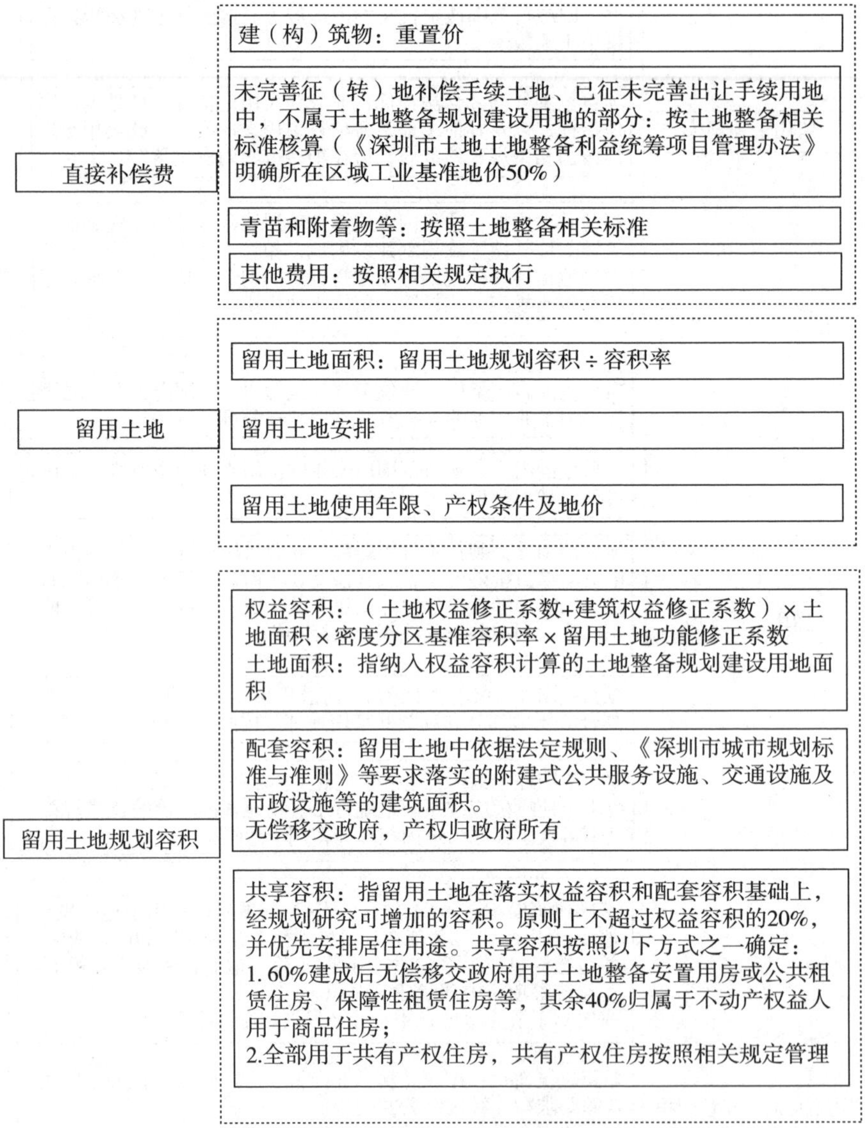

附图4 《深圳市土地整备利益统筹办法(征求意见稿)》利益统筹规则

上述权益容积核算中的土地面积按照如下方式确定(如附表4所示)。

附表4　土地面积确定依据

土地类型	确定依据
国有已出让用地	按照不动产权证书确定,未取得不动产权证书的按照土地使用权出让合同确定
非农建设用地、征地返还用地	按照相关批复确定
农村城市化历史遗留违法建筑处理用地	按照房地产权证书、处理证明书或处理决定书确定
旧屋村的土地	按照旧屋村范围认定批复确定
已征未完善出让手续用地、未完善征(转)地补偿手续用地	按照项目实施范围内土地整备规划建设用地面积核定

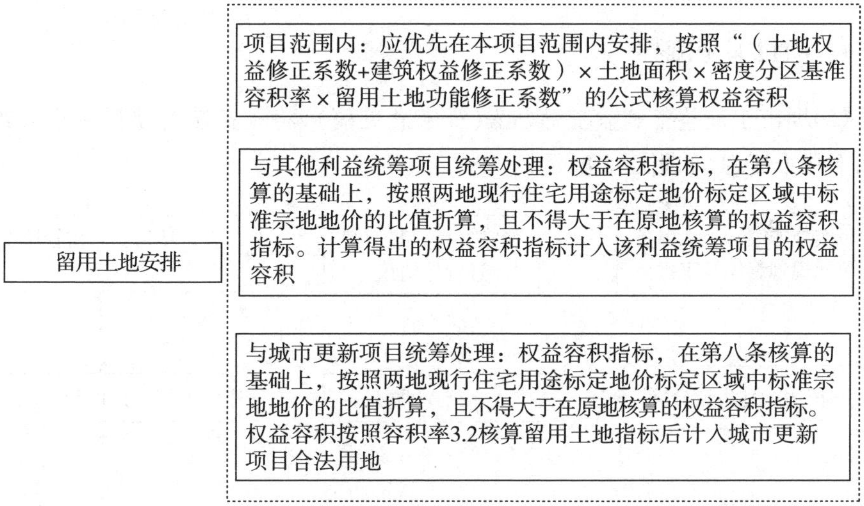

附图5　留用土地安排

由上述梳理的结果可见,《深圳市土地整备利益统筹办法(征求意见稿)》在利益统筹规则的方式上与《深圳市土地整备利益统筹项目管理办法》相同,均是资金补偿与留用土地两种方式。资金补偿标准基本上也与《深圳市土地整备利益统筹项目管理办法》规定保持一致。但是,在留用土地的核算方式上有所不同。《深圳市土地整备利益统筹项目管理办法》规定先核算留用土地规模,再核定留用土地功能,最后计算留用土地开发强度,《深圳市土地整备利益统筹办法(征求意见稿)》确立了先核算留用土地规划容积,再确定留用土地容积率,最后计算留用土地规模的规则。

值得注意的地方有以下两点：一是《深圳市土地整备利益统筹办法（征求意见稿）》的利益统筹规则采取的是“房地分离”方式进行补偿。举例而言，项目范围内的建（构）筑物按照重置价核算，而项目范围内的土地原则上均可以作为核算权益容积公式里的因数。对于项目范围内的已征未完善出让手续用地及未完善征（转）地补偿手续用地，属于土地整备规划建设用地的部分可参与核算权益容积，不属于土地整备规划建设用地的可按照土地整备相关标准核算直接补偿费。由此可见，在利益统筹规则中，房（地上附着物）与土地确实是分开核算利益的。二是因为利益统筹规则遵循“房地分离”的逻辑，所以对直接补偿费范围内按重置价核算的建（构）筑物，笔者认为应理解为既包括已征未完善出让手续用地及未完善征（转）地补偿手续用地范围内的建（构）筑物，也包括合法用地范围内的建（构）筑物。

六、项目实施流程

《深圳市土地整备利益统筹办法（征求意见稿）》将利益统筹项目流程大致分为如下几个流程（如附图6所示）。

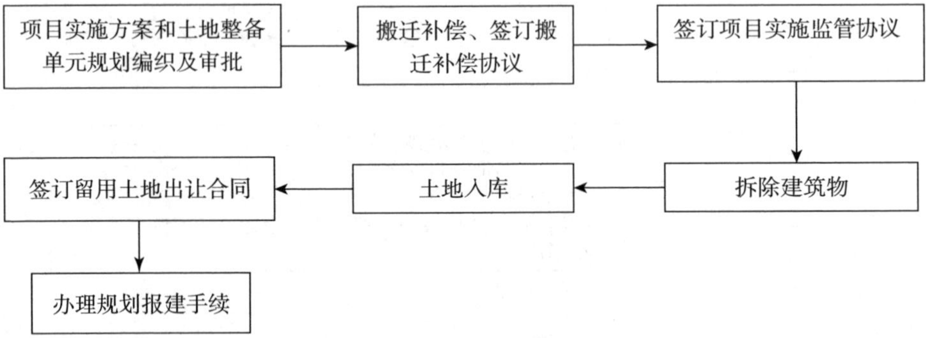

附图6　利益统筹项目流程

根据《深圳市土地整备利益统筹办法（征求意见稿）》第十六条第一款的规定：“利益统筹项目实施方案包括整备资金方案、权益容积方案、留用土地方案、项目实施方式等内容……项目实施方式应明确项目搬迁主体，搬迁主体包括区政府、不动产权益人或市场主体。项目实施方案由区政府审批。”这似乎意味着如果拟引进市场主体负责搬迁补偿、开发建设工作，需要在项目实施方案编制审批前就完成市场主体引进工作。相比于《深圳市土地整备利益统筹项目管理办法》第十三条所规定的在留用土地审批主体审批并核发留用土地批复后引入留用土地开发主体的时点,《深圳市土地整备利益统筹办法(征求意见稿)》将该时点提前了。

让人遗憾的是,作为土地整备利益统筹活动的纲领性文件,《深圳市土地整备利益统筹办法(征求意见稿)》关于利益统筹项目实施流程的规定较为粗略、混乱。对项目申报立项、利益统筹补偿(货币及留用土地)内容落实、搬迁补偿协议备案等环节均未作出规定,这不利于政策的实施落地。虽然后续必然出台相关配套文件,但《深圳市土地整备利益统筹办法(征求意见稿)》未明确利益统筹项目全流程的主要关键节点,有失规范,更有失纲领性文件的地位。对于不动产权益人而言,其更关心的是利益统筹项目由谁申报、申报条件如何、是否需考虑意愿比例问题、按照何种程序申报,何时可引入市场主体、市场主体引入时点及程序如何、搬迁补偿协议如何备案等。希望相关配套文件能尽快出台,为政策落地提供制度保障。

七、新旧项目衔接问题

鉴于《深圳市土地整备利益统筹项目管理办法》实施期间,许多利益统筹项目已申报立项,甚至已完成实施方案工作,但项目仍在实施中。为保证项目实施平稳过渡,《深圳市土地整备利益统筹办法(征求意见稿)》对过渡期政策衔接作如下安排(如附表5所示)。

附表5　制度衔接

<table>
<tr><th colspan="2">情形</th><th>处理规则</th></tr>
<tr><td rowspan="2">《深圳市土地整备利益统筹办法》施行之日前纳入全市土地整备年度计划的利益统筹项目</td><td>已经完成项目实施方案审批的</td><td>按照已审批通过的方案执行</td></tr>
<tr><td>未完成项目实施方案审批的</td><td rowspan="2">可按照《深圳市土地整备利益统筹项目管理办法》或者《深圳市土地整备利益统筹办法》执行</td></tr>
<tr><td colspan="2">《深圳市土地整备利益统筹办法》施行之日起6个月内新纳入全市土地整备年度计划的利益统筹项目</td></tr>
<tr><td colspan="2">《深圳市土地整备利益统筹办法》施行之日起6个月后新纳入全市土地整备年度计划的利益统筹项目</td><td>按《深圳市土地整备利益统筹办法》执行</td></tr>
</table>